Sabine Nehls

Mitbestimmte Medienpolitik

Sabine Nehls

Mitbestimmte Medienpolitik

Gewerkschaften,
Gremien und Governance
in Hörfunk und Fernsehen

VS VERLAG FÜR SOZIALWISSENSCHAFTEN

Bibliografische Information der Deutschen Nationalbibliothek
Die Deutsche Nationalbibliothek verzeichnet diese Publikation in der
Deutschen Nationalbibliografie; detaillierte bibliografische Daten sind im Internet über
<http://dnb.d-nb.de> abrufbar.

Gedruckt mit freundlicher Unterstützung der Hans-Böckler-Stiftung

1. Auflage 2009

Alle Rechte vorbehalten
© VS Verlag für Sozialwissenschaften | GWV Fachverlage GmbH, Wiesbaden 2009

Lektorat: Katrin Emmerich / Marianne Schultheis

VS Verlag für Sozialwissenschaften ist Teil der Fachverlagsgruppe
Springer Science+Business Media.
www.vs-verlag.de

Umschlaggestaltung: KünkelLopka Medienentwicklung, Heidelberg
Druck und buchbinderische Verarbeitung: Krips b.v., Meppel
Gedruckt auf säurefreiem und chlorfrei gebleichtem Papier
Printed in the Netherlands

ISBN 978-3-531-16763-3

Inhaltsverzeichnis

Vorwort

Hans J. Kleinsteuber

Dieses Buch entstand aus einem Forschungsprojekt der Hans-Böckler-Stiftung. Die von mir geleitete Arbeitstelle Medien und Politik übernahm die Verantwortung, Sabine Nehls die Arbeit. Sie legte eine Studie vor, in der bei bemerkenswerter Herangehensweise das Thema der gewerkschaftlichen Medienpolitik allgemein und der Arbeit von Rundfunkräten speziell im Mittelpunkt stehen. Die Unterstützung durch die Stiftung war verdienstvoll, denn – das zeigt auch diese Untersuchung – die Rundfunkräte wurden bisher kaum empirisch untersucht. Frau Nehls schließt damit eine Lücke und wirft zugleich neue Fragen auf.

Warum sind die Rundfunkräte so konstitutiv für die deutsche Medienordnung? Am Beginn der modernen Rundfunkentwicklung in Deutschland stand Hans Bredow, bis 1933 Vorsitzender des Verwaltungsrats der Reichs-Rundfunk-Gesellschaft (R.R.G.). Als gelernter Ingenieur und hoher Repräsentant des Postministeriums neigte er zu technokratisch-bürokratischen Lösungen, ganz sicher war er damals kein Demokrat.

Er zeigte sich vor allem als Etatist, gleichwohl beschäftigte ihn schon während dieser Jahre in höchster Weimarer Rundfunkverantwortung die Frage, wie Bürger in die Rundfunkarbeit einbezogen werden können. Er setzte sich dafür ein, dass bei den regionalen Rundfunkgesellschaften Kulturbeiräte etabliert wurden, deren Einfluss aber auf Beratung reduziert blieb. Auch der – wie wir heute sagen würden – Feedback durch Hörerpost interessierte Bredow damals schon. „Die täglichen Zuschriften aus Zuhörerkreisen haben allmählich einen großen Umfang angenommen, werden aber trotz der sehr erhebliche Mehrbelastung sorgfältig bearbeitet, da diese Art der Mitarbeit der Öffentlichkeit als sehr wichtig erkannt wird." (1927) Bei alledem fällt auf, dass er im Kern schon Prinzipien diskutierte, die heute noch die Debatte bestimmen.

Wie kann der Wille der Bürger in die Programmarbeit Eingang finden? (Beirat) Wie können Stimmen der Bürger Eingang finden? (Zuschriften und Beschwerderecht) Und auch Elemente der Transparenz lassen sich erkennen. Schließlich schrieb er als Hauptverantwortlicher immer wieder über seine Motive und Vorstellungen, erklärte sich der Öffentlichkeit. Wer tut das schon – damals oder heute? Er stand für einen Politikstil, geprägt von verantwortungsbewussten Honoratioren.

Derselbe Bredow wurde 1933 sofort von den Nazis entmachtet und da er jede Kollaboration verweigerte, wanderte er sogar ins Gefängnis. So stand er nach 1945 unbelastet zur Verfügung, als die „Stunde Null" des deutschen Rundfunks schlug.

Seine Möglichkeiten sich einzumischen, ließ er nicht ungenutzt. Bereits im Februar 1946 legte er gemeinsam mit dem Mitstreiter K. Magnus dem Hessischen Rundfunk eine Denkschrift vor, in der erstmals die Institutionalisierung von Rundfunkräten angedacht war. Die sollten aus „Vertretern von Spitzenverbänden und Fachleuten" zusammengesetzt sein – von Politikern war nicht die Rede. Gleichzeitig wurde ein Verwaltungsrat vorgeschlagen, der für wirtschaftliche Überwachung stand. Folgt man Bredows Selbstdarstellung, so wurde hier überhaupt erstmals der Begriff des Rundfunkrats verwandt.

In einer darauffolgenden Schrift „Neuregelung des Rundfunks" von 1947 stellte Bredow seine Vorstellungen en detail dar. Er erörtert darin, „in welcher Form die Hörerschaft in die Rundfunkarbeit eingeschaltet werden könnte, um auf diese Weise einen wahren Volksrundfunk zu schaffen". (Bredow zit. 1951) Vorbilder für diese Vorstellung eines korporatistischen Mini-Plenums für den öffentlichen Rundfunk bezog er offensichtlich aus anderen Formen repräsentativer Vertretung, etwa dem Parlament (Repräsentation der Wähler) oder dem Aufsichtsrat der Aktiengesellschaft (Repräsentation der Kapitaleigner). Wahrscheinlich ist es auch nicht falsch, Bredow zu unterstellen, dass er sich selbst in führender Position in der neuen Ratsverfassung sah – immerhin schaffte er es noch bis zum Vorsitzenden des Verwaltungsrats beim Hessischen Rundfunk.

Entscheidend ist hier etwas anderes. Der Rundfunkrat mit seinen Politikern, vor allem aber auch Vertretern der sozial relevanten Gruppen (ein Begriff, der erst viel später entstand) wurde zum Urgestein der öffentlichen Rundfunklandschaft. Wo immer neue Anstalten entstanden – bei der Teilung des NWDR in NDR und WDR, beim Saarländischen Rundfunk, im Gefolge der Vereinigung in Ostdeutschland – wurde das Erfolgsmodell übernommen. Dabei handelt es sich um ein spezifisch deutsches Phänomen.

Die Nachkriegsordnung im Rundfunk wurde wesentlich von den Westalliierten aufgebaut – wobei vor allem die BBC als Vorbild fungierte –, aber in der Frage des Leitungsgremiums setzte sich Bredow durch. Sein Vorschlag war offensichtlich überzeugend und er passte zu der korporatistischen und pluralistischen Grundstimmung, in der die Demokratie des Nachkriegsdeutschlands errichtet wurde. Als in den 1980ern die Kommerzialisierung das System erschütterte, wurden Landesmedienanstalten erforderlich, auch sie bekamen vergleichbare Medienräte zugeordnet. Der Rundfunkrat wurde damit zur unbestrittenen Ikone des deutschen Rundfunksystems und als solcher nur mehr selten in Frage gestellt.

Wissenschaftlich ertragreiche Untersuchungen zu seiner Arbeit gibt es einige aus juristischer Sicht, Sozialwissenschaftler haben sich nur selten damit beschäftigt. Die wenigen Untersuchungen, die vorliegen, kommen meist zu ernüchternden Ergebnissen: massiver Einfluss der Parteien, hohe Politisierung, Herrschaft im Proporz, Marginalisierung der „Grauen" und geringes Gewicht gegenüber dem Intendanten. Befragungen von Mitgliedern der Rundfunkräte hatten ergeben, dass sie – positiv gesagt – wie Laien operieren , – negativ ausgedrückt – wie Dilettanten, auf jeden Fall aber meist ein Spielball des Intendanten blieben. Tatsächlich gibt es kaum darüber hinausgehende Untersuchungen, etwa teilhabende Beobachtung der Gremienarbeit, systematische Auswertungen der Protokolle und Arbeitsunterlagen oder Nachverfolgen der Interaktionsmuster zwischen Rat und Intendant.

Die geringe Transparenz bei der Gremienarbeit, mit der auch Autorin Nehls mehrfach konfrontiert war, behindert die Forschung zusätzlich. Die wenigen Darstellungen aus der Feder von Rundfunkräten loben meist die Informalität der Arbeit, den Club-Charakter, das Zusammentreffen mit Entscheidungsträgern. Bei alledem, so ergeben die Untersuchungen, hat sich seit Bredows Tagen erstaunlich wenig verändert.

Umso verdienstvoller ist es, dass sich die Hans-Böckler-Stiftung dieses Themas annahm und eine mehrdimensional angelegte Studie ermöglichte. Dabei ging es nicht nur um die Rundfunkräte an sich, sondern um deren Bedeutung für die Interessenvertretung von Arbeitnehmerorganisationen. Sabine Nehls hat dies mit großem Engagement erarbeitet, folgen wir ihren Nachforschungen, so wissen wir nun, wie viele Repräsentanten in welchem Gremium sitzen, wer sie entsandt hat und wie sie mit dieser Position umgehen. In der Sprache der Governance-Forschung hat man also einen Stakeholder-Ansatz gewählt. Wollen Akteure in den Rundfunkräten erfolgreich sein, tun sie gut daran, sich untereinander zu vernetzen. Sie würden es begrüßen, wenn es vorbereitend und begleitend bessere Unterstützung gäbe, auch Weiterbildung wird empfohlen.

Wir lernen aber auch, dass moderne Erfahrungen mit der Governance weitgehend an den Räten vorbeigegangen sind: Sie tagen immer noch so verborgen wie in den Anfangstagen, Transparenz für den interessierten Bürger ist ein Fremdwort, die bereits von Bredow beschworene Beschwerdefunktion ist weiterhin unterentwickelt. Und es ist bei Zugrundelegen moderner Managementmethoden ein Unding, dass der typische Rundfunkrat noch immer aus der Intendanz heraus gesteuert wird. In der Summe ähneln die Räte manchmal noch mehr den Kulturbeiräten der Weimarer Jahre als einem selbstbewussten Parlament der Rundfunknutzer.

Mit den neuen europäischen Vorgaben in Richtung einer zunehmenden Verantwortung für die Rundfunkräte wird deren Aufsichtsfunktion immer wichtiger. In dem Zusammenhang ist auch eine Debatte um die Reform dieses Gremiums überfällig. Die Ideen dazu liegen auf dem Tisch, viele sind in epd medien vorgetragen worden. (Lilienthal 2008) Diese Arbeit von Sabine Nehls steuert hier viele innovative Gedanken bei, die es verdienen, in die weiteren Planungen eingefädelt zu werden.

Hans J. Kleinsteuber

Hamburg, im März 2009

Einleitung

Medienpolitik ist ein in der breiten Öffentlichkeit wenig kommuniziertes, in seiner Wirkung aber umso wichtigeres Politikfeld. Kaum jemand kommt heute noch ohne Mediennutzung aus, es sei denn er oder sie lebte als Eremit. Die Medien bestimmen unsere Wahrnehmung der Welt, sie können Diskurse anregen oder totschweigen, sie sind ein konstituierendes Element unserer demokratischen Gesellschaft. Unter welchen Bedingungen sie entstehen, wer sie beeinflusst und beaufsichtigt, wie ihre innere und äußere Verfasstheit aussieht – diese Fragen bestimmen mit über die Qualität der uns zur Verfügung stehenden Medien.

Mit einem kleinen Ausschnitt dieses Themas beschäftigt sich auch die vorliegende Arbeit: Im Mittelpunkt steht die Medienpolitik der Gewerkschaften, die unter dem Begriff der Mitbestimmten Medienpolitik und vor dem Hintergrund des Governance-Konzepts untersucht wird. Dabei spielt die Biografie der Verfasserin eine initiierende Rolle: Viele Jahre war ich in der gewerkschaftlichen Öffentlichkeitsarbeit tätig. Während dieser Zeit befasste ich mich immer wieder auch mit medienpolitischen Themen. Die Medienpolitik des Deutschen Gewerkschaftsbundes konnte ich so aus nächster Nähe in den Jahren 1988 bis 2005 verfolgen. Mehrere Jahre als gewerkschaftliches Gremienmitglied für das Deutschlandradio eröffneten Einblick in ein wichtiges Feld dieses Forschungsprojektes. Der dritte Strang ist die Ausbildung als Medienwissenschaftlerin und Journalistin. Für beide Bereiche ist die Medienpolitik gesellschaftlich relevanter Gruppen gleichermaßen interessant. Die Fragen danach, wie Medien im 21. Jahrhundert demokratisch kontrolliert und Medienpolitik gestaltet werden kann, die den Menschen im Blick behält – diese Fragen beschäftigen seit Jahren die Journalistin, Öffentlichkeitsarbeiterin und Gewerkschafterin. Sie sind für Gewerkschaften von elementarer Bedeutung, ebenso wie für die Medien selbst und für die Public Relations. Nun konnte mit dieser Studie auch meine Neugier als Wissenschaftlerin einige Antworten erhalten.

Die vorliegende Arbeit ist Ergebnis eines von der Hans-Böckler-Stiftung geförderten Forschungsprojektes und, in leicht überarbeiteter Form, meiner an der Universität Hamburg abgeschlossenen Dissertation.[1] Mein Dank geht an alle, die die Förderung ermöglicht haben sowie an die aktiven Mitglieder des Projektbeirates. Viele Menschen in den Gewerkschaften, Rundfunksendern und Landesmedienanstalten haben mir mit großer Offenheit über ihre Arbeit Auskunft gegeben, dafür bin ich dankbar. Ohne Prof. Hans J. Kleinsteuber, der mir sein Vertrauen in dieses Projekt geschenkt hat, wäre diese Arbeit nicht denkbar, ihm danke ich von ganzem Herzen. Danken möchte ich auch Kathrin Voss und Magnus Kutz, die mich als Mitglieder der Arbeitsstelle für Medien und Politik, und als Freunde über die gesamte Zeit der Studie unterstützt haben. Ich widme diese Arbeit meiner Familie, die mich durch schlechte Zeiten trägt und in guten Zeiten beflügelt.

Sabine Nehls

Hamburg, im März 2009

---

[1] Das Projekt lief bis Mitte 2008. Die sicher spannenden und nicht unerheblichen Veränderungen in der Gremienkonstitution durch den 12. Rundfunkänderungsstaatsvertrag konnten so leider nicht mehr berücksichtigt werden.

1 Fragestellung, Methodik und Forschungsstand

1.1 Fragestellung

Während Medien gesellschaftlich immer größere Bedeutung gewinnen, wird Medienpolitik – anders als beispielsweise Sozial-, Wirtschafts- oder Rechtspolitik – eher als Randthema und mit vielfach zersplitterten Zuständigkeiten behandelt. Zwar sind die politischen Akteure bemüht, Medienpolitik zu konzentrieren und zu verdichten – dies zeigt beispielsweise die Einrichtung eines Beauftragten der Bundesregierung für Kultur und Medien. Doch die öffentliche Agenda erreichte Medienpolitik bis vor kurzem allenfalls, wenn es um die Besetzung exponierter Posten oder um Gebührenerhöhungen für den öffentlich-rechtlichen Rundfunk ging. Seit dem Beihilfeverfahren durch die EU-Kommission und die nach Abschluss desselben gemachten Auflagen, stehen zunehmend auch Fragen der Regulierung, der Bedeutung der Gremien und deren Kompetenz in der öffentlichen Debatte. In der medienpolitischen Praxis sind es am ehesten noch die politischen Parteien, die über Personalpolitik versuchen, ihren Einfluss geltend zu machen. So stellt Langenbucher fest:

> „[...], die geschäftsordnungsgeübten und rhetorisch erfahrenen Gremienmitglieder sind allemal die aus den Arenen der Politik. Sie haben auch im Rundfunkrat das Sagen, sie geben die Themen vor und schlagen den Takt der Abstimmungen. Dies gilt vor allem für die Personalpolitik, die sich nur ausnahmsweise nicht nach den vorgegebenen parteipolitischen Direktiven richtet." (Langenbucher 1999: 228)

Die Medienentwicklung – technisch, organisatorisch und inhaltlich – ist folgenreich für die politische und gesellschaftliche Kommunikation und damit für Politik und Gesellschaft. Das gilt besonders für die elektronischen Medien wie Fernsehen, Hörfunk und Internet. Deren Bedeutung beschreibt Castells am Beispiel des Fernsehens so:

> „Während die Folgen des Fernsehens für politische Wahlentscheidungen sehr unterschiedlich sind, haben politische Inhalte und Personen, die nicht im Fernsehen sind, in den fortgeschrittenen Gesellschaften einfach keine Chance, von den Menschen unterstützt zu werden. Das Denken der Menschen ist nämlich in grundlegender Weise von den Medien geprägt, und das Fernsehen ist das Wichtigste von allen. Die ge-

sellschaftliche Wirkung des Fernsehens funktioniert nach dem binären Code ‚Sein oder Nichtsein'. Wenn eine Botschaft einmal im Fernsehen ist, so kann sie verändert, transformiert oder sogar subversiv gewendet werden. Aber in einer Gesellschaft, in der die Massenmedien die zentrale Rolle spielen, bleibt die Existenz von Botschaften, die sich außerhalb der Medien befinden, auf interpersonelle Netzwerke beschränkt. Sie verschwinden so aus dem kollektiven Bewusstsein". (Castells 2001/1:384f.)

Die Macherinnen und Macher in diesen Medien sind aufgrund der technischen Möglichkeiten inzwischen die Gatekeeper der Nachrichtenwelt und bestimmen durch das schnelle Sendesystem die Agenda der politischen Berichterstattung auch in den Zeitungen und Zeitschriften. Mehr Medienpolitik, eine stärkere Thematisierung der Bedeutung der Medien in der Demokratie würde also zugleich eine intensivere Selbstthematisierung der Medien bedeuten – vielleicht eine der Ursachen für das „Mauerblümchen-Dasein" der Medienpolitik.

Dass demokratische Politik ein funktionierendes publizistisches System braucht und auch von der Kenntnis der Bürgerinnen und Bürger über politische Vorstellungen, Ideen und Entscheidungen lebt, darüber ist die Politikwissenschaft sich ebenso einig wie die Kommunikationswissenschaft (vergl. Kamps 2007: 33f.; Rudzio 2006: 395 ff.). So schreiben Jarren/Donges in Berufung auf Niklas Luhmann: „Durch publizistische Kommunikation über die Medien werden die Gesellschaft und ihre Teile mit einem Hintergrundwissen versorgt, das gesellschaftsweite Kommunikation – und damit den Zusammenhang von Gesellschaft überhaupt – erst ermöglicht." (Jarren/Donges 2004: 47) Damit leisteten Massenmedien einen wesentlichen Beitrag zur Integration der Gesellschaft. Und Gerhards stellt fest: „Die Massenmedien bilden [...] die wichtigsten Informationsquellen der Bürger über Politik." (Gerhards 1999:148) Auch in den Gewerkschaften ist in den vergangenen Jahren verstärkt ein Bewusstsein dafür entstanden, wie wichtig professionelle politische Kommunikation ist. Da diese Kommunikation in den modernen Gesellschaften maßgeblich über Medien stattfindet, müssen Zustand und Entwicklung der Medien, muss auch die Professionalisierung von Medienpolitik in das Zentrum des Interesses von Gewerkschaften rücken. So stellte Michael Sommer, Vorsitzender des Deutschen Gewerkschaftsbundes (DGB), fest:

„Die Medien können zeigen, wie unsere Gesellschaft funktioniert oder nicht funktioniert. Sie können Themen setzen, können Debatten auslösen, können Sichtweisen verändern. Aber sie können uns auch davon abhalten, die wirkliche Welt überhaupt wahrzunehmen. Sie können uns zerstreuen, ablenken. Sie können Werte, Orientierungen, Lebensstile propagieren, die nicht unbedingt hilfreich für unsere Gesellschaft sind." [2]

Dabei ist zu konstatieren, dass die Wirkungen von Medien durch den Zustand des Mediensystems mitbestimmt (vergl. Saxer 1997: 77) und gleichzeitig Bedingungen und Strukturen von Politikvermittlung, das Verhältnis zwischen Politik, Medien und Rezipienten immer komplexer werden (vergl. Kleinsteuber/Thomas 1998: 218ff.). Problemstellungen der Medienpolitik gehören vordergründig häufig zu jenen, die eher das Wohl der Allgemeinheit betreffen und weniger auf die Bedürfnisse und Interessen von korporativen Akteuren wie den Gewerkschaften zu zielen scheinen. Sie berühren zwar oftmals auch Interessen einzelner Akteursgruppen wie Medienunternehmer und Investoren. Doch betreffen sie nicht auf den ersten Blick und offensichtlich die Verbandsinteressen zum Beispiel des Deutschen Gewerkschaftsbundes. Das mag in einem begrenzten Rahmen für einzelne Gewerkschaften wie den DJV oder ver.di anders sein, wo unmittelbare Mitgliederinteressen zum Beispiel von Journalisten, Druckern oder anderen Beschäftigten der Medienbranche beeinflusst werden. Die Interessen einer Vielfalt von Mitgliedern als Rezipienten und der Gewerkschaften als Organisationen berühren Fragen der Medienpolitik jedoch auf lange Sicht auch. Und weil dies so ist, sollten die Gewerkschaften sie nicht einfach von ihrer politischen Agenda verdrängen. (vergl. Schneider/Janning 2007: 74) „Die Wahrnehmung der Realität wird zunehmend durch Medien vermittelt", steht schon im DGB-Grundsatzprogramm. Manuel Castells schreibt dazu:

„Weil Information und Kommunikation in erster Linie durch das diversifizierte, aber umfassende Mediensystem zirkulieren, wird Politik zunehmend im Raum der Medien ausgetragen. Führerschaft wird personalisiert, und das Herstellen von Image wird zur Herstellung von Macht. Nicht, dass sich jede Politik auf Medieneffekte reduzieren ließe oder das Werte und Interessen nicht von politischen Ergebnissen berührt würden. Wer auch immer die politisch Handelnden und was auch immer ihre Orientierungen sind, sie existieren im Machtspiel in und durch die Medien in der ganzen Vielfalt eines immer stärker ausdifferenzieren Mediensystems, was die computer-vermittelten Kommunikationsnetzwerke einschließt. Die Tatsache, dass die Politik in die Sprache der elektronisch gestützten Medien gegossen werden muss, hat tiefgreifende Konsequenzen für Charakteristika, Organisation und Zielsetzungen politischer Prozesse, politisch Handelnder und politischer Institutionen. Letztendlich werden die Kräfte, die in den Mediennetzwerken stecken, von der Macht der Strö-

---

[2] Medienpolitische Tagung des DGB am 30. September 2003, Wie viel Macht den Räten? Rundfunkaufsicht in der Mediengesellschaft, Dokumentation, S. 33

me, die in Struktur und Sprache dieser Netzwerke enthalten ist, auf den zweiten Platz verwiesen." (Castells 2001/1: 534 f.)

Wie die Veränderung der Medienlandschaft sich auf die Kommunikation politischer Inhalte auswirkt, das pfeifen inzwischen die Spatzen von jedem Gewerkschaftshaus. Ob als Gast in einer Polittalkshow, als Anbieter eines Internetchats oder als Teilnehmer in einer Call-In-Runde im Hörfunk – Arbeitnehmervertreter und -vertreterinnen werden mit neuen Sendeformaten konfrontiert und sind den Auswahlkriterien eines zunehmend an ökonomischen Interessen orientierten Medienmarktes unterworfen. Ebenfalls in diesen Bereich gehört die Entwicklung globaler Medienmärkte und das Verhältnis nationaler zu europaweiter Medienpolitik, denn medienpolitische Entscheidungsmacht wandert aus dem Nationalstaat in den größeren Raum, ohne dass die zur Kontrolle notwendige kritische Öffentlichkeit dem bisher nachgefolgt ist. (vergl. Kleinsteuber 2005)

Medienpolitik bestimmt mit über ein politisches Feld, das sowohl die Arbeitnehmer und Arbeitnehmerinnen, als auch ihre Interessenvertretungen, die Gewerkschaften, in besonderer Weise betrifft: Als Akteure, als „Lieferanten" von Nachrichten, sind sie Teil des Mediensystems, als Rezipienten sind sie „Käufer" der Produktionen und als „Kontrolleure" gestalten sie die Bedingungen unter denen dieser Austausch stattfindet mit. Bei diesem Politikfeld geht es sowohl um nationale als auch um internationale Politik. Es geht darum, wie Medien in einer demokratischen Gesellschaft konstituiert sein müssen und funktionieren können, um ihrer Aufgabe als „vierte Gewalt" im Staat gerecht zu werden. Und es geht darum, welches Menschenbild über die Medien vermittelt wird.

Die Arbeit soll:

1. Ausgangslage und Rahmenbedingungen gewerkschaftlicher Medienpolitik eruieren.
2. Aufgrund von Analyse und Bewertung Perspektiven entwickeln als Diskussionsgrundlage einer fundierten und engagierten arbeitnehmerorientierten Medienpolitik.
3. In einer Gremienbefragung und mehreren Fallstudien die Brücke zwischen Wissenschaft und Praxis schlagen, vor allem mit dem Ziel, Anforderungen an und Informationsbedarfe von mitbestimmungspolitischen Akteuren in Aufsichtsgremien zu benennen.

Zu 1. Ausgangslage und Rahmenbedingungen gewerkschaftlicher Medienpolitik:

„Handeln setzt verfügbare, wirksame Mittel und Ressourcen voraus; Bedingungen also, wie sie nicht bei allen Akteuren gegeben sind. Selbst wenn die oben genannten Bedingungen vorliegen, ist politisches Handelns eines Akteurs nicht zwingend.

Handeln erfordert die gegenwärtige Investition knapper Mittel, um zukünftige Erträge zu ernten, es involviert also Unsicherheit und Risiko." (Schneider/Janning 2007:52)

Zunächst soll aufgezeigt werden, welche programmatischen und praktisch-organisatorischen Voraussetzungen vorliegen, in welchen Strukturen, wo und wie (gewerkschaftliche) Medienpolitik überhaupt stattfindet. Dies betrifft zum einen die institutionelle Seite auf den unterschiedlichen politischen Handlungsebenen (regional, national, EU, international), in den Medienanstalten und deren Kontrollorganen sowie in den Arbeitnehmerorganisationen Deutscher Gewerkschaftsbund (DGB), Vereinte Dienstleistungsgewerkschaft (ver.di), Deutscher Journalisten-Verband (DJV) und Deutscher Beamtenbund (DBB).

• Welche Beschränkungen, Anforderungen und Möglichkeiten bieten gesetzliche Regelungen, Satzungen, Programme etc.? Da es im Rahmen einer solchen Untersuchung kaum möglich ist, das gesamte Feld der Medienpolitik (inklusive Presse und Internet) empirisch abzuschreiten, wird dies am Fallbeispiel Rundfunkpolitik eruiert und im Überblick erläutert. Dies macht auch Sinn, weil ein großer Teil der deutschen Medienpolitik schwerpunktmäßig Rundfunkpolitik ist.

• Wie werden rundfunkpolitische Themen über die verschiedenen Handlungsebenen innerhalb der Arbeitnehmerorganisationen kommuniziert? Beispiel: Der DGB-Bundesvorstand trifft regelmäßig in den so genannten Königsteiner Gesprächen mit den Intendanten der öffentlich-rechtlichen Sender zusammen. Wie werden diese Treffen vorbereitet? Gibt es eine Kommunikation zu den Gremienvertretern im Vorfeld, wird der Gesprächsverlauf in andere Ebenen kommuniziert, z.B. innerhalb der Gewerkschaften mit den für Medien zuständigen Referaten, gibt es einen regelmäßigen Austausch hierzu?

Zum anderen soll der Blick gerichtet werden auf die mitbestimmungspolitischen Akteure, also alle, die für Gewerkschaften medienpolitisch aktiv sind oder werden können. Die forschungsleitenden Fragestellungen sind dabei:

• Welche Auswahlkriterien für Gremienmitglieder spielen eine Rolle?

• Welche Voraussetzungen bringen die mitbestimmungspolitischen Akteure mit? Wie gut sind sie über Abläufe und Themen informiert? Welche Kontakte und Diskussionsforen nutzen sie? Wie ist die Anbindung an die entsendende Organisation?

- Welchen Stellenwert hat Medienpolitik im Gesamtspektrum der gewerkschaftlichen Politikfelder? Wird Medienpolitik als Kernthema gewerkschaftlicher Zukunftspolitik erkannt oder bleibt sie exotisches Randthema mit allenfalls tagesaktueller Bedeutung und wenn es so ist, warum ist das so?

- Wie ist die organisatorische Anbindung und Einbindung der gewerkschaftlichen Medienpolitik – welche Abteilung ist zuständig?

- Welche personellen und finanziellen Ressourcen sind vorhanden?

- Welche Akteure sind in den Arbeitnehmerorganisationen medienpolitisch wie aktiv? Nutzen sie die vorhandenen Spielräume zur politischen Gestaltung?

- Welche unterschiedlichen Herangehens- und Umgangsweisen mit medienpolitischen Themen gibt es in den einzelnen Organisationen? Wie lassen sich die Unterschiede erklären?

Kurz: Wie geschieht gewerkschaftliche Medienpolitik praktisch? Gesichtet und evaluiert werden soll das in den Gewerkschaften vorhandene Material zur Medienpolitik, wie Programme, Beschlüsse von Gewerkschaftstagen sowie Pressemitteilungen und Artikel in den organisationseigenen Printmedien (z.B. M – Menschen Machen Medien und Journalist) und im Internet. Dabei müssen für die jeweilige Organisation die unterschiedlichen Ebenen bis zur Bezirksebene beleuchtet werden. So entsteht ein umfassender Überblick über Ausgangslage und Rahmenbedingungen der gewerkschaftlichen Medienpolitik, auf dessen Grundlage Perspektiven ausgelotet und entwickelt werden können.

Zu 2. Perspektiven als Diskussionsgrundlage einer fundierten und engagierten arbeitnehmerorientierten Medienpolitik:

- Wo liegen die relevanten Fragestellungen für eine zukünftige arbeitnehmerorientierte Medienpolitik?

- Welche neuen Anforderungen an Medienkontrolle ergeben sich aus dem gesellschaftlichen Wandel und den veränderten Bedingungen politischer Kommunikation?

- Mit welchen Bündnispartnern und in welchen Netzwerken kann gewerkschaftliche Medienpolitik arbeiten?

- Inwieweit nimmt und kann gewerkschaftliche Medienpolitik Einfluss nehmen über den Europäischen Gewerkschaftsbund und die europäischen Branchenbünde? Welche Akteure agieren auf welcher Handlungsebene?

Gibt es eine Verknüpfung der verschiedenen Themen und Interessen und wenn ja, wie geschieht diese?

Dabei geht es auch um die Frage, unter welchen Bedingungen Öffentlichkeit hergestellt wird und welchen Einflüssen journalistische Arbeit ausgesetzt ist.[3] Ebenfalls zu diesem Bereich gehören die Entwicklung globaler Medienmärkte und das Verhältnis nationaler zu europaweiter Medienpolitik. Zu überprüfen ist, ob die arbeitnehmerorientierte Medienpolitik auf europäischer und internationaler Ebene ihre Möglichkeiten nutzt, die Entwicklung im Sinne von Demokratisierung und Bürgerbeteiligung zu beeinflussen.

Zu 3. Gremienbefragung und Fallstudien zu Anforderungen an und dem Informationsbedarf von mitbestimmungspolitischen Akteuren in Aufsichtsgremien:

Mitbestimmungspolitische Akteure in Aufsichtsgremien bestimmen mit über wichtige Belange der elektronischen Medien. Ihnen fehlt aber in der Regel das theoretische und praktische „Handwerkszeug", um diese Funktion optimal ausüben zu können. Drei Fallstudien in Fernsehen, Hörfunk und einer Landesmedienanstalt sollen mittels Dokumentenanalyse und Experteninterviews Informationsbedarfe dieser Akteure und Anforderungen an sie ermitteln. Eine Vollerhebung mit standardisiertem Fragebogen unter mitbestimmungspolitischen Akteuren in Aufsichtsgremien[4] soll untersuchen:

- Mit welchen Themen werden mitbestimmungspolitische Akteure in den Gremien konfrontiert?
- In welchen Bereichen müssen sie Entscheidungen treffen, welche Kompetenzdefizite stellen sie selbst fest?
- Welchen Bedarf sehen sie an Kommunikation zu den entsendenden Institutionen?

Hier hinein gehört auch die Frage nach der notwendigen Infrastruktur in den entsendenden Organisationen. Ergänzt wird dies durch eine stichprobenartige Auswertung von Gremienvorlagen in drei Bereichen: Zweites Deutsches Fernsehen (ZDF), Landeszentrale für Medien und Kommunikation Rheinland-Pfalz

---

[3] Zu Einflüssen durch politisch gesteuerte PR-Kampagnen hat die Hans-Böckler-Stiftung in den vergangenen Jahren zwei Kurzstudien herausgegeben. (Speth 2003, Speth 2004). Siehe dazu auch Kutz/Nehls (2007).Vergl. zum Verhältnis von Journalismus und PR auch Weischenberg 1997.
[4] Erläuterungen zur Durchführung der Vollerhebung siehe Kap. 8

(LMK), Deutschlandradio (DLR). Ergänzend zur „Papierlage" sollen hier auch ausgewählte Experten in Tiefeninterviews zu Wort kommen, dazu zählen Gremienvorsitzende sowie Personalräte. Hier interessieren insbesondere folgende Fragestellungen:

▪ Wie funktionieren die Gremien?
▪ Welche Handlungsmöglichkeiten bestehen für die Gremienmitglieder?
▪ Wie wird das medienpolitische Potential der Gewerkschaften und dessen Nutzung eingeschätzt?

Die Einbeziehung von organisationsfremden, also nicht mitbestimmungspolitischen Akteuren und Materialien in die Erhebung soll dazu beitragen, den „Tunnelblick" zu vermeiden und korrespondierend mit der Befragung der Gremienmitglieder darzustellen, ob die bei den Gremienmitgliedern erhobenen Bedarfe sich hier wieder finden.

Welche neuen Anforderungen an Medienkontrolle ergeben sich aus dem gesellschaftlichen Wandel und den veränderten Bedingungen politischer Kommunikation? Reichen die herkömmlichen Ansätze von Steuerung oder Regulierung aus, um den vielfach konstatierten Abbau von Regulierungskompetenzen durch den Staat zu kompensieren? Aus Sicht nichtstaatlicher medienpolitischer Akteure und der Leser, Zuschauerinnen und Zuhörer sicher nicht. Die deutsche Medienpolitik wird nach wie vor bestimmt durch den Glauben an die Allmacht juristischer Normen und die Alleinzuständigkeit des Staates, wenn es um die Regulierung der Medien geht. Die jüngsten Entwicklungen aber haben deutlich gezeigt, dass es mit diesem Ansatz nicht gelingen wird, die Herausforderungen der heutigen und zukünftigen Medienwelt zu meistern. Zunehmend ist es der Markt, sind es ökonomische Interessen, die den Medien ihr Gesicht geben: Schleichwerbeskandale, Übernahme von Verlagen in aller Welt durch globale Investoren, die Änderung der EU-Fernsehrichtlinie mit der Freigabe von product placement, Abzocke von Zuschauern durch obskure Telefonberatung usw. Immer seltener stehen kulturelle Aspekte bei der Betrachtung der Medienlandschaft im Vordergrund. Die Studie fragt vor dem Hintergrund gewerkschaftlicher Gremienvertretung auch nach den Möglichkeiten der Gewerkschaften, sich in diese Debatten einzumischen. Sie stellt dabei auch Fragen, die in den Gewerkschaften selbst aufgeworfen wurden und versucht mithilfe wissenschaftlicher Empirie und Analyse zumindest einige Antworten zu geben.

1.2 Materialauswahl, Forschungszeitraum, Vorgehensweise

Nach der ersten Sichtung des vorliegenden Materials konnte von einer großen Vielfalt ausgegangen werden. Um den Rahmen der Untersuchung nicht zu sprengen und einen möglichst aktuellen Blick auf die gewerkschaftliche Medienpolitik zu werfen, konzentriert sich die Untersuchung im empirischen Teil auf die Jahre ab 2001. Sporadisch wird, wenn dies inhaltlich notwendig erscheint auf älteres Material zurückgegriffen.

Beschrieben und analysiert werden sollen die unterschiedlichen Handlungsebenen der arbeitnehmerorientierten Medienpolitik sowohl organisationsintern (DGB, Mitgliedsgewerkschaften, DJV, DBB, Untergliederungen) als auch organisationsextern (lokal, regional, national, EU, global). Zum anderen ist durch die Konzentration auf die Rundfunkpolitik das weite Feld der Medienpolitik auch für den empirischen Teil eingegrenzt worden.

Zur Darstellung der Rahmenbedingungen gewerkschaftlicher Medienpolitik wurden zum einen Gesetzestexte, wie Grundgesetz, Rundfunkstaatsvertrag, Landesmediengesetze herangezogen. Zum anderen wurde für die Beschreibung des Aufbaus und der Arbeitsweise der Gremien Material aus Sendern und Landesmedienanstalten ausgewertet. Vertiefend konnten hierzu auch mündliche Informationen von einigen Gremienmitgliedern herangezogen werden.

Die Studie konzentriert sich für die Analyse schriftlicher Materialien auf den Zeitraum 2001 bis 2005. Wo möglich wurden aktuellere Informationen bis in das Frühjahr 2008 einbezogen oder auf älteres Material zurückgegriffen. Herangezogen wurden: Programme, Satzungen, Veranstaltungsprogramme und -dokumentationen, Pressemitteilungen, Vorträge. Zudem wurden die Internetauftritte der Gewerkschaften mit Blick auf die Medienpolitik qualitativ ausgewertet sowie Gespräche und leitfadengestützte Interviews mit medienpolitischen Akteuren aus den Gewerkschaften geführt. Ein weiteres Instrument war die teilnehmende Beobachtung bei gewerkschaftlichen Veranstaltungen zur Medienpolitik sowie im Arbeitskreis Medienpolitik des Deutschen Gewerkschaftsbundes. Einen empirischen Schwerpunkt der Untersuchung bildet die Befragung der gewerkschaftlichen Mitglieder von Rundfunkgremien. Hierzu wurde eine Vollerhebung mittels eines Fragebogens durchgeführt. Zusätzlich wurden vertiefende Gespräche mit einigen gewerkschaftlichen Gremienmitgliedern geführt.

Die Untersuchung der Arbeitsweise der Gremien in den Fallstudien und die Befragung von nicht mitbestimmungspolitischen Akteuren von Medienpolitik soll, wie bereits oben beschrieben, den Blick von außen auf die gewerkschaftliche Medienpolitik richten und so die bessere Einordnung der gewonnenen Ergebnisse in die medienpolitische Realität gewährleisten. Hierzu wurden Dokumente, wie Protokolle und Tagesordnungen analysiert und Experteninterviews mit Gremienvorsitzenden und Personalräten eingesetzt.

Die genaue Methodik zu den empirischen Kapiteln wird im Einzelnen jeweils dort beschrieben.

1.3 Forschungsstand

Die Arbeit bewegt sich im interdisziplinären Feld von Politik-, Kommunikations- und Medienwissenschaft und berührt auch soziologische Aspekte. So könnte hier ein wissenschaftlicher Rund-um-Blick erwartet werden, der aber den Rahmen der Arbeit deutlich überschreiten würde. Der Überblick über den Forschungsstand beschränkt sich daher auf den Stand der wissenschaftlichen Literatur zu den Themen gewerkschaftliche Medienpolitik, Aufsichtsgremien und Regulierung sowie Governance, bzw. Media Governance.

Die Kommunikationswissenschaft und die Medienwissenschaft beschäftigen sich nur sporadisch und punktuell mit den medienpolitischen Aktivitäten der Gewerkschaften. Es finden sich nur wenige Studien, die explizit arbeitnehmerorientierte Medienpolitik zum Thema haben, die umfangreichste und „aktuellste" stammt aus dem Jahr 1989 (Braunschweig/Kleinsteuber/Wilke 1990). Ansonsten erwähnen diverse Veröffentlichungen in kleinen Abschnitten die Gewerkschaften als relevante gesellschaftliche Gruppe und damit qua Funktion neben Politik, Unternehmerverbänden und Kirchen als medienpolitischen Akteur. (Meyn 2004; Schwarzkopf 1999; Weischenberg u.a. 2005; Jarren u.a. 1998)

Ungeklärt bleiben aber folgende Fragen: Wie gehen die Akteure in den Arbeitnehmerorganisationen auf den unterschiedlichen Ebenen und in unterschiedlichen Kommunikationsräumen mit dieser Rolle um? Welche institutionellen, strukturellen und politischen Voraussetzungen schaffen die Gewerkschaften für diese Aufgabe? Wie erfüllen sie den Auftrag zur Kontrolle der öffentlich-rechtlichen Rundfunkanstalten und des privaten Rundfunks? Und nicht zuletzt: Wie reagieren die Gewerkschaften auf die immer schneller sich entwickelnde Medienlandschaft inklusive neuer Anforderungen an politische Steuerung? Dabei geht es nicht nur um die nationale, sondern auch um die zunehmend wichtiger werdende Dimension europäischer und internationaler bzw. globaler Medienpolitik. (Kleinsteuber/Thomaß 2004: 78–99)

Zur gewerkschaftlichen Öffentlichkeitsarbeit liegt eine ausführliche wissenschaftliche Untersuchung vor (Arlt 1998) sowie einiges älteres Material (z.B. Rühl 1982; Nickel 1982), auch zu den gewerkschaftlichen Printmedien finden sich einige Arbeiten (z.B. Prott 1991; Meyn 1982). Für die – auch gewerkschaftliche – Medienpolitik kann die Aussage von Jarren aus 1998 als nach wie vor aktuell gelten:

„Dem Prozess der Herstellung von Medienöffentlichkeit über Medienfragen kommt [...] sowohl in normativer (regulierungstheoretischer) als auch in empirisch-analytischer Hinsicht eine zentrale Bedeutung zu: Die Analyse des jeweils konkret vorfindlichen Handlungssystems (Akteure, akteursinterne Strukturen, Inter-Akteurs-Beziehungen mit ihren formellen und informellen Interaktions- und Kommunikationsformen) ist zentrale wissenschaftliche Aufgabe, zumal dazu bislang kaum Studien vorliegen." (Jarren 1998: 626)

Ähnliches gilt auch für die wissenschaftliche Forschung zum Thema Governance: Hier stehen in erster Linie steuerungstheoretische oder normative Fragen im Fokus. (Schuppert 2005, Mayntz 2005) Die Literatur zu Fragen der Rundfunkaufsicht und der Rundfunkgremien ist stark durch juristische Beiträge geprägt, auch ein Hinweis auf die, wie oben dargestellt, weitgehend juridifizierte deutsche Medienpolitik (Schulz 2002, Hoffmann-Riem 2000, Möller 2001). Die gesellschaftliche Dimension wird zwar thematisiert, doch die Frage, wie sich nicht-staatliche, nicht-private Akteure, im Rahmen von alternativen Regulierungsregimen verhalten (vergl. 2), ist in den Veröffentlichungen ein weitgehend unbestelltes Feld in der Forschungslandschaft. (Schimank 2004, Jarren/Donges 2004, Jarren 2000, Kleinsteuber 2007). Media Governance beschäftigt sich insbesondere mit der Selbstregulierung und Co-Regulierung in privaten Unternehmen und bezieht sich häufig auf Regulierung von neuen Medien, wie dem Internet (Just/Latzer/Sauerwein 2007). Empirische Untersuchungen zu Akteuren aus gesellschaftlich relevanten Gruppen wie den Gewerkschaften in Verbindung mit Governanceansätzen im Bereich der Medienpolitik sind nicht vorhanden.

Es gibt also sowohl aus Sicht der Praxis als auch aus Sicht der Kommunikations-, Medien- und Politikwissenschaft reichhaltigen Bedarf, diese weißen Flecken zu erforschen. Insofern will die Studie auch einen Beitrag dazu leisten, die für Gewerkschaften relevanten Themen in diesem Politikfeld zum einen in den wissenschaftlichen Diskurs einzuspeisen und Anstöße für weitere Forschung zu geben. Da gerade in den letzten zwei Jahrzehnten die Beratung politischer Akteure durch die Wissenschaft zunehmend an Bedeutung gewinnt, könnten so auch wieder mehr arbeitnehmerorientierte Ansätze in die praktische Politik einfließen.

2 Theoretische Grundlagen

Die Studie soll einen möglichst umfassenden Überblick über die gewerkschaftliche Medienpolitik und ihre Möglichkeiten in einer funktional differenzierten Gesellschaft geben. Oder anders gesagt: Medienpolitik soll als gewerkschaftliches Handlungsfeld ausgelotet werden. Die Policy-Analyse zeigt, dass, so sehr auch die Frage nach den systemischen Bedingungen wichtig ist, Akteure bei der Frage nach Politikprozessen eine tragende Rolle spielen:

> „Probleme lösen sich nicht selbst. Die Gesellschaft ist kein techno-kybernetisches System, in dem Soll-Ist-Abweichungen direkt in ein gesellschaftliches Steuerungszentrum rückvermittelt werden. Soziale Problemlösungsprozesse sind immer akteurvermittelt. Akteure müssen von Problemen betroffen sein und auch ein Interesse haben, in einen Problemzusammenhang einzugreifen. Sie müssen Problembewältigungsstrategien initiieren und entsprechend Ressourcen investieren." (Schneider/Janning 2007:52)

Im Folgenden wird Medienpolitik verstanden als „politisch motiviertes und intendiertes Handeln, das sich auf die Organisation, die Funktionsweise, die Ausgestaltung und die materielle wie personelle Seite der Massenmedien bezieht." (Kleinsteuber 2005: 93–116; ders. 2001: 293–296)[5]. Dieses Handeln vollzieht sich in einem Policy-Netzwerk, einem in seinen Dimensionen sozial, zeitlich, sachlich offenen Handlungssystem, das vorrangig durch Kommunikation konstituiert wird (vergl. Jarren/Donges 1997: 231–252). Der Ansatz ermöglicht es, den Forschungsgegenstand der Studie, die gewerkschaftliche Medienpolitik, in vielfältigen Dimensionen wahrzunehmen: Der Begriff des Policy-Netzwerkes beschreibt „Beziehungsnetzwerke politischer Akteure, die auf politische Willensbildungsprozesse in einem Problem- bzw. Politikfeld bezogen sind" (Prittwitz 1994:93). Policy-Netzwerke sind eine funktionale Kategorie; ihnen können nur die Akteure zugeordnet werden, die an seiner Funktion, also seinem Entscheidungs- und Implementationsprozess, teilhaben (Marin/Mayntz 1991:11ff). Sie sind zudem Indikator für die eingeschränkte Funktion des Staates und gleichzeitig signalisiert das Aufkommen von Policy-Netzwerken eine Sensibilität für die erhöhte Komplexität politischer Herrschaft und für zunehmende Konsensbedürf-

---

[5] Vergl. die Definition in Abschnitt 3.2 zu Mitbestimmte Medienpolitik.

nisse in modernen demokratischen Gesellschaften. (vergl. Marin/Mayntz 1991:
51)
    Die Untersuchung soll sowohl das Handeln der gewerkschaftlichen Akteure
in den öffentlichen Arenen der Medienpolitik, als auch ihre Möglichkeiten zur
Vernetzung und die Bedingungen in ihren jeweiligen Organisationen untersuchen. Das Forschungsdesign folgt deshalb einem akteurstheoretischen Ansatz
und dem in der Politikwissenschaft entwickelten Konzept eines Mehrebenensys-
tems. Dabei geht es um funktional kooperierende untereinander verschachtelte
Strukturen, wobei eine typische Beobachtung ist, dass erst dann durchsetzungs-
fähige politische Allianzen entstehen, wenn beteiligte Akteure und Institutionen
– obwohl verschiedenen Ebenen angehörig – eine gemeinsame Strategie entwickeln und gemeinsam agieren. (vergl. Kleinsteuber 2005; Schneider 1998).[6]
Hierzu bemerkt Benz:

> „Ihre Informations- und Bündelungsfunktion über Ebenen hinweg können private
> Akteure aber nur erfüllen, wenn sie ihre Organisation an die Mehrebenenstruktur des
> politischen Systems anpassen, sei es durch eine einheitliche, zentralisierte Organisa-
> tion für den Gesamtraum oder durch eine föderative Struktur." (Benz 2005:113)

Föderativ organisierte Verbände stehen seiner Einschätzung nach vor den gleichen Schwierigkeiten der Koordination in Mehrebenensystemen wie staatliche
Akteure im politischen System. Eine Feststellung, die auch für die Gewerkschaften gilt.

2.1 Steuerung, Regulierung, Governance

Welche neuen Anforderungen an Medienkontrolle ergeben sich aus dem gesellschaftlichen Wandel und den veränderten Bedingungen politischer Kommunikation? Reichen die herkömmlichen Ansätze von Steuerung oder Regulierung aus,
um den vielfach konstatierten Abbau von Regulierungskompetenzen durch den
Staat zu kompensieren? Aus Sicht nichtstaatlicher medienpolitischer Akteure
und der Leser, Zuschauerinnen und Zuhörer sicher nicht. Die deutsche Medienpolitik wird nach wie vor bestimmt durch den Glauben an die Allmacht juristi-

---

[6] Als Strukturen werden hier die Gleichförmigkeit und Gesetzmäßigkeit in Rollenverteilung,
Interaktionsmustern und formalen wie inhaltlichen Entscheidungskriterien im Rahmen des politischen Prozesses bezeichnet, die über die Individualität der handelnden Personen oder der jeweiligen
Situation hinaus relativ konstant bestehen und den formalen Ablauf von Entscheidungsprozessen,
ihre Inhalte und möglichen Ergebnisse bestimmen. (vergl. Alemann 1975:46) Dabei werden Strukturen als relativ und veränderbar begriffen und ihre prinzipielle Offenheit vorausgesetzt.

scher Normen und die Alleinzuständigkeit des Staates, wenn es um die Regulierung der Medien geht. Die jüngsten Entwicklungen aber haben deutlich gezeigt, dass es mit den bisherigen Mechanismen nur schwerlich gelingen wird, die Herausforderungen der heutigen und zukünftigen Medienwelt zu meistern. Die zunehmende Ökonomisierung der Medienwelt drängt kulturelle Gesichtspunkte in den Hintergrund. Damit ist sie ähnlichen Veränderungen unterworfen wie andere Bereiche der Politik. Und so kommt die Wissenschaft zu dem Ergebnis, dass die Trennung zwischen dem öffentlichen und dem privaten Sektor zunehmend verschwimmt und Interessen zunehmend sowohl privat als auch öffentlich sind (vergl. Kooiman 2005). Daher sei es angemessen von sich verändernden, statt von zurückgehenden staatlichen Steuerungsaktivitäten zu sprechen. Die veränderten gesellschaftlichen Problemlagen erforderten eine breitere Auswahl an Steuerungsansätzen und -instrumenten. Gleichzeitig verfügt

„[...] kein Akteur allein, sei er öffentlich oder privat, [...] über das Wissen und die Daten, die zur Lösung komplexer, dynamischer und diversifizierter Probleme nötig sind. [...] kein einzelner Akteur verfügt über ausreichend Handlungspotential, um das Geschehen einseitig zu dominieren." (Kooiman 2005: 153).

Und so stößt auch die Rundfunkregulierung mit ihren bisherigen Zielen, Modellen und Instrumenten an Grenzen, wie Jarren/Donges feststellen:

„Vor allem wird es zukünftig immer weniger möglich sein, allein durch politische Steuerungsmaßnahmen, also mittels Rechtssetzung wie Verbote oder Gebote, auf die Entwicklung des Mediensystems wirksam Einfluß zu nehmen. Da der Rundfunk, und mit ihm das gesamte Medien- und Kommunikationssystem, mehr und mehr aus dem kulturellen System herausgelöst und dem ökonomischen System überantwortet wird, verlieren politische Steuerungsinstanzen gegenüber dem Rundfunk generell an Einfluss." (Jarren/Donges 2000: 21)

Diskutiert wird infolgedessen über neue Konzepte zur Regulierung. Mit dem Ansatz der Governance, ein Begriff der auch schon in anderen Politikfeldern in den vergangenen Jahren eine steile Karriere gemacht hat, werden neue Ansätze beschrieben, um überholte Regulierungsverfahren in der Medienpolitik zu verändern oder zu verbessern.

„Zusammenfassend ist festzuhalten, dass Governance als Ausweitung des herkömmlichen Regulierungsbegriffs verstanden werden kann. Wurden im herkömmlichen Verfahren Regulierungsentscheidungen von einzelnen dazu legitimierten Personen oder Institutionen getroffen, so erarbeiten in einem Governance-Verfahren die Betroffenen entweder gemeinsam solche Regulierungsentscheidungen oder sie werden von den Entscheidungsverantwortlichen in den Prozess einbezogen. Governance-

Verfahren nehmen die Erfahrung und das Wissen der Betroffenen in den Entscheidungsprozess auf." (Trappel 2007:256).

Gleichzeitig bietet das Governance-Konzept Analysemöglichkeiten für die Wissenschaft. Im Mittelpunkt der Untersuchung steht die gewerkschaftliche Medienpolitik, die als organisationspolitische und gesellschaftliche Aufgabe erfasst und beschrieben werden soll. Der besondere Fokus liegt dabei auf den gewerkschaftlichen Rundfunkräten. Medienpolitik aber vollzieht sich, wie jede andere Politik auch, nur im Bezug auf andere Akteure und Rahmenbedingungen. Deshalb muss sich der Blick auch auf die außerorganisatorischen Bedingungen richten, unter denen Gewerkschaften Medienpolitik gestalten können. In beiden Perspektiven geht es im Kern um Fragen von Beteiligung, von Steuerung und Regulierung von Prozessen und zwar auf unterschiedlichen Ebenen und zwischen diesen. Es handelt sich hier also um Prozesse, die sich auf unterschiedlichen Ebenen abspielen, Prozesse in Mehrebenensystemen. So stellt Benz fest:

> „Mehrebenensysteme entstehen [...] durch Aufteilung von Macht oder Kompetenzen auf territorial begrenzte Organisationen. [...] Mehrebenensysteme der Politik entstehen, wenn zwar die Zuständigkeiten nach Ebenen aufgeteilt, jedoch die Aufgaben interdependent sind, wenn also Entscheidungen zwischen den Ebenen koordiniert werden müssen." (Benz 2004: 126f).

Der Untersuchungsgegenstand, die gewerkschaftliche Medienpolitik spielt sich auf einem politischen Feld ab, das geprägt ist durch eine hohe staatliche Regulierungsdichte; insbesondere gilt dies für den Bereich der Rundfunkpolitik. Gleichzeitig finden sich unterschiedliche Typen von Selbstregulierung (vergl. Hoffmann-Riem 2000a), was auf die Sicherung der freien Kommunikation und das damit verbundene Gebot der Staatsfreiheit zurückzuführen ist. Hoffmann-Riem spricht von einer „regulativen Umhegung" des Medienbereiches durch den Staat, der damit seinem Gewährleistungsauftrag nachkomme, wenn publizistische Gemeinwohlbelange nicht hinreichend berücksichtigt würden (ebenda). Mit den pluralistisch zusammengesetzten Aufsichtsgremien sowohl im öffentlich-rechtlichen als auch im privatrechtlichen Rundfunk ist die Beteiligung nichtstaatlicher Akteure in gewissen Grenzen seit Beginn der Geschichte des deutschen Rundfunks nach dem Zweiten Weltkrieg festgeschrieben. Dies war der Grund, nach einer analytischen Perspektive zu suchen, die es ermöglicht, das Handeln sowohl staatlicher als auch nichtstaatlicher Akteure im Zusammenhang mit politischer Steuerung in einem sich stetig wandelnden Politikfeld zu hinterfragen. Oder um es anders zu beschreiben: Es geht um den Zusammenhang von Institutionen und Grundlagen der Medienordnung (polity), den Prozessen und dem politischen Input durch Medienakteure (politics), und Politikinhalten, in unserem Fall der output des politischen Betriebs mit Gesetzen, Staatsverträgen etc. (policy) (vergl. Kleinsteuber 2005:103). Dies alles scheint am besten mit dem Begriff „Governance" begriffen werden zu können. Als Alltagsbegriff ist er im englischen Sprachraum durchaus gebräuchlich und beschreibt hier zunächst „the action or manner of governing".[7]

Fragt man nach den wissenschaftlichen Ursprüngen, so stößt man zuerst auf die Wirtschaftswissenschaften. Das Konzept der „Governance" beschreibt hier die Existenz von Regeln und die Art und Weise der Regeldurchsetzung im Wirtschaftsprozess. Nach grundlegenden Überlegungen von Ronald Coase aus den 30er Jahren des vorigen Jahrhunderts, entwickelte Oliver Williamson in den 80er Jahren ein Konzept der institutionenökonomischen Forschung, auf dessen Basis mittlerweile Governance-Perspektiven entstanden sind, die sich von der Mikro- über die Meso- bis zur Makroebene erstrecken (Benz/Lütz/Schimank/Simonis 2007: 11). Hier stehen Modi der Handlungskoordination im Fokus, die nicht marktförmig sind. Dabei wird an wirtschaftlichen Transaktionen gezeigt, dass nicht unbedingt von einer Überlegenheit des Marktes auszugehen ist, sondern durchaus andere Formen der Handlungskoordination in modernen Wirtschaftszusammenhängen dem Markt überlegen sein können. Hierbei geht es insbesondere um Institutionen und Organisationen, die in der Regel durchaus hierarchisch strukturiert sind.

In der Politikwissenschaft tauchte der Begriff zunächst in Bezug auf internationale Beziehungen auf, wurde aber bald auch auf andere Felder übertragen. Governance ist seit den neunziger Jahren des vorigen Jahrhunderts zu einem Schlagwort, manche meinen sogar zu einem „Modethema" geworden (vergl. Kooiman 2005; Jann, 2005) und wird in vielen wissenschaftlichen Disziplinen verwendet. Governance bezeichnet in Zusammenhang mit Steuerung und Regulierung, die Tatsache, dass komplexe gesellschaftliche Aufgaben nicht mehr ausschließlich durch die Durchsetzungsmacht des souveränen Staates gelöst werden können, sondern die Zusammenarbeit mit anderen Akteuren notwendig ist. Governance beschreibt den Regelungsaspekt in komplexen Strukturen, der externe Steuerung sowie Selbststeuerung einschließt. Dazu Benz:

„Sieht man von den wertenden und teilweise ideologischen Vorstellungen ab, so verweist der Governance-Begriff [...] auf Strukturen und Verfahren der Steuerung und Koordination mittels einer komplexen Kombination aus Hierarchie, Verhandlungen und Netzwerken bzw. aus Regulierung, Anreizmechanismen und Vereinba-

---

[7] http://www.askoxford.com/results/?view=dev_dict&field-12668446=governance&branch= 13842570&textsearch type=exact&sortorder=score%2Cname (29.8.2007)

rungen im Zusammenwirken staatlicher und gesellschaftlicher Akteure." (Benz 2004: 19).

Und weiter:

„Der Governance-Begriff variiert [...] in den verschiedenen Anwendungsfeldern, dennoch lässt sich ein konstanter Begriffskern identifizieren. Dieser kann folgendermaßen bestimmt werden: 1. Governance bedeutet Steuern und Koordinieren (oder auch Regieren) mit dem Ziel des Managements von Interdependenzen zwischen (in der Regel kollektiven) Akteuren. 2. Steuerung und Koordination beruhen auf institutionalisierten Regelsystemen, welche das Handeln der Akteure lenken sollen, wobei in der Regel Kombinationen aus unterschiedlichen Regelsystemen (Markt, Hierarchie, Mehrheitsregel, Verhandlungsregeln) vorliegen. 3. Governance umfasst auch Interaktionsmuster und Modi kollektiven Handelns, welche sich im Rahmen von Institutionen ergeben (Netzwerke, Koalitionen, Vertragsbeziehungen, wechselseitige Anpassung im Wettbewerb). 4. Prozesse des Steuerns bzw. Koordinierens sowie Interaktionsmuster, die der Governance-Begriff erfassen will, überschreiten in aller Regel Organisationsgrenzen, insbesondere aber auch die Grenzen zwischen Staat und Gesellschaft, die in der politischen Praxis fließend geworden sind. Politik in diesem Sinne findet normalerweise im Zusammenwirken staatlicher und nicht-staatlicher Akteure (oder von Akteuren innerhalb und außerhalb von Organisationen) statt." (Benz 2004: 25).

Es geht also bei Governance nicht um ein theoretisches Modell das quasi wie eine Folie über unseren Untersuchungsgegenstand, die gewerkschaftliche Medienpolitik gelegt werden kann, sondern um ein Konzept, das es ermöglicht, sie in einer bestimmten Weise zu betrachten und die komplexen Strukturen kollektiven Handelns zu analysieren. Die so genannte Governance Theory, wie sie immer wieder in der wissenschaftlichen Literatur auftritt, ist kein fest umrissenes Theoriemodell, sondern beinhaltet vielfältige Ansätze in unterschiedlichen Disziplinen. So stellt Renate Mayntz fest, der mit dem Leitbegriff Governance arbeitende analytische Ansatz repräsentiere eine andere Perspektive als der den Leitbegriff Steuerung verwendende Ansatz. Governance-Theorie, d.h. die im Rahmen des Ansatzes entwickelte substantielle Theorie, sei keine einfache Fortentwicklung im Rahmen des steuerungstheoretischen Paradigmas. Sie befasse sich vielmehr mit einem eigenen Satz von Fragen und lenke dabei das Augenmerk auf andere Aspekte der Wirklichkeit als die Steuerungstheorie. (Mayntz 2005: 11). Weiter erklärt sie:

„Dem gegen Ende der 70er Jahre vollendeten steuerungstheoretischen Kernparadigma zufolge bedeutete politische Steuerung [...] die konzeptionell orientierte Gestaltung der Gesellschaft durch – dazu demokratisch legitimierte – politische Instanzen [...]. Angeregt durch Erkenntnisse der empirischen Implementationsforschung wurde dieses steuerungstheoretische Kernparadigma zunächst dadurch erweitert, daß man das Adressatenverhalten und die strukturellen Besonderheiten verschiedener Regelungsfelder in die Analyse einbezog und die Gesetzgeberperspektive durch eine bottom-up-Perspektive ergänzte. [...] In einem zweiten Schritt löste man sich dann von der Konzentration auf die Akteure des politisch-administrativen Systems und bezog die Mitwirkung gesellschaftlicher Akteure an der Entwicklung und Implementation von Politik mit ein. [...] Am Ende dieser Erweiterung des steuerungstheoretischen Paradigmas stand das Modell des kooperativen Staats, in dem die klare Unterscheidbarkeit von Steuerungsobjekt und Steuerungssubjekt verschwindet" (ebenda: 12 ff).

Die Governance-Theorie befasst sich eher mit den Regelungsstrukturen und ihrem Einfluss auf die handelnden Akteure, während die Steuerungstheorie das handelnde Steuerungssubjekt, also die staatlichen Akteure, in den Fokus nimmt. Die Akteursbezogenheit betonen auch andere, so z.B. Jarren, der unter Governance ganz allgemein Muster der Interdependenzbewältigung zwischen Akteuren versteht, im Unterschied zum Begriff des Government, bei dem eine staatszentrierte und rechtliche Sichtweise vorherrscht.

„Governance meint die Regelung von Sachverhalten zwischen unterschiedlichen Akteuren aus verschiedenen Gesellschaftsbereichen. Es wird in der Governance-Perspektive nicht von einem unitaristischen Akteur Staat ausgegangen, sondern von einer Vielzahl komplex miteinander verflochtener politischer und gesellschaftlicher Akteure." (Jarren 2007a:285).

Für Kooiman ist die Akteursbezogenheit eine Grundlage seiner demokratischen soziopolitischen Governancetheorie. Er spricht von den „das Herz von Steuerung ausmachenden Akteuren", es sei von entscheidender Bedeutung, diese nicht aus dem Blick zu verlieren (Kooiman 2005:154f.). Manchem Verwaltungsexperten gilt Governance sogar als „dezidierte oder latente Handlungsanleitung für Praktiker" (Jann 2005:21). Weiter gefasst formuliert Schimank: „Die Governance-Perspektive nimmt [...] die Gestaltung einer sozialen Ordnung durch ebenfalls in eine soziale Ordnung eingebettete Akteure in den Blick." (Schimank 2007: 29)

Auch wenn es keine allgemeingültige Definition des Begriffs Governance gibt, so können doch einige gemeinsame Anliegen zu einer engeren Beschreibung beitragen, wie Trappel feststellt. Er nennt die Mitwirkung gesellschaftlicher Gruppen und partizipative Formen der Entscheidungsfindung, Berücksichtigung öffentlichen Interesses, Transparenz, Rechenschaftspflicht sowie Berichtspflicht. (vergl. Trappel 2007: 255 f.) Auch er versteht Governance als eine Ausweitung des herkömmlichen Regulierungsbegriffs.

Vielfach wird Governance als Gegensatz oder in Abgrenzung von Government verstanden. Dies allerdings wird nicht der Vielschichtigkeit gesellschaftlicher Steuerungsvorgänge gerecht, wie sich auch im Bereich der Medien-, insbesondere der Rundfunkpolitik nachweisen lässt. Diese Studie verwendet Governance, angelehnt an die Definition von Benz/Lütz/Schimank/Simonis, als Ober-
begriff für sämtliche vorkommenden Muster der Interdependenzbewältigung
zwischen staatlichen und gesellschaftlichen Akteuren. Dabei wird Hierarchie im
Sinne von Government als ein Governancemodus neben anderen verstanden.
(Benz/Lütz/Schimank/Simonis 2007:17) Andere Modi von Governance sind
unter anderem Verhandlungen und Netzwerke. Diese beiden werden im Folgenden dazu herangezogen, die gewerkschaftliche Medienpolitik als Beitrag und in
ihrer Ausprägung im Sinne von Governance zu erkunden.

2.1.1 Governance und Rundfunk

Eine Kritik an der derzeitigen deutschen Rundfunkregulierung lautet, sie sei
„juridifiziert" (Kleinsteuber 2007). Die Idee der „regulation", wie sie in den
USA entstanden sei, habe in Mitteleuropa durch den beherrschenden Einfluss
von Verwaltungsjuristen ihre ursprüngliche politische Logik verloren. Geht man
auf die Ursprünge des Regulierungsbegriffs zurück, zeigt sich allerdings, dass
Regulierung weit mehr sein kann, als staatliche Steuerung. Entstanden in den
USA beschreibt „regulation" dort von Beginn an eine Form politischer Steuerung, die Akteure der Zivilgesellschaft einbindet (vergl. Kleinsteuber 2007).
„Spuren der Governance im Sinne zivilgesellschaftlicher Beteiligung" seien in
der spezifischen Organisationsform in den USA von Anbeginn zu finden, auch
wenn der Begriff in der historischen Entstehung von Regulierung nicht präsent
sei. Und kann damit als frühes Governance-Konzept gesehen werden. Governance beschreibt hier in erster Linie die Einbeziehung zivilgesellschaftlicher
Akteure und staatlicher Akteure in Entscheidungsprozesse. Allerdings, stellt
nicht nur Jarren, mit Blick auf die Medienpolitik in Deutschland, Österreich und
der Schweiz, fest:

> „[...],dass zwar Formen von Government und zunehmend von Governance ange-
> wandt werden, dass jedoch die Governance-Philosophie eher implizit denn explizit
> verfolgt wird. [...] Vor allem aufgrund der relativ starken Stellung staatlicher und
> zentraler politischer Akteure (so überwiegend aus den politischen Parteien) sowie
> langer korporatistischer Politikformen hat sich in den genannten Ländern eine spezi-
> fische Form von Medienpolitik herausgebildet: Wenige politische Akteure aus der
> staatlich-parteipolitischen sowie gesellschaftlichen Elite interagieren mit Medien-
> marktakteuren zur Bearbeitung von medienpolitischen Problemen. Andere gesell-

schaftliche Akteure haben zu diesen Aushandlungsarenen und Entscheidungsprozessen in der Regel keinen, zumindest keinen institutionellen und dauerhaften, Zugang." (Jarren 2007a:284f).

Die Regelungskompetenzen in der Rundfunkpolitik seien aufgrund der föderalen Struktur stark fragmentiert und schwach institutionalisiert. (Jarren/Donges 2004:55f). Jarren formuliert eine neue „Verantwortungskultur" als ein medienpolitisches Kernziel und kritisiert die bestehende im öffentlich-rechtlichen Rundfunk als stark partei- bzw. machtpolitisch und zudem kulturell elitistisch geprägt. Da Medienpolitik in der Regel den Staatskanzleien zugeordnet ist, werden medienpolitische Entscheidungen vorrangig von Ministerpräsidenten oder den Leitern der Staatskanzleien dominiert. Damit werden rundfunkpolitische Entscheidungen zum Gegenstand informell-geheimer Verhandlungen (vergl. Wiek 1996: 190) Deshalb seien ein umfassenderes Konzept sowie entsprechende Governance-Formen zur Erreichung des Ziels Verantwortungskultur erforderlich.

Wenn Governance die Einbindung zivilgesellschaftlicher Akteure in Steuerung beinhaltet, ist die Frage, ob das Modell der Rundfunkräte diesen Anspruch erfüllen kann. Wie steht es um die Beteiligung der Zivilgesellschaft, aber auch einzelner Bürgerinnen und Bürger? Wie nehmen die die Rundfunkräte entsendenden Organisationen, hier am Beispiel Gewerkschaften dargestellt, ihre Aufgaben im Hinblick auf die Essentials der Governance wahr und welche Hindernisse, sowohl inner- als auch außerorganisatorisch stehen dem im Wege? Hier stellt sich beispielsweise die Frage nach der Transparenz. Denn Governance trägt, wie oben bereits dargestellt, immer auch den Aspekt der Transparenz in sich, verstanden in dem Sinne, dass Mitwirkung und Mitgestaltung ohne umfassenden Einblick in die regulativen Vorgänge und die ihnen zugrunde liegenden Informationen nicht möglich ist. Die Arbeit einer regulativen Institution muss jederzeit auch detailliert von außen nachvollziehbar sein (vergl. Kleinsteuber 2007). Wird und, wenn ja, wie wird die notwendige Transparenz gewährleistet, die erst die Voraussetzung für eine Einbeziehung einzelner in Entscheidungsprozesse schafft? Oder werden die theoretisch vorhandenen Mitwirkungsmöglichkeiten eingeschränkt, beispielsweise durch die tatsächlich vorhandenen Machtstrukturen aufgrund unterschiedlicher Kompetenz und Apparate, auf die andere, insbesondere politische Akteure zurückgreifen können? Den hohen Stellenwert von Transparenz beschreibt beispielsweise der renommierte Medienjurist Wolfgang Hoffmann-Riem:

„Für eine auf Public Service ausgerichtete Einrichtung ist Rechenschaft gegenüber der Allgemeinhit (Öffentlichkeit) eine besonders wichtige Bezugsgröße der Legitimation (public accountability). Deswegen gewinnt Transparenz große normative Bedeutung für das Handeln der Rundfunkanstalten." (Hoffmann-Riem 2000a: 18).

Und er führt aus:

> „Selbstregulative Prozesse können durch verstärkten Dialog mit der Öffentlichkeit
> bereichert werden, so z.b. durch deren verstärkte Einbeziehung in die Erarbeitung
> von Programmprofilen und das Qualitätsmanagement, durch eingehendere Informa-
> tionen über Programmentwicklungsplanungen bis hin zur öffentlichen Konkretisie-
> rung von Zielvorgaben." (ebenda).

Der Blick auf die deutsche Medienpolitik und speziell auf die Rundfunkpolitik,
zeigt, dass mit den Rundfunkräten bereits Regulierungsgremien bestehen, die
Züge von Governance tragen. Das Rundfunkwesen in Deutschland ist, wie das
Mediensystem im Ganzen, in seinen Grundlagen geprägt durch die Neuordnung,
die die westlichen Alliierten nach dem Zweiten Weltkrieg schufen. Sie initiierten
nach den Erfahrungen der Gleichschaltung der deutschen Medien und der damit
einhergehenden totalen Kontrolle durch die Nationalsozialisten ein demokratisch
geordnetes Mediensystem. Nach dem Vorbild der britischen BBC wurden die
ersten Rundfunkanstalten als staatsferne, öffentlich-rechtliche Sender gegründet.
Zu den damals geschaffenen Kontrollorganen gehören auch die heute noch in
allen öffentlich-rechtlichen Sendern wirkenden Rundfunkräte. Die Idee, Rundfunkräte als pluralistisch besetzte Gremien mit Aufsichtsfunktion einzusetzen,
geht zurück auf einen Vorschlag des vormaligen Reichsrundfunkkommissars
Hans Bredow.

Die Rundfunkräte sollten zusammengesetzt sein aus Vertretern des Staates,
respektive der Parteien, sowie Mitgliedern aus den Reihen der so genannten
gesellschaftlich relevanten Gruppen, wie Kirchen, Gewerkschaften, Arbeitgeber-
verbänden. Bereits in den Anfängen der Rundfunksender gab es allerdings immer wieder Diskussionen um die angemessene Präsenz der Politik, bzw. deren
Übermacht in den Gremien. So wurde beispielsweise 1959 beim Bayrischen
Rundfunk auf Betreiben der Politik, die Zahl der Rundfunkratsmitglieder erhöht
und infolgedessen der Anteil der Parlamentarier im Gremium gesteigert. Diese
Diskussion ist auch heute noch aktuell, wie sich im Weiteren zeigen wird. Zitiert
sei dazu ein Bericht des Evangelischen Pressedienstes aus dem Jahre 1988:

> „Der Rundfunkrat des WDR will die Arbeit mit dem Intendanten Friedrich Nowott-
> ny fortführen. Hintergrund dieser Erklärung ist ein Interview, das Nowottny der
> WAZ gegeben hat, in dem er seinen Eindruck äußerte, im Rundfunkrat richte sich
> das Abstimmungsverhalten immer häufiger nach parteipolitischen Erwägungen. Die
> so genannten gesellschaftlich relevanten Gruppen seien in ihrer Vielfalt für ihn nur
> schwer erkennbar geworden. In dem Zusammenhang sprach Nowottny von einer

,Verfälschung' des gesetzesmäßigen Auftrages des Rundfunkrates als Aufsichtsgremium, über den das Gremium nachzudenken hätte."[8]

Über die Zusammensetzung der Gremien und den Einfluss der Politik auf die Rundfunksender wurde auch in der wissenschaftlichen Literatur immer wieder diskutiert.

„Über die Besetzung des Rundfunkrates sind staatliche ,Akteure' direkt in der Organisation Rundfunk tätig. […] Wo […] das betreffende Aufsichtsorgan innerhalb der Rundfunkanstalt eine sehr einflußreiche Stellung hat, besteht zu den Fällen vollständiger Staatsregie kein großer Unterschied." (Jarass 1978: 95 f.)

So beschreibt Jarass das Problem für den Fall, dass die Mitglieder des Rundfunkrates durch das Parlament gewählt werden und politische Vertreter im Gremium ein Übergewicht besitzen. Und weiter fragt er:

„Unter dem Gesichtspunkt der Rundfunkfreiheit stellt sich damit die grundsätzliche Frage, ob eine derartige Beteiligung überhaupt zulässig ist. Wird hier nicht der Staatsrundfunk durch die Hintertür wieder eingeführt? Falls man nicht so weit gehen und eine staatliche Beteiligung nicht vollständig ausschließen will, ist zu klären, wo die Grenzen einer Beteiligung liegen. Wie viele Vertreter des Staates können etwa in den Aufsichtsgremien einer Rundfunkanstalt sitzen?" (ebenda).

In einer Literaturexpertise für die „Kommission für wirtschaftlichen und sozialen Wandel" wird festgestellt:

„An der Struktur der öffentlich-rechtlichen Anstalten wird vor allem Kritik geübt in Hinblick auf die Zusammensetzung der Gremien und deren Arbeitsweise. Die Zusammensetzung der Rundfunk- und Verwaltungsräte wird meist nach parteipolitischen Gesichtspunkten vorgenommen, was der Forderung nach Vertretung ,aller gesellschaftlich relevanten Kräfte' widerspricht." (Decker/Langenbucher/Narr 1976: 119f.).

Die Rundfunkräte sollten und sollen damals wie heute nicht als Interessenvertretung ihrer Organisationen wirken, sondern als gemeinwohlorientierte Kontrolleure und Berater. Beispielhaft sei dazu auf ein einschlägiges Urteil des Oberverwaltungsgerichts Berlin aus dem Jahre 1969 verwiesen:

„Das Gericht entscheidet, dass Verbände, die Vertreter in einen Rundfunkrat entsenden, kein Kontrollrecht, sondern nur ein Nominierungsrecht haben. Die Mitglieder

---

[8] epd/Kirche und Rundfunk, 1988/16 v. 2.3.1988, S. 13

des Rundfunkrates seien nicht als Vertreter der sie entsendenden Organisationen Mitglieder in diesem Gremium. Sie seien nicht an die Weisungen der Organisationen gebunden, sondern nur ihrem Gewissen und der Anstaltssatzung verpflichtet." (zit. n. Schütz 1999: 153)

Bei Gründung des Zweiten Deutschen Fernsehens (ZDF) 1963 wird nach dem Vorbild der Rundfunkräte hier ein Fernsehrat etabliert. Mit der Zulassung kommerzieller Anbieter und der Einführung des Dualen Rundfunks werden die Landesmedienanstalten gebildet, die in ihren Aufsichtsgremien einen den Rundfunkräten ähnlichen Aufbau zeigen.

> „Die vorrangig binnenorganisatorisch (plural) eingerichtete Rundfunkaufsicht ist ein Teilelement selbstregulativer Organisation, die durch die regulativen Rahmenvorgaben des Rundfunkrechts vorstrukturiert worden ist und deren Funktionieren durch die (verfassungsrechtlich notwendig begrenzte) staatliche Rechtsaufsicht überwacht wird." (Hoffmann-Riem, 2000a: 18)

Für den Untersuchungsgegenstand Rundfunkpolitik wird in dieser Studie „Governance" definiert, als die Regulierung von Interdependenzen zwischen verschiedenen Inhalten, Institutionen und Prozessen unter Einbeziehung nichtstaatlicher Akteure. Dabei spielen die Fragen nach Transparenz und Öffentlichkeit sowie Zugangschancen eine entscheidende Rolle. Governance bezogen auf medienpolitische Regulierung und Steuerung ist nicht zu verwechseln mit dem, was in der Kommunikationswissenschaft unter dem Begriff Media-Governance verstanden wird. Als Media-Governance wird gemeinhin die Übernahme von Regulierungs- und Gestaltungsaufgaben durch Medienunternehmen und private Akteuren bezeichnet. Medienorganisationen wird damit infolge stärker liberalisierter Märkte und dem Schwinden nationalstaatlichen medienpolitischen Einflusses ein höheres Maß an Selbstverantwortung und Selbstregulierung zugewiesen. Mit dem Konzept der Media-Governance entstand zwar eine neue kommunikationswissenschaftliche Perspektive, die die alleinige Konzentration auf staatliche medienpolitische Akteure verlässt. Sie trägt so der staatlichen Steuerungskrise Rechnung, die durch Liberalisierung, Konvergenz, Globalisierung und technologischen Wandel verursacht wurde und neue Anforderungen an die nationale, supra- und internationale Kommunikationspolitik stellt. (vergl. Just/Latzer/ Saurwein 2006). Dennoch ist das Konzept Media-Governance mit der Erweiterung von öffentlichen auf private Regulierungsakteure zur Analyse der vorliegenden Regulierung durch pluralistisch besetzte Rundfunkgremien ein zu eingeschränktes Konzept.

Latzer klassifiziert unterschiedliche Regulierungsformen unterschieden nach dem Grad staatlicher Einflussnahme. Als Selbst- und Ko-Regulierungen werden kollektive, intentionale Verhaltensbeschränkungen bezeichnet, deren vielfältige Ausprägungen sich auf einem Kontinuum zwischen Markt und Staat bewegen. Häufig handele es sich bei den Regulierungsinstitutionen um ein kooperatives Arrangement aus privaten und öffentlichen Systembeiträgen, die rechtlicher, organisatorischer, finanzieller oder personeller Natur sein können. Sie werden nach dem Intensitätsgrad der staatlichen Involvierung abgegrenzt. Die dabei unterschiedenen Kategorien von Regulierungsinstitutionen und ihre wesentlichen Kennzeichen sind:

„(1) staatliche Regulierung
(1a) staatliche Regulierung im engen Sinn: 'klassische' hoheitliche Tätigkeit (Legislative, Exekutive, Judikative)
(1b) staatliche Regulierung im weiten Sinn: (exekutive) hoheitliche Tätigkeit, Distanz zur Hoheitsverwaltung durch
(i) Weisungsfreiheit oder
(ii) 'gelockerten' Weisungszusammenhang (Begründung, schriftliche Form, Veröffentlichung)
(2) Ko-Regulierung: explizite einseitige rechtliche Grundlage; keine hoheitliche Tätigkeit
(3) Selbstregulierung
(3a) Selbstregulierung im weiten Sinn: leichte staatliche Involvierung (z. B. finanziell, personell, Verträge)
(3b) Selbstregulierung im engen Sinn: keine explizite staatliche Involvierung
(4) Markt: keine Regulierung
Als alternative Regulierungsinstitutionen sind die Kategorien 2, 3a und 3b zusammengefasst, in denen gesellschaftliche Akteure involviert sind." (vergl.Just, Latzer, Saurwein 2006)

Die hier als „alternative Regulierungsinstitutionen" beschriebenen kommen am ehesten denen nahe, mit denen sich diese Untersuchung beschäftigt. Diese Studie geht deshalb von dem oben beschriebenen Begriff der Governance im Rahmen von Rundfunkpolitik aus und benennt diese Form der Governance als „Co-Determined Governance" in Ableitung vom Begriff der Mitbestimmten Medienpolitik (siehe 3.2). Damit wird der Blick erweitert auf eine dritte Gruppe von Akteuren. Es sind die im Rahmen institutioneller Regulierung in Rundfunkräten und Aufsichtsgremien der Landesmedienanstalten als nicht-staatliche, nicht-private, sondern in Vertretung gesellschaftlich relevanter Gruppen agierenden Akteure.

2.1.2 Governance und Gewerkschaften

Im Jahr 2000 berief der damalige Bundeskanzler Gerhard Schröder eine Kommission ein, die sich, so ihr Titel, mit „Corporate Governance – Unternehmensführung – Modernisierung des Aktienrechts" auseinandersetzen sollte. Zu deren
21 Mitgliedern gehörten auch die Gewerkschafter Heinz Putzhammer (DGB),
Hubertus Schmoldt (IGBCE) und Klaus Zwickel (IG Metall). Seit Beginn der
Diskussion um „best practice" in der Unternehmensführung und damit verbundenen möglichen Auswirkungen auf das Modell der deutschen Mitbestimmung,
positionierten sich die Gewerkschaften in der Auseinandersetzung. Sie trugen
zur Formulierung des Abschlussberichtes ebenso bei, wie zu dem in einer zweiten Kommission erarbeiteten und 2002 veröffentlichten „Corporate-Governance-
Kodex". Bezogen auf Wirtschaftspolitik ist Governance also ein die gewerkschaftlichen Kernaufgaben umfassend betreffendes Thema. Im Grundsatz ging es
ihnen insbesondere darum, dass an der gesetzlich verankerten Unternehmensmitbestimmung nicht gerüttelt wurde und der Kodex „gesetzesunterstützenden Charakter" erhält. (vergl. Mitbestimmung: 6/2002).

„Institutionen formen die Interessen der Akteure und werden gleichzeitig
durch die Akteure selbst geformt." (Kooiman, 2005: 166) Während Problemlösung und Chancenerzeugung auf der Ebene der Governance erster Ordnung stattfindet, zielt Governance zweiter Ordnung auf die Strukturbedingungen von Governance erster Ordnung. Anders gesagt: Problemlösung und Chancenerzeugung
finden im Rahmen institutioneller Strukturen statt. Für diese Studie ist es deshalb
wichtig, auch die institutionellen Rahmenbedingungen in den Blick zu nehmen,
auf die die Akteure gewerkschaftlicher Medienpolitik treffen. Zum einen sind
dies die Gewerkschaftsorganisationen selbst, zum anderen die Sender beziehungsweise Landesmedienanstalten. Gewerkschaftliche Arbeit in unterschiedlichen Politikfeldern wird bestimmt durch verschiedene Faktoren. Gewerkschaften
sind auf der einen Seite Interessenvertretungen ihrer Mitglieder, auf der anderen
Seite verstehen sie sich aber auch als Organisationen, die dem Gemeinwohl verpflichtet sind. Für die gewerkschaftliche Medienpolitik bedeutet dies eine zwei-
fache Verantwortung: Die Wahrnehmung der Interessen der in den Medien Beschäftigten ebenso wie die Wahrnehmung zivilgesellschaftlicher Interessen. Dass
dies auch in den Gewerkschaften selbst so gesehen wird, belegt beispielhaft der
vom ver.di-Gewerkschaftskongress 2007 angenommene Antrag der Bundesfachbereichskonferenz: „Durch Aktionen – nicht nur als Lobby der Medienmacher,
sondern auch als Anwalt des mündigen Bürgers/Mediennutzers müssen dju,

Fachgruppe Medien und Fachbereich 8 in ver.di zu mehr Demokratie in der Kommunikationsgesellschaft beitragen."[9]

Insofern betrachtet diese Studie Gewerkschaften auch nicht unter dem ausschließlich korporatistischen Gesichtspunkt. Vielmehr werden sie verstanden als eine mögliche Vertretung der Zivilgesellschaft, die durchaus die ihr qua Zuweisung durch den Staat als Akteur zugestandenen Mitwirkungsrechte, z.b. in den Rundfunkräten im Sinne zivilgesellschaftlichen Engagements nutzen könnte. Auch wenn die Zustandsbeschreibung von Jarren den Istzustand sicher recht zutreffend beschreibt:

„[...] für den stark regulierten öffentlichen Rundfunkbereich nehmen die definierten politischen und gesellschaftlichen Gruppen treuhänderisch die Vertretung auch weiterer gesellschaftlicher Interessen in den dafür vorgesehenen Gremien wahr und für sich in Anspruch. Dieses Vertretungsprinzip, in Verbindung mit dem Problem der Nichtorganisation von Interessen der Rezipienten von Medienangeboten, hat die Entwicklung einer breiter abgestützten Verantwortungskultur (wie aber auch der Medienkompetenz der Rezipienten) im Mediensektor negativ beeinflusst." (Jarren 2007: 285).

Programmatische und organisatorische Faktoren der gewerkschaftlichen Medienpolitik werden hier mit den Governance-Schwerpunkten in Beziehung gesetzt.

2.2 Verhandlungssysteme und Netzwerke

Dieses Projekt fragt im Kern, wie gewerkschaftliche Medienpolitik gemacht wird. Undenkbar ist, dass sie, eben so wenig wie jede andere Politik, ohne Kommunikation auskommen könnte. Kommunikation ist ein konstitutionelles Element von Politik. Zu fragen ist also, wie die Kommunikation im Feld Medienpolitik zwischen den unterschiedlichen Akteuren funktioniert. Ein Aspekt ist hier die Frage nach den Netzwerken und den Bezügen, die unter den Akteuren bestehen. Keupp konstatiert eine „erstaunliche Konjunktur des Netzwerkbegriffes in der sozialwissenschaftlichen Forschung angekurbelt durch außerwissenschaftliche Erwartungen, die sich mit diesem Konzept verbinden." (Keupp 1987:13) Als wissenschaftliche Bereiche, in denen der Netzwerkbegriff eine Rolle spielt nennt er u.a. die Sozialanthropologie, die Stadtsoziologie, die Organisations- und Eliteforschung, die Gesundheitsforschung und die Kommunika-

---

[9] Ver.di: Antrag zum Bundeskongress 2007, A 127, Intensivierung der medienpolitischen Diskussion, Bundesfachbereichskonferenz 8

tionswissenschaft. Netzwerkanalysen können dazu beitragen, die Beziehungen zwischen der sozialen Struktur und individuellen Entscheidungen herauszufinden. Für Manuel Castells steht fest:

> „Es lässt sich als historische Tendenz festhalten, dass die herrschenden Funktionen und Prozesse im Informationszeitalter zunehmend in Netzwerken organisiert sind. [...] Anwesenheit oder Abwesenheit im Netzwerk und die Dynamik eines jeden Netzwerkes gegenüber anderen sind entscheidende Quellen von Herrschaft und Wandel in unserer Gesellschaft: einer Gesellschaft, die wir daher zutreffend Netzwerkgesellschaft nennen können [...]" (Castells 2001/1: 527)

In der Sozialanthropologie gilt J.A. Barnes als Urheber dieses Begriffes (vergl. Schenk: 1984), mit der 1954 veröffentlichten Studie über einen Kirchensprengel der norwegischen Insel Bremnes. Er stellte fest, dass jede Person dort, eine bestimmte Anzahl von Freunden hat, die wiederum Freunde haben und von denen sich einige untereinander kennen. Es gab also jenseits der stabilen Interaktionen innerhalb der formalen und hierarchischen sozialen Struktur des territorialen und industriellen Systems ein von Barnes so genanntes „soziales Feld", ein Netzwerk: „I find it convenient to talk of a social field of this kind as a network" (zit. n. Schenk, 1984: 4). Die wesentlichen Ursprünge des Konzeptes des sozialen Netzwerkes lassen sich aber schon auf den Soziologen und Philosophen Georg Simmel zurückführen. Bei ihm findet sich das Konzept der Wechselwirkung für die Bezeichnung sozialer Prozesse auf verschiedenen Ebenen. In dieser Hinsicht

> „[...] wird die Wechselwirkung bei Simmel erstens als mikrologische Sozialform, in der sich konkrete individuelle Inhalte im zwischenmenschlichen Kontakt verbinden, zweitens als mesologische Sozialform, in der zeitstabile, objektivierte Beziehungen und Gebilde der Ausdruck und die Realisierung bestimmter Kräfte und Inhalte sind, und drittens als makrologische Sozialform beschrieben, in der kulturell verfestigte Träger und autonome, überpersönliche Instanzen ihren Inhalten eine Einheit geben." (Ziemann 2000: 137f)

Schon Simmel spricht davon, dass sich die Vergesellschaftung unter den Menschen fortwährend knüpft und löst und von neuem knüpft. Und bezeichnet dies als

> „[...]ein ewiges Fließen und Pulsieren, das die Individuen verkettet, auch, wo es nicht zu eigentlichen Organisationen aufsteigt. [...]Daß die Menschen sich gegenseitig anblicken, und daß sie aufeinander eifersüchtig sind; dass sie sich Briefe schreiben oder miteinander zu Mittag essen; dass sie sich, ganz jenseits aller greifbaren Interessen, sympathisch oder antipathisch berühren; dass die Dankbarkeit einer altruistischen Leistung eine unzerreißbar bindende Weiterwirkung bietet; dass einer den

andern nach dem Wege fragt und dass sie sich füreinander anziehn und schmückn –
all die tausend, von Person zu Person spielenden, momentanen oder dauernden, be-
wußten oder unbewußten, vorüberfliegenden oder folgenreichen Beziehungen, aus
denen diese Beispiele zufällig gewählt sind, knüpfen uns unaufhörlich zusammen. In
jedem Augenblick spinnen sich solche Fäden, werden fallengelassen, wieder aufgenommen, durch andre ersetzt, mit andern verwebt." (zit. n. Ziemann 2000: 140)

Doch nicht nur das Vorhandensein von Netzwerken, sondern auch, wie diese
strukturiert sind, ist von Bedeutung für deren Einschätzung. Hieran kann nämlich
abgeleitet werden, wie zentralisiert oder dezentralisiert ein Netzwerk ist und
damit, wie der Austausch von Kommunikation erfolgt. (vergl. i.F. Schenk:
1984). Als typische Kommunikationsnetzwerke gelten Rad, Kreis, Kette und
Vollstruktur, wobei das Rad die zentralisierteste und die Vollstruktur die dezent-
ralisierteste Form eines Netzwerkes darstellt. Für die Kommunikation bedeutet
dies: Zentralisierte Netzwerke hängen von einer zentralen Person ab, die eine
verbindende Position einnimmt und so die Kommunikation zwischen den anderen Gruppenmitgliedern ermöglicht. Jede Kommunikation zwischen den Gruppenmitgliedern kann nicht direkt, sondern nur vermittelt über die zentrale Person
stattfinden. So werden die weitaus meisten Informationen zu diesen zentralen
Positionen fließen. In dezentralen Netzwerken ist dies anders: Niemand kontrolliert den Informationsfluss, die Mitglieder können untereinander kommunizieren
ohne die Vermittlungsleistung einer Person. Wie experimentelle Forschungen
ergeben haben, werden in solchen Netzwerkstrukturen mehr Informationen ausgetauscht, als in den eher zentralisierten. Dafür entstehen hier aber auch die
größten Kommunikationsmissverständnisse. Hierbei stellte sich ebenfalls heraus,
dass zentralisierte Netzwerke zwar leistungsfähiger waren, wenn es um die Lösung einfacher Aufgaben ging. Bei komplexen Aufgaben aber waren die dezent-
ralisierten Netzwerke überlegen. Diese im Labor erzielten Ergebnisse sind sicher
nicht in die Feldforschung zu übertragen. So weist Schenk darauf hin, dass die
experimentell zusammen gestellten Gruppen kein „mitgliederorientiertes Exis-
tenzmotiv" haben und sie „keine Vergangenheit noch Zukunft besitzen" (ebenda:
28). Zudem sei die Struktur größerer sozialer Organisationen nicht ohne Einfluss
auf die Funktion einzelner separierter Netzwerke. Kommunikationsnetzwerke
können durch Planung oder Gewöhnung entstehen: „Je größer die Zahl der Positionen (Knoten) ist, mit denen eine Position durch kommunikative Beziehungen
(Kanten) verknüpft ist, desto größer sind die Einflußchancen des Inhabers der
Position." (Fuchs-Heinritz u.a. 1994:350f).

Im Unterschied zu experimentellen Netzwerkstudien zeichnet sich das Konzept des sozialen Netzwerkes durch große „Feldnähe" aus. Deshalb eignet es sich
besonders, um die verschiedenen Beziehungen und Vernetzungen innerhalb der
gewerkschaftlichen Medienpolitik zu untersuchen. Dazu Schenk:

„Der Vorzug des Konzeptes liegt gerade darin, auch auf relativ schwach integrierte bzw. strukturierte soziale bzw. kommunikative Beziehungen in Gemeinschaft und Gesellschaft anwendbar zu sein. Es müssen daher auch nicht unbedingt „starke" und direkte Beziehungen zwischen den Netzwerkeinheiten unterstellt werden, von Interesse sind nämlich auch die sogenannten „schwachen" Beziehungen, die seltener genutzt werde, und die „indirekten", die nur über Zwischenglieder zustande kommen." (Schenk 1984: 29).

Zudem sind Schenk zufolge Netzwerken mit Blick auf die Bandbreite sozialer Beziehungen kaum Grenzen gesetzt:

„Netzwerke durchziehen auf vielfältige Weise selbst soziale Gruppen und Organisationen, beschränken sich dabei aber nicht nur auf institutionalisierte Beziehungen, sondern kommen auch als verschiedene nicht-institutionalisierte Beziehungen zum Vorschein. Durch entsprechende Selektion ist es freilich jederzeit möglich, bestimmte partiale Netzwerke (auch in institutionalisierten Gruppen und Organisationen) zum Gegenstand der Analyse zu machen." (ebenda:39)

Die Definition des Netzwerkbegriffes folgt hier derjenigen von Manuel Castells:

„Ein Netzwerk besteht aus mehreren untereinander verbundenen Knoten. [...] Netzwerke sind offene Strukturen und in der Lage, grenzenlos zu expandieren und dabei neue Knoten zu integrieren, solange diese innerhalb des Netzwerkes zu kommunizieren vermögen, also solange sie dieselben Kommunikationscodes besitzen – etwa Werte oder Leistungsziele. Eine auf Netzwerken aufbauende Gesellschaftsstruktur ist ein hochgradig dynamisches offenes System, das erneuert werden kann, ohne dass das Gleichgewicht in Gefahr geriete." (Castells 2001/1: 528 f.)

Und weiter:

„Die Morphologie des Netzwerkes ist [...] eine Quelle der drastischen Neuorganisation von Machtbeziehungen. Schalter, die die Netzwerke untereinander verbinden – etwa Finanzströme, die die Kontrolle über Medien-Imperien übernehmen, die wiederum politische Prozesse beeinflussen – sind die bevorzugten Instrumente der Macht. Damit sind diejenigen, die die Schalter betätigen, auch diejenigen, die die Macht innehaben. Weil es eine Vielzahl von Netzwerken gibt, werden die Codes und Schalter, die zwischen den Netzwerken vermitteln, zu den grundlegenden Quellen, durch die Gesellschaften geformt, geleitet und fehlgeleitet werden." (ebenda: 529)

Castells bezeichnet Information als das „Schlüsselelement unserer gesellschaftlichen Organisation". Seiner Auffassung nach bilden „Ströme von Botschaften und Bildern zwischen Netzwerken den roten Faden unserer Gesellschaftsstruktur" (ebenda: 536).

Diese Arbeit befasst sich mit dem Feld der Medienpolitik und einigen darin auftretenden Netzwerken. Policy-Netzwerke werden nach Weyer in der Regel „als System relativ stabiler nicht-hierarchischer Austauschbeziehungen zwischen einer Vielzahl interdependenter Akteure definiert". Dies sei jedoch ein Minimalkonsens, über den hinaus sich in einzelnen Fragen eine große konzeptionelle Varianz zeige. (Weyer 2000:113) Policy-Netzwerke dienten nicht nur als Instrument zur Klassifizierung unterschiedlicher Beziehungsmuster zwischen staatlichen und privaten Akteuren: „Sie werden vor allem in der deutschen Diskussion auch als Konzept zur Beschreibung einer neuen Form politischer Steuerung betrachtet." (Weyer 2000:133) Speziell diese Konzeption zeige, „dass Verhandlungen, die strukturell in dauerhafte Netzwerkbeziehungen eingebettet sind, politische Koordination unter Bedingungen ermöglichen, in denen die Steuerung durch Markt und Hierarchie nur noch wenig erfolgversprechend erscheinen." (ebenda)

Politiknetzwerke beziehen sich nach Schneider/Janning auf Interaktionszusammenhänge, in denen die Zahl der an einer Politik beteiligten Akteure noch überschaubar bleibt, die Akteure über ihre jeweiligen Interessen informiert sind, ihr gemeinsames Handelns abstimmen bzw. aushandeln und Kooperation unter Umständen auf Dauer stellen können (vergl. Schneider/Janning 2006: 159). Zudem spielen in Politiknetzwerken auch informelle Zusammenhänge eine Rolle. Mayntz beschreibt Policy-Netzwerke als politische Entscheidungsstrukturen, die begleitet sind durch eine zunehmende Bedeutung von Organisationen und die Aufteilung von Macht (vergl. Mayntz 1992). Andere gehen von Netzwerken als einer Menge von Akteuren aus, die über eine Menge von Beziehungen mit einem bestimmten Inhalt verbunden sind (vergl. Kenis/Schneider 1991; Pappi 1993). Wie wichtig Netzwerke auch für Verhandlungen und Verhandlungssysteme sind konstatiert Benz: „Verhandlungen können auch durch Netzwerke gestützt werden, die tendenziell kooperative Handlungsorientierungen und ‚arguing' statt ‚bargaining' fördern, aber nur unter den Partnern, die zu einem Netzwerk gehören." (Benz 2005:101) Nach Wald/Jansen herrschen in Policy-Netzwerken korporative Akteure wie Verbände, Ministerien und Parteien vor. Die sie verbindenden Beziehungen können den Austausch von Informationen oder politischen Einfluss beinhalten. Die von dieser neutralen Sicht auf Netzwerke geleiteten Forschungen beschreiben Beziehungsstrukturen in unterschiedlichen Politikfeldern und analysieren weitergehend auch, wie die Struktur dieser Netzwerke politische Entscheidungen beeinflusst (vergl. Wald/Jansen 2007: 93f.). Dieser Ansatz geht davon aus, dass der Einfluss von Akteuren neben der Ausstattung mit formaler Entscheidungsmacht auch davon abhängt, welche Position sie im

Netzwerk einnehmen. Haben Akteure eine bestimmte Position im Netzwerk, so erhöht dies ihren Einfluss auf Entscheidungen. Diese politikwissenschaftliche Herangehensweise ist geeignet, an den soziologischen Forschungsstrang über den so genannten „Netzwerkeffekt" anzuknüpfen. Als solcher wird der Einfluss struktureller Einbettung in Netzwerke auf das menschliche Handeln bezeichnet, in Anlehnung an Mark Granovetter und den von ihm geprägten Begriff „structural embedded action" (vergl. Granovetter 1985).

3 Begriffsklärung

Mit der Klärung zentraler Begriffe, die in dieser Studie verwendet werden, verbindet sich auch eine Selbstvergewisserung über die zu erforschenden Bereiche. Im Folgenden soll allerdings nicht versucht werden, die Begriffe in all ihren Dimensionen und möglichen Bedeutungen auszuloten, sondern ihre Beschreibung dient der Schärfung des „Forscherinnenblickes" ebenso wie der Verständigung mit dem Leser und der Leserin über das zu erforschende Objekt. In diesem Sinne werden die Klärungen zu den vier Begriffen Mitbestimmung, Mitbestimmte Medienpolitik, Gewerkschaften und Gremien so umfangreich wie nötig, aber auch so knapp wie möglich gehalten.

3.1 Mitbestimmung

Mitbestimmung wird allgemein aufgefasst als: „Rechte von Arbeitnehmerinnen und Arbeitnehmern, an Entscheidungen innerhalb ihres Betriebes mitzuwirken. Die Rechte sind im Einzelnen in verschiedenen Gesetzen festgeschrieben." (Thurich 2006) Dabei gibt es engere und weitere Auslegungen des Begriffes. Die vorherrschende weiter gefasste Definition versteht darunter „jede institutionalisierte Teilhabe der Arbeitnehmer an der Leitung und Gestaltung des Wirtschaftsprozesses". (Andersen, Uwe/Wichard Woyke 2003) Mitbestimmung ist:

„[…]eine Sammelbezeichnung für verschiedene Mitwirkungsrechte der Arbeiternehmer(-vertreter) bei unternehmerischen Entscheidungen. Zu unterscheiden sind betriebliche M. und die M. im Aufsichtsrat.
1) Die betriebliche M. in der privaten Wirtschaft ist im Betriebsverfassungsgesetz (i.d.F. von 1988) festgelegt, das die Beziehungen zwischen Arbeitgebern und Arbeitnehmern der privaten Wirtschaft grundlegend regelt. Wichtigstes Organ der betrieblichen M. ist der Betriebsrat.
 2) Die betrieblichen Mitbestimmungsrechte der im öffentlichen Dienst Beschäftigten sind im Bundespersonalvertretungsgesetz und in den Personalvertretungsgesetzen der Länder geregelt; wichtigstes Organ der Interessenvertretung ist der Personalrat.
3) Die M. im Aufsichtsrat (auch: Unternehmens-M.) wird durch mehrere Gesetze geregelt (Montan-M.-Gesetz 1951, Betriebsverfassungsgesetz 1952, Montan-M.-Ergänzungsgesetz 1956, M.-Gesetz 1976). Wesentliches Element ist die Vertretung

der Arbeitnehmer im Aufsichtsrat von Kapitalgesellschaften. Der Anteil der ihnen
zustehenden Aufsichtsratsmandate hängt von der Anzahl der Mitarbeiter und Mitarbeiterinnen ab. Es wird zwischen einfacher M. (die Kapitalseite verfügt über eine
Mehrheit) und paritätischer M. unterschieden (die Arbeitnehmervertretung stellt
50% der Aufsichtsräte). Entsteht bei paritätischer Mitbestimmung eine Patt-
Situation, hat der (mit Zweidrittelmehrheit zu wählende) Aufsichtsratsvorsitzende
zwei Stimmen."[10]

Die für die Förderung der Mitbestimmung zuständige Hans-Böckler-Stiftung
beschreibt den Begriff folgendermaßen:

„Die Mitbestimmung umfasst alle Möglichkeiten und Rechte der Arbeitnehmerinnen
und Arbeitnehmer, die Arbeitswelt mitzugestalten. Es gibt gesetzlich verankerte
Mitbestimmungsrechte, die im Betriebsverfassungsgesetz sowie den Gesetzen zur
Unternehmensmitbestimmung (Aufsichtsrat) festgehalten sind. Zusätzlich sind Mitbestimmungsrechte für einzelne Branchen in den Tarifverträgen und Mitbestimmungsrechte für einzelne Unternehmen oder Verwaltungen in den Betriebs- oder
Dienstvereinbarungen festgehalten. Darüber hinaus gibt es informelle Mitbestim-
mungsmöglichkeiten, die in der täglichen Betriebspraxis entstehen."[11]

Die besondere Bedeutung der Mitbestimmung wird mit unterschiedlicher Kon-
notation erwähnt. So wird einerseits betont: „Deren Rechte [der Arbeitnehmer-
Vertretungen, d.Verf.] schränken in einer ungewöhnlich weitreichenden Weise
die private Verfügungsgewalt bzw. gouvernementale Befugnisse ein." (Rudzio
2006:83) Andererseits werden die positiven Wirkungen der Mitbestimmung als
eines der grundlegenden Arbeitnehmerrechte in Deutschland und ein fundamen-
tales Instrument der deutschen Wirtschafts- und Sozialordnung hervorgehoben:

„Wo sich wirtschaftliche Macht zusammenballt, ist Kontrolle ein wichtiges Instrument, um Missbrauch zu verhindern. Ob es um die Mitwirkung bei unternehmerischen Entscheidungen oder um Mitsprache in betrieblichen Angelegenheiten geht –
in jedem Fall lautet der Grundsatz: Mitbestimmung heißt auch Mitverantwortung. In
den Betriebs- und Aufsichtsräten müssen die Beschäftigten ebenso wie die Arbeitgeber die langfristige Entwicklung des Unternehmens im Auge behalten. Deshalb
zielen alle Mitbestimmungsgesetze darauf ab, eine fruchtbare Zusammenarbeit bei-
der Seiten zu ermöglichen und einen produktiven Interessenausgleich zu schaffen.
Die Mitbestimmung ist damit ein bedeutender Faktor zur Stabilisierung unserer
Wirtschafts- und Sozialordnung." (BMA 2007:5)

---

[10] http://www.bpb.de/suche/?all_search_action=search&all_search_text=Mitbestimmung&OK.x=0
&OK.y=0 (25.3.2008)
[11] http://www.boeckler-boxen.de/cps/rde/xchg/SID-3D0AB75D-AC4C3FAE/boxen/hs.xsl/1534.htm
(25.7.2006)

Die im Betriebsverfassungsgesetz oder im Personalvertretungsgesetz verankerten Mitbestimmungsrechte, aber auch die Pflichten, gehen weit über die Möglichkeiten und Zuständigkeiten hinaus, die beispielsweise Rundfunkräte haben:

> „Der Betriebsrat besitzt eine ganze Reihe von Beteiligungsrechten, die er in seiner Arbeit im Betrieb einsetzen und auch durchsetzen kann. Sie unterscheiden sich in ihrer Wirkung nach Mitwirkungsrechten (Informations-, Vorschlags-, Anhörungs-, Beratungsrechte) sowie Mitbestimmungsrechten (Initiativ- und Zustimmungsverweigerungsrechte)." (ebenda:33)

Zudem sind Betriebsräte an Beschlüsse des gesamten Betriebsratsgremiums gebunden: „Das heißt, er [der Betriebsrat, Anm. d. Verf.] trifft seine Entscheidungen nur aufgrund in einer Sitzung mehrheitlich gefasster Beschlüsse. Ein einzelnes Betriebsratsmitglied kann nur dann im Namen des Betriebsrats sprechen, wenn es dazu ausdrücklich ermächtigt wurde." (ebenda:30) Hier zeigt sich bereits ein Unterschied zu den in dieser Studie untersuchten gewerkschaftlichen Rundfunkräten, die an keine Beschlussfassung eines Gremiums gebunden sind. Am ehesten kann die Position der Rundfunkräte noch verglichen werden mit den Aufgaben der Aufsichtsräte in der Unternehmensmitbestimmung:

> „Die wichtigste Funktion des Aufsichtsrats besteht in der Überwachung des Vorstands. Zu den gesetzlichen Aufgaben des Aufsichtsrats gehören unter anderem die Feststellung des Jahresabschlusses gemeinsam mit dem Vorstand, die Mitentscheidung in Angelegenheiten, die er oder die Satzung seiner Zustimmung unterworfen hat, etwa über Rationalisierungsmaßnahmen oder Betriebsstilllegungen, die Bestellung oder die Abberufung der Vorstandsmitglieder. Zur Erfüllung seiner Aufgaben hat der Aufsichtsrat umfassende Informationsrechte." (ebenda:41f.)

Allerdings werden die Aufsichtsratsmitglieder, die die Arbeitnehmerinteressen vertreten, teilweise durch die Belegschaft, bzw. den Betriebsrat vorgeschlagen oder stammen sogar aus dem Betrieb selbst, in bestimmten Fällen gibt es aber auch ein Vorschlagsrecht der Gewerkschaften. Bei der Auswahl der Rundfunkräte ist dies anders: Hier haben ausschließlich die Gewerkschaften als entsendende Organisationen das Vorschlagsrecht, wenngleich es in wenigen Fällen hier eine Abstimmung mit dem Personalrat des Senders gibt.[12] Zudem werden in manchen Rundfunkgremien aus mehreren Vorschlägen der entsendenden Organisationen

---

[12] So wurde bei der Neubesetzung eines Mandates von ver.di im Fernsehrat des ZDF der Vorschlag des Bundesvorstandes mit dem Personalrat abgestimmt. Dieses Verfahren ist aber eher die Ausnahme, in der Regel entscheiden die jeweiligen Gewerkschaftsvorstände autonom.

durch die Politik, in der Regel die Ministerpräsidenten, Mitglieder benannt.[13] Doch auch im Selbstverständnis der Rundfunkräte liegt durchaus die Analogie zum Aufsichtsrat: „Ohnehin wird der Fernsehrat vom Intendanten schon bislang frühzeitig in die Beratungen über strategische Grundsatz- und Zukunftsfragen eingebunden und angehört. Deshalb verstehe ich das Gremium nicht als einen ‚Beirat', sondern als einen Aufsichtsrat." (Polenz 2007:6)

Bei den oben beschriebenen Mitbestimmungsmodellen geht es also im engeren Sinne um die Mitbestimmung von Arbeitnehmerinnen und Arbeitnehmern in Betrieben und Unternehmen, bzw. im Wirtschaftsprozess. Diese Studie beschränkt sich nicht auf wirtschaftliche Entscheidungen in einzelnen Unternehmen oder Sendern. Deshalb beschreibt der hier verwendete Mitbestimmungsbegriff „im weiteren Sinn die Beteiligung von Personengruppen an politischen oder wirtschaftlichen Planungen oder Entscheidungen"[14] im Sinne von Partizipation. Partizipation bezeichnet neben der sozialen Teilhabe auch die „politische Beteiligung oder Teilnahme, Mitbestimmung" und den „Vorgang, durch den die Mitglieder einer Gesellschaft ihre wünsche und Vorstellungen an die politischen Institutionen vermitteln." (Fuchs-Heinritz u.a. 1994:489) Der Begriff der Mitbestimmung wurde für diese Studie dem Begriff der Partizipation vorgezogen, weil letzterer zu viele Arten der Beteiligung vereinigt, die sich einer Institutionalisierung entziehen, „da sie im Vorfeld organisierter Entscheidungsprozesse angesiedelt sind und eher der Willensbildung dienen denn einer mit Kompetenz ausgestatteten Mitwirkung." (Erhardt u.a 1978:112) Demgegenüber stellt man den „spezielleren Begriff der Mitbestimmung, der bezogen auf Ebenen und Bereiche konkrete Mitbestimmungsmodelle und –ziele impliziert." (ebenda) Damit folgt dieser Mitbestimmungsbegriff einer weitergehenden ursprünglichen gewerkschaftlichen Intention des Mitbestimmungsgedankens: „Die gewerkschaftliche Argumentation für mehr Mitbestimmung stützt sich auf das Verlangen nach mehr Demokratie und auf die proklamierte Bereitschaft zu mehr Mitverantwortung." (Arlt, 1998, 115) Es handelt sich hier also um die Mitbestimmung von Akteuren der Zivilgesellschaft und korporativer Einrichtungen an medienpolitischen Entscheidungen und Weichenstellungen. Wie im vorigen Kapitel ausgeführt, geht es bei dem in der Untersuchung verwendeten Governance-Begriff auch um die Einbindung von nichtstaatlichen Akteuren in Entscheidungs- und Steuerungsprozesse, um das Zusammenwirken von staatlichen und nichtstaatlichen, beziehungsweise Akteuren innerhalb und außerhalb von Organisationen (vergl. Benz 2004). Insofern steht Mitbestimmung in dem hier verwendeten Sinn auch als Beinahe-Synonym für eine Ausprägung von Governance.

---

[13] Vergl. hierzu auch die Fallstudie zum ZDF, 7.2
[14] http://lexikon.meyers.de/meyers/Mitbestimmung (25.7.2006)

3.2 Mitbestimmte Medienpolitik

Häufig werden die Begriffe Medienpolitik und Kommunikationspolitik im allgemeinen Sprachgebrauch synonym verwendet. Allerdings lässt sich in der wissenschaftlichen Diskussion eine Unterscheidung feststellen: So wurde der von Ronneberger geprägte Begriff der Kommunikationspolitik in der Kommunikations- und Publizistikwissenschaft der gebräuchlichere. Der Begriff der Medienpolitik dagegen wird stärker in der Politikwissenschaft und in der praktischen Politik genutzt. (Donges 2002: 25f.) Das Verständnis von Kommunikationspolitik unterscheidet sich je nach Theorieverständnis und wandelte sich auch im Laufe der Zeit. So definierte Ronneberger noch: „Durch Kommunikationspolitik soll der Prozess der Massenkommunikation in der Weise beeinflusst, gesteuert, gelenkt werden, dass diese Systeme ihrem Wesen gemäß erhalten, gefördert, stimuliert, aber auch fortentwickelt werden". (Ronneberger,1966: 400) Spätere Definitionen beziehen aber auch die Individualkommunikation mit ein. (Thomaß 2007: 42)

Die Verwendung des Begriffs Medienpolitik wird hier dem weiter gefassten Begriff Kommunikationspolitik, wie er in den Kommunikationswissenschaften häufig verwendet wird, vorgezogen, da sich die Studie zum einen im Bereich der Massenmedien bewegt und nicht andere Medien wie Kino, Bücher oder auch Onlinemedien einbezieht (vergl. Thomaß 2007: 42). Je nach Gegenstand und Forschungsdisziplin wird Medienpolitik unterschiedlich definiert und interpretiert. Für Faulstich ist Medienpolitik Voraussetzung und Teil einer allgemeinen Kommunikationspolitik. Er begreift sie als „die gezielte politische Indienstnahme der Medien, das heißt die Instrumentalisierung der Medien für bestimmte politische Ziele." (Faulstich 1998: 55) Er unterscheidet verschiedene Bereiche und Interessenlagen danach, wer die Akteure sind und nennt die Medienpolitik des Staates, die der Parteien, die der Medien selbst, die Medienpolitik der Wirtschaft und schließt diese Liste mit der Bemerkung:

> „[…]schließlich betreiben zahlreiche weitere gesellschaftliche Institutionen, Körperschaften und Gruppen explizit Medienpolitik zur Durchsetzung ihrer je spezifischen (geistig-kulturell, sozialen, religiösen, berufspolitischen, ideologischen…) Interessen: die Kirchen, die Verbände, die Gewerkschaften, die Kommunen und andere." (Faulstich 1998: 56)

Häufig wird der Begriff eingegrenzt auf:

> „[…]politische Aktivitäten und Maßnahmen der Gesetzgeber (Bund, EU), die auf die Beeinflussung und Steuerung sowohl der technischen, ökonomischen und rechtlichen Rahmenbedingungen als auch des laufenden Betriebs der Massenmedien zie-

len. Aufgrund der wirtschaftlichen Bedeutung und der damit verbundenen wirtschaftlichen Konzentration der Medienindustrie ist ein wichtiges Ziel der europäischen M. die Wahrung nationaler und regionaler Vielfalt." (Schubert/Klein 2006:
178)

Eine solche Beschränkung von Medienpolitik auf allein staatliches Handeln
greift aber zu kurz. So begreifen manche „Medienpolitik als die Menge aller
Maßnahmen zur Gestaltung gesellschaftlicher Kommunikationsvorgänge" und
damit als Politikfeld, dass auf seiner Mesoebene von unterschiedlichen Akteure
und Institutionen geprägt ist. Zu ihnen zählen: Rundfunkanstalten, Verlage,
Netzbetreiber, Regierungen, Filmproduzenten, Verbände und Aufsichtsorgane.
(Mai 2005: 8) Dabei ist es

„[…]eines der erklärten Ziele der Medienpolitik, die kulturelle und journalistische
Komponente in den Medien nicht völlig den ökonomischen Imperativen zu überlassen – aber auch nicht ausschließlich den politischen. Damit stellt sich Medienpolitik
als der ständige Versuch dar, verschiedenen Erwartungen und Ansprüche an die
Medien dem jeweiligen gesellschaftlichen Konsens anzupassen." (ebenda: 9)

Wulff-Nienhüser versteht medienpolitisches Handeln in normativer Sicht als:

„[…]erstens […] politisches Handeln zur Herstellung einer […]optimalen Kommu-
nikations- bzw. Medienstruktur in einem politisch/gesellschaftlichen System; zwei-
tens als Versuch, die Medienfreiheit und die Informations- und Meinungsfreiheit zu
erhalten; und drittens als interessenpolitisches Handeln." (Wulff-Nienhüser 1999:
18)

Andere definieren Medienpolitik als ein Handlungssystem oder Policy-
Netzwerk, das ebenfalls Akteure des ökonomischen und des intermediären Systems einbezieht, also Kirchen, Verbände und Gewerkschaften. (Donges 2002:
30)[15] Dieser Ansatz geht davon aus, dass die relevanten Akteure eines solchen
Netzwerkes auch den Zugang anderer Akteure zum Netzwerk beeinflussen und
damit erheblichen Einfluss auf die zu thematisierenden Probleme haben.
      Im Folgenden wird Medienpolitik verstanden als politisch motiviertes und
intendiertes Handeln, das sich auf die Organisation, die Funktionsweise, die
Ausgestaltung und die materielle wie personelle Seite der Massenmedien bezieht. (vergl. Kleinsteuber 2005). Zum anderen wird in der praktischen Politik in
der Regel der Begriff Medienpolitik verwendet und im empirischen Teil der

---

[15] Vergl. dazu auch Kap. 2 Theoretische Grundlagen

Untersuchung stehen die, insbesondere gewerkschaftliche, medienpolitische Praxis und ihre Rahmenbedingungen.

Da sich die Studie mit der gewerkschaftlichen Medienpolitik, ihren Strukturen, Akteuren, Inhalten und Möglichkeiten auseinandersetzt und die Mitgestaltung in den Kontrollgremien der öffentlich-rechtlichen Rundfunkanstalten und der Landesmedienanstalten durch Gewerkschafterinnen und Gewerkschafter einen weiten Raum einnimmt, scheint der Begriff „Mitbestimmte Medienpolitik" (Co-determined Media Policy) als Beschreibung des Untersuchungsgegenstandes geeignet. Er verbindet die beiden Schwerpunkte der Studie: Die gewerkschaftliche Medienpolitik und den Ansatz der Beteiligung gesellschaftlich relevanter Gruppen an der Gestaltung der Medienpolitik. Dieser Begriff beschreibt auch den von den Gewerkschaften selbst postulierten Anspruch an eine demokratische (Medien)-Politik:

> „Die Wahrnehmung der Realität wird zunehmend über Medien vermittelt. Politische Debatten und gesellschaftliche Diskussionen werden wesentlich durch die Medien beeinflusst. Die demokratische Verfassung und Kultur unserer Gesellschaft hängen entscheidend davon ab, wie demokratisch ihre Medien, deren Inhalte, und die Kommunikationsstrukturen sind."[16]

Explizit auch der Anspruch an die Mitbestimmung und Mitgestaltung:

> „Das duale Rundfunksystem ist gesellschaftlich verantwortet und wird kontrolliert durch die, von den gesellschaftlichen Gruppen beschickten, Aufsichtsgremien der Rundfunkanstalten und der Landesmedienanstalten. Der DGB und seine Mitgliedsgewerkschaften dringen gegenüber der Politik und den Rundfunkveranstaltern darauf, dass die Aufsichtsgremien in ihrer Bedeutung gestärkt werden, ihre Arbeit transparenter und in der Öffentlichkeit deutlicher wahrgenommen wird."(ebenda)

Ebenso deutet der Begriff „Mitbestimmte Medienpolitik" auf die Rolle hin, die den Gewerkschaften als einer gesellschaftlich relevanten Gruppe, von den gegenwärtigen Regelungen zur Kontrolle der Medien, hier der Rundfunkmedien, zugewiesen wird. Ihre Vertreterinnen und -vertreter in den Aufsichtsgremien nehmen ihre Aufgaben dabei nicht als weisungsgebundene Funktionsträger im Sinne betriebsverfassungsrechtlicher Mitbestimmung wahr, sondern bestimmen mit als Statthalter der Rezipienten, der Allgemeinheit. Damit kann die gewerkschaftliche Medienpolitik als ein Beispiel medienpolitischer Mitbestimmung auch anderer Akteure außerhalb von Parteipolitik und Regierungshandeln ange-

---

[16] DGB-Grundsatzprogramm

sehen werden. Beispiele für solche Akteure sind Kirchen, Wohlfahrts- und Sozialverbände oder auch Verbraucherorganisationen.

Daraus folgt: Mitbestimmte Medienpolitik (Co-determined Media Policy) meint politisch motiviertes und intendiertes Handeln von Akteuren (Organisationen und Individuen), die nicht Akteure im Sinne von Parteipolitik oder Regierungshandeln sind. Es bezieht sich auf die Organisation, die Funktionsweise, die Ausgestaltung und die materielle wie personelle Seite der Massenmedien.

3.3 Gewerkschaften

Der Begriff Gewerkschaften wird mittlerweile für die unterschiedlichsten Formen der Interessenvertretung verwendet. So gibt es eine Steuergewerkschaft, die sich für die Belange der Steuerzahler engagiert oder auch eine Hausfrauengewerkschaft, die die Interessen der Hausfrauen vertreten will. In dieser Arbeit sind sie wie folgt definiert: Gewerkschaften sind demokratische Vereinigungen von Arbeitnehmerinnen und Arbeitnehmern, die diesen freiwillig beigetreten sind. Gewerkschaften sind unabhängig von Arbeitgebern, Staat, Kirchen und politischen Parteien. Sie vertreten die wirtschaftlichen, sozialen und politischen Interessen ihrer Mitglieder und zwar auf unterschiedliche Art und Weise, z.B. mit dem Mittel des Arbeitskampfes und sind überbetrieblich organisiert. (vergl. Schneider 1989, Schubert/Klein 2006). In diesem Sinne handelt es sich bei den hier zu untersuchenden Organisationen Deutscher Gewerkschaftsbund, Vereinte Dienstleistungsgewerkschaft, Deutscher Beamtenbund und Deutscher Journalisten-Verband um Gewerkschaften.

3.4 Gremien

Der Begriff Gremium kommt aus dem lateinischen und bezeichnet eine Gruppe von Experten, eine Körperschaft oder einen Ausschuss.[17] Wie Donges feststellt, ist für die deutsche Medienpolitik typisch, dass sie „gerade nicht organisatorisch in bestimmten Gremien zusammengefasst wird, sondern sich als stark fragmentiertes Politikfeld darstellt". (Donges 2002: 31) Bei dieser Aussage rekurriert er darauf, dass ein Politikfeld ein inhaltlich abgegrenzter Bereich von policies, also Regelungen und Programmen, ist, die normalerweise organisatorisch im Zuständigkeitsbereich von Ministerien oder Parlamentsausschüssen zusammengefasst sind. (Vergl. Pappi/König 1995). Der in dieser Studie verwendete Gremienbe-

---

[17] http://www.brockhaus.de/suche/index.php?begriff=Gremium&bereich=mixed&x=52&y=10#in halte (10.3.2008)

griff bezieht sich demgegenüber auf die Aufsichtsgremien im öffentlich-
rechtlichen Rundfunk und den für die privaten Sender zuständigen Landesmedienanstalten. In den gesetzlichen Grundlagen werden diese unter dem Oberbeg-
riff „Organe" beschrieben, zu denen außer den Gremien in der Regel auch der
Intendant, bzw. der Direktor oder Präsident bei den Landesmedienanstalten gehört. In der deutschen Rundfunklandschaft existiert eine Vielzahl solcher Gremien, die je nach Zuständigkeit als Rundfunkrat, Hörfunkrat, Fernsehrat, Verwaltungsrat bezeichnet werden, im Bereich der Landesmedienanstalten als Versammlungen. In Mehrländeranstalten, wie dem WDR, dem NDR oder dem SWR
gibt es zusätzlich Länder-Rundfunkräte, die für die Angelegenheiten der Landessendeanstalten zuständig sind.

Im Folgenden steht der Begriff der „Rundfunkräte" allgemein auch für Hör-
funkräte und Fernsehräte sowie für die Mitglieder der Versammlungen in den
Landesmedienanstalten (LMA), es sei denn, eine Differenzierung ist notwendig.
Die Untersuchung bezieht sich im Wesentlichen auf die Rundfunkräte und verweist auf die Verwaltungsräte, deren Aufgaben und Arbeit, nur dort, wo es im
Zusammenhang mit den Rundfunkräten notwendig erscheint[18], da ein zentraler
Punkt der Studie die gesamtgesellschaftliche Vertretung ist und die Verwaltungsräte ausschließlich für Verwaltungsangelegenheiten der einzelnen Anstalten
zuständig sind. In ihnen sind zudem nur wenige gewerkschaftliche Mandate zu
finden, so dass generalisierte Aussagen kaum möglich sind.

---

[18] Vergl. hierzu auch die Abschnitte 4.2 und 7

4 Rahmenbedingungen gewerkschaftlicher Medienpolitik

Die gewerkschaftliche Medienpolitik ist auch geprägt durch Rahmenbedingungen, wie die gesetzlichen Grundlagen, die Struktur und Aufgaben der Aufsichtsgremien und nicht zuletzt durch die Themen, die den öffentlichen medienpolitischen Diskurs bestimmen. Im Folgenden sollen diese Rahmenbedingungen im Überblick dargestellt und beleuchtet werden, um so die gewerkschaftliche Medienpolitik, insbesondere die Rundfunkpolitik, besser vor diesem Hintergrund einordnen zu können.

Hierfür wurde mit unterschiedlichen Methoden gearbeitet: Zum einen wurde per Literatur- und Internetrecherche ein Überblick über die rechtlichen Grundlagen erarbeitet. Dazu wurden auch die Websites der Sender und Landesmedienanstalten herangezogen, auf denen sich in der Regel die entsprechenden gesetzlichen Grundlagen finden.[19] Die Darstellungen zu den Gremien gründen ebenfalls in weiten Teilen auf Internetrecherchen, aber auch auf Auswertungen von Organigrammen, Satzungen, Jahresberichten etc. sowie eigens eingeholten Auskünften bei Gremienmitgliedern und Sendern, bzw. Landesmedienanstalten. Für die Darstellung zu den Themen des medienpolitischen Diskurses wurden sowohl der Fachdienst epd-Medien herangezogen, als auch der wöchentlich erscheinende Pressespiegel des Deutschlandradio sowie die Websites von Mainzer Mediendisput, Münchner Medientage, Medientreffpunkt Mitteldeutschland, NRW-Medienforum und Mediatage Nord.[20]

4.1 Rechtliche Grundlagen

Die rechtlichen Grundlagen für das Wirken von Medien und die Medienpolitik sind vielfältig. Sie bewegen sich auf unterschiedlichen Ebenen, wie Abbildung 1 verdeutlicht. Da dies keine juristische Facharbeit ist, konzentriert sich die folgende Darstellung auf einige wesentliche Staatsverträge, Gesetze und Rundfunk-

---

[19] Siehe hierzu im Anhang den Abschnitt Informationen der Sender und Landesmedienanstalten
[20] http://www.mediendisput.de/; http://www.medientage-muenchen.de/;
http://www.medientreffpunkt.de/; http://www.medienforum.nrw.de/; http://www.mediatage-nord.de/
(alle 15.3.2008)

urteile des Bundesverfassungsgerichtes, die den groben Rahmen bilden, in dem
sich gewerkschaftliche Medienpolitik bewegt. Nicht näher eingegangen wird
dabei auf europäische und internationale Regelungen, wie das Völkerrecht oder
die UNESCO-Konvention, da dies den Rahmen der Arbeit sprengen würde.[21]
Erwähnt sei aber, dass sich die EU in den vergangenen Jahren zunehmend mit
medienpolitischen Fragen auseinandergesetzt hat, so z.B. bei der Revision der
Fernsehrichtlinie im Jahr 2007 oder im so genannten Beihilfeverfahren, dass
durch eine Beschwerde des Verbandes der Privaten Rundfunk und Telemedien
(VPRT) an die Wettbewerbskommission ausgelöst wurde. Wie einflussreich
solche Verfahren sein können, zeigt der „Beihilfekompromiss" zwischen der
Bundesrepublik Deutschland und der Kommission, der sich auch auf den 12.
Rundfunkänderungsstaatsvertrag auswirkte. Als Beispiel sei hier der sogenannte
Drei-Stufen-Test erwähnt, der als Folge dieses Verfahrens erdacht wurde. Mit
ihm sollen neue Vorhaben der öffentlich-rechtlichen Sender darauf untersucht
werden, ob sie Teil des öffentlich-rechtlichen Auftrags und ein qualitativer Beitrag zum publizistischen Wettbewerb sind, und ob ihr finanzieller Aufwand in
Ordnung ist. Die Verantwortung, so die Planungen im Frühjahr 2008, soll bei
den Rundfunkgremien liegen. Hier zeigt sich ein direkter Einfluss europäischer
Verfahren auf die Arbeit von Rundfunkräten und damit auch die Bedeutung für
gewerkschaftliche Medienpolitik.[22]

---

[21] Eine ausführliche Übersicht sowie die Möglichkeit, einzelne Rechtstexte zu recherchieren bietet
das Europäische Institut für Medienrecht (EMR) auf seiner Homepage www.emr-sb.de
[22] Vergl. den Beschluss des WDR-Rundfunkrates v. 20.11.2007: „Der 3-Stufen-Test gehört in die
Verantwortung der Rundfunkräte", http://www.wdr.de/unternehmen/rundfunkrat/_media/pdf/ARD_
Drei_Stufen_Test.pdf;jsessionid=QKOND2MPO0FUOCQKYXFETIQ (10.12.2007)

Abbildung 1: Übersicht Medienrecht, Quelle: Institut für Europäisches
Medienrecht[23]

Das Grundgesetz

Die Grundlage aller medienpolitischen Gesetzgebung ist das Grundgesetz (GG).
In Artikel 5 GG heißt es:

„(1) Jeder hat das Recht, seine Meinung in Wort, Schrift und Bild frei zu äußern und
zu verbreiten und sich aus allgemein zugänglichen Quellen ungehindert zu unterrichten. Die Pressefreiheit und die Freiheit der Berichterstattung durch Rundfunk
und Film werden gewährleistet. Eine Zensur findet nicht statt.
(2) Diese Rechte finden ihre Schranken in den Vorschriften der allgemeinen Gesetze, den gesetzlichen Bestimmungen zum Schutze der Jugend und in dem Recht der
persönlichen Ehre."

---

[23] http://www.emr-sb.de/frame1.htm

Es folgt damit der Erklärung der Menschenrechte der Vereinten Nationen (UN), in der es heißt

> „Jeder hat das Recht auf Meinungsfreiheit und freie Meinungsäußerung; dieses Recht schließt die Freiheit ein, Meinungen ungehindert anzuhängen sowie über Medien jeder Art und ohne Rücksicht auf Grenzen Informationen und Gedankengut zu suchen, zu empfangen und zu verbreiten."[24]

Kommentare hierzu heben immer wieder die konstituierende Bedeutung dieses Grundgesetz-Artikels für die demokratische Gesellschaft hervor.

> „Er dient der Verwirklichung der Geistesfreiheit, die seit der Epoche der Aufklärung zu den Leitideen einer menschenwürdig verfaßten Gesellschaft gezählt wird [...] Aus diesem Grunde ist es nicht zu hoch gegriffen, wenn das Bundesverfassungsgericht das Grundrecht auf freie Meinungsäußerung als unmittelbarsten Ausdruck der menschlichen Persönlichkeit versteht, es als eines der vornehmsten Menschenrechte bezeichnet und zu der Auffassung gelangt, es sei für eine freiheitlich-demokratische Staatsordnung schlechthin konstituierend, weil es erst die ständige geistige Auseinandersetzung, das Lebenselement der Demokratie, ermöglicht."[25]

Und bezogen auf den Bereich der Rundfunkpolitik heißt es:

> „Bei dieser Sachlage würde es dem verfassungsrechtlichen Gebot, die Freiheit des Rundfunks zu gewährleisten, nicht gerecht werden, wenn nur staatliche Eingriffe ausgeschlossen würden und der Rundfunk dem freien Spiel der Kräfte überlassen würde ... Es liegt vielmehr in der Verantwortung des Gesetzgebers, daß ein Gesamtangebot besteht, in dem die für die freiheitliche Demokratie konstitutive Meinungsvielfalt zur Darstellung gelangt. Es muß der Gefahr begegnet werden, daß auf Verbreitung angelegte Meinungen von der öffentlichen Meinungsbildung ausgeschlossen werden, und Meinungsträger, die sich im Besitz von Sendefrequenzen und Finanzmitteln befinden, an der öffentlichen Meinungsbildung vorherrschend mitwirken."[26]

---

[24] http://lexikon.meyers.de/meyers/Menschenrechtserklärung_der_UN#Artikel_19 (6.9.2007)
[25] Hesselberger, S. 85. Er bezieht sich in diesem Zitat auf BVerfGE 7, 198/208, zit. n. http://www.offener-kanal.at/deutsch/medieninformation/dokumentation/grundgesetz%20artikel %205.htm (6.9.2007)
[26] Hesselberger, S. 88f. Er bezieht sich auf BVerfGE 57, 322 ff., zit. n. http://www.offener-kanal .at/deutsch/medieninformation/dokumentation/grundgesetz%20artikel%205.htm (6.9.2007)

Rechtssprechung des Bundesverfassungsgerichtes

Wie aus den oben zitierten Kommentaren deutlich wird, hat das Bundesverfassungsgericht (BVerfG) in diversen Urteilen beginnend mit dem Jahr 1961 grundlegende Interpretationen des Art. 5 GG vorgelegt und damit den rechtlichen Rahmen für den Rundfunk in Deutschland entscheidend bestimmt. Einige Meilensteine dieser Rechtssprechung seien genannt: Stärkung der Staatsfreiheit des Rundfunks und Ablehnung des vom damaligen Bundeskanzler Adenauer geplanten „Bundesfernsehens", die Hervorhebung der Bedeutung und Funktion des Rundfunks für den Staat insgesamt, Rundfunk als Allgemeingut, Gründung der dualen Rundfunkordnung und Festlegung rechtlicher Grundsätze für den privaten Rundfunk, insbesondere binnen- und außenplurale Struktur, Sicherung der Meinungsvielfalt, Bedeutung der gesellschaftlich relevanten Kräfte, Grundversorgungsauftrag des öffentlich-rechtlichen Rundfunks und dessen Ausgestaltung, Bestands- und Entwicklungsgarantie des öffentlich-rechtlichen Rundfunks, Rundfunkfreiheit und aktuell im Herbst 2007 das Urteil zu den Rundfunkgebühren.

In mehreren seiner Urteile befasste sich das Bundesverfassungsgericht auch mit den Aufgaben und der Rolle der Rundfunkräte. So 1982, als die FDP in Schleswig-Holstein auf Beteiligung in den Gremien des NDR klagte. Die Klage wurde abgewiesen und das Gericht machte deutlich:

„Aufgabe des Rundfunkrates ist es – anders als der Antragsteller meint – nicht an der politischen Willensbildung des Volkes im Sinne des Art. 21 GG mitzuwirken; er hat vielmehr als Organ des NDR im Rahmen des ihm durch den Staatsvertrag zugewiesenen Aufgabenkreises zu seinem Teil zur Verwirklichung und Sicherung der verfassungsrechtlich garantierten Rundfunkfreiheit beizutragen."[27]

Und sehr deutlich werden noch einmal die Aufgaben im Sinne der Vielfaltsicherung benannt:

„Die Mitglieder des Rundfunkrates sind nach alledem nicht dazu berufen, das Programm des NDR an den besonderen Zielsetzungen und Auffassungen der politischen, weltanschaulichen und gesellschaftlichen Gruppen, die sie entsenden, auszurichten, um auf diese Weise deren Bestrebungen zu fördern. Die plurale Zusammensetzung des Rundfunkrates soll vielmehr im Interesse der Allgemeinheit an einer umfassenden Information gerade der Gefahr einseitiger Einflußnahme und Programmgestaltung entgegenwirken. Sie soll gewährleisten, daß die Vielfalt der bestehenden Meinungen, Zielsetzungen und Aktivitäten in allen Lebensbereichen im Ge-

---

[27] BVerfG 60,53 v. 9.2.1982

samtprogramm des Rundfunks möglichst vollständig und ausgewogen zum Aus-
druck kommt. Dadurch unterscheidet sich die Tätigkeit des Rundfunkrates und seiner Mitglieder von der Mitwirkung der politischen Parteien bei der politischen Willensbildung i. S. des Art. 21 GG."[28]

1986 unterstrich das Bundesverfassungsgericht im so genannten Niedersachsen-
Urteil auch die weit reichende Kompetenz der Rundfunkräte im öffentlich-
rechtlichen Rundfunk und verband diese gleichwohl mit einer angedeuteten
Kritik an der Ausfüllung dieser Funktion:

> „Insgesamt kommt ihnen eine – nicht auf die nachträgliche Kontrolle von Sendun-
> gen beschränkte – gestaltende, gegebenenfalls auch verhindernde Funktion zu, mö-
> gen sie diese auch nicht immer wahrnehmen oder mag diese auch nach außen nur
> wenig hervortreten."[29]

Auch 1992 nahm das Bundesverfassungsgericht Stellung zu den Rundfunkräten.
Darin heißt es:

> „Die Aufgabe der Kontrollgremien besteht also – ungeachtet des Umstandes, daß die
> meisten Mitglieder ihrer Herkunft nach Interessenvertreter sind – nicht in der Inte-
> ressenvertretung oder gar der Verlautbarung der Interessen ihrer Organisationen im
> Programm. Die Anknüpfung bei den verbandlich organisierten Interessen dient
> vielmehr nur als Mittel, Sachwalter der Allgemeinheit zu gewinnen, die unabhängig
> von den Staatsorganen sind und Erfahrungen aus den unterschiedlichen gesellschaft-
> lichen Bereichen einbringen. Die Mitglieder der Kontrollgremien sind daher nicht
> dazu berufen, das Programm an den besonderen Auffassungen und Zielsetzungen
> der sie entsendenden Organisationen auszurichten und auf diese Weise deren Be-
> strebungen zu fördern." [30]

Den Einfluss des Bundesverfassungsgerichts auf den Bestand und die Ausgestaltung eines unabhängigen Rundfunks in der Bundesrepublik Deutschland bewertet der ehemalige Justitiar des Norddeutschen Rundfunks, Klaus Berg, so:

> „Die Gründe [für einen unabhängigen Rundfunk, d. Verf.] sind bekannt. Sie liegen
> jedenfalls nicht vorrangig in dem engagierten freiheitlichen Gestaltungswillen des
> Gesetzgebers, sondern in dem Vorgehen der Besatzungsmächte und nachfolgend –
> als ganz entscheidender Faktor – in der kontinuierlichen Rechtssprechung des Bun-
> desverfassungsgerichts. Sie hat sich als wahrer Glücksfall für die Bewahrung der

---

[28] ebenda
[29] BVerfG 73,118 v. 4.11.1986
[30] BVerfG 83,238 v.5.2.1992

Rundfunkfreiheit erwiesen. Über Rundfunkfreiheit zu sprechen, heißt stets dabei die führende Rolle des Karlsruher Gerichts zu würdigen." (Berg 1987:737)

Die tragende Rolle des Bundesverfassungsgerichtes und seiner Urteile für die Rundfunkordnung zeigt auch die hohe Bedeutung, die diesem Thema in der demokratischen Gesellschaft zukommt.

Telemediengesetz und Rundfunkstaatsvertrag

Bund und Länder sind für das deutsche Medienrecht zuständig: Dabei bürgt der Bund für die verfassungsrechtlichen Medienfreiheiten auf Grundlage des Grundgesetzes und legt die gesetzlichen Regelungen für die technische Infrastruktur und das Wirtschaftsrecht fest. Den Ländern obliegen insbesondere inhaltsbezogene gesetzliche Bestimmungen. Sie erlassen die Rundfunk- und Pressegesetze sowie die entsprechenden Regelungen für Onlinedienste. Vor allem bei letzteren entstanden durch die Verschränkung von Bundes- und Landesrecht immer wieder Abgrenzungsprobleme. Mit dem seit 1. März 2007 geltenden Telemediengesetz und dem gleichzeitig in Kraft getretenen Neunten Rundfunkänderungsstaatsvertrag wurde versucht, die Medienregulierung im Kern an die Inhalte und nicht mehr an die Verbreitungswege zu binden. Der Aufteilung der gesetzlichen Aufgaben zufolge werden die inhaltsbezogenen Regelungen für Telemedien im Rundfunkstaatsvertrag der Länder (RStV) und die wirtschaftsbezogenen Bestimmungen für Telemedien im Telemediengesetz durch den Bund geregelt.[31]

Der Rundfunkstaatsvertrag ist eine Vereinbarung der Bundesländer und gilt: „für die Veranstaltung und Verbreitung von Rundfunk in Deutschland in einem dualen Rundfunksystem"[32] Dabei definiert der Staatsvertrag Rundfunk folgendermaßen:

„(1) Rundfunk ist die für die Allgemeinheit bestimmte Veranstaltung und Verbreitung von Darbietungen aller Art in Wort, in Ton und in Bild unter Benutzung elektromagnetischer Schwingungen ohne Verbindungsleitung oder längs oder mittels eines Leiters. Der Begriff schließt Darbietungen ein, die verschlüsselt verbreitet werden oder gegen besonderes Entgelt empfangbar sind." [33]

---

[31] Vergl..www.bundesregierung.de/nn_25180/Webs/Breg/DE/Bundesregierung/BeauftragterfuerKulturundMedien/Medienpolitik/AktuelleThemen/Medienordnung/medienordnung.html (6.9.2007), www.lfk.de/gesetzeundrichtlinien/telemediengesetz/main.html (6.9.2007)
[32] RStV §1 Abs.1, 9. v. 1.3.2007
[33] RStV §2 Abs.1, 9. v. 1.3.2007

Telemedien werden in Abgrenzung hierzu wie folgt definiert:

„Telemedien sind alle elektronischen Informations- und Kommunikationsdienste, soweit sie nicht Telekommunikationsdienste nach § 3 Nr. 24 des Telekommunikationsgesetzes sind, die ganz in der Übertragung von Signalen über Telekommunikationsnetze bestehen oder telekommunikationsgestützte Dienste nach § 3 Nr. 25 des Telekommunikationsgesetzes oder Rundfunk nach Satz 1 und 2 sind. Telemedien sind auch Fernseh- und Radiotext sowie Teleshoppingkanäle."[34]

Der Rundfunkstaatsvertrag regelt sowohl Vorschriften für den öffentlich-rechtlichen als auch für den privat-kommerziellen Rundfunk. Für ersteren legt er insbesondere grundsätzliche Regelungen fest, für den Auftrag und die Finanzierung ebenso wie für Werbung, Teleshopping und die Rundfunkprogramme. In den Vorschriften für den privaten Rundfunk werden geregelt: Die Zulassung, die Sicherung der Meinungsvielfalt, Aufsichtsfragen, Programmgrundsätze und Sendezeit für Dritte sowie für Finanzierung, Werbung und Teleshopping und den Datenschutz. Zudem regelt er grundsätzliche Fragen der Übertragungskapazitäten. Für den Bereich Telemedien regelt der RStV vor allem Fragen der Informationspflichten und Informationsrechte, der Gegendarstellung, des Datenschutzes bei journalistisch-redaktionellen Zwecken sowie Werbung, Sponsoring und die Aufsicht.

Eine Ausnahme im System der rechtlichen Regelungen bildet die Deutsche Welle. Als „Rundfunkanstalt des Bundesrechts" sind ihre Angelegenheiten im Deutsche-Welle-Gesetz durch den Bund geregelt.[35]

Landesmediengesetze und Staatsverträge der Länder

Aufgrund der Zuständigkeit der Bundesländer für die Rundfunkpolitik gibt es zahlreiche Rundfunkgesetze, Landesmediengesetze und länderübergreifende Staatsverträge. Für den öffentlich-rechtlichen Rundfunk gelten über die Rahmenbedingungen des Rundfunkstaatsvertrages und die Rechtssprechung des Bundesverfassungsgerichtes hinaus folgende Landesgesetze und Staatsverträge: ARD-Staatsvertrag, ZDF-Staatsvertrag, Deutschlandradio-Staatsvertrag, MDR-Staatsvertrag, RBB-Staatsvertrag, NDR-Staatsvertrag, SWR-Staatsvertrag, das saarländische Mediengesetz, Gesetz über den Hessischen Rundfunk, Radio Bremen-Gesetz, WDR-Gesetz, Bayrisches Rundfunkgesetz.[36]

---

[34] RStV §2 Abs.1, 9. v. 1.3.2007
[35] DWG, Fassung v. 15.12.2004, BGBL 1, S. 3456
[36] Der Quellennachweis findet sich im Literaturverzeichnis unter Gesetzliche Grundlagen.

Für den Bereich des privaten Rundfunks wurden folgende Gesetze auf Länderebene erlassen: Landesmediengesetz Baden-Württemberg (LMedienG), Gesetz über die Entwicklung, Förderung und Veranstaltung privater Rundfunkangebote und anderer Mediendienste in Bayern (Bayerisches Mediengesetz – BayMG), Staatsvertrag über die Zusammenarbeit zwischen Berlin und Brandenburg im Bereich des Rundfunks (MStV), Bremisches Landesmediengesetz (BremLMG), Staatsvertrag über das Medienrecht in Hamburg und Schleswig-Holstein (Medienstaatsvertrag HSH), Gesetz über den privaten Rundfunk in Hessen – Hessisches Privatrundfunkgesetz (HPRG), Rundfunkgesetz für das Land Mecklenburg-Vorpommern (Landesrundfunkgesetz – RundfG-M-V), Niedersächsisches Mediengesetz (NMedienG), Landesmediengesetz Nordrhein-Westfalen (LMG NRW), Landesmediengesetz (LMG), Saarländisches Mediengesetz, Gesetz über den privaten Rundfunk und neue Medien in Sachsen (Sächsisches Privatrundfunkgesetz – SächsPRG), Landesrundfunkgesetz Sachsen-Anhalt Mediengesetz des Landes Sachsen-Anhalt (MedienG LSA), Thüringer Landesmediengesetz (ThürLMG).[37]

Die Staatsverträge und Landesmediengesetze regeln auf Basis des Rundfunkstaatsvertrages die Errichtung der einzelnen Landessendeanstalten und die Veranstaltung privaten Rundfunks sowie die Einrichtung der jeweiligen Aufsichtsorgane. So sind in den Gesetzen für einzelne Sendeanstalten wie dem Hessischen Rundfunk (HR) unter anderem Rechtsform, Aufgaben, und Organisation des Senders bestimmt. Dazu gehören auch, wie im Radio-Bremen-Gesetz ausführliche Erörterungen zum Programm und zu den Organen, also auch den Gremien der Anstalten, ihrer Zusammensetzung und ihren Aufgaben. Hierbei gibt es Unterschiede in der Tiefe der Regelungen. So findet sich im WDR-Gesetz eine Regelung zur Öffentlichkeit der Rundfunkrats-Sitzungen „Der Rundfunkrat tagt in nichtöffentlicher Sitzung. Er kann in öffentlicher Sitzung tagen."[38] , während es im MDR-Staatsvertrag heißt: „Die Sitzungen des Rundfunkrates finden nach Maßgabe der Satzung statt"[39], und auch das HR-Gesetz dies der vom Rundfunkrat selbst zu erlassenden Satzung überlässt.[40] Auch die Landesmediengesetze für die Veranstaltung privaten Rundfunks unterscheiden sich in diesem Punkt. So wird im rheinland-pfälzischen Landesmediengesetz der Punkt Öffentlichkeit der Sitzungen nicht erwähnt, während der Medienstaatsvertrag für Hamburg und Schleswig-Holstein explizit ausführt: „Die Sitzungen sind nicht öffentlich"[41],

---

[37] Wie in vorheriger Fußnote.
[38] WDR-Gesetz §18, Abs.2, v. 23.3.1985, Fassung v. 30.11.2004
[39] Staatsvertrag über den Mitteldeutschen Rundfunk §22, Abs.1 v. 30.5.1991
[40] Gesetz über den Hessischen Rundfunk §8, Abs.5 v. 2.10.1948, Fassung v. 3.12.2003
[41] Medienstaatsvertrag HSH §45, Abs.1, v. 13.6.2006

und im Weiteren anordnet: „Der Medienrat veranstaltet mindestens einmal jährlich eine Fachtagung mit öffentlicher Fragestunde zu seiner Arbeit."[42, 43]

Informationsfreiheitsgesetz

Das Gesetz zur Regelung des Zugangs zu Informationen des Bundes, das am 1.
Januar 2006 in Kraft getreten ist, beinhaltet weitgehende Rechte der Bürgerinnen
und Bürger auf Auskünfte der Bundesbehörden. Eine Begründung für das Aus-
kunftsbegehren ist nicht erforderlich. Zudem existieren in bislang neun Bundesländern ähnliche Gesetze. Diskutiert wird über die Frage, inwieweit die Rundfunkanstalten darunter fallen. So gehen manche Interpreten davon aus, dass das
Informationsfreiheitsgesetz selbstverständlich auch auf die Landesmedienanstalten als Körperschaften des öffentlichen Rechts anwendbar ist. Gleiches gelte
auch für die Rundfunkanstalten, die allerdings in Kultus- bzw. Programmangelegenheiten nicht auskunftspflichtig seien:

„Körperschaften oder Anstalten des öffentlichen Rechts sind ebenfalls auskunftspflichtig. Zu ihnen gehören zum Beispiel Landesmedienanstalten, Sozialversiche-
rungsträger sowie Kammern und Innungen als Selbstverwaltungseinrichtungen der
Wirtschaft. ...Bei Kirchen, Rundfunkanstalten, öffentlich finanzierten Theatern,
Museen, Universitäten und Forschungseinrichtungen handelt es sich um Auskunfts-
pflichtige, die zugleich Grundrechtsträger sind. Sie dürfen die Auskunft verweigern,
soweit es um die Ausübung ihres Grundrechts geht, also um Kultus- beziehungsweise Programmangelegenheiten [...]." (Branahl 2005: 7)

Dagegen bestritt in einem Fall aus dem April 2007 der WDR informationspflich-
tig im Sinne des Informationsfreiheitsgesetzes zu sein. Es ist davon auszugehen,
dass die Klärung wegweisend für den weiteren Umgang der Rundfunkanstalten
mit dem Informationsfreiheitsgesetz sein wird.[44] Je nach Ausgang könnte dies
auch für das Auskunftsgebahren der Sender und ihrer Gremien relevant werden.[45]

---

[42] Ebenda, §45,Abs.3
[43] Zum Thema Transparenz und Öffentlichkeit siehe auch den Abschnitt 4.3 sowie die entsprechenden Abschnitte der Fallstudien unter 7.
[44] Vergl. „Bedingt auskunftsbereit", Der Tagesspiegel v.28.4.2008; der Fall war zum Abschluss der
Studie noch nicht abgeschlossen und sollte auf dem Verwaltungsgerichtswege geklärt werden.
[45] Vergl. in Abschnitt 7 Fallstudien die entsprechenden Absätze

4.2 Struktur und Aufgaben von Gremien

Da die Vertretung der Gewerkschaften in den Aufsichtsgremien ein Schwerpunkt dieser Untersuchung ist, ist die Beschaffenheit der Gremien eine wichtige Rahmenbedingung gewerkschaftlicher Medienpolitik. Deshalb soll hier ein allgemeiner Überblick über die Struktur und die Aufgaben von Gremien in öffentlichrechtlichen Sendeanstalten und Landesmedienanstalten gegeben werden. Eine detaillierte Darstellung von Gremienarbeit findet sich im Rahmen der drei Fallstudien in Kap. 7 Dort werden auch die sogenannten Freundeskreise näher betrachtet, die als informelle Strukturen nicht auf einer rechtlichen Grundlage basieren, sondern sich in der Regel entlang der politischen Fraktionierungen gebildet haben.[46] Ebenfalls die Frage nach eigenen Arbeitsstrukturen der Gremien wird innerhalb der Fallstudien gestellt.

Die Struktur der Aufsichtsgremien in den einzelnen öffentlich-rechtlichen Sendeanstalten ist im Prinzip zweiteilig gegliedert in Rundfunkrat (beim ZDF Fernsehrat, beim Deutschlandradio Hörfunkrat) und Verwaltungsrat. Bei den Landesmedienanstalten sind dies die Medienräte, Medienkommissionen oder Versammlungen.[47] In Bremen heißt das Gesamtgremium Landesrundfunkausschuss, ebenso in Mecklenburg-Vorpommern. Die Gremien bilden in der Regel für einzelne Aufgaben Ausschüsse, deren Mitglieder aus den Reihen der Aufsichtsgremien gewählt oder bestimmt werden. Die Einrichtung der Gremien und ihre Aufgaben sind in den jeweiligen Staatsverträgen, bzw. Landesmediengesetzen festgeschrieben, sie treten dort unter der Bezeichnung „Organe" gleichberechtigt neben dem Intendanten oder zusätzlich, wie im Radio-Bremen-Gesetz, dem Direktorium auf. Die Rundfunkräte geben sich selbst Satzungen, bzw. Geschäftsordnungen, teilweise auch für die anderen Organe. So heißt es im Bayrischen Rundfunkgesetz:

„Der Rundfunkrat wählt aus seiner Mitte einen Vorsitzenden und dessen Stellvertreter und gibt sich eine Geschäftsordnung. Mit Zustimmung des Verwaltungsrates und

---

[46] Der informelle Charakter der Freundeskreise manifestiert sich auch darin, dass deren Treffen nicht protokolliert werden
[47] Im Folgenden wird der Begriff Versammlungen auch synonym benutzt für die vergleichbaren Formen der Aufsichtsgremien im privat-kommerziellen Rundfunk. In Nordrhein-Westfalen gab es einige Zeit eine Besonderheit: "Mit Inkrafttreten des novellierten Landesmediengesetzes am 5. Juni 2007 ist der Medienrat abgeschafft worden. Der Medienrat war bis dahin drittes "Organ" der LfM - neben dem Direktor und der Medienkommission. Er bestand aus fünf Mitgliedern, die vom Landtag Nordrhein-Westfalen gewählt wurden. Die Aufgabe des Medienrates war, einmal jährlich einen Bericht über Stand und Entwicklung des Rundfunks und der Mediendienste in Nordrhein-Westfalen zu erarbeiten. Zwei Berichte sind erschienen." (www.lfm-nrw.de/lfr/aufbau_lfr/; 10.3.2008)

im Benehmen mit dem Intendanten beschließt er die Satzung der Organe des Bayerischen Rundfunks."[48]

Die Zusammensetzung der Gremien ist eine Mischung aus Vertreterinnen und Vertretern aus Politik, Wirtschaft, Kirchen, Gewerkschaften, Jugendorganisationen, Kultur-, Sport- und Verbraucherverbänden. Es gibt in manchen Gremien Mandate für freie Berufe, Vertriebenenverbände und Vertreter der jüdischen Gemeinden, Bauernverbände finden sich ebenso wie Vertreter der Verfolgten des Stalinismus. Auch Naturschützerinnen und Vertreter von Film- und Lehrerverbänden haben dort Sitz und Stimme. In manchen Gremien ist der zahlenmäßige Anteil von Vertretern aus der Politik auffällig hoch. Wie bereits eingangs dargestellt, gibt es schon seit Jahrzehnten eine Auseinandersetzung über die Frage, wie hoch der politische Einfluss sein darf und wie das Gebot der Staatsferne des Rundfunks eingehalten werden kann. So konstatiert das Hans-Bredow-Institut:

> „Bei einigen öffentlich-rechtlichen Rundfunkanstalten in der Bundesrepublik stellt sich die Frage, ob die Grenze der Verfassungswidrigkeit im Hinblick auf die Staatsferne der Zusammensetzung der Gremien nicht schon erreicht ist. Auch unabhängig davon kann ein zu starker staatlicher Einfluss medienpolitisch kritisiert werden."(Schulz 2002a: 6)

Die Mitglieder der Gremien werden von den vertretungsberechtigten Organisationen bestimmt und entsendet. Allerdings gibt es hierbei Unterschiede in den finalen Auswahlverfahren: So müssen für den ZDF-Fernsehrat von den gesellschaftlich relevanten Gruppen jeweils drei Kandidaten für das jeweilige Mandat vorgeschlagen werden, die Benennung erfolgt dann durch die Ministerpräsidenten. Bei der Medienanstalt Berlin-Brandenburg (mabb) obliegt die Auswahl der Mitglieder des Medienrates von vornherein der Politik:

> „Der Medienrat besteht aus sieben unabhängigen, von den Länderparlamenten Berlin und Brandenburg bestimmten Mitgliedern. Anders als die Rundfunkräte der öffentlich-rechtlichen Rundfunkanstalten, die von gesellschaftlich relevanten Gruppen entsandt werden, müssen die ehrenamtlichen mabb-Medienräte eine hohe parlamentarische Hürde nehmen: Sie brauchen eine Mehrheit von zwei Dritteln der Stimmen eines Parlaments. Drei Mitglieder werden vom Berliner Abgeordnetenhaus und drei vom Brandenburger Landtag gewählt. Der Vorsitzende braucht die Zustimmung beider Parlamente."[49]

---

[48] BayRG, Art.2, 2007
[49] http://www.mabb.de/start.cfm?content=Medienrat (10.3.2008)

Die Zusammensetzung der Gremien und den Anteil der Mandate, die durch die Politik besetzt werden und denjenigen der gewerkschaftlichen Mandate verdeutlichen die beiden nachfolgenden Tabellen 1 und 2.

Tabelle 1: Mitglieder in öffentlich-rechtlichen Rundfunkgremien[50]

Sender	Mitglieder	Gewerkschaften[51]	Politik[52]
BR	47	3	13
DLR	40	3	19
DW	17	1	7
HR	30	4	7
MDR	41	3	10
NDR	58	5	22
RB	26	3	7
RBB	30	3	7
SR	31	3	5
SWR	74	10	16
WDR	43	6	13
ZDF	77	5	31

---

[50] Darstellung der Mitgliederstruktur der Rundfunkräte in Tabelle 1 und 2 nach eigenen Recherchen. (Stand 10.3.2008) Unterschiede in der Anzahl der Befragten in Kap. 8 und der Tabellen in diesem Abschnitt erklären sich, weil in das Sample für die Gremienbefragung auch Stellvertreter und eindeutig den Gewerkschaften zuzuordnende Gremienmitglieder aufgenommen wurden, die aber keine ausgesprochenes Gewerkschaftsmandat besetzen.

[51] Die gewerkschaftlichen Mitglieder umfassen hier, wie in der Definition des Projektes, die Mitglieder, die dem DGB, dem DJV, dem DBB und ver.di und ihren Untergliederungen zustehen. (Stand: 10.3.2008)

[52] Hierbei wurden nur Mandate der politischen Parteien und der Landesregierungen und Landtage gezählt. Hinzu kommen in vielen Fällen Vertretungen von Landkreistagen, Städtebund, einzelnen Gemeinden und Städten, so dass sich die Anzahl der der Politik zuzurechnenden Mandate deutlich erhöht.

Tabelle 2: Mitglieder in Aufsichtsgremien des privat-kommerziellen Rundfunks[53]

Anstalt	Mitglieder	Gewerkschaften	Politik
BLM	47	3	12
brema	24	2	3
LFK	36	4	8
lfm	25	2	7
LMK	42	5	7
LMS	33	3	5
LPR	30	4	5
LRZ M-V	11	2	Parlament wählt nach Vorschlag[54]
MA HSH[55]	14	2	Parlamente wählen nach Vorschlag
mabb[56]	7		
MSA	25	2	5
NLM	25	3	5
SLM[57]	33[58]	2	4
TLM	25	2	4

[53] Darstellung der Mitgliederstruktur der Versammlungen, bzw. der vergleichbaren Gremien.

[54] Dazu wird erläutert, dass die 11 Mitglieder einschließlich seiner Vorsitzenden gesellschaftlich relevante Gruppen repräsentieren. Damit werde die Staatsferne gewährleistet. (http://www.lrz-mv.de/about/ausschuss.html, 10.3.2007)

[55] Der Medienrat besteht aus sieben Mitgliedern, die in Hamburg durch die Bürgerschaft und weiteren sieben, die durch den Schleswig-Holsteinischen Landtag gewählt wurden. Vorschlagsberechtigt ist jede gesellschaftlich relevante Gruppe, Organisation und Vereinigung mit Sitz im jeweiligen Land. Zwei Mitglieder müssen die Befähigung zum Richteramt haben. (Medienstaatsvertrag HSH, 13.6.2006)

[56] Aufgrund des Auswahlverfahren keine Differenzierung, beide Landesregierungen wählen die Mitglieder.

[57] Die Sächsische Landesmedienanstalt weist in ihrer Struktur eine Besonderheit auf: „Dem Medienrat gehören fünf Sachverständige an, die aufgrund ihrer Kompetenz und Sachkunde vom Sächsischen Landtag [...] gewählt werden. [...]Der Medienrat bildet das zentrale Entscheidungsorgan der SLM. Der Präsident des Medienrates [...]vertritt die SLM gerichtlich und außergerichtlich." Die 33 Mitglieder der Versammlung werden von der Staatsregierung, den Landtagsfraktionen und den gesellschaftlich relevanten Organisationen entsandt. Das Gremium hat gegenüber dem Medienrat Initiativrechte. (http://www.slm-online.de/psk/slmo/powerslave,id,3,nodeid,3.html, 10.3.2008)

[58] Lt. Gesetz mind. 31 Mitglieder, Veränderungen durch die Regelung, dass zu ihr auch entsenden „je ein Mitglied jede zu Beginn der Amtszeit der Versammlung bestehende Fraktion im Landtag", SächsPRG, §29,Abs.1, v. 9.1.2001

Den Rundfunkräten kommt nach Schulz eine zentrale Stellung im Funktionsgefüge der öffentlich-rechtlichen Rundfunkanstalten zu, die durch die Möglichkeit den Intendanten zu wählen und ggf. abzuberufen, Steuerungskraft erhalte:

> „Diese internen Aufsichtsinstanzen sind – zumindest nach der derzeitigen Konstruktion in Deutschland – der systematische Ansatzpunkt für eine gesellschaftliche Steuerung des öffentlich-rechtlichen Rundfunks im Hinblick auf besondere gesellschaftliche Ziele wie etwa Vielfaltsicherung. Die Steuerungslogik der Publizistik allein, vermag diese Ziele nicht immer zu erreichen, ökonomische Rationalitäten widerstreiten ihnen oftmals sogar." (Schulz 2002a: 6)

Ihre Aufgaben bestehen für den öffentlich-rechtlichen Rundfunk vor allem darin, die Interessen der Allgemeinheit auf dem Gebiet des Rundfunks[59] zu vertreten und der Vielfalt der Meinungen der Bürger Rechnung zu tragen. Sie sollen darüber wachen, dass die Sender die in den Staatsverträgen festgelegten Aufgaben erfüllen.[60] Eine sehr weitgehende Formulierung über die Befugnisse und Aufgaben des Rundfunkrates findet sich im WDR-Gesetz: „Der Rundfunkrat berät und beschließt über alle Fragen von grundsätzlicher Bedeutung für die Anstalt."[61]

Rundfunkräte sollen den Intendanten in Fragen der Programmgestaltung beraten und die Einhaltung der Programm-Richtlinien oder -Grundsätze überwachen; ausdrücklich wird aber darauf hingewiesen, dass eine Kontrolle einzelner Sendungen vor deren Ausstrahlung nicht zulässig ist.[62] Rundfunkräte wählen Intendanten und Direktoren, teilweise auch die Justiziare sowie die Mitglieder der Verwaltungsräte. Sie sind zuständig für die Genehmigung der Haushalts- oder Wirtschaftspläne, wobei sie in der Regel aber an den vom Verwaltungsrat vorgegebenen Gesamtumfang der Haushaltsansätze gebunden sind. Darüber hinaus genehmigen sie beispielsweise Investitionen, die eine bestimmte Höhe überschreiten, wenn es um Kooperationen mit Dritten geht.[63] Sie sind zuständig für die Entlastung des Intendanten und des Verwaltungsrates. In einigen Fällen ist ihre Zustimmung zum Redaktionsstatut erforderlich.[64] Rundfunkräte sind häufig auch die Anlaufstellen für Programmbeschwerden. Allerdings gibt es

---

[59] Im Bayrischen Rundfunk beispielsweise ist diese Aufgabe ausdrücklich auf den Sender beschränkt, während in den meisten anderen Anstalten von Rundfunk allgemein die Rede ist. Beim SR wird ausdrücklich darauf verwiesen: „Seine Mitglieder sind verpflichtet, sich für die gesamten Interessen des Rundfunks und der Rundfunkteilnehmerinnen und Rundfunkteilnehmer einzusetzen" Saarländisches Mediengesetz (SMG), 27. Februar 2002, §28, Abs.1
[60] Vergl. bspw. §20, Abs.1, StV MDR v. 30. Mai 1991
[61] § 16, Abs.2, WDR-Gesetz v. 23. März 1985
[62] Vergl. bspw. §13, Abs.1, StV RBB v. 7.November 2002
[63] Vergl. bspw. §18, Abs. 6, StV NDR v. 17./18. Dezember 1991
[64] Vergl. bspw. §18, Abs. 10, StV NDR v. 17./18. Dezember 1991

auch Regelungen bei denen die Intendanz Programmbeschwerden beantwortet und lediglich eine Berichtspflicht an den Rundfunkrat besteht, wie beispielsweise im WDR. In manchen Fällen sind als zuständige Stellen für Eingaben zum Programm auch Rundfunkrat und Intendanz gleichermaßen angegeben.[65]

Über die Gremien in den einzelnen Sendeanstalten hinaus, gibt es noch die ARD-Gremienvorsitzendenkonferenz (GVK), an der die Vorsitzenden der Rundfunkräte der Länderanstalten sowie die Gremienvorsitzenden der Deutschen Welle und des Deutschlandradio teilnehmen. Auch der Vorsitzende des ARD-Programmbeirates ist als Gast dabei. Der Vorsitz der GVK wechselt mit dem Vorsitz der geschäftsführenden Anstalt der ARD. Im Zuge einer im Jahr 2007 geführten Debatte in der Fachöffentlichkeit über die Zukunft der Gremien und ihre Aufgaben, wurde zudem die Neuschaffung eines gemeinsamen ARD-Rates vorgeschlagen, um die binnenplurale Kontrolle als eine „reale Aufsicht und Kontrolle über die Gemeinschaftsaktivitäten, das ARD-Programm und die ARD-Programmdirektion zu etablieren". (Eumann 2007:9) Andere stehen einem solchen Vorschlag skeptisch gegenüber (Reiter 2007), Insbesondere durch die Beilegung des so genannten Beihilfeverfahrens durch die EU und den in diesem Zuge einzuführenden Public-Value-Test, der in die Verantwortung der Gremien gelegt werden soll, ist eine Diskussion darüber entstanden, ob die Gremien in der derzeitigen Verfassung ausreichend für ihre Kontroll- und Aufsichtsaufgaben gerüstet sind, auch bezogen auf die ARD insgesamt. Dass die Gremienvorsitzendenkonferenz „die notwendige Aufsichtsfunktion in der derzeitigen Struktur und Ausstattung nur teilweise ausfüllen" kann, konstatiert auch deren Vorsitzender. (Giersch 2007:9) Allerdings befürwortet er einen Ausbau und die Nutzung vorhandeneer Spielräume der bestehenden Gremien. Zwar sei die GVK ein „Gremium von Medien-Profis", die meisten Mitglieder seien aber neben ihrem Ehrenamt auch in ihrem Hauptberuf stark gefordert. Den Ausweg aus dieser „Zeitfalle" sieht er in dem Ausbau der Geschäftsstelle, die seit Anfang 2007 aus drei Mitarbeitern besteht. Er verweist ausdrücklich auf die unterschiedlichen Interessenlagen von Exekutive und Aufsicht, die es „insbesondere bei sensiblen Themen nahe legen, auf eigene Mitarbeiter statt auf die Expertise der Exekutive zuzugreifen". (Giersch 2007:11) Zudem fordert er ein eigenes Budget, zum Einkauf externer Expertise.

Bei den Landesmedienanstalten (LMA) obliegt den Versammlungen in vielen Fällen die Vertretung der Landesmedienanstalten auch nach außen. Ansons-

---

[65] Vergl. bspw. §13, StV NDR v. 17./18. Dezember 1991: „Jeder hat das Recht, sich mit Eingaben und Anregungen zur Programmgestaltung an den Rundfunkrat sowie an den Intendanten oder die Intendantin oder – bezogen auf ein Landesprogramm – an den jeweiligen Landesrundfunkrat sowie an den jeweiligen Landesfunkhausdirektor oder die jeweilige Landesfunkhausdirektorin zu wenden."

ten repräsentieren die Direktoren die LMA. Zu den Aufgaben der Versammlungen gehört die

> „Gewährleistung der Meinungsvielfalt und des Schutzes von Kindern und Jugendlichen im Bereich des Rundfunks und der rundfunkähnlichen Kommunikation wahr. Dies umfasst beispielsweise Zustimmung zur Zuweisung von Übertragungskapazitäten an private Veranstalter und zu bestimmten Auswahlentscheidungen, Verabschiedung des vom Vorstand aufgestellten Haushaltsplans der LFK, Empfehlungen zur Medienpädagogik sowie Stellungnahmen zu Fragen des Jugendschutzes."[66]

Zudem sind Versammlungen oder Medienräte zuständig für die Überwachung der Programmgrundsätze, wählen Präsidenten oder Direktoren sowie Verwaltungsräte.

Die Darstellung dieses Aufgabenspektrums zeigt eine Fülle verantwortungsvoller Tätigkeiten, die im Sitzungsalltag der Räte allerdings allzu oft zu reinen Abstimmungsroutinen abstumpfen. So bezeichneten manche Insider in informellen Gesprächen Rundfunkräte als „Abnickgremium", da die inhaltliche Arbeit und Konsensfindung in der Regel in den zuständigen Ausschüssen stattfinde und das Plenum nur noch deren Beschlussvorschläge passieren lasse. Die Bedeutung dieser Ausschüsse und ihre Besetzung muss deshalb sehr hoch eingeschätzt werden.[67] In allen Rundfunkräten gibt es Programmausschüsse, in denen sich die Kernaufgabe „Beratung der Intendanz in programmlichen Angelegenheiten" manifestiert. Die Mitglieder dieser Ausschüsse werden vom jeweiligen Gesamtgremium gewählt.[68] Gleiches gilt für die Haushalts- oder Wirtschafts- und Finanzausschüsse. In manchen Gremien gibt es auch noch Ausschüsse mit anderen Schwerpunkten, so hat der WDR-Rundfunkrat einen Ausschuss für Rundfunkentwicklung. Er soll das gesamte Spektrum von rechtlichen, programmlichen, technischen und unternehmerischen Grundsatzangelegenheiten, Perspektiven und strategischen Orientierungen zu bearbeiten. Im Speziellen beschreibt der WDR dessen Aufgaben auf der Webseite wie folgt:

> „Insbesondere begleitet er die Geschäftsleitung des WDR dabei, die produktions- und verbreitungstechnische Erfüllung des Programmauftrags sicherzustellen, zukunftswichtige Entwicklungen im Bereich Technik, Trends in der Medienwirtschaft und in der Medienpolitik in Land, Bund und Europa frühzeitig zu erkennen und sich darauf unternehmensstrategisch einzustellen. Brüssel und Straßburg werden ein

---

[66] Vergl. http://www.lfk.de/dielfk/organisation/medienrat.html (10.3.2008)
[67] Vergl. zur Vertretung gewerkschaftlicher Gremienmitglieder in Ausschüssen auch 8.3.1 sowie die entsprechenden Abschnitte in den Fallstudien (7) zur Funktion der Ausschüsse.
[68] Vergl. hierzu auch die Abschnitte in den Fallstudien (7), insbesondere den Einfluss der Freundeskreise auf die Besetzung der Ausschüsse.

wichtiges Aufgabenfeld des Ausschusses bleiben. Die Europäische Medienpolitik nimmt entscheidende Weichenstellungen vor, die sich auf das duale Rundfunksystem in Deutschland auswirken werden. Hier wird es darauf ankommen, die für Meinungsbildungsfreiheit, Pluralismus, Kultur- und Medienwirtschaft wichtigen Leistungen des öffentlich-rechtlichen Rundfunks herauszustellen. Im Rahmen seiner Auseinandersetzung mit Grundsatzfragen der Rundfunktechnik, Digitalisierung und Multimedia achtet der Ausschuss darauf, dass die technischen Entwicklungen immer einen Mehrwert für die Gebührenzahler/innen bieten, ob bei Radio, Fernsehen oder Online."[69]

Interessant ist hier auch der Hinweis auf den notwendigen Sachverstand der Ausschuss-mitglieder und deren Weiterqualifizierung:

„Die Mitglieder des Ausschusses müssen, auch wenn sie ehrenamtlich arbeiten, über einen gewissen technischen Sachverstand verfügen und sich dort auf dem Laufenden halten, um die meistens sehr komplizierten technischen Sachverhalte und deren Auswirkungen auf den Rundfunk einschätzen zu können. Dazu dienen Kontakte zum öffentlich-rechtlichen Rundfunk anderer Länder und Besuche bei zentralen technischen Institutionen der ARD, im ARD-Playout-Center in Potsdam und im Institut für Rundfunktechnik in München, um sich über den Fortgang der Digitalisierung zu informieren."[70]

Die Ausschüsse tagen in der Regel im Vorfeld der Sitzungen der Gesamtgremien, manchmal auch öfter. Einen Überblick über die Vielfalt der Ausschüsse in Aufsichtsgremien bieten die folgenden Tabellen 3 und 4.

---

[69] http://www.wdr.de/unternehmen/rundfunkrat/ausschuss_rundfunkentwicklung.jhtml;jsessionid=0R QYVOSAF3YNSCQKYRSUTIQ (10.3.2008)
[70] ebenda

Tabelle 3: Ausschüsse in Aufsichtsgremien des öffentlich-rechtlichen Rundfunks[71]

Sender	Ausschüsse				
BR	Wirtschaft/ Finanzen		Fernsehen	Hörfunk	Grundsatzfragen/ Geschäftsordnung
DLR	Wirtschaft/ Finanzen	Programm			
DW[72]	Haushalt	Telemedien	Fernsehen	Hörfunk	
HR	Finanz		Fernsehen	Hörfunk	Beschwerden
MDR	Haushalt	Personal	Fernsehen	Hörfunk	AG Online
NDR	Finanzen/ Wirtschaft/ IT	Programm			
RB	Finanzen	Organisation	Fernsehen[73]	Hörfunk	
RBB	Haushalt/ Finanzen	Programm			
SR	Finanz	Programmbeirat		Beschwerde	Recht
SWR			Fernsehen	Hörfunk	Recht/Technik
WDR	Haushalt/ Finanzen	Programm	Rundfunkentwicklung		
ZDF[74]	Finanzen/ Technik	Chefredaktion	Programmdirektion	Partnerprogramme	Richtlinien-/ Koordinierung

---

[71] Aufschlüsselung der Sendernamen: Radio Bremen (RB), Bayrischer Rundfunk (BR), Rundfunk Berlin-Brandenburg (RBB), Mitteldeutscher Rundfunk (MDR), Norddeutscher Rundfunk (NDR), Hessischer Rundfunk (HR), Südwestrundfunk (SWR), Saarländischer Rundfunk (SR), Westdeutscher Rundfunk (WDR), Zweites Deutsches Fernsehen (ZDF), Deutschlandradio (DLR), Deutsche Welle (DW)

[72] Bei der Deutschen Welle sind die Ausschüsse Telemedien, Fernsehen und Hörfunk als Programmausschüsse, der Ausschuss für Haushalt trägt die Bezeichnung „Berichterstatter Haushalt".

[73] Bei einigen öffentlich-rechtlichen Sendeanstalten gibt es Programmausschüsse für Fernsehen und Hörfunk, deshalb tauchen hier unter Programmausschuss keine eigenen Gremien auf.

[74] Beim ZDF sind die Ausschüsse Chefredaktion, Programmdirektion und Partnerprogramme als Programmausschüsse gekennzeichnet.

Bei den Landesmedienanstalten sind die Ausschüsse ebenfalls wichtige Vorbereitungsorgane für Entscheidungen der Gesamtgremien. Ihre Zuschnitte, zusätzlich zu den Haushalts- und Programmausschüssen, unterscheiden sich gemäß des etwas anders gelagerten Aufgabenspektrums von denen der Rundfunkräte in den öffentlich-rechtlichen Sendeanstalten. So gibt es in den 13 Landesmedienanstalten folgende Ausschüsse:

Tabelle 4: Ausschüsse in den Landesmedienanstalten[75]

Anstalten	Ausschüsse					
LFK	Haushalt		Medien-pädagogik	Medien-technik		
BLM	Fernsehen	Hörfunk	Grundsatz	Technik	Programm-förderung	Beschließen-der Ausschuss
mabb[76]	-	-	-	-	-	-
brema	Recht Finanz				Programm	AG Bürger-funk
MA HSH[77]	-	-	-	-	-	-
LPR	Haushalt	Recht Satzung			Programm	
LRZ M-V	Haushalt Finanzen				Programm Recht	OK, Medien-kompetenz

---

[75] Aufschlüsselung der Abkürzungen: Landesanstalt für Kommunikation Baden-Württemberg (LFK), Bayrische Landeszentrale für neue Medien (BLM), Medienanstalt Berlin-Brandenburg (mabb), Bremische Landesmedienanstalt (brema), Medienanstalt Hamburg/Schleswig-Holstein (MA HSH), Hessische Landesanstalt für privaten Rundfunk und neue Medien (LPR), Landesrundfunkzentrale Mecklenburg-Vorpommern (LRZ), Niedersächsische Landesmedienanstalt (NLM), Landesanstalt für Medien Nordrhein-Westfalen (LfM), Landeszentrale für Medien und Kommunikation Rheinland-Pfalz (LMK), Landesmedienanstalt Saarland (LMS), Sächsische Landesanstalt für privaten Rundfunk und neue Medien (LMS), Sächsische Landesanstalt für privaten Rundfunk und neue Medien (SLM)

[76] Lt. Auskunft der mabb ist eine Bildung von Ausschüssen nicht erforderlich, da der Medienrat nur sieben Mitglieder umfasst.

[77] Für die MA HSH, zum 1.3.2007 aus der Unabhängigen Landesanstalt für Rundfunk und neue Medien (ULR) und der Hamburgischen Anstalt für neue Medien (HAM) gegründet, wurde beschlossen keine Ausschüsse einzurichten. Damit folgte man dem Beispiel der ULR, in der es auch keine Ausschüsse gab und nicht der HAM, die trotz der geringen Anzahl von neun Mitgliedern im Medienrat, Ausschüsse gebildet hatte. Alfons Grundheber, der Vertreter des DGB im Medienrat der MA HSH, wertet dies als Vorteil, da so die Mitglieder des Medienrates insgesamt sich „intensiver mit den Themen beschäftigen müssen und ihnen dadurch ganz andere Dinge auffallen."

Anstalten	Ausschüsse					
NLM	Haushalt Recht				Programm	Bürgerrund-funk Medien-kompetenz
LfM	Haushalt Finanzen		For-schung Medien-kompe-tenz		Programm	Medien-entwicklung
LMK	Haushalt Wirt-schaft Finanzen	Recht Zulass.	Jugend-schutz, Medien-inhalte	Rech-nungs-prüfung	Hauptaus-schuss	Medienkomp. OK, Rund-funktechnik
LMS	Wirt-schaft Finanz	Recht			Programm Beschwer-de	Medien-kompetenz
SLM			Grundsatz Technik		Programm Jugendsch.	Medienkomp. Medienethik
MSA	Haushalt	Recht			Programm	
TLM	Haushalt	Recht		Schieds-aus-schuss Kabel-bel.	Programm Jugendsch.	Bürgerrund-funk Medien-kompetenz

4.3　Öffentlichkeit und Transparenz

„Rundfunkräte ohne Öffentlichkeit sind ein Anachronismus." (Kleinsteuber 2007b:9) Würde man die Gremien des öffentlich-rechtlichen Rundfunks am Grad ihrer Öffentlichkeit messen, bestätigte sich dann das Bild anachronistischer Rundfunkräte, wie es Hans J. Kleinsteuber in diesem Zitat hervorruft? Dieser Abschnitt soll Klarheit darüber schaffen, welche Regeln für Transparenz und Öffentlichkeit die Gremienarbeit bestimmen. Hierfür wurden sowohl die ent-sprechenden Passagen der Staatsverträge und Landesmediengesetze analysiert, als auch Satzungen und Geschäftsordnungen herangezogen. Die Frage, wie sich dies in der Praxis der Rundfunkräte niederschlägt wird insbesondere im Rahmen der Fallstudien (Kap. 7) beantwortet. Das Thema beschäftigt auch die Gremienmitglieder selbst, wie folgendes Zitat des Mitglieds im WDR-Rundfunkrat und Vorsitzenden der SPD-Medienkommission Marc Jan Eumann zeigt:

> „Das Beispiel BBC, die ja – ebenso wie die ARD – in der jüngsten Vergangenheit durch etliche Skandale selbst Schlagzeilen produziert hat, zeigt dennoch: Die hohe Transparenz der Strukturen und der Programmpolitik sowie die Einbindung des Publikums durch den offenen Umgang mit Eingaben und Beschwerden der Gebührenzahler sind unverzichtbare Elemente eines am Publikum orientierten öffentlich-rechtlichen Rundfunks. Auch die Rundfunkräte in den Landesrundfunkanstalten wären gut beraten, wenn sie grundsätzlich öffentlich tagten und zu bestimmten grundsätzlichen Fragestellungen auch den Diskurs mit den Gebührenzahlern suchten." (Eumann 2007: 10)

Öffentliche Sitzungen werden als „erster Schritt" auf dem Weg zu mehr Transparenz begrüßt (Hilker 2007:7). Andere, wie der Vorsitzende des Programmbeirates der ARD Tino Kunert, werten die Veröffentlichung der Beratungsergebnisse auch als Beitrag zur Professionalisierung der Gremientätigkeit. (Kunert 2007: 8)

Jarren konstatiert: „Arkanpolitik und Geheimniskrämerei, den bundesdeutschen Rundfunkgremien bereits heute eigen, passen nicht in die liberale Mediengesellschaft, in der die Übernahme von Selbstverantwortung erwartet wird und in der mehr und mehr Governance-Modelle mit Selbstverpflichtungsaufträgen an Organisationen etabliert werden." (Jarren 2007:7)

Der Programmbeirat von RTL, dessen Mitglieder laut Geschäftsordnung zur Verschwiegenheit verpflichtet sind, forderte: „Deshalb muß der Ausschuss mit der Beachtung seiner Tätigkeit und seiner Beschlüsse im Informationssystem des Senders rechnen und jederzeit selbst, bei Unterrichtung der Geschäftsführung, den Zugang zur Öffentlichkeit in Anspruch nehmen können." (Thoma 1997: 58)

Zum Auftreten der Gremienmitglieder und ihrem Widerhall in der Öffentlichkeit schreibt ein Mitglied des RTL-Programmbeirats:

> „Durchgängig bringt sich die Gruppe von Vertretern der Gesellschaft nur dissonant oder bei besonders prekären Vorgängen überhaupt nicht zu Gehör. […] Gremien-Mitglieder agieren in der Regel als Solisten. Selbst innerhalb der einzelnen Gruppen sind inhaltliche Verständigungen, die über den Sender oder gar das System hinausreichen, nur wenig entwickelt. Man muß immer damit rechnen, dass der Gruppen-,Kollege' im anderen – privaten oder öffentlich-rechtlichen – Programm seinen Part in der gleichen, akuten Sache in einer gänzlich anderen Tonlage spielt. Diese Problematik wiederholt sich auch im wünschenswerten Zusammenspiel zwischen den einzelnen gesellschaftlichen Gruppen. Ihr Verhalten bringt diese Gruppen um einen ganzen Teil ihrer Wirksamkeit – sowohl in den Sendern, in denen sie mitwirken, als auch in der Öffentlichkeit, als deren ,Stimme' sie auftreten." (Heßler 1997: 47f)

Zu den geltenden Regelungen für die Öffentlichkeit der Sitzungen in öffentlich-rechtlichen Sendern bietet Tabelle 5 einen Überblick.

Tabelle 5: Öffentlichkeit von Rundfunkratssitzungen öffentlich-rechtlicher Sender

Sendeanstalt	Gesetzliche Grundlage	Satzung/Geschäftsordnung
BR	Sitzungen öffentlich, RR kann Öffentlichkeit ausschließen	
DLR	Keine explizite Regelung, Hörfunkrat gibt sich eine Geschäftsordnung, Verwaltungsrat beschließt Satzung des Senders	Sitzungen nicht öffentlich, HFR kann Öffentlichkeit beschließen
DW	Sitzungen nicht öffentlich, RR kann Öffentlichkeit beschließen	
HR	Satzung muss über die Öffentlichkeit der Versammlungen bestimmen	Versammlungen können vertraulich erklärt werden. Öffentliche Versammlungen des RR werden durch Rundfunk bekannt gegeben
MDR	Sitzungen finden nach Maßgabe der Satzung statt	Sitzungen nicht-öffentlich. Einzelne Beratungspunkte können für vertraulich erklärt werden
NDR	Sitzungen finden nach Maßgabe der Satzung statt	Sitzungen nicht-öffentlich. Unterrichtung der Öffentlichkeit ist dem Vorsitzenden vorbehalten
RB	Sitzungen öffentlich, RR kann Nichtöffentlichkeit beschließen, Beschlüsse und Ergebnisse sollen auf den Internetseiten des Senders bekannt gegeben werden	
RBB	Sitzungen öffentlich, RR kann Öffentlichkeit ausschließen	
SR	Sitzungen öff., RR kann Öffentlichkeit ausschließen	

Sendeanstalt	Gesetzliche Grundlage	Satzung/Geschäftsordnung
SWR	Sitzungen finden nach Maßgabe der Satzung statt	Sitzungen öffentlich, Vorsitzende/r legt im Einvernehmen mit Stellvertretern fest, welche TOP nicht öffentlich sind oder RR beschl.
WDR	RR tagt in nichtöffentlicher Sitzung, kann in öffentlicher Sitzung tagen	RR kann andere Personen zu Sitzungen zulassen. RR beschließt über Vertraulichkeit von TOP
ZDF	Keine explizite Regelung, Fernsehrat gibt sich eine Geschäftsordnung	Sitzungen nicht öffentlich; FR kann Öffentlichkeit beschließen

4.4 Themen des medienpolitischen Diskurses

Die Frage, welche Problemstellungen die medienpolitischen Diskussionen derzeit und mit hoher Wahrscheinlichkeit auch in den nächsten Jahren bestimmen werden, ist für alle medienpolitischen Akteure und damit auch für gewerkschaftliche relevant, um ihre medienpolitischen Aktivitäten zu fokussieren und zu planen. Fingerzeige für die dominierenden Fragestellungen können die Themen von großen überregionalen Veranstaltungen wie „Münchner Medientage", „Mainzer Mediendisput" u.ä. geben, ebenso wie der Blick in Mediendienste, z.B. Epd-Medien. Auch die Medienseiten der großen Tageszeitungen erhellen das Dunkel um die Gegenwarts- und Zukunftsfragen des medienpolitischen Diskurses. An dieser Stelle mag ein kleiner Überblick reichen, der aus Recherchen in den oben genannten Feldern erarbeitet wurde.

Neben der immer wiederkehrenden und aufgrund der Konstruktion des dualen Systems immanenten Debatte um die Rundfunkgebühren für den öffentlich-rechtlichen Rundfunk, sind es insbesondere folgende Fragen, die die medienpolitische Debatte bestimmen:

- Der technische Fortschritt und die Möglichkeiten einer Vielzahl neuer Medienformate (Stichwort Digitalisierung)
- Das Internet und seine Folgen (dieser Punkt berührt viele andere hier aufgeführte, wie Regulierung, Medienkompetenz, Jugendschutz)
- Die Konvergenz der Medien
- Vielfaltsicherung inmitten einer Ausweitung von medialen Angeboten
- Kartellrecht und Meinungsmacht

- Die Gestaltung von Medienaufsicht und Medienkontrolle
- Medienerziehung, Medienkompetenz und Medienzugang (Stichworte: Informationselite und Transparenz und Teilhabe)
- Jugendschutz
- Das Verhältnis von Qualität und Quote, hierbei insbesondere die Positionierung, bzw. Abgrenzung der öffentlich-rechtlichen Sender gegenüber den privat-kommerziellen (Stichwort: Grundversorgung und kultureller Auftrag)
- Sponsoring und Werbung
- Verhältnis von PR und Journalismus
- Europaweite Regelungen und ihr Einfluss auf nationales Medienrecht
- Medienrechtliche Themen wie Änderung des Rundfunkstaatsvertrages
- Themen rund um das Berufsfeld Journalismus

Allein dieser kurze Überblick lässt ahnen, welch ein weites heterogenes Feld in der Medienpolitik zu bearbeiten ist. Die Fallstudien (Kapitel 7) und die Befragung der Gremienmitglieder (Kapitel 8) werden auch zeigen, ob und wie sich diese Themen im Gremienalltag widerspiegeln und welche Qualifizierungsbedarfe sich daraus ergeben.

4.5 Fazit zu den Rahmenbedingungen gewerkschaftlicher Medienpolitik

Die Medienpolitik in Deutschland gleicht in ihrem rechtlichen Rahmen einem Flickenteppich. Dies führt immer wieder zu komplizierten Abstimmungsprozessen, die auch auf das Handeln einzelner medienpolitischer Akteure nicht ohne Einfluss bleiben. Insbesondere bei der Diskussion um eine Vereinheitlichung der Medienaufsicht zeigt sich die Dominanz juristischer Sichtweisen:

„Regulierung ist allerdings auch eine Frage der Haltung. In Deutschland ist sie Sache von Verwaltungsjuristen, in Großbritannien von Ökonomen. Dies prägt Deutungsmuster, Experimentierfreude und das Verständnis von Prozessen. Gut nur, dass deutsche Juristen bekanntlich zu allem fähig sind." (Schulz 2005: 10)

Auch für die gewerkschaftlichen medienpolitischen Akteure bedeutet dieser Rechtsrahmen eine Herausforderung, denn wer sich kompetent zu medienpolitischen Fragen äußern will, muss zumindest ein Grundwissen über die rechtspolitische Entwicklung des Mediensektors mitbringen. Im Weiteren wird sich zeigen wie es darum zum Beispiel bei den gewerkschaftlichen Vertretungen in den Rundfunkgremien bestellt ist.[78] Interessant dürfte auch sein, ob in den Gewerkschaftszentralen medienrechtlicher Sachverstand als personelle Ressource vorhanden ist (Vergl. 5.3). Da auf Podien zu medienpolitischen Fragen häufig Medienjuristen das Wort führen, zeigt sich auch hier eine Herausforderung für gewerkschaftliche medienpolitische Akteure. Hinzu kommt, dass in den Staatskanzleien kein Mangel an medienrechtlichem Sachverstand herrscht, denn nicht zuletzt werden hier auch die rechtlichen Rahmenbedingungen in Form von Mediengesetzen und Staatsverträgen erarbeitet. Damit haben die gesellschaftlich-relevanten Gruppen und ihre Vertreter in den Gremien einen Nachteil in Diskussionen mit der Politik, wenn sie nicht selbst juristische Kenntnisse mitbringen oder sich diese organisieren können. Gleiches gilt für die Sendeanstalten, deren Justiziare ausgewiesene Medienrechtler sind und damit die Deutungshoheit von medienrechtlichen Fragen auch gegenüber so manchem Mitglied in den Kontrollgremien haben. Es stellt sich damit die Frage, ob die Hinzuziehung von „neutralen" Rechtsberatern, wie dem Institut für europäisches Medienrecht, nicht zur Regel in den Gremien werden müsste oder ob es gar eine zentrale juristische Anlaufstelle für Gremien geben müsste, die weder in Sender-, noch in Politikstrukturen eingebunden ist.

Die Darstellung der Gremien und ihrer Aufgaben hat gezeigt, wie kompliziert das Geflecht der Regulierung in den Sendern und Landesmedienanstalten ist. Die Aufgabenverteilung innerhalb der Gremien und das Gefüge aus politischen Akteuren und solchen der gesellschaftlich-relevanten Gruppen ist ein eigener Mikrokosmos, in dem sich viele Aktionsmöglichkeiten auch für gewerkschaftliche Gremienmitglieder öffnen, wenn die Spielräume erkannt und genutzt werden. Inwieweit ihnen dies gelingt, erhellt auch die Gremienbefragung in Kapitel 8. Einen genaueren Blick auf die Bedingungen in ausgewählten Gremien werfen die Fallstudien (Kapitel 7).

Information und Transparenz als Merkmale von Governance sind gesetzlich nicht restriktiv geregelt. Immer hat das Gremium selbst die Möglichkeit, über Öffentlichkeit oder Nichtöffentlichkeit von Sitzungen zu bestimmen, sei es im Rahmen der Satzungen oder Geschäftsordnungen, sei es bezogen auf einzelne Sitzungen. Insofern besteht hier ein weiter Handlungsspielraum, um die zu den Grundbedingungen von Good Governance und Mitbestimmter Medienpolitik gehörenden Voraussetzungen zu erfüllen.

Mit den vielfältigen Themen des medienpolitischen Diskurses sehen sich alle Akteure konfrontiert, seien sie aus der Politik, den gesellschaftlich relevanten Gruppen oder als Verantwortliche in Sendern und Landesmedienanstalten. Ent-

---

[78] vergl. Abschnitt 8.11.3.

scheidend bleibt, auf welche Ressourcen diese zurückgreifen können und welche Bedeutung die entsendenden Organisationen dem Politikfeld Medienpolitik geben. Deshalb werden in den Kapiteln 5, 6 und 8 die innergewerkschaftlichen Rahmenbedingungen, die Aktivitäten und die Gremienvertretungen genauer analysiert und dargestellt.

5 Organisation, Programmatik, Ressourcen und Vernetzung gewerkschaftlicher Medienpolitik

Will man den Gewerkschaften als medienpolitische Akteure auf die Spur kommen, so ist es wichtig, zunächst eine Vorstellung von ihrem organisatorischen Aufbau, den programmatischen Voraussetzungen und den Ressourcen zu gewinnen. Im Folgenden werden deshalb die für medienpolitische Aktivitäten relevanten Daten und Texte vorgestellt. Diese Grundzüge der Organisation sollen als Hintergrund dienen, um die Verortung gewerkschaftlicher Medienpolitik in den Organisationen einschätzen zu können. Für diesen wurden Organigramme, Darstellungen der Organisationen im Internet und Aussagen aus programmatischen Veröffentlichungen verwertet. Zudem flossen Informationen aus Gesprächen mit den für Medienpolitik zuständigen sowie weiteren Mitarbeiterinnen und Mitarbeitern in den Gewerkschaften sowohl auf Bundes-, als auch auf Landesebene ein.

5.1 Organisationsebene

5.1.1 Deutscher Gewerkschaftsbund

Der Deutsche Gewerkschaftsbund (DGB) ist ein komplexes Geflecht aus einer Dachorganisation und acht Mitgliedsgewerkschaften mit zahlreichen Organisationsebenen und Zuständigkeiten. Er hat etwas mehr als 6,4 Mio. Mitglieder (Stand Dezember 2007). Der DGB als Dachorganisation ist in drei Ebenen aufgebaut, Bundesvorstand, Bezirke und Regionen. Zudem können in den Regionen ehrenamtliche Kreis- und Ortsverbände gegründet werden. Gab es früher analog zu den Bundesländern jeweils einen Landesbezirk, so wurden mit der Organisationsreform von 2001 teilweise größere Verwaltungseinheiten geschaffen, wie beispielsweise mit dem Bezirk Nord, der nun die früheren Landesbezirke Schleswig-Holstein und Mecklenburg-Vorpommern sowie den Kreis Hamburg umfasst. In solchen, die Grenzen von Bundesländern übergreifenden Bezirken, gibt es zusätzlich jeweils Landesbüros, die den DGB gegenüber den jeweiligen Landesregierungen vertreten.

Medienpolitische Zuständigkeiten liegen in der Dachorganisation auf Bundesebene und Bezirksebene. Da Medienpolitik in der Regel Bundes- bzw. Ländersache ist, spielt sie in den darunter liegenden Organisationsebenen des DGB keine Rolle. Im DGB-Bundesvorstand ist die Medienpolitik in der Abteilung Öffentlichkeitsarbeit im Bereich des Vorsitzenden angesiedelt, seit Mitte 2005 im Referat der stellvertretenden Pressesprecherin. Mit dieser Zuordnung wurde die Medienpolitik nach einer etwa zehnjährigen Phase des Wanderns durch die Organisation dorthin zurückgeführt, wo sie bereits Anfang der 90er Jahre war. Der DGB-Bundesvorstand ist zuständig für die Besetzung der dem Deutschen Gewerkschaftsbund zustehenden Sitze in den Gremien von ZDF, Deutschlandradio und Deutsche Welle.

In den Bezirken liegt die Zuständigkeit für Medienpolitik analog zum Bund bei den Pressesprecherinnen oder Pressesprechern, die den jeweiligen Bezirksvorsitzenden zugeordnet sind. Nur in einem Bezirk (Bayern) ist für Medienpolitik die stellvertretende Vorsitzende zuständig, die von ihrer beruflichen Herkunft auch einmal Pressesprecherin war. Die Bezirksvorstände entscheiden über die Besetzung der dem Deutschen Gewerkschaftsbund zustehenden Sitze in den Gremien der Landessendeanstalten der ARD sowie der Landesmedienanstalten.

Die acht Mitgliedsgewerkschaften sind ebenfalls in der Regel in drei Ebenen organisiert. Da sie sich, wie im Weiteren beschrieben wird (unter 2. Programmatik), außer der Gewerkschaft Ver.di, weder in ihrer Programmatik noch in ihrer Zielsetzung ausdrücklich mit Medienpolitik beschäftigen, wird an dieser Stelle auf eine genauere Betrachtung ihres in Einzelheiten unterschiedlichen Organisationsaufbaus verzichtet und auch nicht auf ihre betriebliche Organisationsstruktur eingegangen. Zudem werden ihnen auch vom Gesetzgeber keine eigenen Sitze in den Gremien zugewiesen. Allerdings gibt es einige Vertreterinnen und Vertreter aus der GEW, die für die Lehrerverbände in Gremien tätig sind.

5.1.1.1 Vereinte Dienstleistungsgewerkschaft

Die Vereinte Dienstleistungsgewerkschaft (ver.di) ist nach Mitgliederzahlen die zweitgrößte Gewerkschaft im DGB.[79] Sie ist 2001 entstanden aus dem Zusammenschluss von mehreren Einzelgewerkschaften des DGB (Gewerkschaft Öffentliche Dienste, Transport und Verkehr – ötv, Industriegewerkschaft Medien, Deutsche Postgewerkschaft – DPG, Gewerkschaft Handel-Banken-Versicherungen – HBV) und der Deutschen Angestelltengewerkschaft (DAG). In

---

[79] Quelle: DGB-Bundesvorstand, Stand Dez. 2007

ihren 13 Fachbereichen (FB) sind die unterschiedlichsten Branchen und Berufe vertreten. Der Fachbereich 8 ist zuständig für Medien, Kunst und Kultur, Druck und Papier, industrielle Dienste und Produktion. Er ist zugeordnet dem stellvertretenden Vorsitzenden und medienpolitischen Sprecher des Bundesvorstandes. Innerhalb des FB 8 beschäftigten sich bis Anfang März 2007 drei Fachgruppen (FG) mit medienpolitischen Themen: Die FG Verlage, Druck und Papier, die Deutsche Journalistenunion (dju) und die FG Rundfunk, Film und Audiovisuelle Medien (RFAV). Mit dem Zusammenschluss der beiden letztgenannten zur Fachgruppe Medien im März 2007 unternahm Ver.di den Versuch, medienpolitische Aktivitäten und Kompetenzen zu bündeln. Während sich der Fachbereich als Interessenvertretung der Mitglieder als Nutzer von Medien versteht, vertreten die Fachgruppen vorwiegend die Interessen der Mitglieder als Beschäftigte in der Medienbranche. Dazu heißt es auf der Website:

> „Durch den Zusammenschluss der Deutschen Journalistinnen- und Journalisten-Union dju mit ihrer Schwesterfachgruppe Rundfunk, Film und audiovisuelle Medien RFAV bei der Bundeskonferenz in Berlin deckt die Fachgruppe Medien nun das weite Spektrum von den klassischen Printmedien über öffentlich-rechtliches und privatwirtschaftliches Radio und Fernsehen sowie Internetportalen bis hin zu den Filmproduktionsfirmen und Kinos ab. Dabei bleibt die dju als eigenständige Berufsgruppe der Journalisten innerhalb der Fachgruppe Medien bestehen."[80, 81]

Die Fachgruppe Medien ist in fünf Säulen untergliedert:

- Berufsgruppe Deutsche Journalistinnen- und Journalisten-Union (dju)
- Öffentlich-rechtlicher Rundfunk
- Privatwirtschaftlich organisierte elektronische Medien
- Film
- Kino [82]

Die Fachgruppen sind neben der Bundesebene auch auf Landesebene sowie in gewerkschaftlichen Gruppen bei den Sendern vertreten. Betriebsgruppen wie beim Verlagshaus Springer oder im ZDF sind eher die Ausnahme. Neben dem Fachbereich 8 beschäftigt sich auch noch der Fachbereich 9 mit medienpoliti-

---

[80] www.medien-kunst-industrie.verdi.de/medien/fachgruppe_medien (11.9.2007)
[81] Im Folgenden werden dju und die ehemalige Fachgruppe RFAV in ihrer Organisation und Programmatik gesondert dargestellt, da sie auch nach der Gründung der gemeinsamen Fachgruppe Medien als Untergliederungen weiter relativ autonom fungieren.
[82] Geschäftsordnung FG Medien, Fass. v. 4. März 2007

schen Themen. Der FB 9 ist zuständig für Telekommunikation, Informationstechnologie, Datenverarbeitung und einem weiteren Vorstandmitglied zugeordnet.[83]

Auf europäischer und internationaler Ebene wird die Medienpolitik vertreten durch den Bereichsleiter Kultur in der Medien- und Unterhaltungsinternationale UNI-MEI. Die Vertretung in der Europäischen Journalistenföderation (EJF) teilt sich die DJU mit dem DJV.

Deutsche Journalistinnen- und Journalisten-Union

Die dju ist in der Fachgruppe Medien (seit 2007) als weiterhin eigenständige Berufsgruppe im Fachbereich 8 zuständig für

„[...]ver.di-Mitglieder [...], die hauptberuflich journalistisch tätig sind. Dazu gehören auch Auszubildende und Studierende, die bereits hauptberuflich journalistisch tätig waren oder deren Ausbildung diesem Ziel dient. Diese Voraussetzungen sind nachzuweisen. Mitglieder anderer DGB-Gewerkschaften und anderer ver.di-Fachbereiche, die hauptberuflich journalistisch tätig sind, können Anschlussmitglieder der dju werden. Eine Zugehörigkeit zur dju schließt eine nachrichtendienstliche Tätigkeit aus. Zur dju gehören u. a. auch Bildberichterstatter/innen, Pressezeichner/innen und Redaktions-Dokumentaristen und -Dokumentaristinnen." [84]

Ihre organisatorische Ansiedlung ist in der Satzung wie folgt beschrieben:

„Die Berufsgruppe dju ist ein Bereich der Fachgruppe Medien im Fachbereich Medien, Kunst und Industrie von ver.di. Sie gliedert sich in dju-Berufsgruppen auf Ortsebene, Bezirksebene, Landesbezirksebene und Bundesebene. Organe der dju sind
die dju-Orts- bzw. Bezirksmitgliederversammlung
der dju-Orts- bzw. Bezirksvorstand
die dju-Landeskonferenz
der dju-Landesvorstand
die dju-Bundeskonferenz
der dju-Bundesvorstand"[85]

---

[83] Da dieser Fachbereich nicht im engeren Sinne mit der Thematik dieser Arbeit verbunden ist, wird er im Folgenden nicht näher betrachtet.
[84] Geschäftsordnung FG Medien, Fass. v. 4. März 2007
[85] ebenda

Die dju-Bundeskonferenz als höchstes Organ der Berufsgruppe hat unter anderem die Aufgabe, tarif-, berufs- und medienpolitische Fragen zu behandeln.[86]
Gleiches ist auf der Landesebene für die Landeskonferenz festgelegt. Medienpolitisch beschäftigt sich die dju aus Sicht ihrer Mitglieder mit verschiedenen Themen, die auch in den anderen medienpolitisch tätigen Organisationseinheiten von
ver.di eine Rolle spielen.

Fachgruppe Rundfunk, Film, audiovisuelle Medien

Die RFAV ist nach Gründung der Bundesfachgruppe Medien organisatorisch
aufgegangen in den Fachgruppenbereichen Öffentlich-rechtlicher Rundfunk und
privatwirtschaftlich-organisierte elektronische Medien. Die RFAV beschreibt
ihre Aufgaben folgendermaßen:

> „Die Rundfunk-, Film- und Internetwirtschaft lebt von interessanten Inhalten. Gute
> Programme und Filme leben von qualifizierten Beschäftigten. Qualifizierte Beschäf-
> tigte brauchen gute Arbeitsbedingungen. Knapp 25 000 von diesen Medienschaffen-
> den sind in der Fachgruppe Rundfunk, Film, AV-Medien in ver.di organisiert. Me-
> dien-, tarif-, betriebs- und berufspolitisches Engagement sichert den Mitgliedern ei-
> ne optimale Interessenvertretung in Form von Tarifverträgen, Lobbyarbeit, Beratung
> und Service."[87]

Der Organisationsbereich wird wie folgt abgegrenzt:

> „Zum Fachgruppenbereich öffentlich-rechtlicher Rundfunk gehören alle ver.di-
> Mitglieder aus öffentlich-rechtlichen Rundfunkanstalten einschließlich ihrer ausge-
> gliederten Betriebsteile, ihrer Tochtergesellschaften und Gemeinschaftseinrichtun-
> gen. Nicht mehr erwerbstätige Seniorinnen und Senioren und Arbeitslose im Orga-
> nisationsbereich des Fachgruppenbereichs gehören ihm ebenfalls an [...]. Im Fach-
> gruppenbereich privatwirtschaftlich organisierte elektronische Medien sind alle an-
> gestellten und freien Beschäftigten sowie die Selbständigen aus folgenden Branchen
> organisiert:
> Private kommerzielle TV-Sender
> Private kommerzielle Hörfunk-Sender
> Nicht kommerzieller Hörfunk- und Fernsehanbieter (z.B. freie Radios)
> AV-Dienstleister
> Neue Medien"[88]

---

[86] ebenda
[87] www./medien-kunst-industrie.verdi.de/bereich_medien_und_publizistik/rundfunk_film_av
(10.9.2007)
[88] Geschäftsordnung FG Medien, Fassung v. 4. März 2007, Ziff. IV.2.1 und IV.3.1

Für den Fachgruppenbereich öffentlich-rechtlicher Rundfunk sind die Senderverbände ein wichtiges Standbein. Sie gibt es in allen öffentlich-rechtlichen
Sendern. Sie sind in ihrer Struktur und Aufgabenwahrnehmung autonom:

> „Über die innere Struktur und die Aufgaben des Verbandes entscheidet die jeweilige
> Verbandsversammlung. Die Verbände können befristet oder auf Dauer themen-, be-
> rufs- und bereichsbezogene Verbandsgruppen bilden. Die Verbände nehmen die In-
> teressen der ihnen zugeordneten Mitglieder von ver.di wahr und regeln ihre tarif-,
> betriebs-, berufs- und medienpolitischen Aufgaben unter Berücksichtigung der
> Ziff.V.6. selbst."[89]

Der Fachgruppenbereich privatwirtschaftlich-organisierte elektronische Medien
ist bundesübergreifend durch einen Bundesausschuss organisiert, der die Beschlüsse fasst. Anders als bei den öffentlich-rechtlichen Sendern kann hier aber
nicht auf eine gut organisierte betriebliche Ebene zurückgegriffen werden. Deshalb ist die Basis insbesondere das vor einigen Jahren in Leben gerufene Projekt
connexx.av. Das Projekt arbeitet an den für Medienberufe relevanten Standorten
Hamburg, Berlin, Hannover, Leipzig, Köln, Düsseldorf und München. Mit diesem Ansatz versucht ver.di quer zu den üblichen gewerkschaftlichen Strukturen
auf die Bedürfnisse der Beschäftigten einzugehen. Dementsprechend ist auch die
Selbstbeschreibung des Projektes, in der es heißt, connex.av stehe für eine
Trendwende. Hier zeigt sich der Versuch, Serviceorientierung zu bieten und den
hohen Ansprüchen der Beschäftigten und Selbständigen an die Professionalität
gerecht zu werden. Diese wollten sich nicht mit Gremien, Ämtern und Antrags-
verfahren beschäftigen: „Traditionelle Strukturen und Arbeitsweisen der Gewerkschaften schrecken die Beschäftigten und Selbstständigen in der Medienszene ab." [90] Mit der Entscheidung für dieses Projekt, so heißt es an gleicher
Stelle, habe die Dienstleistungsgewerkschaft ver.di die Herausforderungen der
gesellschaftlichen Veränderungen angenommen.

In seinem Selbstverständnis ist connex.av als „Interessenvertretung von
Medienschaffenden" absolut beschäftigtenorientiert:

> „connexx.av arbeitet an den zentralen Medienstandorten in Deutschland für die Ver-
> besserung der Arbeits- und Lebensbedingungen der Medienschaffenden. [...]Ob
> New Media, Rundfunk, Film-, AV- und Fernsehproduktion: connexx.av stärkt und
> fördert die Mitbestimmung der Beschäftigten in diesen Branchen. Wir arbeiten für

---

[89] Geschäftsordnung FG Medien, Fass. V. 4. März 2007, Ziff. V.6 regelt die Zusammensetzung der
Bundestarifkommission für diesen Bereich
[90] http://www.connexx-av.de/profil_ansatz.php3?view=&si=1&lang=1 (10.9.2007)

eine kraftvolle Vertretung und Durchsetzung der Interessen von Medienschaffenden, wir fördern den Aufbau neuer Arbeitsstrukturen und funktionierender Netzwerke."[91]

Die Selbsteinschätzung lautet „Schnittstelle zwischen traditioneller Gewerk- schaft und Medienszene":

> „Der Erfahrungsschatz und das Know-how von ver.di nutzt den Beschäftigten in den Zukunftsbranchen. Gemeinsam mit den Medienschaffenden erarbeitet connexx.av neue, offene Organisationsangebote und neue gewerkschafts-, tarif- und betriebspo- litische Zielsetzungen und Durchsetzungsstrukturen. Der von connexx.av moderierte Prozess des gegenseitigen Austausches ist eine Win-Win-Beziehung zwischen ver.di und der Medienszene."[92]

Die einzelnen Standorte sind bundesweit direkt vernetzt und unabhängig von der ver.di-Matrix aufgestellt. Das Team aus einem Projektleiter, fünf Projektmana- gern und einer Assistentin arbeite standortübergreifend zusammen und passe sich dadurch flexibel den heterogenen Strukturen der Medienszene an.

---

[91] ebenda
[92] ebenda

Abbildung 2: Deutscher Gewerkschaftsbund

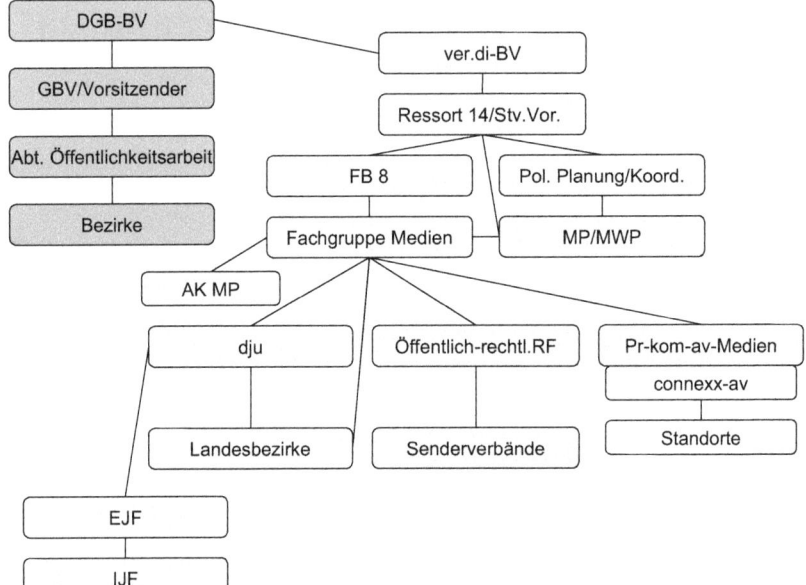

5.1.2 Deutscher Journalisten-Verband

Der Deutsche Journalistenverband (DJV) ist gegliedert in drei Ebenen: Bund, 18 Landesverbände und deren lokale Gliederungen, also Ortsvereine und Regional-verbände (für NRW sind dies z. B. 21). Der DJV hat nach eigenen Angaben über 40.000 Mitglieder.[93] Organe sind der Verbandstag, der Gesamtvorstand, der Bundesvorstand mit einer Geschäftsstelle. Die Landesverbände sind selbständig und als solche Mitglieder des Bundes. Sie geben sich eigene Satzungen, die nicht im Widerspruch zu der Satzung des Bundes stehen dürfen.

Der Verbandstag hat verschiedene Fachausschüsse eingerichtet, darunter den Fachausschuss Rundfunk (FA Rundfunk). Er versteht sich als

---

[93] http://www.djv.de/DJV_ueber_uns.17.0.html (12.9.2006)

„[...]die Interessenvertretung der Rundfunkjournalisten (Hörfunk und Fernsehen), für den öffentlich-rechtlichen und den privaten Rundfunk gleichermaßen [...]Die Hauptarbeitsgebiete des Ausschusses sind die soziale Ausgestaltung der Arbeitsverhältnisse aller Rundfunkjournalisten und die Medienpolitik."[94]

In den Landesverbänden gibt es ebenfalls entsprechende Fachausschüsse.

Abbildung 3:   Deutscher Journalisten-Verband

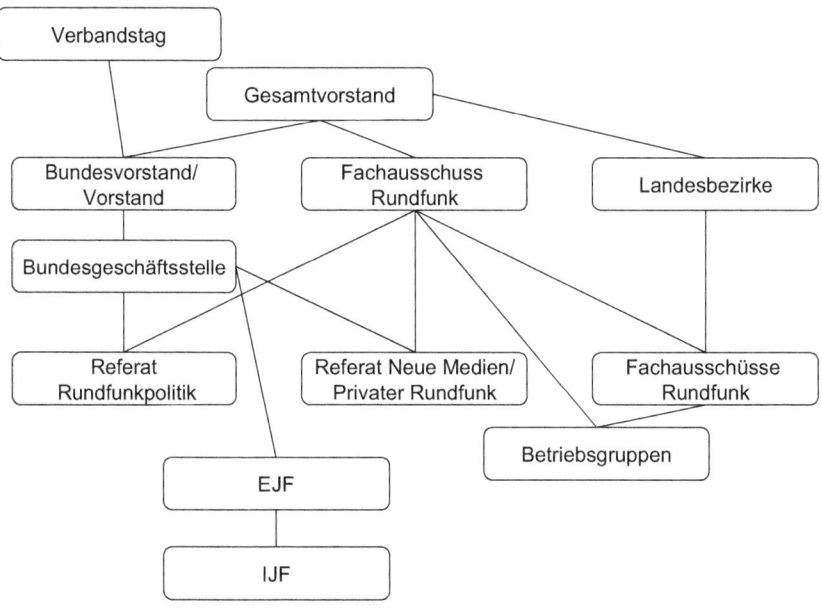

5.1.3 Deutscher Beamtenbund

Der Deutsche Beamtenbund (DBB) ist die Spitzenorganisation von 16 Landesbünden, 26 Bundesfachgewerkschaften und 14 Gewerkschaften der im Bundesdienst Beschäftigten und des privaten Dienstleistungssektors. Im DBB sind nach

---

[94] http://www.djv.de/Wir_ueber_uns.1014.0.html (12.9.2006)

eigenen Angaben über 1,25 Millionen Mitglieder organisiert.[95] Er ist zudem vertreten auf Landes-, Bezirks- und Kreisebene durch von den einzelnen Gewerkschaften gebildete Einheiten. Eine der Fachgewerkschaften ist die Vereinigung der Rundfunk-, Film- und Fernsehschaffenden (VRFF).

5.1.3.1 Vereinigung der Rundfunk-, Film- und Fernsehschaffenden

Zuständig für die Organisierung von Beschäftigten in den Medien ist im DBB als Fachgewerkschaft die Vereinigung der Rundfunk-, Film- und Fernsehschaffenden (VRFF), die sich den Beinamen „Die Mediengewerkschaft" gegeben hat. Sie ist gegliedert in neun Betriebsgruppen. Diese sind autonom zuständig für ihren Organisationsbereich. Die VRFF organisiert sich weitgehend ehrenamtlich. Sie wurde ursprünglich für die erste Personalratswahl 1964 im ZDF gegründet und erweiterte ihren Organisationsbereich im Anschluss daran. Den Bundesvorstand bilden die Mitglieder des Geschäftsführenden Bundesvorstandes sowie die Vorsitzenden der neun Betriebsgruppen. Ausdrücklich soll der Aufbau eines „Funktionärsapparates" vermieden und den Betriebsgruppen weitgehende Autonomie eingeräumt werden. Vertreten ist die VRFF bei folgenden Einrichtungen: Deutsche Welle Berlin, Deutsche Welle Bonn, Gebühreneinzugszentrale (GEZ), Hessischer Rundfunk, Radio Bremen, Saarländischer Rundfunk, Südwestrundfunk, Westdeutscher Rundfunk, Zweites Deutsches Fernsehen. Sie konzentriert sich also ausschließlich auf den öffentlich-rechtlichen Bereich und organisiert zum überwiegenden Teil Beschäftigte aus den technischen Berufen und der Verwaltung. Die VRFF hat nach eigenen Angaben ca. 2000 bis 2500 Mitglieder. Den größten Anteil an der Mitgliedschaft haben die Beschäftigten im ZDF, was sich aus der Historie der Organisation erklärt. Die VRFF stellt in den von ihr betreuten Einrichtungen auch Personalräte, einige davon sind freigestellt. Im Vorstand gibt es laut Organigramm zwar eine Beauftragte für Genderfragen, einen Beauftragten für Jugend sowie einen Vorsitzenden der Bundestarifkommission. Nicht organisatorisch fixiert ist eine eigene Zuständigkeit für medienpolitische Fragen.

---

[95] http://www.dbb.de/dbb.php (30.3.2008)

Abbildung 4:   Deutscher Beamtenbund

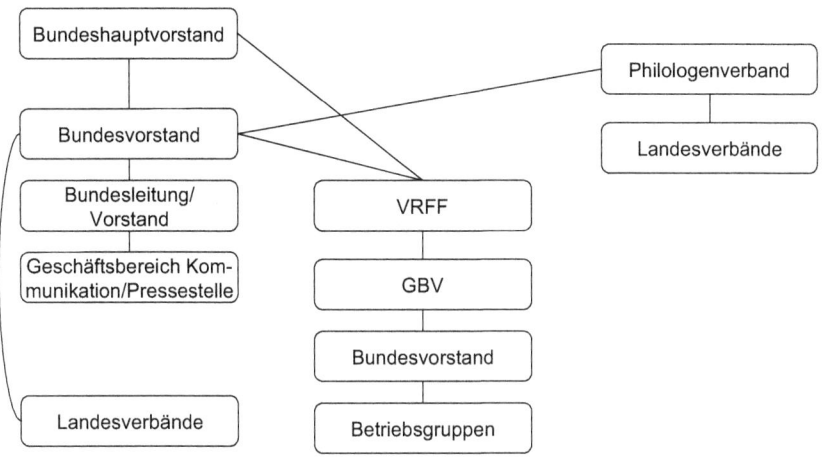

5.2 Programmatik

In diesem Abschnitt werden die grundlegenden programmatischen Voraussetzungen gewerkschaftlicher Medienpolitik dargestellt und analysiert. Da sie die Grundlage bilden für die praktische medienpolitische Arbeit werden Satzungen, Grundsatzprogramme oder programmatische Äußerungen im Sinne von Beschlüssen etc. der einzelnen Organisationen hier ausführlich dargestellt. Dabei ist zu beachten, dass die Organisationen von ihrem Zweck her bereits unterschiedliche Intentionen verfolgen.

5.2.1 Deutscher Gewerkschaftsbund

In der Satzung des DGB wird Medienpolitik als Aufgabe nicht erwähnt. Allerdings finden sich an mehreren Stellen Formulierungen zur Vertretung gemeinsamer kultureller Interessen, zur Demokratisierung in der Bundesrepublik und Europa, die im weitesten Sinne die medienpolitischen Aktivitäten des Bundes decken. So z.B. unter „§2 Zweck, Aufbau und Aufgaben des Bundes":

> „1. b) Der Bund und die in ihm vereinigten Gewerkschaften vertreten die gesellschaftlichen, wirtschaftlichen, sozialen und kulturellen Interessen der Arbeitnehmerinnen und der Arbeitnehmer[...]

c) Der Bund und die in ihm vereinigten Gewerkschaften bekennen sich zur freiheit-lich-demokratischen Grundordnung der Bundesrepublik Deutschland. Sie setzen sich für die Sicherung und den Ausbau des sozialen Rechtsstaates und die weitere Demokratisierung von Wirtschaft, Staat und Gesellschaft ein.
d) Der Bund und die in ihm vereinigten Gewerkschaften bekennen sich zur Schaf-fung eines vereinten Europas mit demokratischer Gesellschaftsordnung."[96]

Eine konkretere Nennung der Medienpolitik unter dem Abschnitt „3. Politische Aufgaben des Bundes" fehlt ebenfalls. Auch hier bleibt es bei der Nennung von Bildungs- und Kulturpolitik, unter der aber die Medienpolitik subsumiert wird.[97] Genannt werden als Aufgaben in der Bildungs- und Kulturpolitik insbesondere

> „[...]die Vertretung der Interessen der Arbeitnehmerinnen und der Arbeitnehmer durch Förderung einer fortschrittlichen nationalen und internationalen Bildungs- und Kulturpolitik, insbesondere Schul- und Hochschulpolitik, Berufs- und Weiterbil-dungspolitik, politische Bildung, gewerkschaftliche Schulung und Bildung auf allen Ebenen mit dem Ziel der Verwirklichung von Chancengleichheit, sozialer Gerech-tigkeit und Demokratisierung."[98]

Hinzu kommt die Vertretung und Koordinierung der gemeinsamen Interessen, hierbei insbesondere:

> „[...]die dem Bund durch Gesetze zugewiesenen Befugnisse in der Wirtschaft, im sozialen Bereich, im kulturellen Bereich, in den sonstigen Körperschaften, Instituti-onen und Verwaltungen sowie in der Arbeits-, Sozial-, Verwaltungs- und Finanzge-richtsbarkeit auszuüben und die sich hieraus ergebenden Aufgaben wahrzunehmen; den Bundestag, den Bundesrat, die Länderparlamente, die Regierungen und Behör-den sowie die Organe der europäischen Gemeinschaften über die gewerkschaftlichen Auffassungen zu aktuellen Fragen, die Interessen der Arbeitnehmerinnen und der Arbeitnehmer berühren, zu unterrichten und ihnen Forderungen zu unterbreiten."[99]

Festzuhalten bleibt, dass im gesamten Satzungstext der Begriff Medienpolitik nicht auftaucht. Im aktuellen Grundsatzprogramm, das sich die Gewerkschaften nach einem vierjährigen Diskussionsprozess im Jahr 1996 gegeben haben, findet das Thema allerdings schon in der Präambel zu Abschnitt 4 „Anforderungen an unsere demokratische Gesellschaft" Erwähnung: „Eine demokratische Gesell-

---

[96] DGB-Satzung, S.3
[97] Dies entspricht auch der gängigen Zuordnung in der Politik. So gibt es in der Bundesregierung einen Staatsminister für Kultur und Medien, der aber gemeinhin als „Kulturstaatsminister" bezeich-net wird.
[98] DGB-Satzung, S.6f
[99] ebenda

schaft hat kritische, unabhängige Medien und eine lebendige, kulturelle Vielfalt zur Voraussetzung."[100] Ein ausführlicher eigener Abschnitt konkretisiert die programmatische Stellungnahme. Unter der Überschrift „Kulturelle Vielfalt und demokratische Medien fördern" finden sich Aussagen sowohl zu den Medien allgemein, als auch explizit zum Rundfunk. So wird ausführlich auf die Medienkonvergenz hingewiesen und festgestellt:

> „Traditionell getrennte Felder wie die Medien- und Telekommunikationspolitik müssen angesichts dieser Prozesse integrativ zusammengedacht und zu einer multimedialen Kommunikationspolitik fortentwickelt werden, die sich dem Leitbild einer sozialen und demokratischen „Informationsgesellschaft" verpflichtet weiß." [101]

Eindringlich schildert der Text die hohe Bedeutung der Medien für Demokratie und Gesellschaft und deren Weiterentwicklung:

> „Die Wahrnehmung der Realität wird zunehmend über Medien vermittelt. Politische Debatten und gesellschaftliche Diskussionen werden wesentlich durch die Medien beeinflußt. Die demokratische Verfassung und Kultur unserer Gesellschaft hängen entscheidend davon ab, wie demokratisch ihre Medien, deren Inhalte, und die Kommunikationsstrukturen sind. Information, Bildung und Unterhaltung müssen zur Weiterentwicklung der Demokratie beitragen sowie die kulturelle Vielfalt widerspiegeln und fördern."[102]

Die innere Presse- und Rundfunkfreiheit sei für die Funktionsfähigkeit der Medien unerlässlich. Alle Medien stünden in der Verantwortung, gegen die Verherrlichung von Gewalt, auch sexueller Gewalt, gegen Fremdenfeindlichkeit und für die Menschenwürde einzutreten. Ein längerer Abschnitt befasst sich mit dem Thema Vielfalt und pluralistische Medienordnung. Die Gewerkschaften unterstützten die Vielfalt der Medienlandschaft, diese sei allerdings durch die Konzentration bei privatkommerziellen Medien gefährdet. Die neuen Formen der Kommunikation und Information könnten zu einer größeren Vielfalt beitragen. Voraussetzung sei aber der gleichberechtigte Zugang aller Bürgerinnen und Bürger zu elektronischen Netzen. Sie müssten ihre Persönlichkeits- und Datenschutzrechte wahrnehmen und selbstbestimmt Informationen empfangen und verbreiten können. Verwiesen wird hierbei auf die Rolle der Politik, die für entsprechende Rahmenbedingungen zu sorgen habe, insbesondere durch die Festlegung hochwertiger Universaldienste. Die Bedeutung des öffentlich-rechtlichen

---

[100] DGB-Grundsatzprogramm, S. 29
[101] DGB-Grundsatzprogramm, S.32ff
[102] ebenda

Rundfunks bei diesem Thema wird hervorgehoben und interessanterweise sein Reformbedarf angesprochen, ohne dass dieser konkretisiert würde:

> „Dem öffentlich-rechtlichen Rundfunk kommt nach Auffassung der Gewerkschaften bei der Meinungsbildung eine besondere Bedeutung zu. Er ist Garant einer pluralistischen Medienordnung. Er hat die Grundversorgung mit Angeboten an Information und Meinungen, Kultur und Unterhaltung zu gewährleisten. Dazu muß er mit den Zielen reformiert werden, die Programmqualität und -vielfalt zu erhöhen."[103]

Doch auch die privatrechtlichen Medien, gleich ob Rundfunk oder Presse, seien dem Demokratiegebot verpflichtet. Sie müssen ebenfalls politische Informationen und kulturelle Bildung qualitativ und quantitativ ausreichend anbieten.

Abschließend wird noch einmal auf die notwendige konsequente Kontrolle und Begrenzung von Medienmacht durch wirksame Antikonzentrationsregelungen hingewiesen. Diese dürften angesichts des Machtpotentials transnationaler Medienkonzerne und der mit ihnen verflochtenen Industrien nicht auf die Bundesrepublik beschränkt sein. Zu den Gremienvertretungen finden sich hier keine Aussagen. In einer als „Handreichung und Arbeitshilfe" für gewerkschaftliche Mitglieder in Rundfunkgremien beschriebenen Materialsammlung heißt es mit Berufung auf Hans Magnus Enzensberger: „Medienpolitik zielt auf die Rahmenbedingungen sowohl für die wirtschaftliche Entfaltung dieser ‚Bewußtseinsindustrie', als auch für die gesellschaftliche Wirkung der Medien. Sie sollte und muß deshalb eines der Schlüsselfelder für die Politik des DGB und seiner Gewerkschaften sein."[104] Die Gewerkschaften, so heißt es dort weiter, könnten ein medienpolitisches Korrektiv zu den Parteien sein, weil sie ebenso wie diese und andere gesellschaftliche Gruppen in den Aufsichtsgremien des öffentlich-rechtlichen und des privat-kommerziellen Rundfunks vertreten seien, also mitreden und mitgestalten könnten. Und weiter:

> „Sie können die Diskussion über die Ausgestaltung der elektronischen Medien in den Gremien in Gang bringen, die dafür vorgesehen sind. Wenn sie dort überzeugende und realisierbare Konzepte vorstellen, die unser Mediensystem optimieren können, werden sie Resonanz finden. Der DGB sollte die Arbeit seiner Gremienmitglieder durch medienpolitische Veranstaltungen und Initiativen begleiten und im öffentlichen Diskurs seine Positionen deutlich und vernehmlich machen."[105]

---

[103] ebenda
[104] Materialien für die Medienpolitik des DGB, S.5
[105] ebenda

In diesem Papier finden sich auch Hinweise auf die zunehmende Bedeutung der europäischen politischen Strukturen für die Medienpolitik und die Notwendigkeit für die Gewerkschaften, hier Einfluss zu nehmen.

Auf der Website des DGB ist zwar der Entwurf eines medienpolitischen Positionspapiers aus dem Jahre 2003 zu finden, einen offiziellen Beschluss hierzu hat es offensichtlich jedoch nicht gegeben. Auf seinem 16. Ordentlichen Bundeskongress 2006 in Berlin verabschiedete der DGB aber einen Antrag zur Medienpolitik, in dem der DGB aufgefordert wird:

> „[...] seine medienpolitischen Aktivitäten weiter zu verstärken und öffentlichkeitswirksam zu artikulieren. Darüber hinaus ist der DGB gehalten, den öffentlichen Diskurs über Aufgaben und Perspektiven der Medien gemeinsam mit anderen gesellschaftlichen Gruppen zu intensivieren. Dazu erarbeiten DGB und seine Mitgliedsgewerkschaften ein gemeinsames Positions- und Strategiepapier, [...]"[106]

Folgende Ansatzpunkte werden hierfür genannt: Wirtschaftliche Medienmacht als Meinungsmacht, Bestands- und Entwicklungsgarantie für den öffentlich-rechtlichen Rundfunk, Vielfalt und Qualität im kommerziellen Bereich, journalistische Verantwortung, audiovisuelle Dienstleistungen sind mehr als ein Wirtschaftsgut. Ein eigener Abschnitt ist den Aufsichtsgremien gewidmet:

> „Das duale Rundfunksystem ist gesellschaftlich verantwortet und wird kontrolliert durch die, von den gesellschaftlichen Gruppen beschickten, Aufsichtsgremien der Rundfunkanstalten und der Landesmedienanstalten. Der DGB und seine Mitgliedsgewerkschaften dringen gegenüber der Politik und den Rundfunkveranstaltern darauf, dass die Aufsichtsgremien in ihrer Bedeutung gestärkt werden, ihre Arbeit transparenter und in der Öffentlichkeit deutlicher wahrgenommen wird. Die Gremienmitglieder müssen von den öffentlichrechtlichen Sendern, den Landesmedienanstalten und externen Experten bei ihrer Arbeit stärker unterstützt werden. Darüber hinaus wird der DGB den Gewerkschaftsvertreterinnen und -vertretern in der Rundfunkaufsicht mehr Angebote zur kontinuierlichen Professionalisierung machen. Ziel ist es, die Gestaltungskraft ihrer Arbeit zu erhöhen. Darüber hinaus wird der DGB die Zusammenarbeit mit anderen gesellschaftlichen Gruppen intensivieren und den öffentlichen Diskurs über die Aufgaben und Ziele des Rundfunks weiter vorantreiben."[107]

---

[106] Antrag zum 16. OBK des DGB, Berlin Mai 2006
[107] ebenda

Interessant ist ein Versprechen, dass hier formuliert ist:

„…eine informierte und kritische Öffentlichkeit braucht sowohl selbstbewusste Journalistinnen und Journalisten, als auch Medienschaffende, die sich ihrer Macht als Meinungsmultiplikatoren bewusst sind und damit verantwortungsvoll umgehen. Die Gewerkschaften werden beide Seiten dieser Entwicklung zum Thema einer breiten gesellschaftlichen Debatte machen."[108]

In den Satzungen der Mitgliedsgewerkschaften spielt das Thema Medienpolitik keine Rolle. (Die folgenden Aussagen beziehen sich nicht auf Ver.di. Diese wird im nächsten Abschnitt beschrieben und analysiert.) Zwar gibt es bei der GEW eine Arbeitsgemeinschaft Jugendliteratur und Medien, die aber nach ihrer Aufgabenbeschreibung sich eher mit ersterer beschäftigt.[109] Bei der Gewerkschaft TRANSNET findet sich ein Hinweis auf die Medien, der aber einzig im Sinne der Öffentlichkeitsarbeit zu verstehen ist. Zu ihren Aufgaben zählt sie auch die: „Beeinflussung aller die Mitgliederinteressen berührenden Bereiche der Politik, Werbung für die gewerkschaftliche Arbeit und ihre Ziele in der Öffentlichkeit und in den Medien, […]."[110]

Die hier beschriebenen programmatischen Grundlagen zur Medienpolitik verdeutlichen eine starke Fokussierung des DGB auf die Bedeutung der Medien für Demokratie und Gesellschaft. Deren demokratische Verfassung hinge davon ab, wie demokratisch die Medien, ihre Inhalte und Kommunikationsstrukturen seien. Der freie Zugang aller Bürgerinnen und Bürger zu Informationen ist für den DGB eine Grundvoraussetzung einer demokratischen Medienordnung. Dabei sieht der DGB insbesondere den Rundfunk in einer zentralen Position als Instrument der Meinungsbildung. Vielfalt und Pluralismus der Medien sowie ein deutliches Bekenntnis zum öffentlich-rechtlichen Rundfunk, prägen die medienpolitische Programmatik des DGB. Doch auch die Verantwortung privatkommerzieller Medien für die Demokratie wird betont. Die Bedeutung der Gremien als Mitgestalter wird deutlich hervorgehoben und ihre notwendige Professionalisierung betont. Der DGB bekennt sich zu seiner Verantwortung hierfür in Bezug auf die von ihm entsendeten Gremienvertreterinnen und -vertreter und deren Qualifizierung. Ausdrücklich erwähnt werden die notwendige Transparenz der Gremienarbeit gegenüber der Öffentlichkeit sowie die Vernetzung mit anderen gesellschaftlichen Gruppen als ein Vorhaben des DGB und eine Möglichkeit, sich medienpolitisch zu stärken.

---

[108] ebenda
[109] Satzung GEW, Fassung v. 2.1.2001
[110] Satzung Transnet. Fassung v. 26.4.2006

5.2.1.1 Vereinte Dienstleistungsgewerkschaft

In der Satzung von ver.di werden medienpolitische Ziele nur minimal angesprochen, vielmehr wird auf die Satzung des DGB verwiesen. Ähnlich wie dort werden hier ebenfalls sehr allgemeine, im weitesten Sinne auch auf eine medienpolitische Zielsetzung interpretierbare Ziele genannt. Unter §5 Zweck, Aufgaben und Ziele heißt es: „2. ver.di vertritt und fördert die wirtschaftlichen und ökologischen, die sozialen, beruflichen und kulturellen Interessen ihrer Mitglieder im In- und Ausland."[111]

Weiter unten heißt es dann, dass zur Erreichung dieser Ziele insbesondere dienen die:

> „b) Weiterentwicklung, Ausbau und Verteidigung der Demokratie in Staat, Wirtschaft und Gesellschaft, insbesondere der Ausbau der Mitbestimmung in Betrieben, Verwaltungen und öffentlichen Einrichtungen sowie der Selbstverwaltung in der Sozialversicherung,[...]
> k) Verwirklichung und Verteidigung der grundgesetzlich garantierten Kunst-, Informations-, Wissenschafts- und Meinungsfreiheit[...]."[112]

Bemerkenswert ist, dass unter §15 Grundsätze folgendes festgelegt ist:

> „[...] ver.di kann weitere Leistungen organisieren, erschließen oder anbieten. Diese Leistungen sollen [...] die Beteiligung der Mitglieder an der Informationsgesellschaft zur Erhöhung von Kompetenz und Chancengleichheit fördern [...]."[113]

Einmal nur wird die Medienpolitik und zusätzlich ein medienpolitisches Ziel, nämlich die Pressefreiheit, explizit genannt und zwar unter §40 Aufgaben der Fachbereiche, wo es heißt:

> „Von den Fachbereichen bzw. Fachgruppen werden in Abstimmung mit der Gesamtorganisation branchenspezifische Aufgaben z.B. in den Politikfeldern Gleichstellungspolitik, Technologiepolitik/-beratung, Gesundheits- und Arbeitsschutz, Kommunal-, Verkehrs-, Medien-, Kultur- und Bildungspolitik wahrgenommen. Aufgabe der Fachbereiche ist es ferner, die gesellschaftspolitischen Funktionen der Branche wie z.B. Gesundheitspolitik, Pressefreiheit, Ladenschluss, Regulierungspolitik, Post und Telekommunikation etc. zu thematisieren."[114]

---

[111] Satzung Ver.di, Fassung v. November 2005
[112] ebenda
[113] ebenda
[114] ebenda

Gremienvertretungen werden nicht erwähnt. Ein Grundsatzprogramm existiert nicht, auf dem Kongress 2007 wurde aber ein Grundsatzantrag zu medienpolitischen Themen diskutiert und beschlossen. Darin heißt es mit Blick auf die Forderung einer Reform der Medienordnung in Deutschland:

„Vorherrschend ist nach wie vor eine auf – nunmehr zunehmend nationale – Standortinteressen bezogene Medienwirtschaftspolitik. Dagegen steht die grund- und bürgerrechtliche Orientierung, die in demokratischer Hinsicht die Informations- und Medienfreiheiten in den Vordergrund rückt. Zusammen mit den anderen Gewerkschaften und mit gesellschaftlichen Gruppen und Initiativen setzt sich ver.di für den Vorrang demokratischer Medienpolitik ein. Grundrechte, wie die Kommunikationsfreiheiten nach Artikel 5 Grundgesetz, sind kein Glaubensbekenntnis für Sonntagsreden, sondern verpflichten zur aktiven und zukunftsfähigen Gestaltung der Medienordnung."[115]

Interessant ist, dass in diesem Antrag ein über das Mitgliederinteresse hinausgehender Horizont für die medienpolitischen Aktivitäten von ver.di eröffnet und eine Vernetzung mit anderen medienpolitischen Akteuren für notwendig erachtet und angemahnt wird:[116]

„Allem voran gestellt ist die Aufgabe einer gesellschaftlichen und damit gesellschaftspolitischen Sensibilisierung für die Bedeutung von Medienpolitik und der Medienordnung, insbesondere durch gesellschaftliche Bündnisse, an deren Zustandekommen sich ver.di aktiv beteiligen wird. Denn um das Grundrecht auf Teilnahme und Teilhabe an öffentlichen Belangen durchzusetzen, bedarf es daher einer Ausweitung der Auseinandersetzung über die institutionellen Akteure hinaus auf gesellschaftliche Gruppen, Organisationen und Initiativen. Die allgemeine Bedeutung von „Public Service" auf allen Ebenen der Informationsvermittlung muss von der Allgemeinheit auch wahrgenommen werden. Durch eigene Anforderungen, sowohl von Gewerkschaften, als auch Kirchen und anderen Gruppen und Organisationen sind selbstbewusst aus eigenem und gemeinsamen Interesse Qualitätsmaßstäbe an die Gestaltung von Öffentlichkeit – von Zeitungen, Zeitschriften, über den Rundfunk bis hin zu multimedialen Plattformen – zu formulieren."[117]

---

[115] Ver.di: Antrag zum Bundeskongress 2007, A 126, Informationsrechte und Medienfreiheiten sichern – für eine demokratische Reform der Medienordnung in der Bundesrepublik Deutschland, Bundesfachbereichskonferenz 8

[116] vergl. auch 5.5.1.1

[117] Ver.di: Antrag zum Bundeskongress 2007, A 126, Informationsrechte und Medienfreiheiten sichern – für eine demokratische Reform der Medienordnung in der Bundesrepublik Deutschland, Bundesfachbereichskonferenz 8

Auf der Website von ver.di findet sich auf der Seite des zuständigen Fachberei-
ches 8 Medien-Kunst-Industrie ein weiterer programmatischer Hinweis auf das
medienpolitische Selbstverständnis der Organisation:

> „Im Bereich Medien und Publizistik schlägt das medienpolitische Herz von ver.di
> […], hier wird die Tarifpolitik der unterschiedlichen (Teil)Branchen koordiniert,
> hier laufen die Brancheninfos für und aus den unterschiedlichen Medien zusammen,
> hier wird die notwendige Berufspolitik gemacht."[118]

Deutsche Journalistinnen- und Journalisten-Union

Aufgaben und Ziele beschreibt die dju in ihrer Geschäftsordnung und verweist
dabei auf die Übereinstimmung mit der Fachgruppe Medien. Die dju wirke für
ihre Mitglieder mit bei der Förderung und Vertretung der beruflichen, sozialen,
wirtschaftlichen, kulturellen und rechtlichen Interessen sowie bei der Entwicklung der Medienpolitik. Zu diesen Aufgaben gehören auch die Gestaltung des
Inhalts von Tarifverträgen, Honorarempfehlungen und gemeinsamen Vergü-
tungsregeln. Als ihre Aufgabe sieht die dju auch ihre Mitwirkung bei der Sicherung und Verwirklichung der im Grundgesetz verankerten Informations-, Mei-
nungs- und Pressefreiheit sowie die Förderung der Aus- und Weiterbildung der
Journalisten und Journalistinnen. Erwähnt wird auch die Förderung der internationalen Zusammenarbeit der Journalisten und Journalistinnen.[119]
Auffällig ist, dass es in der Geschäftsordnung zwar einen ausführlichen Abschnitt zum Thema Tarifpolitik, jedoch keinen zur Medienpolitik gibt.
Ein eigener Abschnitt 9. Mandate und Ehrenämter ist der Benennung von
und der Zusammenarbeit mit Gremienvertretungen gewidmet. Rundfunkräte
oder Vertretungen in den Aufsichtsgremien von Landesmedienanstalten werden
hier zwar nicht explizit genannt, fallen aber unter diese Regelungen. Zu diesem
abgestuften Verfahren heißt es:

> „9.1 Soweit für Gremien außerhalb von ver.di Journalistenorganisationen Entsen-
> dungs- oder Benennungsrechte zustehen, nimmt diese Rechte die dju wahr.
> 9.2 Das Entsendungs- oder Benennungsrecht steht dem dju-Landesvorstand zu, so-
> fern die Kompetenz des betreffenden Gremiums räumlich auf den Landesbezirk be-
> grenzt ist, andernfalls dem dju-Bundesvorstand. Der dju-Bundesvorstand kann sein
> Recht aus Ziffer 9.1 an den Vorstand derjenigen Landesfachgruppe delegieren, in
> dem das Gremium seinen Sitz hat.

---

[118] http://medien-kunst-industrie.verdi.de/medien, 11.9.2007
[119] dju-Geschäftsordnung, Fassung 2003, gleichlautend in der Geschäftsordnung der FG Medien v. 4.
März 2007

9.3 Vor der Entsendung oder Benennung nach Ziffer 9.2 ist der Bundesfachbereichsvorstand zu hören. Er kann der Entsendung oder Benennung eines Mitglieds aus wichtigem in der Person dieses Mitglieds liegendem Grund widersprechen und den Beschluss zur Entsendung oder Benennung aufheben. 9.4 Bei der Wahrnehmung der Rechte aus Ziffer 9.2 wird die dju nach außen vom jeweils zuständigen Vorstand vertreten." [120]

Ausdrücklich wird festgelegt, dass Frauen bei der Entsendung zu berücksichtigen sind. Stehen nicht genügend Kandidatinnen zur Verfügung, sollen sogar nachweisliche Anstrengungen unternommen werden, um Frauen zur Kandidatur zu ermuntern. Betont wird darüber hinaus eine Informationspflicht gegenüber den entsendenden Gremien:

„Die benannten oder entsandten Mitglieder sollen den zuständigen Vorstand und den Bundesfachbereichsvorstand laufend über ihre Tätigkeit unterrichten, wenn und soweit dem keine rechtlichen Hindernisse entgegenstehen." [121]

Fachgruppe Rundfunk, Film, audiovisuelle Medien

In der Geschäftsordnung der RFAV wird ausdrücklich die Medienpolitik erwähnt:

„Der Fachgruppenbereich öffentlich-rechtlicher Rundfunk nimmt alle ihn betreffenden gewerkschaftlichen Aufgaben der Medien-, Tarif-, Betriebs- und Berufspolitik wahr. Ziel ist eine wirksame Interessenvertretung auf all diesen Themenfeldern." [122]

Gleichlautend ist dies auch für den Bereich privatwirtschaftlich-organisierte elektronische Medien beschrieben. Auf der Website für den öffentlich-rechtlichen Rundfunk findet sich zudem eine weitere programmatische Aussage zum Thema Medienpolitik:

„Die ver.di-Senderverbände sind medienpolitisch aktiv. Der öffentlich-rechtliche Rundfunk gerät zunehmend unter Druck. Kommerzialisierung und Digitalisierung bewirken im gesamten Medienbereich tief greifende Strukturveränderungen. Die politisch verordneten Einsparungen an Personal und Programm im öffentlich-rechtlichen Rundfunk gefährden zudem die Programmqualität und den verfassungsrechtlich verbrieften Grundversorgungsauftrag. Unser medienpolitisches Engage-

---

[120] ebenda
[121] ebenda
[122] Geschäftsordnung der FG Medien v. 4. März 2007

ment zielt darauf, den öffentlich-rechtlichen Rundfunk zu stärken, damit er seinen für die Gesellschaft wichtigen Programmauftrag auch im dualen Rundfunksystem weiterhin wahrnehmen kann. Publizistische, politische und wirtschaftliche Unabhängigkeit und die Teilhabe an den neuen technischen Entwicklungen müssen immer wieder neu erkämpft werden. Die engagierten Beschäftigten sind das Kapital der Rundfunkanstalten. Nur kreative, qualifizierte Menschen auf sicheren Arbeitsplätzen gestalten das demokratische Rundfunksystem und garantieren täglich die Rundfunkfreiheit."[123]

Die Senderverbände selbst weisen aber kaum auf medienpolitische Aktivitäten hin. Nur die Verbände des Bayrischen Rundfunks, des Hessischen Rundfunks und des ZDF auf ihren jeweiligen Startseiten explizit Medienpolitik als ihre Aufgabe:

„Der Verband nimmt für seine Mitglieder – fest angestellte und freie Mitarbeiter/innen – deren tarifliche, arbeits- und sozialrechtliche, berufsbezogene, medienpolitische und gewerkschaftliche Belange und Interessen wahr."[124]

„Der Senderverband nimmt die tariflichen, arbeits- und sozialrechtlichen, berufsbezogenen, medienpolitischen und gewerkschaftlichen Belange und Interessen seiner festangestellten und freien Mitglieder wahr."[125]

„Ver.di im ZDF mischt sich aktiv in die Medienpolitik ein."[126] [127]

Bei connexx.av dagegen finden sich keine programmatischen medienpolitischen Beiträge. Diese konzentriert sich sehr stark auf Tarifpolitik und die sonstigen Interessen von Beschäftigten.

Die medienpolitische Programmatik von ver.di und ihren Gliederungen ist, wie die Darstellung gezeigt hat, durch eine starke Ausrichtung auf die Interessen der Mitglieder geprägt. Dabei ist eine Abstufung festzustellen: Auf Bundesebene finden sich vermehrt auch Aussagen zum Mediensystem aus allgemeiner Nutzersicht und unter Demokratieaspekten. In den Gliederungen dju und RFAV steht

---

[123] http://www.rundfunkfreiheit.de/brancheninfos_medienpolitik.php3?si=44915e085edc5&lang=1& view= (10.9.2007)

[124] www.rundfunkfreiheit.de/page.php3?si=46e7fd6b45140&lang=1&view=&k1=sender&k2=br (10.9.2007)

[125] www.rundfunkfreiheit.de/page.php3?si=46e7fd6b45140&lang=1&view=&k1=sender&k2=hr (10.9.2007)

[126] www.rundfunkfreiheit.de/page.php3?si=46e7fd6b45140&lang=1&view=&k1=sender&k2=zdf (10.9.2007)

[127] Näheres zur Arbeit der Senderverbände im Abschnitt 6. Instrumente, Aktivitäten und Inhalte gewerkschaftlicher Medienpolitik.

die Interessenvertretung der Mitglieder deutlich im Vordergrund, ebenso in den Senderverbänden. Die Rundfunkgremien finden in der Programmatik von ver.di nur mittelbar Erwähnung.

5.2.2   Deutscher Journalisten-Verband

Der DJV bezeichnet sich selbst als „Gewerkschaft und Berufsverband der hauptberuflich journalistisch Tätigen. Als solche vertritt er deren berufliche, soziale und wirtschaftliche Interessen."[128]

In der Satzung des DJV werden gleich an mehreren Stellen medienpolitische Aufgaben beschrieben:

> „(2) Der DJV hat sich in diesem Rahmen besonders folgende Aufgaben gestellt:
> a)   die Freiheit und Eigenständigkeit von Presse und Rundfunk sowie die geistige Unabhängigkeit der journalistischen Arbeit zu sichern;
> b)   bei Gesetzentwürfen mitzuwirken, welche die Medien betreffen oder andere Interessen seiner Mitglieder berühren;"[129]

Die Satzung regelt teilweise auch die Besetzung der Gremien. So heißt es unter den Zuständigkeiten des Gesamtvorstandes:

> „g) Wahl von Mitgliedern zur Vertretung des DJV in der Internationalen Journalisten-Föderation, der Europäischen Journalisten-Föderation und dem Fernsehrat des ZDF"[130]

Satzungen der Landesverbände

In den Satzungen der DJV-Landesverbände werden medienpolitische Ziele in Anlehnung an die Satzungen des Bundes ebenfalls eher mittelbar erwähnt. Typische Formulierungen sind, wie in der Satzung des Landesverbandes Baden-Württemberg:

> „(2) Der DJV-Landesverband Baden-Württemberg will insbesondere:
> a) die Freiheit und Eigenständigkeit von Presse, Hörfunk und Fernsehen wahren und die Unabhängigkeit der journalistischen Arbeit sichern;

---

[128] DJV-Grundsatzprogramm, S.1
[129] Satzung DJV, Fasssung v. 12.11. 2003
[130] ebenda

b) bei Gesetzentwürfen mitwirken, die Presse, Hörfunk und Fernsehen berühren…"[131]

oder in der Berliner Satzung:

„2.1 Der DJV Berlin vertritt die rechtlichen, wirtschaftlichen und sozialen Interessen der Journalistinnen und Journalisten. Er setzt sich für die Pressefreiheit, die Freiheit der Meinungsäußerung sowie die Sicherheit und Unabhängigkeit der Berufsausübung der Journalistinnen und Journalisten im Sinne ihrer öffentlichen Aufgabe und Verantwortung ein. Der DJV Berlin verpflichtet sich, das Ansehen des Berufs zu wahren und zu fördern."[132]

Sind hier die medienpolitischen Aufgaben und Ziele noch sehr an die beruflichen Konditionen der Mitgliedschaft, der Journalistinnen und Journalisten, geknüpft, so findet sich beispielsweise in der Satzung des Landesverbandes Hamburg die eher allgemein gehaltene Formulierung: „(2) Zu seinen Aufgaben [des DJV Hamburg, d.Verf.] gehört insbesondere: (h) auf die Medienpolitik und die Gesetzgebung für alle Medien Einfluß zu nehmen[…]."[133] Der hessische Landesverband sieht eine seiner Aufgaben darin „[…]die in einer Demokratie unverzichtbare Presse- und Rundfunkfreiheit zu sichern, auch gegenüber staatlichen Institutionen […]"[134]

In einigen Satzungen der Landesverbände werden medienpolitische Ziele nicht explizit erwähnt, so in Bayern. Sowohl die Satzung des Bundes als auch die Satzungen der Landesverbände formulieren die medienpolitischen Aufgaben in enger Koppelung an die Funktion von Journalistinnen und Journalisten und Medien im Sinne des Grundgesetzes Art. 5.

Im Grundsatzprogramm des DJV nimmt die Medienpolitik größeren Raum ein. Bereits in der Präambel des Grundsatzprogramms wird auf medienpolitische rechtliche Rahmenbedingungen Bezug genommen. Dort heißt es:

„Presse und Rundfunk haben im demokratischen Staat die Aufgabe, die Staatsbürgerinnen und Staatsbürger so zu informieren, dass sie am Prozess der demokratischen Meinungs- und Willensbildung teilnehmen können. Deshalb hat das Grundgesetz der Bundesrepublik Deutschland die Massenmedien mit Freiheitsgarantien ausgestattet und die Informationsfreiheit der Bürgerinnen und Bürger in den Rang eines Grundrechts erhoben. Den aus dem Grundgesetz Presse und Rundfunk verbrieften Rechten muss die Pflicht der Journalistin und des Journalisten zu einer sachlichen

---

[131] Satzung des DJV-Baden-Württemberg, Fassung v. 19./20. Mai 2006
[132] Satzung des DJV Berlin, Fassung v. 14. Oktober 2006
[133] Satzung des DJV Hamburg, Fassung v. 9. Mai 2006
[134] Satzung des Hessischen Journalistenverbandes, in der Fassung v. 12. März 2000

und fairen Berichterstattung entsprechen. Rechte und Pflichten, Verantwortung und Aufgaben jeder Journalistin und jedes Journalisten in der Bundesrepublik Deutschland leiten sich aus dem Grundgesetz und der Rangfolge seiner Grundrechte ab". [135]

Aufgabe und Verantwortung von Journalistinnen und Journalisten sei es insbesondere, die Rechte einer jeden Bürgerin und eines jeden Bürgers auf Achtung und Schutz der Menschenwürde, auf freie Entfaltung der Persönlichkeit und auf freie Unterrichtung aus allgemein zugänglichen Quellen zu wahren. Ethische Grundprinzipien für die Arbeit der Journalistinnen und Journalisten seien die Absage an Intoleranz, Rassismus, Totalitarismus und Fremdenfeindlichkeit. Recht und Pflicht der Journalistinnen und Journalisten sei es, im Rahmen der Freiheitsgarantien des Grundgesetzes an der Erfüllung des Informationsanspruchs der Bürgerinnen und Bürger und an ihrer Meinungs- und Willensbildung mitzuwirken. Wer journalistische Rechte einenge, beschneide die Informations- und Meinungsfreiheit. Der Deutsche Journalisten-Verband, Gewerkschaft der Journalistinnen und Journalisten, trete für die Informations- und Meinungsfreiheit aller Bürgerinnen und Bürger ein, indem er für die Freiheit und Unabhängigkeit der Journalistinnen und Journalisten kämpfe.

Im Weiteren beinhaltet das Grundsatzprogramm des DJV ein eigenes Kapitel zur Medienpolitik mit zwei Abschnitten zu Presse und elektronischen Medien. Darin wird der Bogen zwischen medienpolitischen Anliegen mit Blick auf die demokratische Rolle der Medien und der Rolle des DJV als Vertretung der in den Medien Beschäftigten geschlagen:

„Der DJV tritt für eine Medienpolitik ein, die das Grundrecht aller Menschen sichert, „sich aus allgemein zugänglichen Quellen ungehindert zu unterrichten" (Art. 5 GG) und die zugleich die institutionelle Verantwortung der Medien für Presse- und Rundfunkfreiheit stärkt. Deshalb wendet sich der DJV gegen jeden, der die Vielfalt von Informationen und konkurrierenden Meinungen im Bereich der Massenmedien einschränken will. Der DJV bejaht die privatrechtliche Struktur der Presse und das duale System der elektronischen Medien." [136]

Die Erfüllung der Aufgabe der Medien, die Öffentlichkeit unbeeinflusst zu informieren, sei nur möglich, wenn der Informationsanspruch der Journalistinnen und Journalisten gegenüber den Behörden gesetzlich verankert werde. Zudem müsse der Vertrauensschutz für die Informanten der Medien gesichert sein sowie das Zeugnisverweigerungsrecht der Journalistinnen und Journalisten und das Beschlagnahmeverbot auch für selbst recherchiertes Material (Bild, Film, elek-

---

[135] ebenda
[136] DJV-Grundsatzprogramm

tronische Dateien u.a. Unterlagen) gelten. Betont wird, dass diese Regelungen nicht Privilegien von Journalistinnen und Journalisten sichern, sondern die freie Berichterstattung im demokratischen Staat. Journalistische Tätigkeit verpflichte zu besonderer Sorgfalt und wahrheitsgemäßer Darstellung von Sachverhalten. Der DJV beruft sich auf die Einhaltung der Prinzipien journalistischer Tätigkeit, wie sie beispielhaft in den Publizistischen Grundsätzen, den Richtlinien für die redaktionelle Arbeit sowie den grundsätzlichen Entschließungen des Deutschen Presserates niedergelegt sind. Die Journalistinnen und Journalisten im DJV bekennten sich mit ihrer Mitgliedschaft zur Einhaltung dieser Grundsätze.

Der DJV wendet sich gegen die Konzentration publizistischer Macht in marktbeherrschenden Unternehmen und gegen Meinungs- und Informationsmonopole, weil diese die freie Meinungsbildung behindern. Es sei Aufgabe des Gesetzgebers, das Entstehen solcher Monopole zu verhindern und dort, wo sie entstanden sind, ihre Auflösung zu bewirken. Konzentrationen und Marktabsprachen müssten einer stringenten Kontrolle unterworfen werden.

Ein weiterer Absatz ist der inneren Presse- und Rundfunkfreiheit gewidmet. Diese könne nur durch eine presse- und rundfunkspezifische Mitbestimmung verwirklicht werden. Kritisiert wird der Tendenzschutz, der die Beschäftigten in den Verlagen und im privaten Rundfunk zu Arbeitnehmerinnen und Arbeitnehmern zweiter Klasse mache. Der entsprechende Paragraf des Betriebsverfassungsgesetzes müsse deshalb abgeschafft werden.

Das Grundsatzprogramm des DJV setzt sich in einer längeren Passage mit den aus seiner Sicht notwendigen Regelungen zur Presse auseinander. Stichworte hierzu sind die Pressevielfalt als Voraussetzung von Meinungsvielfalt und die daraus folgende notwendige Regelungen zur Vermeidung von Pressekonzentration. Ausgeführt werden auch notwendige Maßnahmen zur Sicherung der inneren Pressefreiheit und der Mitbestimmung. Hier wird auch noch einmal wichtige Rolle des Deutschen Presserates als Selbstkontrollorgan betont:

„Träger der redaktionellen Mitbestimmung und damit Organ zur Wahrung der Inneren Pressefreiheit müssen Redakteursvertretungen sein, die von den Redakteurinnen und Redakteuren und den ständig beschäftigten freien Mitarbeiterinnen und Mitarbeitern gewählt werden;
die erstmalige schriftliche Festlegung der grundsätzlichen Haltung einer Zeitung, Zeitschrift oder Nachrichtenagentur ist Sache der Verlegerin/des Verlegers bzw. der Herausgeberin/des Herausgebers; eine Änderung muss an die Zustimmung der Redaktion gebunden werden;
Einzelweisungen der Verlegerin/des Verlegers bzw. der Herausgeberin/des Herausgebers an Redakteurinnen und Redakteure sind unzulässig;
die Redakteursvertretung muss bei personellen und finanziellen Entscheidungen im journalistischen Bereich Mitbestimmungsrechte erhalten.

Der DJV ist sich der Verantwortung der Journalistinnen und Journalisten bewusst, die sich aus ihrem öffentlichen Auftrag ergibt. Er bekennt sich zum Grundsatz der Selbstkontrolle der Deutschen Presse. Träger dieser Selbstkontrolle ist der Deutsche Presserat. Der Deutsche Presserat ist als freiwilliges Selbstkontrollorgan die demokratische Alternative zu einer staatlich kontrollierten Presse. Alle Verlage der Printmedien sind aufgefordert, die Arbeit des Deutschen Presserats durch die Anerkennung seiner Entscheidungen zu fördern."[137]

Besonderes Augenmerk wird im Weiteren auf den Abschnitt zu den elektronischen Medien zu legen sein. Hier findet sich eine differenzierte Beschreibung der Rolle und Aufgaben in der Unterteilung von öffentlich-rechtlichem und privatrechtlichem Rundfunk.

„Der öffentlich-rechtliche und der privatrechtliche Rundfunk (duales System) sind als Träger der durch das Grundgesetz (Art. 5, Abs. 1, Satz 2) verbürgten Berichterstattungsfreiheit verpflichtet, die daraus resultierenden Anforderungen zu erfüllen. Wegen der unterschiedlichen Rechtsform ergeben sich für den DJV unterschiedliche Forderungen an die innere Organisation und Verfassung dieser Sender."[138]

Auffällig ist, dass in Bezug auf beide Teile des dualen Rundfunksystems das Thema Aufsichtsgremien weiten Raum einnimmt. Ihre Rolle wird zum einen als wichtig für die Vertretung der Interessen der Allgemeinheit gesehen, andererseits wird darauf hingewiesen, dass ihre Tätigkeit nicht zu einer Einschränkung der journalistischen Freiheit führen darf. Kritisch gesehen wird die Rolle der Politik in den Aufsichtsgremien. Ein wichtiges Thema ist auch hier die innere Pressefreiheit. Zudem werden medienpolitisch relevante Themen wie die Medienkonzentration und publizistische Vielfalt, die Gebühren- und Werbefinanzierung, die Trennung von Programm und Werbung angesprochen.

Im Abschnitt zum öffentlich-rechtlichen Rundfunk wird auf seine Organisationsform hingewiesen, die sicherstellen solle, dass die Rundfunkanstalten unabhängig von Staat, gesellschaftlichen Gruppeninteressen oder wirtschaftlicher Einflussnahme arbeiten können. Er sei ausschließlich gesamtgesellschaftlichen Interessen verpflichtet und müsse die in der Gesellschaft wirkenden relevanten Meinungen berücksichtigen. Daher wende sich der DJV gegen jegliche Einflussnahme von Regierungen, Parteien und Interessenverbänden auf die Arbeit der Rundfunkjournalistinnen und Rundfunkjournalisten. In den Rundfunkanstalten (Hörfunk und Fernsehen) müsse die Innere Rundfunkfreiheit durch entsprechende Regelungen zur redaktionellen Mitbestimmung sichergestellt und die Mitver-

---

[137] ebenda
[138] ebenda

antwortung der Journalistinnen und Journalisten bei der Erfüllung des publizistischen Auftrages des Rundfunks verbindlich festgelegt werden:

> „Zu diesem Zweck sind Redaktionsstatuten zu schaffen und Redakteursvertretungen zu bilden, die von den Redakteurinnen und Redakteuren und den ständig beschäftigten freien Mitarbeiterinnen und Mitarbeitern gewählt werden.
> In diesen Redaktionsordnungen sind den Redaktionsvertretungen folgende Rechte einzuräumen:
> Information und Mitsprache in allen Fragen von journalistischer Bedeutung;
> Mitbestimmung bei personellen Entscheidungen im redaktionellen Bereich;
> direkte Anrufung der Aufsichtsgremien.
> Pluralistisch zusammengesetzte Aufsichtsgremien wahren im öffentlich-rechtlichen Rundfunk die Interessen der Allgemeinheit. Diese Kontrolle darf nicht zur Bevormundung der Journalistinnen und Journalisten missbraucht werden. Um Staatsferne sicherzustellen, dürfen Vertreterinnen und Vertreter von Regierungen und Parlamenten des Bundes und der Länder keine Sitze in den Aufsichtsgremien erhalten. Der DJV muss in diesen Aufsichtsgremien vertreten sein.
> Die Mitbestimmungsrechte der Personalräte nach den Personalvertretungsgesetzen müssen sich auf alle Programm-Mitarbeiterinnen und -Mitarbeiter in Rundfunkanstalten erstrecken.
> Vertreterinnen und Vertreter des Personalrats haben bei Sitzungen der Rundfunkräte das Recht der Teilnahme und der Rede. In den Verwaltungsräten haben sie Sitz und Stimme. Ihre Zahl soll dort ein Drittel der Sitze betragen."[139]

Auch auf die Gebühren als notwendiges Finanzierungsinstrument des öffentlich-rechtlichen Rundfunks und das zu ihrer Festsetzung notwendige Verfahren werden thematisiert. Verwiesen wird auf die vom Bundesverfassungsgericht gestattete Mischfinanzierung und die Sozialverträglichkeit für die Gebührenzahlerinnen und -zahler.

Im Abschnitt zum privatrechtlichen Rundfunk wird insbesondere auf die Rolle der Aufsichtsgremien bei der Überwachung der Programmgrundsätze hingewiesen:

> „Die privaten Rundfunksender müssen alle Voraussetzungen für die Wahrnehmung des aus Artikel 5 des Grundgesetzes abgeleiteten publizistischen Auftrages gewährleisten, wie er in den Programmgrundsätzen der Landesmediengesetze konkretisiert ist.
> Die Aufsichtsgremien der Landesmedienanstalten müssen die Einhaltung dieser Grundsätze überwachen. Wirtschaftlichen Notwendigkeiten dürfen diese Grundsätze

---

[139] ebenda

nicht geopfert werden. Die Landesmedienanstalten müssen dazu über wirksame und nach der Schwere des Verstoßes abgestufte Sanktionsmöglichkeiten verfügen. Der DJV fordert ein Selbstkontrollorgan für den privaten Rundfunk nach dem Vorbild des Deutschen Presserates." [140]

Eingegangen wird auch auf die Finanzierung privater Rundfunkunternehmen durch Werbung, Abonnements oder andere Nutzungsentgelte. Öffentliche Mittel zur Anschubfinanzierung seien stufenweise abzubauen. Ebenso wie im öffentlich-rechtlichen Rundfunk müssten Werbesendungen optisch und akustisch von anderen Programmteilen getrennt sein. Verdeckte Eigentumsverhältnisse begünstigten die Konzentration und stünden publizistischer Vielfalt entgegen. Deshalb fordert der DJV, dass die Eigentumsverhältnisse im privaten Rundfunk lückenlos offen zu legen seien. Ergebe die Offenlegung, dass ein den geltenden Gesetzen widersprechendes Maß an Konzentration drohe oder eingetreten sei, habe die zuständige Landesmedienanstalt die vorgesehenen Gegenmaßnahmen einzuleiten.Auch hier wird dem Thema Mitbestimmung und den Aufsichtsgremien weiter Raum eingeräumt:

„Pluralistisch zusammengesetzte Aufsichtsgremien wahren gegenüber dem privatrechtlichen Rundfunk die Interessen der Allgemeinheit. Diese Kontrolle darf nicht zur Bevormundung der Journalistinnen und Journalisten missbraucht werden. Um Staatsferne sicherzustellen, dürfen Vertreterinnen und Vertreter von Regierungen und Parlamenten des Bundes und der Länder keine Sitze in den Aufsichtsgremien erhalten. Der DJV muss in diesen Aufsichtsgremien vertreten sein.
Auch im privatrechtlichen Rundfunk sind Regelungen zur Inneren Rundfunkfreiheit unverzichtbar. Die redaktionelle Mitbestimmung ermöglicht die Mitverantwortung der Journalistinnen und Journalisten für ihren publizistischen Auftrag. Deshalb sind durch Gesetz, Tarifvertrag oder betriebliche Vereinbarung folgende Regelungen zu treffen:
Träger der redaktionellen Mitbestimmung und damit Organ zur Wahrung der Inneren Rundfunkfreiheit müssen Redakteursvertretungen sein, die von den Redakteurinnen und Redakteuren und den ständig beschäftigten freien Mitarbeiterinnen und Mitarbeitern gewählt werden;
die Redakteursvertretung muss bei personellen und finanziellen Entscheidungen im journalistischen Bereich Mitbestimmungsrechte erhalten;
Einzelweisungen der Geschäftsleitung an Redakteurinnen und Redakteure sind unzulässig;
die Redakteursvertretung hat das Recht, die bei den Landesmedienanstalten bestehenden Aufsichtsgremien anzurufen." [141]

---

[140] ebenda
[141] ebenda

Einen eigenen Abschnitt widmet der DJV in seinem Grundsatzprogramm den Digitalen Medien. Auch hier wird noch einmal das Thema Medienkonzentration aufgegriffen. Kritisch gesehen wird die mögliche Gefährdung von Printmedien und Rundfunkprogrammen durch Multimedia-Dienste. Als Begründung hierfür gilt die publizistische Grundversorgung. Zudem dürften interaktive Telearbeitsplätze nicht zum Verlust des Arbeitnehmerstatus führen. Die Zugänglichkeit digitaler Angebote für „jedermann" wird ebenso thematisiert wie der Datenschutz, der Schutz geistigen Eigentums und das Urheberrecht.

Wichtig für die Rundfunkpolitik des DJV ist der Fachausschuss Rundfunk, der zu seinen Aufgaben auch die Medienpolitik zählt und dies programmatisch so beschreibt:

> „Die Medienpolitik [...] ist Gegenstand fortwährender öffentlicher Diskussionen und politischen Streits. Allein die Urteile des Bundesverfassungsgerichts zur rundfunkpolitischen Entwicklung belegen dies. Der Fachausschuss Rundfunk hat diese Diskussion von Anfang an aktiv begleitet. Mit Resolutionen, Diskussionen auf den Verbandstagen und schriftlichen sowie persönlichen Kontakten zu den Medienpolitikern im Bund und insbesondere den zuständigen Bundesländern nimmt er Einfluss auf die Auseinandersetzungen um die Zukunft der Rundfunklandschaft."[142]

Der Ausschuss leiste wichtige Koordinierungsaufgaben. Dies sei bei der weit gefächerten Tariflandschaft im deutschen Rundfunkwesen (13 öffentlich-rechtliche Sender und mehrere Arbeitgeberverbände der Privaten) auch dringend notwendig, wollten der DJV und seine Landesverbände einen aktuellen Überblick behalten, eine Grundvoraussetzung für erfolgversprechende Verhandlungen mit den Sendern. Und weiter heißt es:

> „Der Ausschuss bemüht sich um eine Versachlichung im Hinblick auf die aus Art. 5 GG herrührende Aufgabe von Presse und Rundfunk. Seine Ziele: Die Bewahrung der journalistischen Unabhängigkeit sowie die Sicherung der Meinungsfreiheit und der Meinungsvielfalt. Lenken lässt sich der Ausschuss bei seinen Bemühungen von den Verfassungsgeboten, nach denen weder der Staat noch politische oder wirtschaftliche Gruppen Meinungsmonopole besitzen dürfen.
> Da diese Gebote erkennbar nicht für alle Zeiten gesichert sind, bleibt diese Arbeit für den Fachausschuss ebenso aktuell wie seine Tätigkeit auf dem sozialpolitischen Feld."[143]

---

[142] www.djv.de/Wir_ueber_uns.1014.0.html (20.9.07)
[143] ebenda

Die medienpolitische Programmatik des Deutschen Journalistenverbandes weist zum einen starken Bezug zu den grundgesetzlichen Regelungen und der in der Rechtssprechung verankerten Rolle der Medien als vielfaltsichernde Basis des demokratisch verfassten Gemeinwesens auf. Zum anderen sind die eindeutige Bezugsgröße die Journalistinnen und Journalisten und ihre Arbeit. Den Aufsichtsgremien wird relativ viel Raum gegeben und ihre Rolle als Wahrer der Interessen der Allgemeinheit betont. Interessant ist hier, dass den Journalistinnen und Journalisten ein ausdrückliches Recht eingeräumt wird, sich an diese zu wenden.

5.2.3 Deutscher Beamtenbund

In seiner Satzung erwähnt der Deutsche Beamtenbund (DBB) Medienpolitik nicht. Lediglich, und hier sind Ähnlichkeiten mit dem DGB zu erkennen, wird unter § 3 Zweck folgendes beschrieben:

„(3) Der dbb nimmt als gewerkschaftliche Spitzenorganisation auch zu Fragen von allgemeiner gesellschaftspolitischer Bedeutung Stellung.
(4) Die Mitgliedsgewerkschaften haben nach Maßgabe ihrer Satzungen mindestens folgende Aufgaben für ihren Organisationsbereich zu erfüllen:
a) Kollektive Vertretung in berufspolitischen Angelegenheiten.
b) Stellungnahme zu gesellschaftspolitischen Fragen."[144]

Der DBB hat in sein „Karlsruher Programm" medienpolitische Beschlüsse von 1983 eingearbeitet. Mit den „Positionen des DBB zur Fortentwicklung der Kommunikationsordnung" wurden diese im Jahre 1998 aktualisiert. Im Vorwort hierzu heißt es: „[...]Dabei sollte Ausgang und Ziel jeder verantwortungsbewussten Medienentwicklung der mündige Bürger in der Gesellschaft sein."[145] Auf mehr als 40 Seiten werden zum damaligen Zeitpunkt aktuelle Medienentwicklungen beschrieben und Forderungen für die weitere Entwicklung aufgestellt. In Bezug auf die Medienkontrolle und die Gremienvertretung finden sich sowohl zum öffentlich-rechtlichen Rundfunk, als auch zu den Landesmedienanstalten Aussagen:

„Die Zusammensetzung der Aufsichtsgremien der Rundfunkanstalten muß überprüft werden, um sicherzustellen, daß alle gesellschaftlich relevanten Gruppen vertreten sind und die Möglichkeit erhalten, die Reformprozesse und die weitere Entwicklung

---

[144] dbb-Satzung, Fassung v. November 2003
[145] Medien 2000, hrsg. Bundesleitung des Deutschen Beamtenbundes, Bonn 1998

des dualen Systems konstruktiv und kritisch zu begleiten. Zum Kanon der gesellschaftlich relevanten Gruppen gehören konkret die beiden Spitzenorganisationen der
Gewerkschaften...Im Bereich der privatrechtlichen Rundfunksender muß sichergestellt werden, dass keine ‚Meinungsmonopole' entstehen und die Meinungsvielfalt
gesichert bleibt. Dafür muß die Medienaufsicht mit verbesserten Prüfbefugnissen
und Kontrollinstrumenten ausgestattet werden [...]."[146]

Weitere programmatische Aussagen zur Medienpolitik sind nicht zu finden.

5.2.3.1 Vereinigung der Rundfunk-, Film- und Fernsehschaffenden

In der Satzung der VRFF finden medienpolitische Anliegen nur mittelbar Niederschlag. Im Mittelpunkt steht die arbeitsplatzbezogene Vertretung der Mitglieder. So heißt es in §1:

„Ihr Organisationsbereich erstreckt sich auf Anstalten und Betriebe des Hörfunks,
Films und Fernsehens sowie auf verwandte künstlerische, technische und wirtschaftliche Produktionsstätten und Betriebe in Deutschland einschließlich deren Tochter-
gesellschaften und privatisierte Dienstleistungsbereiche."[147]

Im Weiteren beschreibt die VRFF ihre Aufgaben und Ziele in §4 wie folgt:

„(1) Die VRFF tritt für den Schutz und die Förderung der beruflichen und wirtschaftlichen Interessen ihrer Mitglieder sowie für deren kulturelle und soziale Belange ein.
(2) Die VRFF setzt sich insbesondere folgende Ziele:
a) Gerechtes Entgelt für die Arbeits-, Dienst- und sonstigen Leistungen durch Verhandlungen und durch den Abschluss von Tarifverträgen mit Arbeitgebern und Ar-
beitgeberverbänden unter Anwendung der erforderlichen gewerkschaftlichen Mittel.
b) Günstige Bedingungen für Arbeits-, Dienst- und sonstige Leistungen, wie insbesondere gutes Betriebsklima, zweckmäßige Gestaltung der Arbeitsplätze, Arbeits-
räume usw.
c) Erhaltung der Arbeitskraft und der Gesundheit der Mitarbeiterinnen und Mitarbeiter, insbesondere durch entsprechende Arbeitszeit- und Urlaubsregelungen, durch
Gesundheitsfürsorge und -vorsorge.
d) Ausbau der Mitbestimmung am Arbeitsplatz.

---

[146] ebenda
[147] VRFF-Satzung

e) Mitwirkung bei der Wahl von Personalrats und Betriebsratsvertretungen durch die Aufstellung von Kandidaten und Unterstützung dieser Vertretungen bei der Erfüllung ihrer Aufgaben.
f) Wahrung der Urheber- und Leistungsschutzrechte der Mitglieder."[148]

Die VRFF verfolgt keine explizit medienpolitischen Ziele, die jenseits der Mitgliederinteressen als Arbeitnehmer liegen: „Heute erarbeitet die Bundestarifkommission der VRFF aus eigener Anschauung ihrer Mitglieder gezielte Vorschläge zu Verbesserungen der Einkommenssituation, der sozialen Gerechtigkeit und der Zufriedenheit am Arbeitsplatz."[149]
Das aus dem Jahr 2000 stammende Grundsatzprogramm wird derzeit überarbeitet und wurde leider auch in der bestehenden Fassung nicht zur Einsicht freigegeben. Sonstige programmatische Aussagen beziehen sich in der Regel lediglich auf betriebliche Mitgliederbelange.[150]
Die medienpolitische Programmatik des Deutschen Beamtenbundes und seiner Fachgewerkschaft VRFF zeigt eine deutliche Abstufung: Während auf Ebene des Bundes eher allgemeine Themen der medienpolitischen Debatte angeschnitten werden, versteht sich die VRFF allein als Vertretung der Beschäftigten in den öffentlich-rechtlichen Rundfunkanstalten. Im Weiteren wird deshalb auch nicht mehr im Einzelnen auf die VRFF eingegangen, da sie mit diesem eingeschränkten Fokus in der medienpolitischen Debatte keine Rolle spielt.

5.3 Personalressourcen

Die Ressourcen für das Personal, das die Gewerkschaften für die Medienpolitik zur Verfügung haben, sind relativ schwierig zu bestimmen. Zum einen liegt dies an daran, dass Medienpolitik als Handlungsfeld in der Regel als eine von mehreren Zuständigkeiten z.B. bei den Pressesprechern angesiedelt ist. Dies gilt für den Deutschen Gewerkschaftsbund auf den hier relevanten Ebenen Bund und Bezirke und den deutschen Beamtenbund auf Bundesebene. Zum anderen durchzieht die Zuständigkeit für Medienpolitik sehr unterschiedliche Abteilungen und Referate, vor allem in den eher branchenorientierten Gewerkschaften Ver.di und DJV. Interessant ist die Einschätzung des Mediensekretärs von ver.di zu diesem Thema: „Medienpolitik ist zu 90 Prozent Präsenz und Personen." (MD)

---

[148] ebenda
[149] www.vrff.de
[150] Vergl. Interview mit der Vorsitzenden der VRFF-Betriebsgruppe im ZDF, http://www.vrff.de/fp/archiv/vrff-news/1052.php (10.9.2007)

5.3.1 Deutscher Gewerkschaftsbund

Der DGB verfügt auf der Bundesebene über kein dafür ausgestattetes Referat Medienpolitik. Anders als in den 80er und in der ersten Hälfte der 90er Jahre, als ein solches noch existierte. Zwischenzeitlich wurde das Thema Medienpolitik durch den damaligen Chefredakteur der „Gewerkschaftlichen Monatshefte", angesiedelt in der Abteilung Grundsatz, mit sehr geringer Arbeitskapazität bearbeitet. Ab dem Jahr 2005 verlegte der Bundesvorstand die Aufgaben wieder in die Abteilung Öffentlichkeitsarbeit, wo sie bis zu Beginn der 90er Jahre auch angesiedelt waren. Hier ist seitdem die stellvertretende Pressesprecherin für den Bereich Medienpolitik mit verantwortlich. Nach ihren Angaben kann sie dafür ungefähr 30 Prozent ihrer Arbeitskapazität einsetzen, allerdings mit Schwankungen, je nachdem, wie viel medienpolitische Aktivitäten anstehen.[151] Zusätzlich gibt es eine medienpolitische Beraterin auf Honorarbasis, der insbesondere die Redaktion des monatlich erscheinenden Newsletters sowie die Vorbereitung und Durchführung von Veranstaltungen und Treffen des Arbeitskreises Medienpolitik in Zusammenarbeit mit der stellvertretenden Pressesprecherin obliegt. Sie berät auch den Vorsitzenden in seiner Gremientätigkeit als Mitglied des ZDF-Fernsehrates und bei allgemeinen medienpolitischen Angelegenheiten.

Auch in den Bezirken sind die für Medienpolitik zuständigen Ansprechpartner in der Regel die Pressesprecherinnen oder die Leiter des Bereichs Öffentlichkeitsarbeit, was sie fast durchgängig in Personalunion sind. Wie ein Blick auf die Internetseiten der Bezirke zeigt, liegt nur einmal ausdrücklich erwähnt die Zuständigkeit für diesen Bereich bei einem Vorstandsmitglied, nämlich in Bayern, wo die stellvertretende Vorsitzende für Medienpolitik verantwortlich ist.

5.3.1.1 Vereinte Dienstleistungsgewerkschaft

Bei Ver.di sieht die personelle Lage zunächst recht umfangreich aus: Im Bereich Medien gibt es eine Leiterin des Bundesbereiches Medien und Publizistik, zurzeit eine gelernte Journalistin, die 1993 stellvertretende Vorsitzende der IG Medien Niedersachsen-Bremen wurde. Neben den koordinierenden Tätigkeiten der vielfältigen Aktivitäten in der Republik gehört auch die Leitung der neuen Bundesfachgruppe Medien zu ihren Aufgaben. Zum Team gehören weiterhin: Die Bundesgeschäftsführerin der Deutschen Journalistinnen- und Journalisten-Union

---

[151] Abhängig ist dies auch von den anderen Aufgaben, die ihr obliegen. Die Bewältigung der aktuellen Pressearbeit wird von drei Pressesprecher/innen erledigt, was bei einer Organisation wie dem Dachverband der Gewerkschaften keineswegs eine üppige Ausstattung ist, die viel Freiraum für andere, z.B. auch medienpolitische Aktivitäten ließe.

(dju), ein medienpolitischer Referent, ein Tarifsekretär Medien, ein Tarifsekretär für den öffentlich-rechtlichen Rundfunk und die Chefredakteurin der Zeitschrift „M".

Eine Person ist im Bundesvorstand für das Thema Medienpolitik als Referent zuständig, in den Landesbezirken gibt es zudem auch so genannte Mediensekretäre. Ihnen allen aber ist gemeinsam, dass ihre Aufgaben, den eigenen Definitionen entsprechend vor allem im Bereich der Tarifpolitik und der Mitgliedervertretung liegen. So vertritt der Referent auf Bundesebene auch noch den Bereich Film und ist für die Medienwirtschaft zuständig. Er berät auch das zuständige Vorstandsmitglied.

Hinzu kommen auf Bundesebene in der Fachgruppe Medien die Beschäftigten in der Berufsgruppe dju und den beiden Bereichen öffentlich-rechtlicher Rundfunk und privatkommerzielle audiovisuelle Medien. Bei diesen handelt es sich aber vorwiegend um berufsgruppenorientierte Stellen, in denen medienpolitische Themen eher mit behandelt werden.

5.3.2 Deutscher Journalisten-Verband

Wie bereits oben erwähnt durchzieht das Thema Medienpolitik die Arbeit des Verbandes insgesamt, vergleichbar der Lage in der dju. Auf Bundesebene gibt es zwei Referentenstellen, die sich explizit mit Medienpolitik im Sinne von Rundfunkpolitik beschäftigen, aufgeteilt in die Bereiche öffentlich-rechtlicher und privater Rundfunk. Beide sind aber auch noch für andere Aufgaben zuständig, beispielsweise für Internationale Beziehungen. Einer von ihnen ist gleichzeitig auch der Justiziar. Potenziert gilt dies auch für Landesebene. Hier gibt es in der Regel die Geschäftsführenden, die dann neben vielem anderen auch für den Bereich Medienpolitik zuständig sind. Allerdings gibt es in den jeweiligen ehrenamtlichen Vorständen auf Landesebene Vertreterinnen und Vertreter, die Mitglied im bundesweiten Fachausschuss Rundfunk sind.

5.3.3 Deutscher Beamtenbund

Im Deutschen Beamtenbund gibt es keine eigene Stelle für Medienpolitik. Die Aufgabe wird mit übernommen vom Leiter der Kommunikation, die für Internetredaktion, Mitgliederwerbung, das Mitgliedermagazin und die Öffentlichkeitsarbeit zuständig ist. Die VRFF als Fachgewerkschaft hat keine eigene Stelle für Medienpolitik.

5.4 Finanzen

Die Finanzmittel der Gewerkschaften für medienpolitische Aufgaben sind in der Regel nicht als Einzelposten im Etat ausgewiesen, eine Ausnahme bildet der DGB. Die folgenden Angaben beruhen auf Aussagen der für Medienpolitik zuständigen Mitarbeiterinnen. Die genannten Summen enthalten bis auf die des Deutschen Gewerkschaftsbundes keine Personalkosten.

5.4.1 Deutscher Gewerkschaftsbund

Beim DGB stehen jährlich 70.000 Euro für medienpolitische Aktivitäten zur Verfügung. Hierin enthalten sind allerdings die Mittel für die als freie Mitarbeiterin beschäftigte medienpolitische Beraterin. Finanziert werden hieraus die Gremientagung, sowie Sitzungen des Arbeitskreises Medienpolitik und öffentliche Veranstaltungen. In den Bezirken gibt es keine eigenen Mittel, die für Medienpolitik zur Verfügung stehen.

5.4.1.1 Vereinte Dienstleistungsgewerkschaft

Auf Bundesebene beziffert ver.di den Etat für „medienpolitische Aktivitäten", in der Regel sind dies Tagungen, mit ca. 10.000 Euro. Dazu gehört auch der Journalistentag. Auf Landesbezirksebene gibt es keine speziell für medienpolitische Aktivitäten ausgewiesenen Mittel.

5.4.2 Deutscher Journalisten-Verband

Für den Deutschen Journalistenverband lassen sich die Mittel für Medienpolitik nicht beziffern, da dies durch die gesamte Organisation als „Querschnittsaufgabe" gesehen wird, so der für den Bereich öffentlich-rechtlicher Rundfunk zuständige Mitarbeiter. Gleiches gilt für die Landesverbände.

5.4.3 Deutscher Beamtenbund

Im Deutschen Beamtenbund gibt es keinen Etat für Medienpolitik, der Etat für Öffentlichkeitsarbeit ist „insgesamt an der politischen Arbeit dran." Dies sei für die tägliche Arbeit sehr praktisch weil „es wird gemacht, was nötig ist", sagt der zuständige Mitarbeiter. Geklärt werde der Bedarf mit dem Vorsitzenden und der Geschäftsführung. „Mir ist es recht, dass es kein Budget gibt – das ist dann auch nicht im Oktober zu Ende.", sagt dazu Frank Zitka, Leiter der Kommunikation beim DBB. Auch die VRFF hat keine besonders ausgewiesenen Mittel für Medienpolitik.

5.5 Vernetzung gewerkschaftlicher Medienpolitik

In diesem Kapitel geht es um die Vernetzung gewerkschaftlicher Medienpolitik, zum einen mit anderen medienpolitischen Akteuren, zum anderen der Gewerkschaften untereinander. Hierbei liegt die Konzentration auf der nationalen Ebene mit dem Blick in Bundesländer und Bezirke sowie Sendeanstalten, gleichwohl werden die europäische und die internationale Ebene einbezogen. Die Aussagen beruhen insbesondere auf Interviews und informellen Gesprächen mit Gewerkschafterinnen und Gewerkschaftern, die in unterschiedlichen Positionen mit gewerkschaftlicher Medienpolitik betraut sind, sowie Informationen auf den Webseiten und aus teilnehmender Beobachtung (siehe Anhang).[152]

5.5.1 *Vernetzung der Gewerkschaften innerorganisatorisch*

5.5.1.1 Deutscher Gewerkschaftsbund

Wie Abbildung 5 verdeutlicht, sind beim DGB die Ebenen Bundesvorstand, Landesbezirke und die Gremienvertretungen untereinander vernetzt. Konkret begründet ist diese Vernetzung zum einen in der Beziehung Bund und Landesbezirke durch die Einrichtung des drei- bis viermal im Jahr tagenden medienpolitischen Arbeitskreises, aber auch durch Treffen am Rande medienpolitischer Veranstaltungen. Zum anderen wird sie manifestiert durch den monatlich im Internet erscheinenden Medien-Newsletter, der auch mit Informationen aus den Bezirken gespeist wird:

> „Der medienpolitische Newsletter ist ein bisschen Mittel zum Zweck. Die Redakteurin wirbt bei den Kolleginnen und Kollegen, dass sie Informationen oder Texte bei-

---

[152] Der Grad der Vernetzung ist in den Abbildungen durch unterschiedliche Arten von Linien und Pfeilen dargestellt: gestrichelte Linien ohne Pfeile weisen auf mögliche Vernetzungen hin, z.B. durch gemeinsame Gremientätigkeit oder auch Kontakte, die aufgrund anderer als medienpolitischer Inhalte bestehen. Durchgehende Linien mit Pfeilen an beiden Enden verweisen auf eine Vernetzung, die auf einem gegenseitigen Austausch von medienpolitischen Informationen oder Gesprächen beruht. Diese muss aber nicht zwingend regelmäßig stattfinden. Nähere Aussagen zur Qualität der Vernetzung finden sich im Text.

steuern. Die Resonanz ist unterschiedlich, wird aber immer stärker. Die Kolleginnen und Kollegen merken, dass der Newsletter sehr gut nachgefragt wird und ihn auch Leute abonnieren, von denen Du denkst, die müssten die Informationen doch eigentlich längst haben... Außerdem nutzen wir natürlich auch Veranstaltungen wie den Mainzer Mediendisput, zu dem viele Pressesprecher hinfahren. Dort tauschen wir uns aus und dann gibt es ja noch den Arbeitskreis. Dort haben wir mittlerweile zu einer guten Form der Zusammenarbeit gefunden: Es werden keine Arbeitsaufträge verteilt, sondern die Teilnehmer erklären sich bereit, bestimmte Aufgaben zu übernehmen. Eine Kollegin hat jetzt beispielsweise recherchiert, wie viele gewerkschaftliche Medienpreise es gibt. Wir waren wirklich überrascht, was da zusammen gekommen ist." (MK)

Zu Gremienmitgliedern besteht auf Bundesebene insofern ein regelmäßiger Kontakt, als es einige spezielle Tagungen für diese Zielgruppe gegeben hat (2003 und 2005). Zudem werden die Gremienmitglieder vom Bund und von den Bezirken entsendet und sind teilweise personenidentisch mit dem Teilnehmerkreis des medienpolitischen Arbeitskreises und denjenigen, die in den Bezirken für Medienpolitik zuständig sind. Ebenfalls als ein Instrument der Vernetzung kann der Medien-Newsletter angesehen werden, den auch Gremienmitglieder beziehen können. Darüber hinaus gibt es aber keine regelmäßigen Informationswege, die diese Vernetzung mit den Gremienmitgliedern befördern könnten:

„Das ist unser Ziel, aber wir stehen da mehr oder minder am Anfang. Es gibt jetzt einen halbwegs verlässlichen, aktuellen Verteiler. Und jetzt wollen wir wissen, was Gremienmitglieder brauchen und was sie wollen – das war auch ein Grund für die Tagung. Gestern sind wieder ein paar Fragebogen ausgefüllt zurückgekommen. Die Tagung selbst hat mir keinen größeren Aufschluss gegeben. Darüber muss man noch mal reden. Aber mit dem Verteiler haben wir jetzt die Möglichkeit, Infos über den Newsletter hinaus zu verschicken. Aber bei diesem Prozess stehen wir am Anfang." (MK)

Zwischen Personalräten und Gremienmitgliedern findet überwiegend keine Vernetzung statt. In einigen Fällen gibt es sporadische Gespräche.[153] Wo allerdings Kontakte bestehen, werden diese von Personalräten als durchaus gut eingeschätzt.[154]

---

[153] Vergl. die Befragung der Gremienmitglieder (8.1.8.4), hier gaben fast 55 Prozent der Befragten aus allen untersuchten Gewerkschaften an, keine regelmäßigen Informationsgespräche mit den Personalräten zu führen. Auch diverse Gespräche mit Personalräten ergaben eine geringe Kontaktierung mit den Gremienmitglieder und die langjährige Erfahrung der Autorin bestätigt diese Einschätzung.
[154] Siehe hierzu auch den Abschnitt 5.1.1.1

Abbildung 5:   Vernetzung Deutscher Gewerkschaftsbund[155]

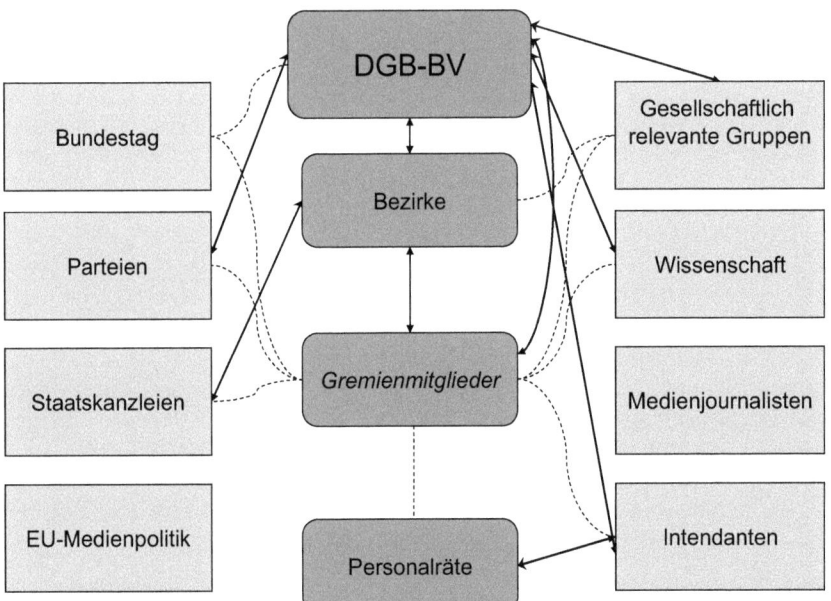

5.5.1.2   Vereinte Dienstleistungsgewerkschaft

Bei ver.di zeigen sich Vernetzungen zwischen der Bundes- und Landesbezirksebene. Sie sind in Kontakten zwischen den jeweiligen Mediensekretären begründet sind, die in der Regel bei konkreten Arbeitsaufträgen zusammen arbeiten
(z.B. Stellungnahmen auf Landesebene zu Gesetzentwürfen). Auch fanden seit
Gründung von ver.di im Jahr 2000 bis zum Frühjahr 2008 drei Treffen der Bundesebene mit den Landesmediensekretärinnen und -sekretären statt. Es gibt keine
enge Vernetzung zwischen dem Bund und den Senderverbänden, aber von den
Landesbezirken zu den Senderverbänden, was auch in Personenidentität begrün-

---

[155] Die Abbildungen zur Vernetzung der Gewerkschaften zeigen die inner- und außerorganisatorische
Vernetzung. Sie stehen zur besseren Orientierung jeweils am Ende des Teils, der sich auf die innerorganisatorische Vernetzung bezieht, weitere Informationen finden sich dann im folgenden Text.

det ist. So entsteht auch hier eine mittelbare Vernetzung zur Bundesebene. Gleiches gilt für die Vernetzung von Bundes- und Landesbezirksebene mit den Gremienmitgliedern. Hier gibt es aber keinen eigenständigen institutionalisierten und regelmäßigen Austausch zwischen Bundesebene und Gremienmitgliedern:

> „Eine koordinierte Politik von ver.di in Rundfunkräten gibt es definitiv nicht. Ich hielte sie auch für problematisch, wenn damit bezweckt werden sollte, dass unsere Organisation da via Vertreter Einfluss in den Gremien nimmt. Denn das ist mit den eigentlichen Aufgaben der Gremienmitgliedern nicht vereinbar. Das sehen bei uns einige aber auch anders. Ver.di kann und muss sich an Gewerkschaftsmitglieder in Gremien natürlich mit einem bestimmten Anliegen richten – aber es sind und bleiben Gewerkschaftsmitglieder, die wir als Einzelpersonen entsendet haben. Sie sind im eigentlichen Sinne keine Gewerkschaftsvertreter." (MD)

Über auf Bundesebene installierte Gremien, wie beispielsweise die im März 2007 ins Leben gerufene Fachgruppe Medien, gibt es auch einen Austausch mit Personalräten:

> „Es gibt ein internes Beratungswesen auf informeller Ebene, etwa mit Ehrenamtlichen, die sich durch ihren Beruf und durch ihre Arbeit in den Senderverbänden und in der Personalvertretung hervorragend auskennen. In der betrieblichen Mitbestimmung und durch Arbeitnehmervertretungen in Verwaltungsräten ist da ein enormes Know-how vorhanden, das kann man gut abrufen – und das tun wir auch." (MD)

Den Stellenwert einer über längere Zeit gewachsenen Vernetzung bestätigt folgende Aussage eines Personalrats:

> „Durch diese langjährige Zusammenarbeit gibt es ein Grundvertrauen über grundsätzliche Fragen. Wenn man sich kennt und je mehr man miteinander erlebt hat, umso einfacher funktioniert's. Da kann man sehr schnell ins Gespräch kommen und auch sehr schnell im Gespräch festlegen, was jetzt wichtig ist, was sein muss, was Zeit hat." (PW)

Die Senderverbände stehen im engen Kontakt zu den Personalräten, die sich teilweise aus ihnen rekrutieren. Die Kontakte zwischen Gremienmitgliedern, Senderverbänden und Personalräten, sind unterschiedlich ausgeprägt.[156] Dort, wo

---

[156] Ähnliche Ergebnisse ergab auch die Befragung der Gremienmitglieder aller Gewerkschaften: Mehr als die Hälfte der Gremienvertreterinnen und Gremienvertreter führen keine regelmäßigen Informationsgespräche mit der Personalvertretung des Senders, beziehungsweise der Landesmedienanstalt, die sie beaufsichtigen. Dabei geben einige aber an, zumindest „unregelmäßig", „manchmal" oder „nur zu konkreten Anlässen" solche Gespräche zu führen. Von denjenigen, die dies regelmäßig

es regelmäßige Gespräche gibt, berichten einige Personalräte, dass ihre Kontakte zu den gewerkschaftlichen Gremienvertretern in der Regel ausgesprochen gut sind. Dies hängt aber auch sehr von den einzelnen handelnden Personen ab:

„Unsere Kontakte zu den gewerkschaftlichen Gremienvertretern sind gut. Das hängt auch sehr von den Persönlichkeiten ab. Am Anfang muss man erst einmal Kontakt aufbauen und ausbauen und dann ist es ein wechselseitiger Weg. Das baut am Anfang auf mehr Gesprächen auf, wenn Hörfunkratsmitglieder neu sind, oder auch bei uns jemand neu beginnt. Später braucht man dann weniger Gespräche. Wir erfahren auch Dinge von den Hörfunkratsmitgliedern, die uns bei unserer Einschätzung helfen. Man wird ja irgendwann ein bisschen betriebsblind." (PW)

Die Personalräte der öffentlich-rechtlichen Sender sind untereinander sehr gut vernetzt:

„Wir treffen uns vierteljährlich in einer Runde der Personalratsvorsitzenden. Wir haben verschiedene Fachtreffen, wir haben den kurzen Draht durch die neue Technik mit Internet und e-mail. Es vergeht kein Monat, in dem ich nicht mit zwei bis sechs Kollegen der anderen Sender zu tun habe. Da ist eine enge Vernetzung da, ohne die wir auch nicht existieren könnten. Denn sonst macht jeder seins und so eine Kirchturmpolitik macht keinen Sinn. Wir haben weniger Kontakt zu Betriebsräten bei Kommerzfunkern, denn die haben wieder eine ganz andere Gefechtslage. Aber das kann man dann wieder über die Gewerkschaftsschiene auffangen. " (PW)

Eine bessere Vernetzung der Personalräte von ARD und ZDF mit den gewerkschaftlichen Gremienmitgliedern aller Sender insgesamt sehen manche durchaus als Chance, sich medienpolitisch zu positionieren, wie ein Personalrat verdeutlicht:

„Wir haben auch schon angefangen damit, das steht auf unserer Agenda, dass wir versuchen, die Gremienmitglieder, die aus den Gewerkschaften kommen, mit in die Tagungen einzuladen. Beim NDR haben wir das schon mal gemacht. Jetzt ist das aber so schwierig, weil das so unterschiedlich ausgeprägt ist, auch bei den ARD-Anstalten. Wenn dann wirklich alle da sitzen, vom Deutschlandradio bis Deutsche Welle, SFB und Saarländischer Rundfunk, dann ihre internen Probleme haben, dann noch Gremienprobleme. Ich sage immer, es geht nicht darum, interne Anstaltsprobleme jetzt mit den Gremien zu diskutieren, das sollen die alleine tun, sondern wir müssen gucken, wie wir in der medienpolitischen Welt uns positionieren und zwar als öffentlich-rechtliche Brüder und Schwestern, und dazu brauchen wir Verbündete.

tun (45,2 %) schränken einige ein: „Bei anstehenden für Personal relevanten Entscheidungen", „anlassbezogen", „ab und zu" und „mit Verdi Betriebsgruppe". (siehe auch 8.8.4)

und die nahe liegenden sind die Gewerkschaftsvertreter. Aber das ist dann auch bei den Personalräten teilweise schwierig zu vermitteln. Es gibt ein paar, die haben auch die Sachkunde dazu, die anderen, da ist es schwierig. Und bei den Gewerkschaftsvertretern im Übrigen auch." (ER)

Hierbei geht es nicht um die Vernetzung innerhalb der einzelnen Sender, sondern darum, die gewerkschaftlichen Gremienmitglieder als Gruppe mit der Arbeit der Personalräte zu vernetzen.

Abbildung 6: Vernetzung Vereinte Dienstleistungsgewerkschaft

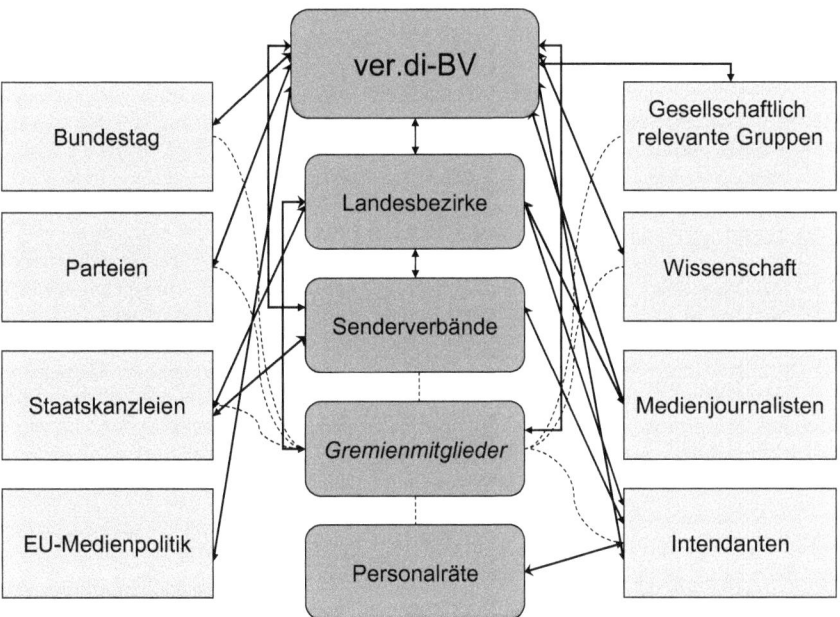

5.5.1.3 Deutscher Journalisten-Verband

Der Deutsche Journalistenverband ist innerorganisatorisch zwischen den Ebenen Bund und Ländern ausgesprochen gut vernetzt über den Fachausschuss Rundfunkpolitik:

„Zwei- oder dreimal im Jahr trifft sich der Fachausschuss Rundfunk. Er hat ständige Tagesordnungspunkte, z.b. Tarifpolitik und weitere, je nach Bedarf. Der Fachausschuss hat die Aufgabe, die Entscheidungsgremien des DJV, also etwa den Verbandstag oder den Bundesvorstand, zu beraten. Und die Weichenstellungen vorzubereiten. Wenn der Fachausschuss beispielsweise wie im letzten Jahr der Auffassung ist, wir müssen uns positionieren zur Höhe der Rundfunkgebühren, dann wird das Thema im Fachausschuss beraten und es wird ein Antrag an den Verbandstag gestellt, der dafür zuständig ist, die politischen Leitlinien vorzugeben. Der berät dann den Antrag und legt die Position fest." (BP)

Der aus Ehrenamtlichen bestehende Fachausschuss wird bei Stellungnahmen gefragt. Hierfür gibt es zwischen den Ausschusssitzungen ein Schnellverfahren, mit dem diese geklärt werden:

„Wenn die Angelegenheit eilig ist, dann funktioniert es auch so, dass wir als Hauptamtliche einen Entwurf z. B. einer Stellungnahme vorbereiten. Im Dezember hatten wir z.B. so einen Eilfall. Da war der DJV von der Staatskanzlei in Bayern um Stellungnahme zur Frage gebeten worden, wie Minderheiten im Rundfunk berücksichtigt werden. Die Umfrage von der bayerischen Regierung hatte eine Initiative der EU zum Hintergrund. Es war eine sehr kurze Frist von, ich glaube, drei Wochen gesetzt worden, zudem gerade über Weihnachten. Wenn die Frist eingehalten werden soll, kann man einer solchen Situation im Grunde genommen nur eines machen: Man macht einen Entwurf, der wird dem Fachausschuss zur Zustimmung vorgelegt. Das heißt, die Mitglieder müssen dann im Rahmen dieser Frist ausreichend Zeit haben, Änderungs- und Ergänzungsvorschläge zu machen. Dazu muss der Entwurf relativ schnell fertig sein, um den Mitgliedern genügend Zeit einzuräumen, dazu Stellung zu nehmen. Parallel wird der Entwurf an den Bundesvorstand verschickt, damit dessen Mitglieder ebenfalls die Möglichkeit der Äußerung haben. Und dann wird das Schreiben mit der Gremienzustimmung[157] auf den Weg gebracht." (BP)

Darüber hinaus gibt es im Bedarfsfall eine Zusammenarbeit zwischen der Landes- und Bundesebene, beispielsweise bei Anhörungen:

„Das ist sehr unterschiedlich. Die Stellungnahmen werden zum Teil von den Landesverbänden vorbereitet und abgegeben. Das hängt von deren Besetzung, dem Zeitkontingent oder auch der Kompetenz ab. Oder auch davon, ob sie sich die Stellungnahme im konkreten Fall selber zutrauen. Im Falle von Terminkollisionen bereite ich manchmal auch eine schriftliche Stellungnahme vor und Vertreter der Landesverbände bestreiten dann die mündliche Anhörung. Wir haben auch schon mal externe Vertreter benannt, wie z.B. Herrn Röper." (BP)

---

[157] Gemeint sind hier die DJV-internen Gremien

Einen Hinweis auf die Qualität der Vernetzung zwischen Bundes- und Landesebene im Bereich des Fachausschusses Rundfunk gibt folgende Passage eines
Überblicksartikels zu rundfunkpolitischen Aktivitäten aus dem Jahr 2003:

> „In einem vom Bundesvorsitzenden unterschriebenen Brief an den rheinland-
> pfälzischen Ministerpräsidenten Kurt Beck regte der DJV sodann für die Rundfunk-
> gebühr eine medienspezifische Teuerungsrate und für die finanzschwachen Sender
> Radio Bremen und Saarländischer Rundfunk einen Finanzausgleich „auf neuem
> Fundament" an, der auch deren Existenz sichere.... (Der Fachausschuss hat keine
> Kenntnis darüber, ob die DJV-Landesvorsitzenden der Anregung nachgekommen
> sind und einen ähnlich lautenden Brief an ‚ihre' Ministerpräsidenten geschrieben
> haben; eine entsprechende Vorlage gab es.)"[158]

Zu den Gremienmitgliedern bestehen Kontakte der Bundesebene zum einen
durch Tagungen, die in unregelmäßigen Abständen angeboten werden und eintägig sind. Dazu der zuständige Referent: „Der Zusammenhalt wird eigentlich
durch die Medienpolitik des Verbandstages am ehesten bestimmt. Da wird die
Richtung vorgegeben und danach richtet man sich." (BP)

Durch die Besetzung der Gremienmandate mit in der Regel Angehörigen
der Landesvorstände oder der dortigen Geschäftsführer ist ein enger Kontakt der
Gremienmitglieder in die Landesverbände gewährleistet. Dieser besteht aber
auch durch Anfragen von Gremienmitgliedern an die Bundesebene, wenn es um
Belange geht, die über die Sender oder Landesmedienanstalten hinausgehen:

> „Wenn in den Ländern Themen mit Bundesbezug diskutiert werden, werden wir
> schon eine Äußerung gebeten. Beispielsweise wenn in Niedersachsen evtl. Verstöße
> gegen rundfunkrechtliche Vorgaben in der dortigen Landesmedienanstalt diskutiert
> werden, fragt uns die Vertreterin des DJV dort nach unser Einschätzung. Da sind wir
> schon eingebunden. Aber in den landesspezifischen Angelegenheiten in der Regel
> wiederum nicht." (BP)

Ein Hinweis zur Qualität der Vernetzung mit Gremienmitgliedern findet sich in
dem o.g. Bericht des Fachausschusses Rundfunk aus dem Jahr 2003. Dieser
versuchte für eine Dokumentation über den Rückgang des Informationsangebo-
tes in den öffentlich-rechtlichen Medien Informationen zu sammeln und wandte
sich auch an seine Gremienmitglieder:

> „Keine leichte Aufgabe für den Fachausschuss, für Fakten zu sorgen. In Briefen an
> DJV-Vertreter in Rundfunkgremien und an Medienwissenschaftler bat er um kon-

---

[158] http://www.djv.de/Bewegte_Zeiten.1047.0.html#1383 (19.1.2008)

krete ‚Fallbeispiele' bzw. wissenschaftliche Untersuchungen, die untermauern könnten, ob und wo Informationssendungen bzw. Programmschemata ‚weichgespült'
worden seien durch zunehmend „lockerere" Moderation oder unattraktivere Sende-
plätze… Rückmeldungen der Gremienmitglieder? – Fehlanzeige!"[159]

Hier werden die Schwierigkeiten deutlich, die Vernetzung im Alltag auch strukturiert und effektiv zu verstetigen.

Abbildung 7:   Vernetzung Deutscher Journalisten-Verband

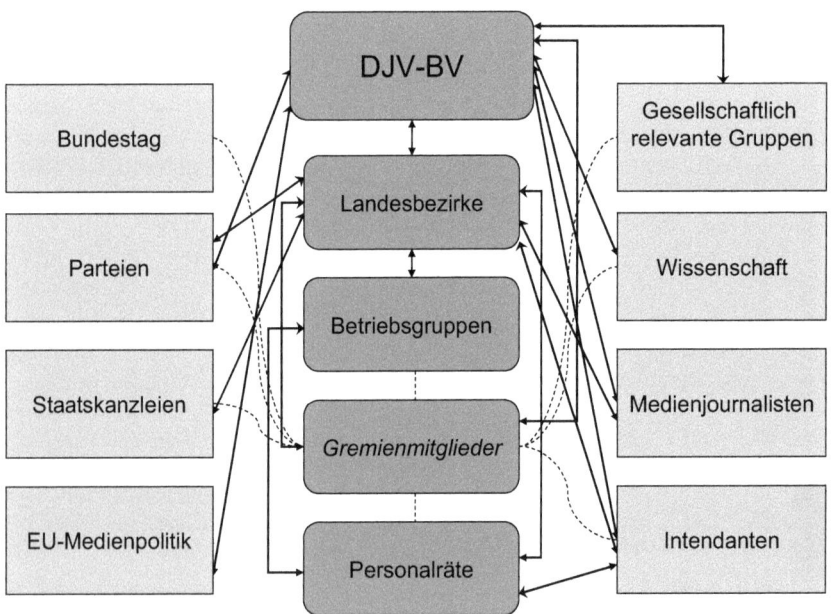

5.5.1.4   Deutscher Beamtenbund

Im Deutschen Beamtenbund gibt es in medienpolitischer Sicht lediglich ein Instrument der Vernetzung zwischen Bund und Gremienmitgliedern. Im Jahr 2006

---

[159] ebenda

und 2007 fanden Gremientagungen statt. Zuvor hatte im Jahr 2000 eine medienpolitische Tagung stattgefunden:

> „Da waren nicht nur die Rundfunkräte eingeladen, sondern alle DBB Vorstandsmit-
> glieder, die Interesse an Medienpolitik haben. Damals waren so 150 Leute beteiligt,
> an deren Ende eine medienpolitische Grundsatzempfehlung beschlossen wurde, die
> der Gewerkschaftstag 2000 offiziell bestätigt hat." (FZ)

Eine medienpolitische Abstimmung und Vernetzung mit den Fachgewerkschaften und den Landesverbänden, die zum Teil ebenfalls entsendeberechtigt für
Mandate in Rundfunkgremien sind, wie beispielsweise die Lehrergewerkschaft,
gibt es nicht. Zwar sitzen im Vorstand ebenfalls Vertreter der Fachgewerkschaften und Landesverbände, dort wird aber in der Regel Medienpolitik nicht thematisiert. Für die Zukunft ist aber eine stetigere Vernetzung geplant:

> „Also diese Vernetzung wird gerade aufgebaut. Es gibt seit 2006 eine jährliche DBB
> Medienkonferenz. In diesem Jahr werden wir zur Vorbereitung eine Teilnehmerab-
> frage starten: Wie hat Euch die letzte Konferenz gefallen? Was sollen wir nächstes
> Jahr machen? Wen sollen wir als Referenten einladen? Außerdem wollen wir abfra-
> gen, welche Projekte vor Ort laufen, was dort die Fachthemen sind. Letztendlich soll
> eine Art Kommunikationsverteiler entstehen mit kontinuierlicher Korrespondenz der
> Rundfunkräte." (FZ)

Man ist sich beim DBB des Stellenwertes der Gremien für die medienpolitische
Präsenz des Verbandes bewusst, wie folgendes Zitat zeigt:

> „Fortbildung ist ja immer eine Zweibahnstraße. Für uns hat diese Vernetzung auch
> etwas damit zu tun, medienpolitisch aktiv und präsent zu sein. Und auch eine Bot-
> schaft an die Rundfunkräte zu senden. Es geht nicht nur um Schulung, sondern auch
> darum, klar zu machen, welche Möglichkeiten sie in ihrem Gremien haben, für eine
> faire Berichterstattung über den öffentlichen Dienst zu sorgen." (FZ)

Eine inhaltliche Anbindung der Gremienmitglieder an die Fachgewerkschaften
in medienpolitischer Hinsicht ist beim DBB nicht gegeben:

> „Also als Fazit kann man schon sagen, die Medienpolitik beim DBB hat mit der ers-
> ten Medienkonferenz angefangen. Es gibt Vernetzungen vor Ort, beim NDR oder
> SWR, aber nicht flächendeckend. Manchmal kann auch zum Beispiel die Steuerge-
> werkschaft nicht wissen, welches ihrer Mitglieder wo sitzt, weil die vom DBB Lan-
> desbund benannt wurden. Wir haben versucht, da systematisch eine Vernetzung über
> den ganzen Verband hinweg herzustellen. Manche dieser Rundfunkratsposten gelten
> ja auch als Incentive in der Gewerkschaftsarbeit. Da werden zwar keine Tagegelder

gezahlt, aber die Kollegen können mitgestalten. Für die ehrenamtlichen Funktionäre ist das auch ein Anreiz." (FZ)[160]

Einen Überblick über die medienpolitische Vernetzung des DBB gibt die folgende Abbildung 8.

Abbildung 8:   Vernetzung Deutscher Beamtenbund

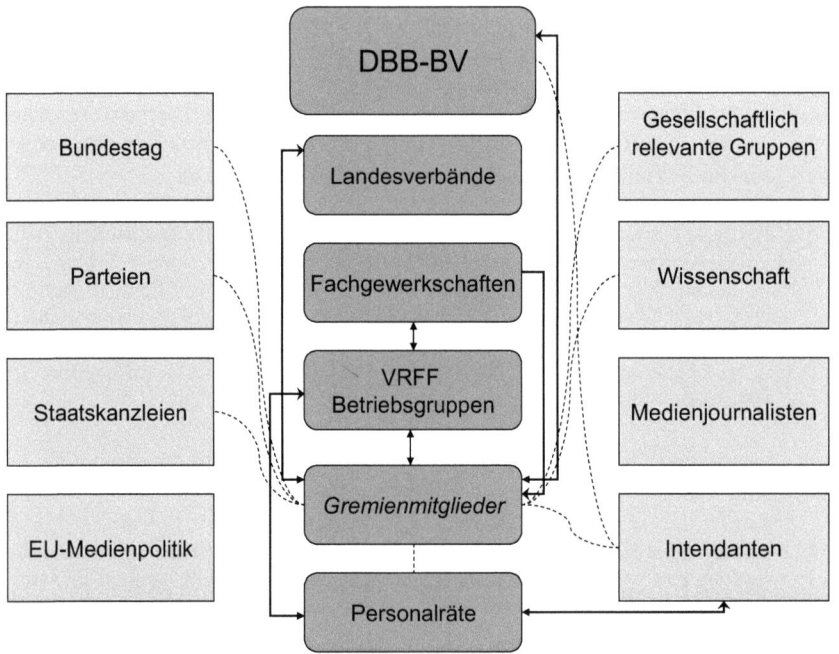

5.5.2 *Vernetzung der Gewerkschaften untereinander*

Eine medienpolitische Vernetzung der Gewerkschaften untereinander auf Bundesebene existiert am intensivsten zwischen dem DGB und ver.di. Hier läuft der

---

[160] Hier ist neben den Vernetzungsaspekten auch die Aussage zur Auswahl der Gremienmitglieder interessant. Offensichtlich werden die Mandate eben auch als „Zugabe" an verdiente Gewerkschaftsfunktionäre gegeben, eben als „Incentive" und weniger an eine medienpolitische Kompetenz gekoppelt.

Hauptteil des Austausches über den medienpolitischen Arbeitskreis des DGB, aber auch über persönliche Kontakte. Zudem sind sowohl DGB als auch ver.di mit hochrangigen Vertretern im ZDF-Fernsehrat präsent. Dass der Austausch allerdings im Alltag noch stark verbesserungswürdig ist, zeigt die Tatsache, dass beispielsweise im Herbst 2006 eine Gremientagung des DGB stattfand und zeitgleich ver.di eine Reise nach Brüssel für interessierte gewerkschaftliche Medienakteure organisierte. Der inhaltliche Austausch ist aber auf Arbeitsebene in der Regel gut:

> „Wenn es neue Stellungnahmen von ver.di gibt, bekommen wir sie, ohne dass wir danach fragen müssen, das kommt von alleine. Das ist für uns natürlich eine große Hilfe, weil da einfach viel Sachverstand ist." (MK)

Ver.di und der Deutsche Journalistenverband tauschen sich auf Bundesebene ebenfalls über persönliche Kontakte aus: „Was die Gestaltung von Medienpolitik und etwa Tarifforderungen anbelangt, haben wir relativ intensive Kontakte zu ver.di." (BP)

Der Deutsche Beamtenbund hält keine medienpolitischen regelmäßigen Kontakte zu den anderen Gewerkschaften. Auf der Ebene der Sender findet über die Personalratsarbeit zwar ein Austausch zwischen den jeweiligen Gewerkschaften statt, beispielsweise im ZDF zwischen ver.di-Senderverband und VRFF, doch ist dieser auf Belange innerhalb des Senders beschränkt.

Auf der Länderebene entstehen Kontakte zwischen den Gewerkschaften in der Regel über die gemeinsame Gremientätigkeit in Sendern und Landesmedienanstalten. Die Intensität variiert hier aber sehr stark. Die Mehrzahl der in den DGB-Landesbezirken für Medienpolitik zuständigen Referentinnen, die gleichzeitig Gremienmitglieder in Rundfunkräten sind, berichtet, dass sich die Kontakte eher im Freundeskreis oder am Rande von Gremiensitzungen abspielen.[161] Vereinzelt geht die Vernetzung darüber hinaus, wie Aussagen der ver.di-Landesbezirke ebenso belegen wie das folgende Zitat aus dem DGB-Bezirk Berlin-Brandenburg:

---

[161] Vergl. dazu 8.8.3. Im Gegensatz hierzu gibt ein großer Anteil der befragten Gremienmitglieder, nämlich 88,7 Prozent an, sich mit anderen gewerkschaftlichen Gremienvertretern/-vertreterinnen über medienpolitische Themen auf folgenden Wegen auszutauschen: 37,1 Prozent tun dies regelmäßig bei medienpolitischen Treffen. 45,2 Prozent sagen, der Austausch finde „zufällig im Rahmen anderer Treffen statt. „Sporadisch per E-Mail/Telefon" geben 46,8 Prozent an und eine regelmäßige Mailingliste nutzen nur 6,5 Prozent. Schaut man sich die Antworten in der Kategorie „Sonstiges" an, die 16,1 Prozent der Befragten ankreuzte, so sieht man, dass hier in der Hauptsache Kontakte „Im Rahmen und am Rande der Gremiensitzungen" vermerkt wurden, aber auch gewerkschaftliche Veranstaltungen wie der „AK Medien" [Arbeitskreis des DGB, d. Verf.].

„Bei bestimmten Themen gibt es schon einen engen Austausch mit den Ver.di-Kollegen, die für Medien zuständig sind. Susanne Stumpenhusen, die Vorsitzende von Ver.di Berlin-Brandenburg, sitzt mit im Rundfunkrat. Es gibt auch Kontakt mit dem zuständigen Kollegen beim Ver.di-Bundesvorstand. Da findet schon ein Austausch statt, oder auch mal ein Hinweis auf Themen oder es werden Papiere weiter gereicht, um so einen gleichen Informationsstand herzustellen. Ab und an habe ich auch mit anderen Kolleginnen und Kollegen aus Rundfunkräten Kontakt, beispielsweise im ARD-Programmbeirat, dem ich ein oder zweimal im Jahr als Stellvertreter beiwohnen darf." (DP)

Dies gilt auch für die Vernetzung zwischen ver.di und dem DJV. Hier bestehen auf Landesebene und über Senderverbände und Personalräte insbesondere recht intensive Kontakte zwischen dju und DJV. Einen Überblick über die intergewerkschaftliche Vernetzung in medienpolitischen Fragen veranschaulicht die folgende Abbildung 9.

Abbildung 9:   Vernetzung der Gewerkschaften untereinander

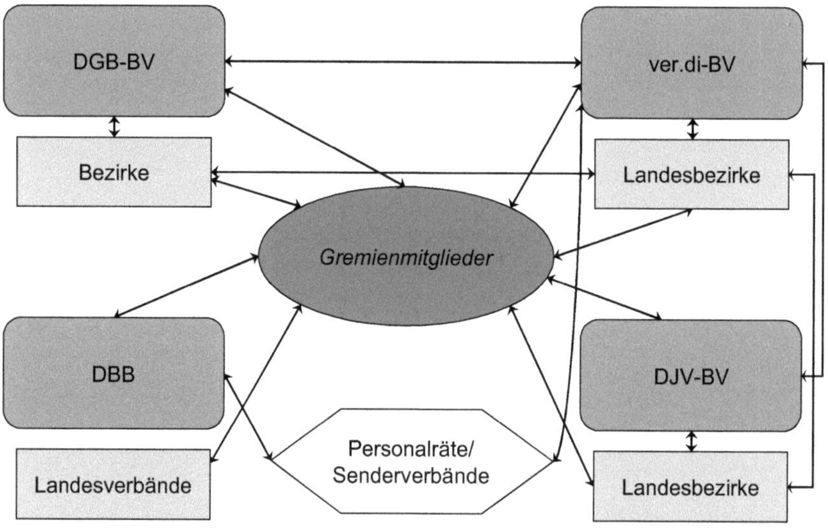

5.5.3 Vernetzung der Gewerkschaften mit anderen medienpolitischen Akteuren

5.5.3.1 Deutscher Gewerkschaftsbund

Eine Vernetzung besteht auch vom DGB-Bundesvorstand in die Politik. Die Gewichtung liegt hier eindeutig bei der SPD, was wohl auch darauf zurückzuführen ist, dass die CDU derzeit weniger aktiv ist. Dazu die stellvertretende Pressesprecherin des DGB:

> „Zu den Parteien bestehen Kontakte – zur SPD wesentlich stärker als zur CDU. Ich habe auch den Eindruck, dass die Sozialdemokraten medienpolitisch aktiver sind. Marina[162] war neulich aber auch auf einer medienpolitischen Konferenz der CDU. Ich wäre auch gerne hingegangen, musste aber wegen meiner sonstigen Verpflichtungen wieder mal absagen. Michael Sommer ist Mitglied der SPD- Medienkommission. Und Marina hat gute Kontakte zu Martin Stadelmeier, dem Staatssekretär in Rheinland-Pfalz und auch zu Marc Jan Eumann, dem Vorsitzenden der SPD-Medienkommission. Es gibt die Anregung, dass sich der Vorsitzende mit CDU-Kulturstaatsminister Neumann trifft, ich denke, das wird dann auch irgendwann stattfinden." (MK)

Zu den in der medienpolitischen Debatte sehr wichtigen Staatskanzleien existieren also ebenfalls Kontakte, vor allem auf Arbeitsebene. Zum Bundestag und zur EU-Medienpolitik gibt es keine Kontakte des Bundesvorstandes, sieht man von dem durch die Gremientätigkeit des DGB-Vorsitzenden Michael Sommer im ZDF-Fernsehrat begründeten Austausch mit politischen Vertretern ab. Schaut man auf die Ebene der Gremienmitglieder insgesamt, so existieren hier zum Bundestag, zu den Parteien und den Staatskanzleien durch gestrichelte Linien dargestellte Verbindungen. Diese verweisen darauf, das eine Vernetzung möglich ist, weil medienpolitischen Akteure aus diesen Bereichen als Vertreterinnen und Vertreter in den Gremien sitzen und so Kontakt- und Vernetzungsmöglichkeiten bestehen. Da die meisten gewerkschaftlichen Gremienmitglieder an vorbereitenden Sitzungen wie Freundeskreisen teilnehmen, werden diese auch im Rahmen der Gremientätigkeit genutzt. Eine darüber hinausgehende Vernetzung auf Basis dieser Kontakte ist allerdings nicht zu belegen.[163]

Die Bezirke des DGB haben in der Regel keine medienpolitischen Kontakte zu den Staatskanzleien. Lediglich in den Bezirken Nord und Rheinland-Pfalz

---

[162] Die damalige medienpolitische Beauftragte des DGB-Vorsitzenden

[163] Vergl. die Befragung der Gremienmitglieder (8.10): 21,2 Prozent gaben die Möglichkeit, Kontakte zu knüpfen, als Grund für eine positive Bewertung der Gremientätigkeit an. Allerdings bezieht sich dies nicht nur auf medienpolitische Aktivitäten.

bestehen regelmäßige Kontakte, in einigen anderen Bezirken gibt es Gespräche, wenn ein aktueller Anlass besteht, wie beispielsweise ein neuer Rundfunkstaatsvertrag.

Zu anderen gesellschaftlich relevanten Gruppen, wie Kirchen, Wohlfahrtsverbänden und Verbraucherschutzorganisationen gibt es auf Bundesebene des DGB unterschiedliche Kontakte, die jedoch nach Interviewaussagen noch eher in den Anfängen stecken:

> „Das ist sehr unterschiedlich. Mit den Kirchen sind Arbeitskontakte entstanden, dadurch dass wir auch einen kirchlichen Vertreter zum ersten DGB-Mediengespräch eingeladen hatten. Bei den Wohlfahrtsverbänden sieht es eher mau aus, bei den. Arbeitgebern auch. Das wollen wir ändern, sind aber noch nicht dazu gekommen. Wir haben das ein bisschen aufgeteilt: Wo schon Kontakte vorhanden sind, können sie leichter ausgebaut werden." (MK)

Auf die Nachfrage, ob auch der Vorsitzende, der im DGB die politische Verantwortung für Medienpolitik trägt, Gespräche mit gesellschaftlich relevanten Gruppen auf der politischen Ebene zur Medienpolitik führt, zeigt die Antwort deutlich, dass die Arbeitsebene erst noch dabei ist, eine solche Vernetzung zu initiieren:

> „Wenn wir soweit sind, dass wir auf der Arbeitsebene zu einer erwähnenswerten Vernetzung kommen – und das würde ich jetzt noch nicht so einschätzen – dann können hochrangige, offizielle Kontakte folgen. Wir leisten da jetzt erst einmal die Vorarbeit." (MK)

In den Bezirken gibt es eine in der Ausprägung unterschiedlich starke Vernetzung mit anderen gesellschaftlich relevanten Gruppen. Auch hier stehen in der Regel die durch Gremientätigkeit begründeten Kontakte im Vordergrund. So berichtet der Pressesprecher des DGB-Bezirkes Berlin-Brandenburg:

> „Bei bestimmten Themen ist es auch mögliche alle diese „undogmatischen" Kräfte zu bündeln. Da geht es dann um allgemeine Themen, ethische oder allgemeinpolitische Fragen. Da findet man schon Netzwerke und deswegen ist es immer sinnvoll, sich auszutauschen und auch den anderen Kolleginnen und Kollegen mit Rat und Tat und Infos zur Verfügung zu stehen. Ich lade ab und zu mal die Kolleginnen und Kollegen aus Kirchen, Wohlfahrts- und Elternverbänden usw. ein und reiche auch den DGB-Newsletter weiter oder Papiere des DGB und von Ver.di, z.B. zur Familienpolitik, um damit auch Informationen zur Verfügung zu stellen." (DP)

Zur Wissenschaft pflegt der DGB einige Kontakte, die sich insbesondere in einem Gesprächskreis manifestieren, der in der Regel zweimal jährlich mit dem

DGB-Vorsitzenden und seinen medienpolitischen Mitarbeiterinnen zusammentrifft.

> „Es ist ein medienpolitischer Gesprächskreis mit fünf, sechs Leuten. Der ist bewusst nicht auf Beratung ausgelegt, sondern als Austausch über medienpolitische Themen. Manchmal hält einer der Teilnehmer ein Impulsreferat, das dann diskutiert wird. Das ist eine sehr muntere Runde und bringt mir selber auch unheimlich viel." (MK)

Hier sind auch medienpolitische Akteure aus dem unternehmerischen Bereich vertreten. In der im Zitat angesprochenen aktuellen Zusammensetzung im Jahr 2006 waren zwei Kommunikationswissenschaftler und je eine Vertreterin, ein Vertreter aus den öffentlich-rechtlichen Medien, den neuen Online-Medien, der privaten elektronischen Medien und aus dem Printbereich in diesem Arbeitskreis. Darüber hinaus lädt der DGB auch zu medienpolitischen Veranstaltungen, wie dem DGB-Fernsehgespräch, in der Regel einen Wissenschaftler oder eine Wissenschaftlerin ein, die einen Input zum jeweiligen Thema geben. Zu Medienjournalisten hält der DGB-Bundesvorstand keine eigenständigen Kontakte.

Zu den Intendanten von ARD und ZDF pflegt der DGB auf Bundesebene langjährige Kontakte, die in der Regel einmal jährlich durch das „Königsteiner Gespräch" institutionalisiert sind. Hieran sollen auf Gewerkschaftsseite der Geschäftsführende Vorstand des DGB und die Vorsitzenden der Mitgliedsgewerkschaften teilnehmen. Es gab und gibt allerdings immer wieder Klagen darüber, dass die Beteiligung aus Gewerkschaften eher spärlich ausfällt. Dies weist auch darauf hin, dass das Thema Medienpolitik in Gewerkschaftskreisen eher unter ferner liefen gehandelt wird. Zudem fiel dieses Gespräch in manchen Jahren aus, manchmal allerdings auch wegen terminlicher Schwierigkeiten auf Seiten der Intendanzen.

5.5.3.2   Vereinte Dienstleistungsgewerkschaft

Bei Ver.di besteht auf Bundesebene eine enge Vernetzung zum Bundestag. Der medienpolitische Referent sagt dazu im Interview:

> „Auf der Bundesebene gibt es gute, teilweise intensive Kontakte auf der Arbeitsebene. Alles in allem: Es gibt kaum einen medien- und kulturrelevanten Bereich im Bundestag oder im Umfeld der Bundesregierung, der dadurch nicht abgedeckt ist. Schwierigkeiten entstehen bei uns häufiger intern bei der Aufteilung zwischen Kultur- und Medienpolitik. Das gibt es aber überall, auch bei Parteien – selbst bei den Parlamentsfraktionen. Unser großer Vorteil dabei ist, dass wir im Ressort nicht nur die Kultur- und Medienpolitik, sondern auch die wirtschaftlichen beziehungsweise wirtschaftspolitischen Aspekte mit bearbeiten. Das läuft ja auf parlamentarischer

Ebene und in den Parteien völlig auseinander. Ein klassischer Fall ist die Filmpoli-
tik. Hier kommen die meisten Zielkonflikte von Wirtschafts-, Kultur- und Medienpolitik, aber auch der jeweiligen Branchenfelder und Berufsgruppen zustande. Und
es laufen Bundes- und Länderpolitik zusammen – Wirtschaftspolitik ist ja Bundes-
angelegenheit, während die Kulturpolitik Länder- und kommunale Angelegenheit
ist. Hier fällt es uns natürlich leichter, Kontakte zu nutzen und zu pflegen, wenn sich
auch in der Politik die Bundesebene gegenüber den Ländern stark machen will."
(MD)

Zu den politischen Parteien bestehen auf Bundesebene medienpolitische Kontakte. Auch hier konzentrieren sie sich im Wesentlichen auf die SPD. Anders jedoch
als beim DGB manifestiert sich diese Vernetzung nicht in einer Mitgliedschaft
des für Medienpolitik zuständigen Vorstandsmitgliedes in der SPD-
Medienkommission, die Kontakte bestehen auf der Arbeitsebene.
    Wie auch beim DGB sind bei ver.di die Kontakte von der Bundesebene zu
den Staatskanzleien unterentwickelt.

„Unser Problem als ver.di in der Medienpolitik sind die sehr unterschiedlichen Zugänge zu der landespolitischen Ebene. Wir haben jetzt damit begonnen, dies auch
von der Bundesebene her etwas systematischer zu entwickeln. Dies sind in der Regel informelle Zugänge, aber Medienpolitik in den Ländern ist ja sowieso vorwiegend informell. Sie findet parlamentarisch so gut wie gar nicht statt. Da ist es eher
hilfreich, wenn Vertreter aus Senderverbänden oder Personalräten einen guten Zugang auch mal zu einer Staatskanzlei haben." (MD)

Diese Einschätzung der starken Vernetzung auf der Länderebene zwischen
Staatskanzleien auf der einen und den Landesbezirken von ver.di auf der anderen
Seite bestätigen auch Aussagen von Landesmediensekretären. Dies zeigt sich
auch in den Kontakten zu den Landesparlamenten und Ausschüssen. Gleiches
gilt für die Senderverbände. Der geringe Vernetzungsgrad vom Bund zu den
Landesmedienpolitikern scheint aber als Problem erkannt zu sein, ebenso wie die
Chance, dies über die Landesbezirke, die Senderverbände und die Personalräte
zu befördern, wie das folgende Zitat des medienpolitischen Referenten verdeutlicht:

„Ein Beispiel für gute Aktivitäten ist der Senderverband beim ZDF, getragen von
Mitgliedern aus verschiedenen Bereichen – gerade auch auf der Redakteursebene. In
Mainz finden regelmäßige Veranstaltungen – „ver.di im Gespräch" – statt. In der
Vergangenheit sind diese Aktivitäten von der Bundesebene zu wenig genutzt wor-
den. Das zu ändern, war und ist Teil des Arbeitsauftrages auch an mich. Wir sind da
aber mittlerweile sehr weit vorangekommen." (MD)

Wie der zuständige medienpolitische Referent bei ver.di berichtet, habe es „in der Vergangenheit" eine große Menge an Kontakten auf Bundesebene auch zu gesellschaftlich relevanten Gruppen gegeben. Allerdings gehe dies auf Kosten der Zeit, die benötigt werden, um Positionen zu bestimmten medienpolitischen Inhalten zu erarbeiten. Aufgrund der geringen personellen Ausstattung könne man beides nicht gleichermaßen machen:

> „Es gibt immer wieder die Grundsatzentscheidung: ob ich Kontakte mache oder – arbeite. Im Volumen einer Halbtagsstelle ist es kaum möglich, das übliche Lobbying auf Konferenz- und Veranstaltungsebene zu machen und daneben noch konzeptionelle und fachlich gute Sacharbeit. In der Funktion, die ich habe – neben anderen, auch gewerkschaftlich operativen Aufgaben wie der Konzernarbeit im Medienbereich – kann ich beides, also Lobby-Kontakte und Facharbeit machen, nicht leisten. Dann ist ganz klar, dass die Sacharbeit prioritär ist – dort, wo die größten Synergien sind. Sonst geht man unter." (MD)

Dennoch soll zukünftig stärker mit anderen gesellschaftlichen Akteuren in der Medienpolitik kooperiert werden:

> „Was wir noch machen wollen, ist die Einbeziehung gesellschaftlicher Akteure, die zum klassischen Spektrum der Rundfunkräte gehören – aber auch weit darüber hinaus, allerlei NGO's beispielsweise – in die Diskussion über die Zukunft des öffentlich-rechtlichen Rundfunks. Also Leute, die ganz eigene, eben gesellschaftliche Forderungen an öffentlich-rechtlichen Rundfunk haben. Wir haben da als Organisation aber auch durch sonstige ehrenamtliche Aktivitäten von Mitgliedern Kontakte, die wir nutzen können." (MD)

Wie in 5.2.1.1 dargestellt, hat ver.di den Ausbau und die Notwendigkeit der Vernetzung seit dem Kongress 2007 auch programmatisch festgeschrieben.

Mit Vertretern der Medien-und Kommunikationswissenschaft existieren Kontakte, die in der Regel fallbezogen aktiviert werden:

> „In der Vergangenheit gab es immer wieder Arbeitskreise mit Experten, die zwar sehr hilfreiche Ratgeber waren, aber am Ende wurde nicht immer klar, was ver.di damit eigentlich anfangen wollte. Wir sind dann dazu übergegangen, intensiver unter uns erste Positionen zu erarbeiten und dazu dann auch Experten zu befragen. Eben nicht einfach einladen und nach Ideen fragen, sondern die Experten mit eigenen Positionen oder wenigstens konkreten Fragestellungen – die auf Handlungsoptionen zielen – konfrontieren. Das ist auch für die Experten befriedigender. Für alle relevanten medienpolitischen und –ökonomischen Bereiche, vom Rundfunk über Internet bis in die verschiedenen Pressegattungen hinein – haben wir da ausreichend Arbeitskontakte zu Experten." (MD)

Der Austausch auf Bundesebene mit Intendanten ist zum einen durch eigene jeweils anlassbezogene Kontaktaufnahmen gewährleistet, zum anderen durch die Teilnahme des zuständigen Vorstandsmitglieds Frank Wernecke an den „Königsteiner Gesprächen", die vom DGB initiiert werden.

Auch die Landesmediensekretäre pflegen Kontakte zu den Intendanten, teilweise sind diese recht informell. So berichtete ein Landesmediensekretär, er schicke dann auch schon mal schnell eine Mail an den Intendanten oder in die Verwaltung, wenn es etwas Dringendes gäbe und auf diesem Wege erhalte er dann auch zügig eine Antwort.

Zu Medienjournalisten pflegt ver.di Kontakte, hier scheint sich der Austausch von Informationen auf die Wirtschaftsjournalisten zu konzentrieren, beziehungsweise wenn Medienjournalisten an medienwirtschaftlichen Informationen interessiert sind:

„Wir haben einen sehr intensiven Kontakt mit Medienjournalisten, wobei man hier sehr genau unterscheiden muss, was wir im Einzelnen beisteuern können beziehungsweise wo wir am meisten gefragt sind. Wenn man zum Beispiel die Medienseite der Süddeutschen oder vieler anderer Zeitungen durchsieht, fällt ja auf, dass es überwiegend um Programmliches, Personalien, neue Formate und so weiter geht. Die eigentlichen Strukturfragen, Medienökonomie, Investments, kartellrechtliche Ordnungspolitik und so weiter – also die wirklich großen Streitfragen – tauchen dann mal eher auf den Wirtschaftsseiten auf. Das ist bei den eigentlichen Medienfachzeitschriften, die mehr vom Unternehmerischen her kommen, wiederum ganz anders. Entweder durch Informationen, die wir selber weitergegeben haben, oder aber auch durch eigene Statements zu solchen Strukturfragen sind wir dort durchaus präsent. Dann gibt es die eigentlich unabhängige Presse, und das sind im wesentlichen drei, vier Blätter: Media Perspektiven, epd-medien und einige wenige mehr. Stellungnahmen oder auch einzelne Positionspapiere werden dort auch veröffentlicht." (MD)

Da in der dju ebenso wie im DJV auch Medienjournalisten organisiert und teilweise selbst ehrenamtlich tätig sind, gibt es hier eine zusätzliche Vernetzungsmöglichkeit, von der aber nicht ersichtlich ist, wie intensiv sie für die Kommunikation eigener medienpolitischer Positionen genutzt wird.

5.5.3.3 Deutscher Journalisten-Verband

Zu den medienpolitischen Akteuren aus der Politik bestehen vom DJV sowohl auf Bundes- wie auf Landesebene Kontakte. Ebenso wie der DGB-Vorsitzende ist der DJV-Vorsitzende Michael Konken Mitglied in der SPD-Medienkommission. Auf Länderebene gibt es einige Mitgliedschaften von DJV-

Vertretungen in Medienkommissionen, zudem existieren hier Kontakte zu den Staatskanzleien:

„Es gibt zum einen punktuelle Kontakte, themenbezogen, zu einzelnen Abgeordneten und natürlich zu Ministerien. Zum anderen gibt es mehr oder weniger feste Kontakte zu den unterschiedlichen Medienkommissionen der Parteien. Wir haben z.b. seit kurzem unmittelbare und regelmäßige Kontakte zur SPD-Medienkommission, weil unser Vorsitzender dort jetzt Mitglied ist. Zu anderen, z.b. der FDP oder den Grünen ist der Kontakt weniger ausgeprägt. Grundsätzlich ist es ja so, dass die Parteien die Mitglieder ihrer Medienkommissionen nach von ihnen festgelegten Kriterien berufen. Da kommt es dann auf persönliche Kontakte und manchmal auch auf die Funktion an. Für den öffentlich-rechtlichen Rundfunk arbeiten dann z.b. Intendanten in den Kommissionen mit." (BP)

Zu anderen gesellschaftlich relevanten Gruppen pflegt der DJV auf Bundesebene sporadische Kontakte:

„Je nach Fragestellung arbeitet man natürlich mit anderen Organisationen zusammen, aber nicht permanent, weil es für eine dauerhafte Zusammenarbeit in der Regel an den Schnittmengen fehlt. Weil die Aufgabenstellung, wahrscheinlich aber auch die Positionen nicht immer in Einklang zu bringen sind. Als unabhängiger Journalistenverband könnten wir schwerlich permanent z.b. mit der katholischen oder der evangelischen Kirche zusammenarbeiten. Das gilt natürlich noch mehr für Verbände auf der Arbeitgeberseite beispielsweise. Gleichwohl haben wir Anknüpfungspunkte mit ihnen und arbeiten da auch zusammen. Es gibt eine Reihe von Projekten, wo wir beispielsweise bestimmte Gesetzgebungsvorhaben begleiten. Insoweit erfolgt die Zusammenarbeit schon deshalb, um die Durchsetzungschance der gemeinsamen Ziele zu erhöhen." (BP)

Kontakte zur Wissenschaft pflegt der DJV insbesondere, um fallbezogen Expertenwissen für die Medienpolitik zu nutzen. Zudem hat auch der Vorsitzende nach Aussage des zuständigen Mitarbeiters Kontakte zu wissenschaftlichen Akteuren:

„Es gibt einen regelmäßigen Austausch etwa des Vorsitzenden mit der Medienwissenschaft. Themenbezogen ziehen wir externen Sachverstand hinzu. Es gibt beispielsweise kaum jemanden, der einen besseren Überblick hat über die tatsächlichen Verflechtungsverhältnisse der Medien als Horst Röper, den wir gelegentlich zu Rate ziehen. Häufig ist es ja so, dass wir die Informationen, die beispielsweise für Expertenanhörungen benötigt werden, gar nicht selber haben können, weil sie z. B. in den Medienhäusern als Betriebs- und Geschäftsgeheimnisse unter Verschluss gehalten werden. Da wären wir von vornherein in einer schlechteren Position." (BP)

Zu den Intendanten pflegt der DJV sowohl auf Bundes- als auch auf Landesebene regelmäßige Kontakte:

> „Wir treffen uns im Abstand von einem bis anderthalb Jahren. Anders als bei den DGB-Gewerkschaften treffen sich beim DJV die Landesverbände mit den Intendanten der ARD-Anstalten in unregelmäßigen Abständen, während wir vom Bundesverband uns mit dem ZDF-Intendanten und dem ARD-Vorsitzenden treffen. Daran nehmen der Bundesvorsitzende und weitere Vorstandsmitglieder, in der Regel der Hauptgeschäftsführer und ich als der für die Rundfunkpolitik Zuständige teil." (BP)

Zu Medienjournalisten hält der DJV auf Bundesebene Kontakte sowohl über die Pressestelle als auch über die Fachreferenten:

> „Die Kontakte zu Medienjournalisten pflegt die Pressestelle. Das schließt nicht aus, dass ich nicht auch Kontakte zu dem einen oder anderen aus ganz verschiedenen Gründen habe, aber das hat nichts mit regelmäßiger Pressearbeit zu tun." (BP)

Die Medienjournalisten würden anrufen, wenn sie eine Frage haben, für die der Referent kompetent ist. Da selbstverständlich auch Medienjournalisten im DJV organisiert und teilweise auch ehrenamtlich tätig sind, sind auch auf Landesebene Kontakte vorhanden.

5.5.3.4   Deutscher Beamtenbund

Eine systematische Vernetzung zu medienpolitischen Akteuren aus der Politik ist beim DBB nicht vorhanden, sie findet in der Regel über persönliche Kontakte und insbesondere im Rahmen von Gremientätigkeit punktuell statt. Gleiches gilt für die Zusammenarbeit mit anderen gesellschaftlich relevanten Gruppen:

> „Da wird viel improvisiert. Wir bauen diesem Aspekt der Medienpolitik gerade erst auf und organisieren die entsprechende Vernetzung. So entsteht momentan beispielsweise ein Verteiler, wo alle reinkommen, die medienpolitische Ansprechpartner für uns sein könnten. Das ist noch etwas unsystematisch, nach Zuruf sozusagen, aber wir sind dabei das zu verstetigen." (FZ)

So wurden teilweise auch politische Akteure zu den Gremientagungen eingeladen, wie der Leiter der rheinland-pfälzischen Staatskanzlei Martin Stadelmeier.
Eine Beratung oder ein organisierter Austausch von und mit Wissenschaftlern und Vertretern aus dem unternehmerischen Bereich, wie beim DGB gibt es beim DBB nicht. Auch Expertenanhörungen wurden nicht durchgeführt. Auf die

Frage, ob der Vorsitzende eine solche Beratung in Anspruch nimmt, antwortet der Leiter der Kommunikation:

„Nein. Aber der DBB-Vorsitzende ist natürlich politisch sehr interessiert und auch medienpolitisch auf der Höhe der Zeit. Vom ZDF-Fernsehrat gibt es außerdem viele und gründliche Informationen, natürlich interessengeleitet aus ZDF-Sicht. Außerdem tauschen sich die Fernsehräte auch untereinander aus." (FZ)

Zu Medienjournalisten unterhält der DBB keine Kontakte. Dies manifestiert sich auch im Fehlen von medienpolitischen Pressemitteilungen. (vergl. Kapitel 6.1.2) Regelmäßige organisierte Kontakte mit medienpolitischen Inhalten zu Intendanten bestehen nicht. Diese werden eher am Rande von gesellschaftlichen Ereignissen gepflegt, bzw. über die Mitarbeit in den Rundfunkgremien.

5.5.4 Europäische und internationale Vernetzung der gewerkschaftlichen Medienpolitik

Der DGB unterhält ebenso wie der Deutsche Beamtenbund weder auf europäischer noch auf internationaler Ebene Kontakte medienpolitischer Art. ver.di engagiert sich europäisch und international in unterschiedlichen Zusammenhängen, in erster Linie in den Journalistenverbänden Europäische Journalistenföderation (EJF) und Internationale Journalistenföderation (IJF):

„Auf europäischer und internationaler Ebene sind wir verschiedentlich vertreten. Da gibt es zwei übergreifende Strukturebenen – die eine im Journalismus, wo wir zusammen mit dem DJV in der Europäischen Journalistenföderation (EJV) und deren Kommissionen vertreten sind, darüber auch in der Internationalen Journalistenföderation. Die EJF hat eine Dependance in Brüssel, die sehr gut funktioniert, ein für uns direkter Zugang zu Informationen rund um die EU-Kommission und das Parlament. Daneben gibt es noch UNI – United International Network, der Weltverbund der Dienstleistungsgewerkschaften. Darin gibt es etwa die UNI-Graphical, in der wir sehr aktiv sind. Das ist eher die klassische Verlags- und Druckbranche. Dann gibt es die UNI-MEI, deren Schwerpunkt im Kulturbereich liegt – der aber viele Schnittstellen und auch Überschneidungen zur Medienpolitik hat. Über unseren Repräsentanten in der UNI-MEI und über die EJF-Verbindungen laufen dann bei uns in Berlin die Positionierungen etwa zur Rundfunkpolitik – konkret etwa zur Richtlinie über audiovisuelle Mediendienste zusammen. Früher waren diese Kanäle nur wenig miteinander verbunden, bei ver.di gibt es ja zudem noch weitere Verbindungsstellen zwischen Berlin und Brüssel. Es hat längere Zeit gedauert, bis wir diese Kanäle miteinander verbunden haben – was aber noch nicht ausreicht, denn mindestens 80 Prozent aller medienrelevanten Themen werden ja gar nicht vom Kommissariat für Medien und Informationsgesellschaf behandelt, sondern kommen durch Initiativen anderer Kommissariate zustande, eher aus der Wirtschafts- und Wettbewerbspolitik." (MD)

Der Deutsche Journalisten-Verband ist auf europäischer und internationaler Ebene ebenfalls über EJF und IJF vernetzt. Die Vernetzung spielt sich hier fast ausschließlich in den jeweiligen Gremienzusammenhängen ab:

„Die Zusammenarbeit und die Verbindung läuft über die EJF, die eine eigene Arbeitsgruppe für Rundfunkfragen eingesetzt hat. Mein für den Privatfunk zuständiger Kollege ist gleichzeitig auch für die internationalen Angelegenheiten des DJV tätig und saß bis 2007 im Steering Committee der EJF. Ich selber gehöre der Urheberrechts-Arbeitsgruppe der EJF an. Da kennt man natürlich die handelnden Personen. Insgesamt ist das Geschäft auf der EU-Ebene aber schwierig, zuweilen zähflüssig." (BP)

Ein bi- oder multilateraler Austausch mit Verbänden in anderen Ländern ist kaum gegeben, selbst wenn die Initiative ergriffen wird:

„Das Problem ist, dass in Deutschland kaum jemand weiß, was auf der europäischen Ebene eigentlich passiert und welche Auswirkungen das auf unsere nationale Gesetzgebung hat. Zudem werden Fragen der Auswirkungen in den Mitgliedstaaten der Europäischen Union sehr unterschiedlich gesehen. Die Nähe zu den Organen der EU und die Überzeugung von der Notwendigkeit, in Brüssel Einfluss zu nehmen, ist sehr unterschiedlich ausgeprägt. Damit aber natürlich auch das Interesse an der jeweiligen Fragestellung. Wenn man z.B. mit Vorlagen zu tun hat, wie das Beihifeverfahren gegen ARD und ZDF auf Antrag des VPRT, dann interessiert das zunächst einmal nur wenige, z.B. uns, weil wir davon betroffen sind. Wahrscheinlich sind wir, als es andere betraf, ähnlich damit umgegangen. Etwa zur Verzweiflung der Franzosen, als die Franzosen betroffen waren oder als die Spanier ein entsprechendes Verfahren vor ein paar Jahren hatten.
Darüber hinaus gibt es dann natürlich Aktivitäten der Kommission, wie etwa die Revision der Fernsehrichtlinie, die alle gleichermaßen interessieren müsste. Aber selbst da ist festzustellen, dass es viel Desinteresse gibt. Zu der uns wichtigen Frage beispielsweise, in welcher Form Werbung und Product Placement stattfinden darf, habe ich Anfang letzten Jahres eine Umfrage unter meinen europäischen Kollegen gemacht. Die Resonanz zeigte ein großes Desinteresse an dem Thema." (BP)

Die Schwierigkeiten, international, bzw. europäisch eine stärkere Vernetzung zu initiieren, sieht der zuständige Referent des DJV auch in fehlenden Strukturen in den jeweiligen Ländern, bzw. in der Begründung der Vernetzung durch persönliche Kontakte, die bei einem Personalwechsel oder wenn die Person ausscheidet abbrechen:

„Zu den neuen Mitgliedstaaten in Ost- und Südosteuropa haben wir so gut wie keine Kontakte. Da gibt es ja zum Teil auch überhaupt keine Organisationen, an die man sich wenden könnte. Das ist nach wie vor wie ein schwarzes Loch. Da fehlen noch die entsprechenden Strukturen. Mein Kollege hatte mal relativ gute Kontakte nach Slowenien und nach Tschechien, die weggebrochen sind, als die handelnden Personen in Rente gegangen sind. Und dann gab es danach niemanden mehr, der daran angeknüpft hat. Und die Organisationen untereinander, sofern welche bestehen, bekämpfen sich gegenseitig, so dass auf der europäischen Ebene nichts stattfindet. Zum Beispiel habe ich in der Urheberrechtsarbeitsgruppe der EJF noch nie jemanden aus Osteuropa gesehen." (BP)

5.6 Fazit

5.6.1 Organisation

Schon bei der Ansiedlung der Medienpolitik auf der Organisationsebene und in der Programmatik lassen sich einige Unterschiede zwischen den gewerkschaftlichen Organisationen feststellen: Liegen beim DGB als Dachverband die medienpolitischen Zuständigkeiten auf der Bundes-, bzw. Bezirksebene, so werden sie bei der Mitgliedsgewerkschaft ver.di auf Bundes- und Bezirksebene ebenso wie in den Fachgruppen angesiedelt. Hierbei fungieren die Fachgruppen aber in erster Linie als Vertretungen der Beschäftigten in den Medien, während der Bundesfachbereich sich eher in der Rolle sieht, die Interessen der rund zwei Millionen Mitglieder aus allen Sparten als Medienrezipienten zu vertreten. Allerdings beziehen sich die Fachgruppen immer wieder auf die eher allgemein gehaltene Programmatik von ver.di. Die Fachgruppe Medien mit ihren verschachtelten Untergliederungen erfüllt unterschiedliche Aufgaben, die sich im Zuschnitt ihrer Teilbereiche vor allem an Mitgliedergruppen wie Journalistinnen oder Mitarbeitern im Rundfunk orientieren. Ihre bis in die Sender hineinreichende medienpolitische Organisationsstruktur weist auf die auch in der Medienpolitik wichtige Anbindung an die Beschäftigten hin.

Im Deutschen Journalisten-Verband (DJV) verteilen sich die medienpolitischen Aufgaben organisatorisch über die drei Ebenen Bund, Länder und lokale Gliederungen. Dabei haben die Landesverbände eine hohe Autonomie. In den Fachausschüssen spiegelt sich die Interessenvertretung der Beschäftigten in den unterschiedlichen Medienberufen wieder. Der DJV versteht sich ausdrücklich als Journalistengewerkschaft, ist also von seinen Aufgaben her der dju und der RFAV bei ver.di gleichzusetzen. Er rekurriert zwar in seiner Programmatik auf das Grundgesetz und somit die Rechte aller Bürgerinnen und Bürger auf Informations- und Meinungsfreiheit. Die programmatischen Texte aber sind in der

Regel aus dem Blickwinkel der eigenen Klientel, nämlich der Journalistinnen und Journalisten formuliert.

Der DBB beschäftigt sich ähnlich wie der DGB als Dachverband sehr unterschiedlicher Gewerkschaften eher aus einer staatsbürgerlichen Sicht mit dem Thema Medienpolitik. Allerdings ist festzustellen, dass die Ansiedlung von medienpolitischen Zuständigkeiten wesentlich geringer verankert ist als beim DGB. Die zuständige Fachgewerkschaft ist eine reine Beschäftigtenvertretung und vertritt lediglich deren arbeitsplatzbezogene Interessen. Diese liegt somit eher auf der Ebene der Betriebsgruppen von ver.di.

Die organisatorische Ansiedlung der gewerkschaftlichen Medienpolitik stellt sich in einer Mehrebenenübersicht wie folgt dar:

Tabelle 6: Mehrebenenstruktur

	DGB	ver.di	DJV	DBB
Global		IJF (durch die dju)	IJF	
Europäisch		EJF (durch die dju)	EJF	
National	Bundesvorstand/ Geschäftsführender BV	Bundesvorstand	Bundesvorstand/ Bundesgeschäftsstelle	Bundesvorstand
Regional Bundesländer	Bezirke	Landesbezirke	Landesverbände Bezirksverbände	Landesverbände
Lokal/ Medienorg.		Senderverbände Personalräte	Betriebsgruppen Personalräte	VRFF- Betriebsgruppen Personalräte

5.6.2 Programmatik

In der Programmatik zum Thema Medienpolitik weisen die untersuchten Gewerkschaften ebenfalls Unterschiede auf. Findet in der Satzung des DGB die Medienpolitik keine Erwähnung, legt er in den übrigen programmatischen Texten einen sehr deutlichen Akzent auf die Bedeutung der Medien für eine demokratische Gesellschaft. Meinungsbildung, Pluralismus und Vielfalt werden betont. In der Ver.di-Satzung wird Medienpolitik zunächst auch nur mittelbar unter den kulturellen Interessen der Mitglieder erwähnt. Erst als Satzungsinhalt auf der untergeordneten Ebene der Fachbereiche und Fachgruppen wird die Medienpolitik als eines der Felder genannt, auf denen die „branchenspezifischen" Aufgaben wahrgenommen werden sollen. Hier findet sich die Erweiterung auf ein medienpolitisches Ziel insofern, als die Aufgabe der Fachbereiche dahingehend beschrieben wird, „gesellschaftspolitische Funktionen der Branche" zu thematisieren und ausdrücklich die Pressefreiheit genannt wird. Auf der Ebene der Fachgruppen schließlich, also dju und RFAV, die gemeinsam die Fachgruppe Medien bilden, findet man in den Geschäftsordnungen folgenden auffälligen Unterschied: Die RFAV verweist ausdrücklich auf Medienpolitik, in dem Sinne, dass für den öffentlich-rechtlichen Rundfunk und die privatwirtschaftlich-organisierten elektronischen Medien die „gewerkschaftlichen Aufgaben" in diesem Politikfeld von ihr wahrgenommen werden. Konkretisierende Angaben hierzu finden sich in der Beschreibung der Aufgaben der Senderverbände, die jedoch in ihrem Selbstverständnis kaum auf Medienpolitik eingehen. Die dju verweist in ihrer Geschäftsordnung zwar auch auf die Entwicklung der Medienpolitik im Sinne ihrer Mitglieder, doch gibt es hierzu keinen konkretisierenden Abschnitt. Hier spiegelt sich die Konzentration von Medienpolitik in Deutschland insbesondere auf Rundfunkpolitik wider. (Vergl. Kapitel 2).

Der Deutsche Journalistenverband nennt Medienpolitik in seiner Satzung nicht ausdrücklich, beschreibt aber einige konkrete medienpolitische Ziele, so bei der Mitwirkung an Gesetzesentwürfen, die die Medien betreffen. Ein Verweis auch auf die juristisch stark beeinflusste deutsche Medienpolitik. Immer aber sind diese Ziele verknüpft mit der unmittelbaren Interessenvertretung der Mitglieder. Gleiches spiegelt sich auf der Ebene der Landesbezirke wider. Die Aufsichtsgremien und ihre Aufgaben sind explizit erwähnt und als Anlaufstelle für die journalistisch in den Medien beschäftigten Arbeitnehmerinnen und Arbeitnehmer gekennzeichnet.

Der Deutsche Beamtenbund erwähnt Medienpolitik in seiner Satzung nicht, ebenso die Fachgewerkschaft VRFF. Insgesamt ist die medienpolitische Programmatik beim Deutschen Beamtenbund (DBB) sehr reduziert. Auf Bundesebene werden allgemeine Themen benannt. Bei der Fachgewerkschaft VRFF kann im übergeordneten Sinne von einer medienpolitischen Programmatik nicht gesprochen werden, da sie sich einzig auf die Interessenvertretung der Beschäftigten in den einzelnen Betrieben konzentriert. Im Weiteren wird deshalb auch nicht mehr im Einzelnen auf die VRFF eingegangen, da sie mit diesem eingeschränkten Fokus in der medienpolitischen Debatte über die verschiedenen Ebenen keine Rolle spielt.

5.6.3   Gremienmitglieder in der Programmatik

In Bezug auf die Gremienvertretungen sind die programmatischen Äußerungen sehr zurückhaltend. Beim DGB stellen sie auf die gesellschaftliche Rolle der Aufsicht ab, die dju widmet Gremien im allgemeinen, jedoch nicht explizit den Rundfunkräten einen ganzen Satzungsabschnitt, wobei das Wahlverfahren im Vordergrund steht. Inhaltlich bemerkenswert ist hier eine Aufforderung, in die Organisation hinein über die Tätigkeit zu berichten, was im Sinne von Governance zu Information und Transparenz beitragen kann. Beim DJV wird mehrfach betont, dass die Kontrolle nicht die journalistische Freiheit einschränken dürfe, der DJV vertreten sein muss und den Aufsichtgremien keine politischen Vertreterinnen angehören sollten. Und beim DBB wird vor allem auf den Anspruch der eigenen Organisation und des DGB auf Besetzung der Gremien hingewiesen. Ein Abschnitt des vom DGB-Bundeskongress im Sommer 2006 verabschiedeten medienpolitischen Antrags ist den Gremienvertretungen gewidmet. Erwähnenswert ist hier insbesondere der Auftrag an den DGB, ihnen mehr Angebote zur kontinuierlichen Professionalisierung zu machen und damit die Gestaltungskraft ihrer Arbeit zu erhöhen. Damit ist der DGB die einzige gewerkschaftliche Organisation, die wenigstens mittelbar die Kompetenz von Gremienmitgliedern anspricht. Interessant ist, dass für die Governance-Aspekte Transparenz und Öffentlichkeit der Politik und den Rundfunkveranstaltern die Verantwortung zugewiesen wird, obwohl die Aufsichtsgremien und auch die gewerkschaftlichen Gremienmitglieder durchaus eigene Möglichkeiten entwickeln könnten, ihre Arbeit transparent und öffentlich zu machen. Dies wird auch in den folgenden Kapiteln deutlich.

5.6.4   Medienpolitische Themen und Ziele in der Programmatik

Im DGB-Grundsatzprogramm werden die unterschiedlichsten medienpolitischen Themen genannt: Neue Medien, Konvergenz, Abhängigkeit demokratischer Verfassung und Kultur davon, wie demokratisch Medien sind, innere Pressefreiheit, Information, Bildung, Unterhaltung, kulturelle Vielfalt, Gefährdung durch Konzentration, Bekenntnis zum öffentlich-rechtlichen Rundfunk und seiner Reform mit dem Ziel, Qualität und Vielfalt zu erhöhen. Ebenso erwähnt werden die Verpflichtung auch privat-rechtlicher Medien zur Demokratie und die notwendige Beschränkung transnationaler Medienmacht. Das Thema Medienkontrolle bleibt unerwähnt. Als Auftrag an den DGB wird explizit im 2006 verabschiedeten Antrag an den 16. Ordentlichen Bundeskongress der öffentliche Diskurs gemeinsam mit anderen gesellschaftlichen Gruppen über Aufgaben und Perspektiven der Medien genannt und die Erarbeitung eines gemeinsamen Positions- und

Strategiepapiers mit den Mitgliedsgewerkschaften. Auch die Ankündigung einer breiten gesellschaftlichen Debatte, die von den Gewerkschaften über die Rolle von Journalistinnen und Journalisten initiiert werden soll, ist beachtenswert (Vergl. hierzu Kapitel 6)

In der Ver.di-Programmatik werden kaum medienpolitische Themen im Einzelnen angesprochen. Lediglich die Beteiligung der Mitglieder an der Informationsgesellschaft und die Meinungsfreiheit werden benannt. Konkretisierung erfährt das Thema erst auf der Ebene der RFAV, bzw. seit März 2007 auf der Ebene der Fachgruppe Medien. Hier aber auch nur im Sinne allgemeiner rundfunkpolitischer Ziele, wie Kommerzialisierung, Digitalisierung, öffentlich-rechtlicher Rundfunk unter Druck, Einsparungen gefährden Qualität, Stärkung des öffentlich-rechtlichen Rundfunks, publizistische, politische und wirtschaftliche Unabhängigkeit.

Am stärksten ausgeprägt finden sich medienpolitische Themen in der DJV-Programmatik. Hier werden viele unterschiedliche Einzelthemen zur Medienpolitik genannt und mit Zielvorstellungen verbunden: Freiheit und Eigenständigkeit von Presse und Rundfunk, demokratische Willen- und Meinungsbildung, Informationsfreiheit, Rechte und Pflichten der Journalisten, Ja zur privatrechtlichen Struktur der Presse und dem dualen System. Das Thema Medienkonzentration wird verbunden mit der Aufforderung an den Gesetzgeber, dies zu verhindern. Deutlich angesprochen werden die innere Pressefreiheit und Rundfunkfreiheit, der Schutz des Betriebsverfassungsgesetzes, Mitbestimmung, Finanzierung des öffentlich-rechtlichen Rundfunks, die Rolle der Landesmedienanstalten, Konvergenz, Verflechtung (cross ownership) und Urheberrecht.

Auch der Deutsche Beamtenbund erwähnt in seiner Programmatik Neue Medien, Konvergenz, Konzentration und Monopole, Staatsfreiheit der Medien, Verbraucher- und Datenschutz, Jugendschutz, Deregulierung/EU, Warnung vor Überregulierung, Informationsfreiheit, Finanzierung, Werbung, Fortbildung und Schulen, Internet. Allerdings sind diese Positionen aus dem Jahre 1999 später niemals aktualisiert oder in weiteren programmatischen Äußerungen bestätigt oder konkretisiert worden.

5.6.5 Personal und Finanzen

Die personelle Ausstattung der Gewerkschaften im Bereich Medienpolitik ist sehr reduziert. In keinem Fall gibt es Mitarbeiter, die sich nur auf das Thema Medienpolitik als übergreifendes Politikfeld konzentrieren können. Während sich bei DGB, ver.di und DJV aber einzelne Personen verstärkt um das Thema kümmern, ist dies im Deutschen Beamtenbund gänzlich eine Nebentätigkeit des Leiters Kommunikation. Der DGB versucht zumindest über eine Honorarkraft im operativen Bereich die personelle Situation zu verbessern. Eigene Etats für Medienpolitik sind bei den Gewerkschaften insgesamt nicht ausgewiesen, Ausnahme ist hier der DGB. Die personelle und finanzielle Ausstattung weist darauf hin, dass Medienpolitik bei den Gewerkschaften nicht als Kernthema behandelt wird. Allerdings sind die Fachgewerkschaften ver.di und DJV personell insofern im Vorteil, als es inhaltliche Überschneidungen mit Mitgliederinteressen gibt und dadurch teilweise Synergieeffekte entstehen.

5.6.6 *Vernetzung der gewerkschaftlichen Medienpolitik*

Die Vernetzung der Gewerkschaften in Bezug auf die Medienpolitik ist sehr unterschiedlich. Der Deutsche Gewerkschaftsbund (DGB) ist auf den für medienpolitische Belange relevanten Ebenen Bund und Bezirke innerorganisatorisch gut vernetzt. Dies manifestiert sich im Arbeitskreis Medienpolitik, der allerdings innerhalb des DGB kein formales Beschlussgremium ist. Es gibt vom DGB aber keine systematische Vernetzung zu den Personalräten in den Sendern. Zu Gremienmitgliedern bestehen sowohl auf Bundes- wie auf Landesebene Vernetzungen, diese begründen sich insbesondere in Personalunion, vor allem auf Landesebene, sowie durch spezielle Gremientagungen. Der DGB-Newsletter ist ein Vernetzungsinstrument, das allerdings nur vom Bund zu den Gremienmitgliedern, aber nicht in umgekehrter Richtung wirkt.

Auch die Vereinte Dienstleistungsgewerkschaft (ver.di) ist zwischen Bund und Landesbezirken gut vernetzt, insbesondere durch innerorganisatorische Gremien, die auch mit formalen Beschlussrechten ausgestattet sind, wie die Fachgruppe Medien. Zusätzlich ist ver.di über die Landesbezirke in die öffentlich-rechtlichen Sender hinein, zum einen mit den Senderverbänden, zum anderen mit den Personalräten vernetzt. Auch dies manifestiert sich in gemeinsamer innerorganisatorischer Gremienarbeit, sowie in informellen Kontakten. Zu Gremienmitgliedern aus den Rundfunkräten gibt es anders als beim DGB keine institutionalisierte Vernetzung. Lediglich dadurch, dass ver.di-Akteure teilweise auch in Personalunion Gremienvertreter in den Rundfunkgremien sind, besteht eine Vernetzung.

Auch der Deutsche Journalisten-Verband (DJV) ist auf der Bundes- und Länderebene vernetzt, insbesondere durch den Bundesfachausschuss Rundfunk, der eine starke Funktion hat und medienpolitische Weichenstellungen vorgibt. In die Sender hinein ist der DJV über die Personalräte vernetzt. Beim DJV werden ebenfalls durch in Personalunion ausgeübte Funktionen Vernetzungen zu Gremienmitgliedern begründet, aber auch regelmäßige organisierte Tagungen tragen dazu bei. Allerdings ist beim DJV, ähnlich wie beim DGB, die Vernetzung zu den gewerkschaftlichen Mitgliedern in den Rundfunkgremien im Alltag eher eine Einbahnstraße. Denn Informationen von Gremienmitgliedern zum Bund sind die Ausnahme.

Den geringsten innerorganisatorischen Grad an Vernetzung zeigt der Deutsche Beamtenbund. Lediglich durch bisher drei Medientagungen in sieben Jahren wurden die medienpolitischen Akteure der unterschiedlichen Ebenen miteinander in Kontakt gebracht. Zwar gibt es auch hier über den Vorstand Akteure, die von den unterschiedlichen Ebenen, Bund, Land und Fachgewerkschaften zusammentreffen, dies wird aber nicht für medienpolitischen Austausch genutzt. In der Alltagsarbeit findet eine medienpolitische Vernetzung nicht statt.

Die Vernetzung der Gewerkschaften untereinander ist insbesondere zwischen dem Deutschen Gewerkschaftsbund und ver.di sowie zwischen ver.di und dem Deutschen Journalisten-Verband gegeben. Das gilt sowohl für die Bundes- als auch für die Länderebene. Diese findet in der Regel auf der Arbeitsebene statt. Zwischen ver.di und dem DJV bestehen die Kontakte auf Länderebene vor allem über die gemeinsame Tätigkeit in den Rundfunkgremien. Vernetzt sind die Gewerkschaften auch über gemeinsame Arbeit in den Sendern, zum Beispiel in den Personalräten. Der Deutsche Beamtenbund spielt in der medienpolitischen Vernetzung der Gewerkschaften untereinander keine Rolle.

Die Vernetzung der Gewerkschaften mit anderen medienpolitischen Akteuren aus Politik, Wissenschaft und Medien zeigt ein facettenreiches Bild mit verschieden starken Bezügen. Während beim DGB auf Bundesebene zu einer Partei, der SPD, enge Kontakte bestehen, gibt es in den Bundestag hinein keine Vernetzungen. Zu den medienpolitischen Akteuren in den Staatskanzleien bestehen personalisierte, aber nicht strukturell angelegte Kontakte. Die Bezirke des DGB haben zu den Staatskanzleien ebenfalls nur vereinzelt fallbezogene Kontakte. Die Vernetzung mit anderen gesellschaftlich relevanten Gruppen findet sowohl auf Bundes- als auch auf Landesebene vor allem vermittelt über die gemeinsame Tätigkeit in den Rundfunkgremien statt. Es gibt keine strukturierten oder institutionalisierten Verknüpfungen. Zur Wissenschaft und zu den Intendanten ebenso wie zu einigen weiteren Akteuren aus den Medien pflegt der DGB auf Bundesebene teilweise regelmäßige Kontakte, so dass hier eine durchaus stetige Vernetzung vorliegt. Medienjournalisten dagegen spielen in der medienpolitischen Vernetzung des DGB keine Rolle.

Im Gegensatz zum DGB ist Ver.di auf Bundesebene sowohl in den Bundestag, als auch vor allem zur SPD vernetzt. Zu den Staatskanzleien besteht die Vernetzung über die Landesbezirke und die Personalräte der Sender, aber wenig über den Bund. Die Vernetzung mit anderen gesellschaftlich-relevanten Gruppen ist eher gering. Fallbezogen ist die Verknüpfung auf Bundesebene mit medienwissenschaftlichen Experten ebenso wie mit Intendanten. Zu den Intendanten bestehen aber gute Kontakte durch die Personalräte und Senderverbände. Ver.di pflegt Kontakte zu Medienjournalisten.

Der Deutsche Journalisten-Verband ist mit medienpolitischen Akteuren aus der Politik sowohl auf Bundes-, als auch auf Landesebene vernetzt. Diese Kontakte sind auf Bundes- und Landesebene teilweise dadurch organisiert, dass DJV-Akteure Mitglied in Medienkommissionen von Parteien sind. Eine sporadische Vernetzung besteht zu gesellschaftlich relevanten Gruppen. Zu medienwissenschaftlichen Experten werden sowohl regelmäßige als auch fallbezogenen Kontakte gehalten. Eine organisierte regelmäßige Vernetzung zu Intendanten besteht sowohl auf Bundes- als auch auf Landesebene. Zu Medienjournalisten werden Kontakte über die Pressestelle, aber auch vom Fachreferenten auf Bundesebene gepflegt.

Der Deutsche Beamtenbund ist mit medienpolitischen Akteuren aus der Politik weder systematisch noch regelmäßig vernetzt. Lediglich über Gremientätigkeit in den Rundfunkräten oder sporadische persönliche Kontakte aus anderen Zusammenhängen finden Begegnungen statt. Dies trifft auch auf die Vernetzung mit anderen gesellschaftlich relevanten Gruppen und die Kontakte mit Intendanten zu. Mit Medienjournalisten bestehen keine Kontakte. Sehr eindeutig besteht die Vernetzung zu medienpolitischen Akteuren auf der europäischen und internationalen Ebene ausschließlich bei ver.di und dem DJV.

Abschließend ist zu bemerken, dass die Vernetzung der gewerkschaftlichen Medienpolitik innerorganisatorisch am stärksten strukturiert und organisiert ist. Untereinander und zu anderen medienpolitischen Akteuren besteht weitgehend eine fallbezogene oder durch Gremientätigkeit begründete Vernetzung. Am stärksten und vielfältigsten medienpolitisch vernetzt sind ver.di und der DJV. Der DGB weist eine relativ intensive Vernetzung mit Gremienmitgliedern auf, die auch bei ver.di und dem DJV vor allem durch Akteure begründet ist, die sowohl in den Gewerkschaften, als auch in den Rundfunkgremien aktiv sind. Die geringste medienpolitische Vernetzung besteht beim Deutschen Beamtenbund. Die vielfältigen medienpolitischen Vernetzungen der Gewerkschaften sind zum überwiegenden Teil dezentral angelegt, also ohne dass es eine zentrale Person gibt, die die übrigen Mitglieder des Netzwerkes verbindet. Zudem findet eine Kontrolle über die Kommunikation nicht an einer Stelle statt. Die Netzwerke umfassen sowohl institutionalisierte, als auch nicht-institutionalisierte Beziehungen.

6 Instrumente, Aktivitäten und Inhalte gewerkschaftlicher Medienpolitik

Im folgenden Kapitel werden Veröffentlichungen der Gewerkschaften vorgestellt, die sich ganz oder teilweise mit medienpolitischen Themen befassen. Aufgrund der Fülle des Materials, das tagtäglich aus den auf unterschiedlichen Ebenen angesiedelten Gewerkschaftsbüros in die Öffentlichkeit gelangt, erhebt die Darstellung keinen Anspruch auf Vollständigkeit. Sie wird aber einen Überblick über die wichtigsten medienpolitischen Materialien geben. Veröffentlichung wird hier verstanden als „Mitteilung an alle". (verlg. Arlt, 1998: 44f). Dabei untersucht diese Studie nicht, ob mit diesen Veröffentlichungen und in welchem Maße tatsächlich Öffentlichkeit hergestellt wird, da dies den Rahmen der Untersuchung sprengen würde. Denn kein Absender kann alleine Öffentlichkeit herstellen (sondern nur Veröffentlichungen), weil seine Mitteilung zu einer Information für die Adressaten geworden sein muss, um als öffentlich, als ‚geteiltes Wissen' gelten zu können. (vergl. ebenda) Vielmehr soll ein Bild darüber entstehen, welche Versuche die Gewerkschaften unternehmen, um medienpolitische Inhalte zu veröffentlichen. Dies kann auch in der Einschätzung hilfreich sein, wie Gewerkschaften als Governance-Akteure in der Medienpolitik in Bezug auf Transparenz mit dem Thema umgehen. Für diesen Abschnitt wurden eine Dokumentenanalyse durchgeführt und die Internetseiten der Gewerkschaften gesichtet.

Untersucht wurde zudem, welche Art von Veranstaltungen und Arbeitskreisen zum Thema Medienpolitik die Gewerkschaften anbieten. Recherchiert wurde auch hierfür zum einen auf den Internetseiten der Gewerkschaften, zum anderen wurden die zuständigen Mitarbeiterinnen und Mitarbeitern der Gewerkschaften in leitfadengestützten Einzelinterviews nach diesem Angebot und dessen Ausgestaltung gefragt. Die Interviews wurden mit einem Aufnahmegerät mitgeschnitten und verschriftlicht. Die hier verwendeten Zitate wurden durch die Interviewten freigegeben. Teilweise wurde auch mit der Methode der teilnehmenden Beobachtung gearbeitet. Wichtig war hierbei der Aspekt der jeweiligen Zielgruppen, auch im Hinblick auf eventuelle Vernetzungseffekte und die thematische Anlage.

6.1 Veröffentlichungen

6.1.1 Zeitschriften und Newsletter

Es gibt zwei kontinuierlich erscheinende gewerkschaftliche Zeitschriften, die sich mit medienpolitischen Inhalten beschäftigen. Sie kommen beide aus der traditionellen journalistischen Interessenvertretung: Die im DJV erscheinende Monatszeitschrift „journalist" besteht seit 1951 und hat eine Druckauflage von 51.000 und bezeichnet sich selbst als das auflagenstärkste Magazin für Journalismus, Medienpolitik und Medienwissenschaft. Sie vereine, so ist auf der Webseite nachzulesen „drei Funktionen unter einem Titel: Medienmagazin, Fachzeitschrift und Verbandsorgan".[164] Geboten wird demnach „Monatlich Aktuelles und Hintergründe in Nachricht, Report, Dokumentation und Analyse, großer Stellenmarkt". Sie sei ebenso „ein kritischer Begleiter der medien- und berufspolitischen Entwicklungen und Trends" und „ein Forum für beruflichen Erfahrungs- und Informationsaustausch mit Tipps für Praxis und Weiterbildung". Zudem ist die Zeitschrift das Verbandsorgan und „informiert als Mitgliederzeitschrift des Deutschen Journalisten-Verbandes über Politik, Arbeit und Ziele des DJV". Die Zeitschrift kann abonniert werden und ist zudem teilweise im Zeitschriftenhandel erhältlich. Die Redaktion besteht aus einer Chefredakteurin, einem Chefredakteur und einer Redakteurin sowie einer Redaktionsassistentin.

Die von ver.di herausgegebene Zeitschrift „M – MENSCHEN - MACHEN - MEDIEN" erscheint ebenfalls monatlich. Auch sie ist nach der Selbstbeschreibung „ein führendes medienpolitisches Magazin Deutschlands. Mit ihm schließen In- wie Outsider so manche Informationslücke".[165] Sie erscheint „als Fachzeitschrift für Journalismus, Rundfunk, audiovisuelle Medien und Multimedia monatlich in einer Auflage von 50.000 Exemplaren." Die Zeitschrift ist exklusiv nur im Abonnement erhältlich, denn: „M gibt es nicht am Kiosk!". Die Redaktion besteht aus einer Redakteurin.

Der DGB gibt seit Anfang 2005 einen monatlich erscheinenden Medien-Newsletter heraus. Er ist online zu abonnieren und kostenlos. Neben einem Editorial des DGB-Vorsitzenden und einem Kommentar am Ende, der in der Regel von einem der Mitglieder des Arbeitskreises Medienpolitik verfasst wird, werden hierin öffentlich zugängliche Informationen zu Medien abgedruckt.[166]

---

[164] Dieses und alle folgenden Zitate auf www.djv.de/journalist.525.0.html, 10.9.2007
[165] Dieses und alle folgenden Zitate auf http://mmm.verdi.de/abo (10.9.2007)
[166] http://www.dgb.de/themen/themen_a_z/abiszdb/abisz_search?kwd=Medien-Newsletter&showsingle=1 (10.9.2007). Seit September 2007 ruht die Herausgabe des Newsletters,

Der Fachbereich 8 von ver.di bietet einige Newsletter an, die sich an unterschiedliche Berufsgruppen wenden und alle auch in unterschiedlicher Ausprägung medienpolitische Informationen beinhalten. Sie können per E-mail abonniert werden. So gibt es:

- Nachrichten für junge Journalistinnen und Journalisten und solche, die es werden wollen[167]

- Neuigkeiten aus Zeitungshäusern und Verlagen bringen die Newsletter der Fachgruppe Verlage, Druck und Papier[168]

- Aktuelles aus den elektronischen Medien im Newsletter von connexx.av[169]

- Wichtiges für die Organisation der Freiberuflichkeit, zu Steuer- und Honorarfragen, im Newsletter von Mediafon[170]

- Für die Filmbranche den Newsletter des BundesFilmVerbands[171]

- Über alle allgemeinen Fragen zur Selbstständigkeit, aber auch über Netzwerke wie beispielsweise für Übersetzer und Dozenten, informiert der Newsletter des ver.di-Referats Freie/Selbstständige[172]

Einen eigenen Newsletter für Medienpolitik gibt es nicht.[173] An einen begrenzten Verteiler verschickt aber der medienpolitische Referent des Bundesvorstandes in unregelmäßigen Abständen Hintergrundanalysen zu aktuellen medienpolitischen Themen wie „Finanzinvestoren" oder dem Urteil des Bundesverfassungsgerichtes zur Gebührenfestsetzung unter dem Titel „medien.politik".

Der Deutsche Journalistenverband informiert seine Mitglieder über Newsletter, jedoch in der Hauptsache zu tarifpolitischen Themen und solchen, die unmittelbar journalistische Tätigkeiten betreffen. Zudem existiert für den Bereich des privaten Rundfunks ein „DJV-Medien-Info". Es „erscheint in der Regel zweimonatlich. Schwerpunktthemen sind medien- und tarifpolitische Entwicklungen im Bereich des privaten Rundfunks. Ein Serviceteil informiert über Aus-

---

da die auf Honorarbasis beschäftigte verantwortliche Redakteurin ihre Tätigkeit beendete. (Stand: Januar 2008)
[167] http://dju.verdi.de/junge_journalisten/news (10.9.2007)
[168] http://druck.verdi.de/newsletter (10.9.2007)
[169] http://www.connexx-av.de/newsletter.php3?view=&si=1&lang=1 (10.9.2007)
[170] http://www.mediafon.net/news_newsletter (10.9.2007)
[171] http://www.connexx-av.de/newsletter.php3?view=&si=1&lang=1 (10.9.2007)
[172] http://freie.verdi.de/vernetzung (10.9.2007)
[173] Stand: 14.9.2007

und Weiterbildungsangebote für Journalistinnen und Journalisten im privaten Rundfunk." [174]

Das über das Internet zu lesende älteste „DJV-Medien-Info" stammt aus dem Jahr 2003, die Anfang 2008 zur Verfügung gestellte aktuellste Ausgabe ist die Ausgabe I/2006. Darüber hinaus erscheinen hier auch „DJV-Medien-Info-Extra", es können acht Ausgaben eingesehen werden, die sich ausschließlich mit Tarifauseinandersetzungen bei RTL beschäftigen. Das aktuellste stammt vom 12.9. 2007.

Weder der DBB noch die VRFF geben eine Zeitschrift für medienpolitische Belange oder medienpolitische Newsletter heraus.

6.1.2 Pressemitteilungen

Auch wenn Pressemitteilungen als Instrument von Öffentlichkeitsarbeit in ihrer Effektivität kritisch zu sehen sind, so können sie ein Indikator dafür sein, wie relevant ein Thema in der Organisation ist. Hier soll es deshalb nicht um die Frage der Anschlussfähigkeit gehen, sondern lediglich darum, wie häufig und unter 6.4 auch, in welcher Art und Weise sich das Thema Medienpolitik in den von Gewerkschaften herausgegebenen Pressemitteilungen niederschlägt. Wo es möglich war, wurden die Pressemitteilungen zurück bis zum 1.1.2001 angeschaut. Ende der Beobachtung war in der Regel der 31.12.2005. Für die Landesbezirksebene des Deutschen Gewerkschaftsbundes und von Ver.di wurden teilweise auch aktuellere Jahrgänge betrachtet.

6.1.2.1 Deutscher Gewerkschaftsbund

Für den Deutschen Gewerkschaftsbund (DGB) ist auf der Bundesebene im Zeitraum vom 2001 bis September 2007 festzustellen, dass sieben Pressemitteilungen zu medienpolitischen Themen erschienen, je zwei in den Jahren 2002 bis 2004, eine in 2005. Nach dem Juni 2005 wurde keine Pressemeldung mehr herausgegeben. Zum Vergleich: In diesen Jahren wurden pro Jahr zwischen 160 und 330 Pressemitteilungen vom DGB-Bundesvorstand zu unterschiedlichen Themen versendet. Auf Landesebene spiegelt sich insgesamt ein ähnliches Bild wieder, wobei einige Bezirke einen stärkeren Output haben, einige dagegen niemals entsprechende Pressemitteilungen versenden.

---

[174] http://www.djv.de/Medien-Informationen.372.0.html (10.2.2008)

Vereinte Dienstleistungsgewerkschaft

Stellt sich die Lage im Deutschen Gewerkschaftsbund also sehr übersichtlich dar, so ist dies für die Multibranchengewerkschaft ver.di schon sehr viel schwerer zu quantifizieren. Zwar gibt es relativ viele Meldungen, die sich in irgendeiner Weise mit der Medienbranche beschäftigen, doch handelt es sich in den meisten Fällen um tarifpolitische Fragen oder andere Themen, die in erster Linie für die von ver.di in der Medienbranche organisierten Mitglieder relevant sind. Pressemitteilungen zu medienpolitischen Themen findet man über die Suchfunktion auf der Homepage von ver.di unter so unterschiedlichen Rubriken wie Medien, Medienpolitik, ARD oder auch unter der Bezeichnung des zuständigen Fachbereichs „Medien-Kunst-Industrie". Eine Systematik ist hier nicht zu erkennen. So erscheint unter der Rubrik Medien eine Pressemitteilung mit dem Titel „ver.di fordert schlüssiges Gesamtkonzept für Medienregulierung" (25.4.2002) unter der Rubrik Medienpolitik aber am selben Tag: „Stasi-Unterlagen-Gesetz: DJU warnt vor Manipulation des öffentlichen Gedächtnisses" (25.4.2002). Die Landesbezirke von ver.di, bzw. deren dju-Vertretungen und Landesfachgruppen beschäftigen sich in ihren Pressemitteilungen in der Regel mit berufsspezifischen Themen von Journalisten. Nur ganz vereinzelt werden Themen wie „Medienkonzentration" o.ä. aufgegriffen, meistens, wenn diese Themen durch eine Veröffentlichung der Bundesebene angesprochen werden. Zudem geben die Senderverbände Pressemitteilungen heraus, die sich in der Regel mit senderspezifischen Angelegenheiten wie Veränderungen in der Intendanz, Umgang mit freien Mitarbeitern oder auch Tarifauseinandersetzungen befassen. Vereinzelt werden hier aber auch medienpolitische Themen aufgegriffen.

6.1.2.2   Deutscher Journalisten-Verband

Der Deutsche Journalisten-Verband veröffentlicht auf Bundesebene jährlich 100 bis 130 Pressemitteilungen zu unterschiedlichen Themen. Es gibt hierbei keine eigene Rubrik „Medienpolitik", medienpolitische Themen erscheinen unter dem jeweiligen Stichwort oder auch unter Titeln wie „Rundfunkgebühren", „EU-Fernsehrichtlinie" oder „Rundfunkgremien". Festzustellen ist aber, dass die weitaus überwiegende Zahl der Pressemitteilungen sich um berufsspezifische Themen von Journalistinnen und Journalisten drehen, hervorzuheben sind auch hier, wie bei ver.di, tarifpolitische Fragen. Bei den Landesverbänden wird dieses Bild im Prinzip gespiegelt: Abgesehen von einigen Pressemitteilungen zur Frage der Rundfunkgebühren oder dem Informationsfreiheitsgesetz, thematisieren die meisten Pressemitteilungen berufsverbandliche Anliegen im Sinne der Mitglieder.

6.1.2.3 Deutscher Beamtenbund

Der Deutsche Beamtenbund gibt keine Pressemitteilungen zu medienpolitischen Themen heraus, denn „Wir beschränken uns schon, was unsere Pressemitteilungen angeht, auf den öffentlichen Dienst, also auf die Themen, die für den öffentlichen Dienst relevant sind." (FZ) Auch die VRFF tritt nicht mit eigenen Pressemitteilungen in Erscheinung, sondern verbreitet Meldungen anderer medienpolitischer Absender, in der Regel sind dies die öffentlich-rechtlichen Sendeanstalten.

6.1.3 Internet

Die folgende Darstellung soll einen groben Überblick geben, welche Angebote dem oder der medienpolitisch Interessierten über das Instrument der gewerkschaftlichen Online-Auftritte gemacht werden, ohne Anspruch auf Vollständigkeit. Dabei geht es auch um die Frage, ob und wie gewerkschaftliche Positionen zu medienpolitischen Themen aufbereitet und präsentiert werden. Weiterhin wurde recherchiert, ob es spezielle Angebote von und für Gremienmitglieder gibt. In den Internetauftritten der Gewerkschaften spiegelt sich das Thema Medienpolitik in höchst unterschiedlicher Weise.

6.1.3.1 Deutscher Gewerkschaftsbund

Wer die Homepage des Deutschen Gewerkschaftsbundes (DGB) aufruft, findet hier in der linken Leiste den Punkt Themen. Wird dieser angeklickt, werden unter alphabetischer Ordnung beim Buchstaben M die Stichworte „Medien-Newsletter" und „Medienpolitik" angezeigt. Unter letzterem öffnet sich eine Liste mit Materialien und Dokumenten. Von den knapp 40 in den Jahren 2003 bis 2007 angebotenen Informationen besteht der überwiegende Teil aus den monatlichen Newslettern, die zwischen 2005 und Mitte 2007 erschienen sind und noch einmal unter dem gesonderten eigenen Stichwort abgelegt sind. Im Übrigen besteht das Material aus Vorträgen, die auf verschiedenen medienpolitischen Workshops und Tagungen gehalten wurden sowie einigen Arbeitsmaterialien des Arbeitskreises Medienpolitik. Es fehlen aber der im Jahr 2006 vom Bundeskongress verabschiedete Antrag zu Medienpolitik, ebenso wie Beiträge von der Gremientagung 2006 und Hinweise auf die DGB-Mediengespräche. Ebenfalls gibt es keinen Link zu medienpolitischen Seiten anderer Akteure, auch nicht zu Gewerkschaften wie ver.di. Hier ist der Nutzer auf die allgemeinen Links angewiesen, die sich auf der Startseite befinden.

Unter dem Suchbegriff „Rundfunkräte" finden sich 12 Ergebnisse, alles Verweise auf den DGB-Medien-Newsletter.[175] Zu „Rundfunkgremien" erhält man drei Treffer, die identisch mit den zuvor gefundenen sind, zum Stichwort „Aufsichtsgremien" erscheinen 15 Treffer, die ebenfalls mit den 12 unter „Rundfunkräte" gefundenen identisch sind. Drei weitere Verweise betreffen andere Gremien.

Die Bezirke des DGB geben dem Thema Medienpolitik auf ihren Seiten nur selten Raum.

Vereinte Dienstleistungsgewerkschaft

Den komplexesten Auftritt zu medienpolitischen Themen bietet die Homepage der Vereinten Dienstleistungsgewerkschaft (ver.di). Wer über die Suchfunktion geht, bekommt 20 Seiten Hinweise auf verschiedene Links, die zu Materialien, Artikeln, Pressemitteilungen und Veranstaltungsberichten führen. Eine Systematik ist nicht erkennbar: Weder sind die Links chronologisch noch inhaltlich geordnet. So führt der erste Link mit der Bezeichnung „Medienpolitik" und dem Datum 4.10.2005 zu einer Liste von Meldungen aus dem Jahr 2002. Ein weiterer Link heißt „Landesbezirksleitung" und führt zur Vorstellung der neu gewählten Mitglieder des Landesbezirks Berlin-Brandenburg. Und so gibt die Nutzerin die Suche auf diesem Weg auf. Unter dem Navigationspunkt Positionen findet sich kein Stichwort Medien oder Medienpolitik, aber unter der Veranstaltungsreihe „Sichtweisen", die der ver.di-Bundesvorstand ab März 2003 zu, so der Untertitel, gesellschaftlich relevanten Themen durchführte, sind einschließlich Mitte 2007, drei Vorträge externer Experten zu Medienthemen dokumentiert.[176] Ein dritter Weg zeigt mehr Erfolg: Über den Navigationspunkt „Branchen" kommt die Nutzerin zu den Fachbereichen. Hier gibt es den FB „Medien, Kunst, Industrie" mit dem Unterpunkt „Medien". Damit werden dem Nutzer zahlreiche Angebote gemacht, die auch unter der Überschrift „Medienpolitik" Materialien beinhalten. Über die Navigation erreicht man unterschiedliche Angebote wie www.rundfunkfreiheit.de oder www.connex-av.de sowie die Landesfachgruppen und Senderverbände (vergl. 5.1.1.1). Die Seiten der dju sollen die Fachgruppe Medien, wie es heißt „vernetzen".

Über http://dju.verdi.de/schwerpunkte/medienpolitik findet man auch ausführlichere Texte und Materialien wie Stellungnahmen zu medienpolitischen

---

[175] http://suche.dgb.de/suche.cgi?cs=iso-8859-1&fm=on&np=1&q=Rundfunkr%E4te&t=dgb&x =0&y=0 (19.1.2008)
[176] http://www.verdi.de/positionen/sicht.weisen/sichtweisen_2 (Stand v. 29.1.2008), vergl. 6.2.1.1

Themen. Von den 12 Senderverbänden benenne nur drei das Thema Medienpolitik auf ihrer Webseite. Die Senderverbände des Bayrischen und des Hessischen Rundfunks erwähnen, dass sie die medienpolitischen Interessen und Belange ihrer Mitglieder vertreten.[177] Lediglich der Senderverband des ZDF führt allgemein aus: „Verdi im ZDF mischt sich aktiv in die Medienpolitik ein".[178] Inhaltlich gilt hier, wie schon bei der Analyse der Pressemitteilungen festgestellt, dass die Themen sich in erster Linie mit Belangen der Sendermitarbeiterinnen und -mitarbeiter befassen.

Zu den Suchbegriffen „Rundfunkgremien" bzw. „Rundfunkräte" oder „Aufsichtsgremien" werden keine Ergebnisse angezeigt. Dennoch findet man auf der Internetseite der dju eine Auflistung zu Gremien. Dort steht auch ein Hinweis zu Rundfunkgremien:

> „Auf der Länderebene ist die dju in Rundfunk-/Fernseh-Räten oder Programmbeiräten des öffentlich-rechtlichen bzw. des privaten Rundfunks vertreten sowie in den Gremien der Landesmedienanstalten, zum Teil im Wechsel mit andern Fachgruppen von ver.di oder mit anderen Jourtenorganisationen [Schreibfehler im Original, Anm. d. Aut.]. Infos über die Landesmediensekretäre von ver.di bzw. die Landesfachgruppen der dju."[179]

6.1.3.2 Deutscher Journalisten-Verband

Auf der Webseite des Deutschen Journalistenverbandes (DJV) taucht das Thema Medienpolitik auf den ersten Blick nicht auf. Geht die Nutzerin über die Funktion Suche, so erscheinen 23 verschiedene Angebote, zum Teil Pressemitteilungen, zum Teil Dokumente, ein Verweis geht auf eine wissenschaftliche Veröffentlichung, die im Shop bestellt werden kann. Über den Navigationspunkt Presse kommt man ebenfalls zu den Pressemitteilungen. Unklar ist, nach welchen Kriterien die unter dem Suchbegriff „Medienpolitik" aufgelisteten Pressemitteilungen ausgewählt wurden, denn im Archiv finden sich bedeutend mehr Pressemitteilungen, die sich mit medienpolitischen Inhalten befassen. Ein anderer Weg geht über den Navigationspunkt DJV und dann „Fachausschüsse". Hier findet sich die Medienpolitik als Thema des Fachausschusses „Rundfunk" (Vergl.

---

[177] http://www.rundfunkfreiheit.de/page.php3?si=47a08b8da3f70&lang=1&view=&k1=sender&k2 =br, http://www.rundfunkfreiheit.de/page.php3?si=47a08b8da3f70&lang=1&view=&k1=sender&k2 =hr (10.10.2007)
[178] http://www.rundfunkfreiheit.de/page.php3?si=47a08b8da3f70&lang=1&view=&k1=sender&k2= zdf (10.10.2007)
[179] http://dju.verdi.de/ueber_die_dju/gremien (10.2.2007)

5.1.).[180] Klickt man hier noch einmal, so erscheint eine Liste mit Dokumenten und Materialien zum Thema. Die dort aufgelisteten Informationen befassen sich in erster Linie mit dem Thema Rundfunkgebühren. Der zweite Schwerpunkt sind die Vorgänge um das hamburgische und schleswig-holsteinische Medienrecht. Auf den Seiten der Landesverbände sucht der Nutzer die Medienpolitik fast immer vergeblich. Das mag daran liegen, dass es zum einen auf manchen dieser Seiten keine Suchfunktion gibt, aber auch dort, wo eine Suche nach Thema möglich ist, bekommt man in der Regel kaum Informationen. Zum Suchbegriff „Rundfunkräte" werden drei Treffer angezeigt. Einer zeigt den Abschnitt des Grundsatzprogramms zu Medienpolitik an.[181] Einer führt auf die Service-Seite für Fotojournalisten und klärt auf über die

„Mitwirkung in Staat und Gesellschaft: Der DJV ist in vielen Einrichtungen vertreten und damit Ihre Stimme gegenüber den Institutionen, durch Mitgliedschaft bzw. Vertretung in Rundfunkräten, Landesmedienanstalten, in den Verwertungsgesellschaften, im Beirat der Künstlersozialkasse." [182]

Der dritte Link zeigt die Dokumentation einer rundfunkpolitischen Tagung auf. [183]

Ähnlich spärlich ist die Ausbeute bei der Suche nach „Rundfunkgremien" (2 Ergebnisse) und „Aufsichtsgremien" (4 Treffer). Unter letzterem Begriff findet sich auch die Zusammenfassung eines Kongresses zur Rundfunkfreiheit von DGB und RFFU aus dem Jahre 1987.[184] Informationen zu den Aktivitäten des DJV in den Sendern sind spärlich und verstecken sich unter den Punkten „öffentlich-rechtlicher Rundfunk" und „privater Rundfunk". 2004 wurde das Ansinnen formuliert, mit einer Überarbeitung der Internetpräsenz des Fachausschusses Rundfunk „Informationen ausführlicher" anzubieten, und auch mit mehr Informationen aus den einzelnen Sendern zu unterfüttern:

„Die Seiten des Bundesfachausschusses Rundfunk werden sich auch künftig vom weiter gespannten Inhaltsangebot der DJV-Startseite dadurch unterscheiden, dass sie sich auf fachgruppenbezogenen Informationen beschränken, zugleich aber diese Informationen ausführlicher anbieten. Unter der Rubrik „DJV in den Sendern" sind zum Beispiel Unterseiten für alle ARD-Sender und die großen Privatsender vorgesehen. Dabei würde sich der Fachausschuss über Zulieferungen (E-Mails, Links, Hinweise etc.) aus den Betriebsgruppen der Sender sowie aus den Landesverbänden

---

[180] www.djvradiotv.de; http://www.djv.de/index.php?id=192 (10.2.2008)
[181] http://www.djv.de/Elektronische_Medien.843.0.html#1127 (19.1.2008)
[182] http://www.djv.de/Bildjournalisten.409.0.html#3435 (19.1.2008)
[183] http://www.djv.de/Podium_Politik_und_Recht.1912.0.html#3158 (19.1.2008)
[184] http://www.djv.de/Die_Bonner_Thesen.1032.0.html#1359 (19.1.2008)

freuen. Der Informationsfluss aus dieser Richtung, das ist auch in diesem Jahr wieder zu beklagen, ist leider recht spärlich."[185]

Dieses Vorhaben konnte offensichtlich nicht in die Tat umgesetzt werden. Die aktuellsten ausführlicheren Informationen auf der Seite für den öffentlichrechtlichen Rundfunk Anfang 2008 stammen aus dem Jahr 2005.[186] Lediglich die Pressemitteilungen werden aktuell angezeigt. Zudem gibt es einige wenige Informationen zu ARD, Deutsche Welle, Deutschlandradio, NDR, WDR, ZDF, die in der Hauptsache tarifpolitische Themen, bzw. solche zu Beschäftigteninteressen zeigen. Auch das „Info-Archiv" für den privaten Rundfunk bietet außerhalb von Pressemitteilungen als aktuellste Informationen solche aus 2005.[187] Die aktuellste Pressemitteilung stammt hier Anfang 2008 vom September 2007.[188]

6.1.3.3   Deutscher Beamtenbund

Die Webseite des Deutschen Beamtenbundes bietet keine Informationen zu medienpolitischen Themen. Unter der Rubrik „Themen" findet der Nutzer lediglich ein Stichwort „Medienkompetenz", das in fünf Zeilen darlegt, wie der DBB sich den Umgang mit Medien und Medienkompetenz in den Schulen vorstellt. Um in irgendeiner Weise mit medienpolitischen Fragen in Berührung zu kommen, muss der Suchende wissen, dass es eine Fachgewerkschaft VRFF gibt. Diese steht aber in der Liste der Fachgewerkschaften nicht unter einem Stichwort wie „Medien", sondern unter „Andere Bereiche". Auf der Webseite der VRFF existiert keine Suchfunktion, der Nutzer muss sich durch chronologisch abgelegte Meldungen klicken, um medienpolitische Inhalte zu finden. In der Regel finden sich hier aber nur Mitteilungen zu Belangen einzelner Sender, die als deren Pressemitteilungen veröffentlicht wurden. Eigene Materialien zu medienpolitischen Inhalten finden sich nicht. Zu den Suchbegriffen „Rundfunkräte", „Rundfunkgremien" und „Aufsichtsgremien" wurden keine Treffer gefunden.

---

[185] http://www.djv.de/Fachausschuss_im_Internet.1048.0.html, FA-Beitrag für den DJV-Geschäftsbericht 2004 (10.2.2008)
[186] http://www.djv.de/OEffentlich-rechtlicher_Rundfu.370.0.html (10.2.2008)
[187] http://www.djv.de/Privater_Rundfunk.369.0.html (10.2.2008)
[188] 04.09.2007: DJV-Rundfunktagung: Qualität im Rundfunk ist wichtiger denn je, http://www.djv.de/Privater_Rundfunk.369.0.html (10.2.2008)

6.2 Veranstaltungen

6.2.1 Deutscher Gewerkschaftsbund

Regelmäßige Tagungen zu medienpolitischen Themen sind in den Gewerkschaften eher die Ausnahme. Der Deutsche Gewerkschaftsbund (DGB) startete im Herbst 2003 eine Reihe von Gremientagungen, zu denen in größeren Abständen die in den Gremien vertretenen Gewerkschaftsmitglieder eingeladen werden. Die Veranstaltungen sind in der Regel eintägig, es werden auch externe medienpolitisch Interessierte eingeladen. Referate und Podiumsgespräche mit Fachleuten aus Praxis und Wissenschaft zu medienpolitischen Themen werden angeboten. So nahmen an der Tagung 2003 als Referenten teil:

- Michael Sommer (Vorsitzender des DGB)
- Dagmar Reim (Intendantin des RBB)
- Frank Werneke (Stellv. Vorsitzender von ver.di; Mitglied im ZDF-Fernsehrat)
- Prof. Dr. Fred Breinersdorfer (VS-Vorsitzender und Tatort-Autor)
- Dr. Günter Struve (Programmdirektor der ARD)
- Manfred Helmes (Direktor der LPR Rheinland-Pfalz)
- Prof. Dieter Weirich (ehemaliger Intendant der Deutschen Welle)
- Prof. Dr. Ernst Gottfried Mahrenholz (ehemaliger Vizepräsident des Bundesverfassungsgerichts)

Ergänzt wurde dies mit Statements von Vertreterinnen und Vertreter aus den Rundfunkgremien:

- Heide Langguth (Bayerischer Rundfunk)
- Hanne Daum (Vorsitzende des Personalrats beim Rundfunk Berlin-Brandenburg)
- Peter Deutschland (Norddeutscher Rundfunk)

Der DGB-Vorsitzende Michael Sommer beschrieb die Intention für diese Veranstaltungen wie folgt:

> „Wir wollen Probleme benennen, neue Entwicklungen beobachten und einschätzen, Akzente setzen. Und unsere Ansprüche deutlich machen. Denn wir wollen, wir müs-

sen Position beziehen zu der Frage, wie der Rahmen für unsere gesellschaftliche Kommunikation ausgestaltet wird."[189]

Das Themenspektrum dieser ersten Tagung bewegte sich rund um die Rolle und die Aufgaben von Gremien. Es ging aber auch um die praktische Arbeit der Medienmacher, ihre senderpolitischen Bedingungen sowie die Frage nach der Qualität des Programms. Themen der Referate waren zum Beispiel: „Mitarbeiterinteressen und Medienpolitik", „Die Wirklichkeit als Quotenkiller?" „Erfahrungen und Empfehlungen aus der Sicht von Kontrollierten", „Rundfunkaufsicht: Die Interessen der Allgemeinheit und die Politik", „Wenn ich als Gremie drei Wünsche hätte ...". Öffentliche Aufmerksamkeit weckte die Tagung wenig, allerdings erschien 2004 eine gestraffte Dokumentation im Schüren-Verlag. An der Tagung nahmen insgesamt ca. 100 Personen teil, davon etwa ein Viertel Gremienmitglieder.

Der DGB setzte nach diesem Auftakt die Tagungen erst im Jahr 2006 fort. Sommer hatte 2003 in seiner Rede gesagt:

„Wir werden diese Veranstaltung heute auf Serie legen. Mindestens einmal im Jahr werden wir aktuelle, zentrale Themen der Medienpolitik öffentlich behandeln, zusammen mit euch, den gewerkschaftlichen Gremienvertretern, zusammen mit anderen medienpolitisch Interessierten und Verantwortlichen."[190]

Der Hauptgrund für diese Pause ist in den insbesondere personell begrenzten Ressourcen zu sehen, die erst ab Mitte 2004 verbessert werden konnten (Vergl. 5.3.1)

Zusätzlich zu diesen Tagungen trat der DGB ab 2006 auch mit dem „DGB-Mediengespräch" an die Öffentlichkeit. Diese Form der Veranstaltung ist der Versuch, mit medienpolitischen Themen eine breitere Öffentlichkeit zu erreichen, bzw. sich als medienpolitischer Akteur zu positionieren (siehe auch Zitat unten). Die Veranstaltung, die 2007 zum zweiten Mal stattfand, dieses Mal unter dem Titel „DGB-Fernsehgespräch", wird in der Regel in den Räumen eines der beiden öffentlich-rechtlichen Fernsehsender in Berlin unter Begleitung durch den Dokumentationskanal Phoenix als ca. 2- bis 3-stündige Publikumsveranstaltung organisiert. Das anwesende Publikum besteht weitgehend aus Interessierten aus dem gewerkschaftlichen Umfeld und in der Hauptstadt arbeitenden Teilnehmern aus medienpolitischen Zusammenhängen.

---

[189] DGB-Dokumentation: Wie viel Macht den Räten? Rundfunkaufsicht in der Mediengesellschaft, Medienpolitische Tagung des DGB am 30. September 2003
[190] Ebenda:S.35

Die Intention dieser beiden Veranstaltungsarten, die gekoppelt an zwei aufeinander folgenden Tagen stattfanden, beschreibt die stellvertretende Pressesprecherin in einem Interview so:

„Das DGB-Mediengespräch ist eher eine ‚Hochglanzveranstaltung', mit der wir uns als medienpolitischer Akteur zeigen wollen. Die gestrige Gremientagung zum Beispiel soll den anderen Teil abdecken: Wir wollen erfahren, was Gremienmitglieder brauchen, was sie wollen, wo wir sie unterstützen können, wo wir bei der Vernetzung helfen können. Das sind die beiden Antipoden, mit denen wir in der Öffentlichkeit auftreten. Darüber hinaus wollen wir uns noch stärker vernetzen, Richtung Kirchen, Richtung Arbeitgeber – zunächst einmal auf der Arbeitsebene. Irgendwann wird daraus vielleicht auch einmal eine ‚Hochglanzveranstaltung', aber das ist noch Zukunftsmusik. Außerdem wollen wir unsere DGB-Veranstaltungsreihe „Sozialer Dialog" ab und an auch mit medienpolitischen Themen bestücken." (MK)

Der hier angesprochene „Soziale Dialog" ist eine Veranstaltungsreihe, in der der DGB mehrmals jährlich politische Themen aufgreift und dazu eine breitere politische Öffentlichkeit einlädt. Im März 2007 wurde diese erstmals für die Diskussion eines medienpolitischen Themas genutzt. Hier diskutierten zwei Journalisten und ein Wissenschaftler in den Räumen der Bundespressekonferenz das Thema: „Machen Journalisten Politik?" Das Kalkül, mit dem Veranstaltungsort und dem Thema auch Hauptstadtjournalisten in die Diskussion zu ziehen, ging nicht auf: Das Publikum wurde zum großen Teil von interessierten Gewerkschafterinnen und Gewerkschaftern sowie einigen Politikern gebildet.

Sehr vereinzelt beteiligt sich der DGB auf Länderebene an Tagungen mit medienpolitischen Bezügen, so z.B. der Landesbezirk Bayern bei einer Veranstaltung der Friedrich-Ebert-Stiftung und von ver.di im Jahr 2006, wie der Medien-Newsletter des DGB berichtet:

„Die bedrohte Instanz – Öffentlich-rechtlicher Rundfunk in Gefahr
(-coh) Beim 27. Münchner Mediengespräch des Bayernforums der Friedrich-Ebert-Stiftung und des ver.di-Fachbereichs Medien/Bayern diskutierten Heide Langguth, stellvertretende DGB-Vorsitzende Bayern, Peter Hufe (SPD-MdL), beide im Rundfunkrat des Bayerischen Rundfunks, Gerd Nies, Verwaltungsrat im ZDF und Prof. Christoph Lindenmeyer (Hörfunk) mit reger Publikumsbeteiligung über die Bedrohungen, denen der öffentlich-rechtliche Rundfunk ausgesetzt ist. Der 8. Rundfunkänderungsstaatsvertrag habe ihm nicht nur knappere Finanzen auferlegt, sondern auch Selbstverpflichtungen insbesondere struktureller Art, die massiv in die Sozialstruktur zulasten von Programm und Beschäftigten eingreifen. Hinzu kommen „Bedrohungen aus Brüssel", wo die Auffassung, „dass Rundfunk wie eine Ware verkauft wird" und Rundfunkgebühren unzulässige Beihilfen sind, vorherrsche. Auch die Politiklastigkeit mancher Aufsichtsgremien, insbesondere des ZDF, die mit der

gebotenen Staatsferne nicht vereinbar sei, wurde moniert. Bedrohungen kommen aber auch „von innen". Die Gefahr, „dass sich der öffentlichrechtliche Rundfunk zu leicht in Konkurrenz zu den Privaten begibt", dass „wir uns von innen her aushöhlen", sei gewachsen. Anspruchsvolle Kulturprogramme, gerade auch im Hörfunk, seien angesichts des „Vorrangs betriebswirtschaftlichen Denkens" stark gefährdet. Kritisch wurde auch nach Aktivitäten von DGB und ver.di gefragt: „Warum gibt es keine Versuche, die Kolleginnen und Kollegen über die wichtige Rolle der Medien zu informieren?" Das ‚Mediengespräch' in München jedenfalls hat hier Flagge gezeigt. Das Beispiel sollte Schule machen."[191]

Auf Bezirksebene fand im Jahr 2004 ein medienpolitischer Workshop im Bezirk Nord in Kooperation mit dem Bezirk Berlin-Brandenburg statt, auf dem mehrere Wissenschaftler zu unterschiedlichen Themen referierten.[192] In früheren Jahren gab es einige Initiativen für Workshops auf Landesebene, die jedoch nicht verstetigt wurden.

6.2.1.1 Vereinte Dienstleistungsgewerkschaft

Ver.di veranstaltet jährlich eine Fachtagung, zu der die gewerkschaftlichen medienpolitischen sowie Akteure aus Politik und anderen Verbänden eingeladen werden. Experten aus Wissenschaft und Politik halten Referate, die dann mit dem Auditorium diskutiert werden. Im Jahr 2007 lautete das Thema: Rundfunkpolitik für die Zukunft. Es referierten Prof. Hans J. Kleinsteuber, Universität Hamburg, Prof. Dieter Dörr, Universität Mainz und Marc-Jan Eumann, Vorsitzender der SPD-Medienkommission. Die Veranstaltung ist gekoppelt an den dju-Journalistentag, der am nächsten Tag stattfindet. Eine eigene Tagung für die Gremienmitglieder wird nicht angeboten.

Zahlreiche Veranstaltungen, bietet ver.di für seine Mitglieder aus dem Bereich Medien, auch in den Bezirken, an. Diese beschäftigen sich aber in erster Linie mit den berufsspezifischen Anliegen insbesondere von Journalistinnen und Journalisten und eher selten mit allgemeinen medienpolitischen oder rundfunkpolitischen Fragen.

---

[191] DGB-Medien-Newsletter 4/2006, S.7
[192] Siehe Materialien unter
http://www.dgb.de/themen/themen_a_z/abiszdb/abisz_search?kwd=Medienpolitik&showsingle=1
(29.1.2008)

6.2.2 Deutscher Journalisten-Verband

Der Deutsche Journalistenverband veranstaltet in unregelmäßigen Abständen größere Tagungen zu medienpolitischen Themen. So fand im Rahmen der Internationalen Funkausstellung im September 2007 in Berlin eine zweitägige Fachtagung „Zukunft des Rundfunks: Qualität" statt. Die Veranstaltung auf dem Berliner Messegelände zog rund 150 Teilnehmerinnen und Teilnehmer aus Medien, Politik und Wissenschaft an. In einer Pressemitteilung charakterisiert der DJV die Veranstaltung wie folgt:

> „In Podiumsdiskussionen, Impulsreferaten und Workshops befassen sich die Teilnehmer mit der Rundfunkfinanzierung, den Arbeitsbedingungen in Hörfunk und Fernsehen und medienpolitischen Rahmenbedingungen. Der DJV konnte zahlreiche namhafte Experten als Referenten gewinnen, darunter VPRT-Präsident Jürgen Doetz, ARD-Vorsitzender Fritz Raff, ZDF-Intendant Markus Schächter, RBB-Intendantin Dagmar Reim, RTL-Chefredakteur Peter Kloeppel, Medienrechtsprofessor Dieter Dörr und Journalistikprofessor Siegfried Weischenberg."[193]

Darüber hinaus fand im Sommer 2007 in Zusammenarbeit mit der Bundeszentrale für politische Bildung der „Hambacher Kongress" statt, in dessen Mittelpunkt das Thema „Pressefreiheit und Demokratie" stand. Über 150 Teilnehmer aus Journalismus, Politik und Medienwissenschaften nahmen nach Angaben des DJV daran teil. Bei dieser Veranstaltung lag der Schwerpunkt eindeutig auf den Aspekten, die für die in den Medien Tätigen relevant sind. Der während des Kongresses verabschiedete und vom Bundesverband der Deutschen Zeitungsverleger mit unterzeichnete „Hambacher Appell" dokumentiert dies:

> „Der Hambacher Appell rückt die Bedeutung der Pressefreiheit für den Staat und die Gesellschaft in den Mittelpunkt und stellt konkrete Forderungen auf. Dazu gehört die Wahrnehmung der Pressefreiheit durch die Medien ebenso wie die Forderung an den Gesetzgeber, den Informantenschutz umfassend zu gewährleisten. In dem Appell werden die Medienschaffenden aufgefordert, sich gegen Einschränkungen der Pressefreiheit zur Wehr zu setzen und Verstöße öffentlich zu machen. Den Versuchen von Unternehmen, positive Berichterstattung zu erzwingen, sollen sich die Medien geschlossen entgegen stellen. Der Hambacher Appell schließt mit der Aufforderung an alle Medienschaffenden, sich mit der eigenen Rolle und auch eigenen

---

[193]http://www.djv.de/SingleNews.20.0.html?&tx_ttnews[tt_news]=1067&tx_ttnews[backPid]=18&c Hash=cbbc4db11b (29.1.2008); vergl. auch die Dokumentation der Veranstaltung unter: http://www.djv.de/2007_Rundfunk.1898.0.html#3127 (29.1.2008)

Fehlern kritisch auseinanderzusetzen, um das Ansehen der Medien nicht zu gefähr-den."[194]

Eine größere medienpolitische Fachtagung fand zuvor im Jahr 2004 in Berlin statt. Sie setzte sich mit dem Thema „Kommunikation ohne Grenzen im neuen Europa auseinander. Der Charakter und Teilnehmerkreis wird in der zugehörigen Pressemitteilung abweichend von der drei Jahre später stattfindenden Fachta-gung so beschrieben:

> „Unter dem Titel „Kommunikation ohne Grenzen im neuen Europa" treffen sich
> Kommunikationsspezialisten aus PR und Journalismus in der Hauptstadt. Trägt die
> Öffnung von Landesgrenzen auch zu einer freieren Kommunikation bei? Oder gibt
> es weiterhin politische, soziale, rechtliche oder wirtschaftliche Grenzen, die die
> Kommunikation innerhalb der EU behindern? Auch die Frage, warum sich die EU
> so schlecht „verkaufen" lässt, wird in diesem Zusammenhang thematisiert. Experten
> aus Politik und Medien, aus Theorie und Praxis, unter Ihnen Professor Dr. Helmut
> Thoma, Dr. Lothar de Maizière und der ARD-Brüssel-Korrespondent Rolf-Dieter
> Krause, diskutieren über die Chancen und Risiken, die Probleme und neuen Mög-
> lichkeiten, die sich in der EU für die Kommunikationsspezialisten ergeben haben
> und zum Beispiel durch neue Rechtsprechung weiterhin ergeben. Die Präsentation
> von Praxisbeispielen soll überdies zeigen, wie Kommunikation über die Grenzen
> hinweg funktionieren kann, sei es durch ein überregionales Journalistenprojekt, sei
> es bei einem über die Grenzen hinweg agierenden Wirtschaftsunternehmen."[195]

Ebenfalls in unregelmäßigen Abständen bietet der DJV für seine Gremienmit-glieder eintägige Tagungen zum Meinungs- und Informationsaustausch an. Der zuständige Referent charakterisiert diese als „Diskussion- und Gesprächsrunde" (BP). Zahlreiche andere Veranstaltungen, auch auf der Ebene der Landesverbän-de, richten sich in erster Linie an die Mitglieder des DJV, etwa freie oder Online-Journalistinnen und -Journalisten.

6.2.3 Deutscher Beamtenbund

Der Deutsche Beamtenbund (DBB) veranstaltete erstmals 2006 eine Gremienta-gung, eine zweite im Jahr 2007. Hierzu wurden Referenten eingeladen zu The-men wie neue Technologien und Jugendschutz. 2007 waren Podiumsteilnehmer

---

[194] http://www.djv.de/SingleNews.20.0.html?&tx_ttnews[tt_news]=979&tx_ttnews[backPid]=18&c Hash=4d3b1f828f (29.1.2008)
[195] http://www.djv.de/SingleNews.20.0.html?&tx_ttnews[pointer]=10&tx_ttnews[tt_news]=186&tx_ ttnews[backPid]=21&cHash=24859f0401 (29.1.2008)

u.a. die Jugendschutzbeauftragte von T-Mobile, der Justiziar des NDR, ein Vertreter des Bundesverbandes Deutscher Zeitungsverleger (BDZV) sowie eine Vertreterin der Kommission für den Jugendmedienschutz. Die eineinhalb-tägige Veranstaltung schloss am zweiten Tag mit einer internen Diskussionsveranstaltung für die Gremienmitglieder, die als medienpolitischer Austausch angelegt ist. In diesem Zusammenhang erläutert der zuständige Mitarbeiter:

> „Fortbildung ist ja immer eine Zweibahnstraße. Für uns hat diese Vernetzung auch etwas damit zu tun, medienpolitisch aktiv und präsent zu sein. Und auch eine Botschaft an die Rundfunkräte zu senden. Es geht nicht nur um Schulung, sondern auch darum, klar zu machen, welche Möglichkeiten sie in ihrem Gremien haben, für eine faire Berichterstattung über den öffentlichen Dienst zu sorgen." (FZ)

6.3 Arbeitskreise

Es wurde untersucht, ob außerhalb der organisatorisch vorgegebenen Arbeitsstruktur, wie sie in Kapitel 5.1 beschrieben wurde, weitere Arbeitskreise existieren, die sich in den Gewerkschaften mit medienpolitischen Themen beschäftigen.

Der DGB-Bundesvorstand pflegt einen Medienpolitischen Arbeitskreis, der sich etwa vier Mal pro Jahr trifft. Mitglieder sind die in den Bezirken für Medienpolitik zuständigen Mitarbeiterinnen und Mitarbeiter sowie der medienpolitische Referent von ver.di und die Pressesprecherin der IG BAU, sowie einige interessierte ver.di-Mitglieder. Hinzu kommen die auf Honorarbasis beschäftigte Mitarbeiterin für Medienpolitik und eine weitere Honorarkraft, die sporadisch medienpolitische Organisationsaufgaben für die Abt. Öffentlichkeitsarbeit erledigt. Die Organisierung der Treffen liegt in der Verantwortung der Abt. Öffentlichkeitsarbeit und sie werden von der stellvertretenden Pressesprecherin geleitet. Zu den Treffen werden teilweise externe Referenten eingeladen, so z.B. Vertreter der Landesmedienanstalten oder auch mit Medienpolitik befasste EU-Parlamentarierinnen. Die Teilnehmerzahl liegt in der Regel zwischen 8 und 12 Personen. Der Arbeitskreis dient zum einen dem Meinungsaustausch und ist auch in die Vorbereitung von Veranstaltungen eingebunden. Wichtig ist aber auch der Aspekt der Fortbildung, der durch die externen Referentinnen gewährleistet wird. Teilnehmer des Arbeitskreises arbeiten auch gelegentlich und in Einzelfällen der Redakteurin des Newsletters zu, beispielsweise in Form von Kommentaren zu aktuellen Themen.

In den Bezirken gab es vereinzelt medienpolitische Arbeitskreise in Zusammenarbeit mit anderen Organisationen, so z. B. in Baden-Württemberg. Diese konnten aber nicht auf Dauer gestellt werden, meistens aufgrund von Ressourcenmangel, teilweise auch, weil eine stetige Beteiligung fehlte.

Bei Ver.di gibt es auf Bundesebene einen Arbeitskreis, der sich aus externen und internen medienpolitischen Akteuren zusammensetzt. Er tagt in unregelmäßigen Abständen mehrmals im Jahr.

Beim DJV existiert kein über die satzungsmäßigen Fachgruppen hinausgehender Arbeitskreis, der sich mit medienpolitischen Themen beschäftigt. Gleiches gilt für den Deutschen Beamtenbund.

6.4 Themen und Inhalte

Die Themen und Inhalte der gewerkschaftlichen Veröffentlichungen und Veranstaltungen unterscheiden sich je nach Organisation und sind auch abhängig von der Zielgruppe, für die sie gedacht sind. Bei den beiden Organisationen, die insbesondere Journalistinnen und Journalisten organisieren, also Ver.di und DJV sind die meisten Veröffentlichungen geprägt von berufsspezifischen journalistischen Themen und solchen, die auf die Arbeit der Journalisten starken Einfluss haben. Werden Themen wie Digitalisierung, Konvergenz oder auch Urheberrecht erörtert, so werden sie in der Regel aus dem berufsspezifischen Interesse von Journalisten beleuchtet. Dies zeigt sich vor allem bei den monatlich erscheinenden Zeitschriften, aber auch in den vielfältigen Angeboten an Newslettern. Gleiches gilt auch für das Themenspektrum der Pressemitteilungen, bei denen vor allem tarifpolitische Anliegen einen Schwerpunkt bilden. Der DGB dagegen befasst sich in seinem Newsletter und den seltenen Pressemitteilungen mit medienpolitischen Themen, die eher aus der Sicht von Rezipienten und im Sinne demokratisch-politischen Engagements erörtert werden. Gleiches zeigt sich auch bei den Themen und Inhalten, die auf Tagungen behandelt werden.

6.5 Fazit zu Instrumenten, Aktivitäten und Inhalten gewerkschaftlicher Medienpolitik

6.5.1 Veröffentlichungen

Mit jeweils einer monatlich erscheinenden Zeitschrift verfügen der Deutsche Journalistenverband und ver.di über gut eingeführte Fachorgane mit medienpolitischem Anspruch. Allerdings hat die ver.di-Zeitschrift den Nachteil nur im Abonnement verfügbar und personell im Vergleich zum „journalist" eher schwach besetzt zu sein. Zudem müssen beide Zeitschriften den Spagat zwischen Mitgliedsorgan und allgemein interessierender Zeitschrift schaffen. Der DGB hat mit seinem Medien-Newsletter ein Instrument, das aus seiner Sicht interessante

Medienmeldungen kostenlos online verbreitet, die auch in anderen Quellen zu finden sind. Ein geringer Anteil des Inhalts sind eigene redaktionelle Beiträge, was auch auf die schwachen personellen Ressourcen zurückzuführen ist. Mit diversen Newslettern warten auch die beiden Fachgewerkschaften Ver.di und DJV auf, wobei diese zum großen Teil sehr berufsbezogen auf die Interessen der Mitglieder eingehen. Deutscher Beamtenbund und VRFF verfügen nicht über solche Instrumente und bestätigen damit die schon in Kapitel 5 dargestellten medienpolitischen Defizite.

Mit Pressemitteilungen arbeiten die Gewerkschaften auf medienpolitischem Terrain sehr unterschiedlich. Beim DGB machen sie einen verschwindend geringen Anteil am jährlichen Output aus. Dies verweist zum einen auf die begrenzten personellen Ressourcen für Medienpolitik, zum anderen darauf, dass das Thema in der Organisation nicht zu den Kernbereichen zählt. Zahlreicher sind die Pressemitteilungen, die ver.di auf verschiedenen Ebenen zu medienpolitischen Themen verschickt. Sind dabei auf Bundesebene noch diverse allgemeine medienpolitische Themen auszumachen, beschäftigen sich Pressemitteilungen aus den Landesbezirken und Senderverbänden eher mit berufs- und senderspezifischen Themen. Tarifpolitische Meldungen nehmen auf allen Ebenen breiten Raum ein. Dies gilt auch für die Pressemitteilungen des Deutschen Journalisten-Verbandes (DJV), ebenso wie die Konzentration auf berufsspezifische Fragen. Doch auch der DJV bezieht sporadisch zu allgemeinen medienpolitischen Themen mit Pressemitteilungen Stellung, ähnlich wie ver.di. Auch beim Thema Pressemitteilungen bestätigt sich das bisher gezeichnete Bild beim Deutschen Beamtenbund: Er betrachtet medienpolitische Themen nicht als sein Kernthema.

Nur schwach besetzt ist das Thema Medienpolitik im Internet-Auftritt des Deutschen Gewerkschaftsbundes. Ist es auf Bundesebene aber wenigstens noch in reduzierter Form zu finden, so kommt es bei den Bezirken so gut wie gar nicht vor. Mit der Suche nach den Begriffen „Rundfunkräte", „Rundfunkgremien" oder „Aufsichtsgremien" können hier zumindest einige Dokumente gefunden werden. Verlinkungen zu anderen medienpolitischen Akteuren sind nicht vorhanden. Ver.di bietet auf seiner Internetseite eine Fülle medienpolitischer Informationen, die aber nicht gebündelt, und für die Nutzer durchschaubar, aufzufinden sind. Informationen zu Rundfunkgremien oder speziell für diese werden, bis auf einen kurzen Hinweis, nicht angeboten. Links zu anderen medienpolitischen Akteuren außerhalb der eigenen Organisation werden nicht angeboten. Auch der DJV kann zahlreiche Informationen zum Thema Medienpolitik anbieten, doch ist es hier ähnlich wie bei ver.di für die Nutzer sehr schwierig, diese zu finden. Auf Landesebene finden sich kaum medienpolitische Informationen. Einige wenige Informationen zu Rundfunkgremien können über die entsprechenden Suchbegriffe gefunden werden. Links zu externen medienpolitischen Akteuren gibt es nicht.

Die Website des Deutschen Beamtenbundes bietet keine medienpolitischen Informationen und auch keine weiterführenden Links an.

Insgesamt zeigen die gewerkschaftlichen Veröffentlichungen zu medienpolitischen Themen folgendes Bild: Der Schwerpunkt liegt auf gedruckten Informationen und Online-Newslettern. Die Aktualität lässt zu wünschen übrig und die in Zeiten des Internets für interessierte Nutzer wichtige Online-Recherche ist schwierig. Die spezielle Gruppe der Rundfunkgremien wird nicht gezielt angesprochen und es wird auch keine Plattform geboten, auf der gewerkschaftliche Mitglieder in Rundfunkgremien über ihre Arbeit informieren könnten. Die Möglichkeiten eigene Informationen mit denen anderer medienpolitischer Akteure zu vernetzen werden nicht genutzt. Hier zeigen sich also eindeutig Defizite der Gewerkschaften als medienpolitische Governance-Akteure.

6.5.2 Tagungen und Workshops

Der DGB bietet einige Veranstaltungen zu medienpolitischen Themen an, die sich in erster Linie an gewerkschaftliche Gremienmitglieder richten. Mit einer anderen Art der Tagung versucht der DGB weitere medienpolitische Akteure aus Politik, Wissenschaft und Gesellschaft zu erreichen, um sich so auch als medienpolitischer Akteur zu positionieren und zu vernetzen. Veranstaltungen auf Landesebene sind eher die Ausnahme. Ver.di konzentriert sich mit Ausnahme einer medienpolitischen Veranstaltung im Wesentlichen auf berufsspezifische Tagungsangebote für Journalistinnen und Journalisten. Der Deutsche Journalisten-Verband veranstaltet in unregelmäßigen Abständen sowohl allgemein zugängliche Tagungen zu medienpolitischen Themen, als auch spezielle Veranstaltungen für Gremienmitglieder. Zudem werden die berufsspezifischen Interessen der Mitglieder mit Veranstaltungsangeboten abgedeckt. Der Deutsche Beamtenbund hat sich lediglich mit bisher zwei Tagungen, die sich sowohl an Gremienmitglieder als auch an weitere medienpolitische Akteure richteten, engagiert.

Die gewerkschaftlichen Veranstaltungen zu medienpolitischen Themen sind gekennzeichnet durch eine geringe strategische Anlage und wenig Verstetigung. Das Angebot zeichnet insgesamt ein eher sprunghaftes Angebot, wobei die Versuche, bestimmte Veranstaltungsformen auf Dauer anzulegen, deutlich geworden sind. Gemeinsame Veranstaltungen von mehreren Gewerkschaften oder mit anderen medienpolitischen Akteuren finden nicht statt.

6.5.3 Arbeitskreise

Medienpolitische Arbeitskreise außerhalb der in den Satzungen vorgegebenen Arbeitsstrukturen existieren nur beim DGB und bei ver.di. Arbeitskreise, die Akteure aus anderen gesellschaftlichen Gruppen einbeziehen, gibt es nicht. Nur zwischen ver.di und dem DGB wird dieses Instrument zum gegenseitigen Austausch genutzt.

6.5.4 Themen und Inhalte

Die Themen und Inhalte der gewerkschaftlichen Medien und Veranstaltungen verweisen deutlich auf die unterschiedlichen Aufgaben, die die jeweiligen Organisationen haben. Während ver.di und DJV sich auf Themen konzentrieren, die berufsspezifisch geprägt sind, befasst sich der DGB eher mit Themen und Inhalten, die aus allgemeiner Sicht von Rezipientinnen und Rezipienten wichtig sind. Diese Tendenz zeigt sich darin, wie die Themen behandelt werden.

7 Fallstudien zu Anforderungen und Bedingungen der Gremienarbeit

Dieses Kapitel untersucht die Gremienarbeit, wie sie in Sendern und Landesmedienanstalten angelegt und ausgestaltet ist. Im Mittelpunkt stehen hier die Fragen nach den Rahmenbedingungen und den Anforderungen, denen Gremienmitglieder in ihrer praktischen Mitbestimmungsarbeit unterworfen sind. Dabei wird aber auch die Frage gestellt, wie die Steuerung und Kontrolle durch die Gremien sein kann und faktisch ist. Wie groß ist der Einfluss der politischen Akteure? Gibt es unter der Prämisse, dass eine demokratische Medienordnung auch einer demokratischen Kommunikation über ihre Kontrolle bedarf, Veränderungsbedarf? Werden die Spielräume der gesetzlichen Regelungen und die Anforderungen an die Kontrolle zugunsten der Öffentlichkeit und der öffentlichen Information genutzt oder durch die tatsächlichen Abläufe in den zu kontrollierenden Institutionen unterlaufen? Diese Fragen berühren die zentralen Leitvorstellungen demokratischer Medien in einer pluralistischen Gesellschaftsordnung. Barbara Thomaß schreibt dazu:

> „In einer pluralistischen Gesellschaftsordnung, die individuelle Grundfreiheiten festschreibt, sind die Kommunikationsfreiheiten und eine plurale Medienordnung die zentralen Leitvorstellungen, an denen sich die praktische ebenso wie die wissenschaftliche Kommunikationspolitik ausrichtet. Somit steht die Frage nach der Organisationsform der Kommunikationsmittel ‚der demokratiegerechten Kommunikationsordnung einer Gesellschaft' (Haas/Langenbucher 2003: IX) im Zentrum der Kommunikationspolitik dieser Gesellschaftsordnungen. Wissenschaftliche wie praktische Kommunikationspolitik geht hier also von einem normativen Ausgangspunkt aus: Ohne freie Medien ist keine ungehinderte Meinungsbildung und damit keine Demokratie möglich." (Thomaß 2007:44)

Für die Fallstudien wurden zwei Sendeanstalten und eine Landesmedienanstalt ausgewählt. Im Vordergrund stand, unterschiedliche Medientypen der Rundfunklandschaft abzudecken und so fiel die Wahl auf das Deutschlandradio als Hörfunksender, den Fernsehsender ZDF und die Landeszentrale für Medien und Kommunikation Rheinland-Pfalz (LMK), ehemals LPR (Landeszentrale für Private Rundfunkveranstalter). Auch wenn das Deutschlandradio in seiner Konstruktion als nationale Hörfunkanstalt eine Ausnahme in der deutschen Rundfunklandschaft darstellt, sind die die Gremienarbeit betreffenden Ergebnisse durchaus aufschlussreich für die Innenansicht öffentlich-rechtlicher Hörfunkanstalten und ihre Gremienarbeit.

Für diesen empirischen Teil der Untersuchung wurden unterschiedliche qualitative Methoden angewendet. So wurde eine umfangreiche Dokumentenanalyse durchgeführt: Zum einen wurden die Tagesordnungen sowie die Sitzungsprotokolle der Jahre 2001 bis 2005 daraufhin untersucht, welche Themen die Gremien behandelt haben. Darüber hinaus gaben diese Unterlagen Einblick in Sitzungsabläufe, Teilnehmerfrequenz und Diskussionsverläufe (z.B. Beteiligung). Als zweite Methode wurden in allen drei Einrichtungen leitfadenorientierte problemzentrierte Interviews mit wichtigen Akteuren der Gremienarbeit geführt. Dazu zählen die jeweiligen Vorsitzenden der Gremien, Personalräte und Mitarbeiter der Gremienbüros, bzw. der Direktor der LMK und einige Gremienmitglieder. Die Interviews waren leitfadengestützt, ließen aber genug Offenheit, um den unterschiedlichen Funktionen und Sichtweisen der Interviewpartnerinnen und -partner gerecht zu werden. Die Interviews dauerten in der Regel zwischen einer halben und eineinhalb Stunden und wurden mit einem Aufnahmegerät mitgeschnitten. Die für die Darstellung in diesem Kapitel genutzten wörtlichen Zitate wurden von den Interviewten auf deren Wunsch nachträglich freigegeben. Die Interviews zum Deutschlandradio wurden ergänzt durch die Erfahrungen der Autorin während ihrer Zeit als Gremienmitglied im Hörfunkrat des Senders. Ergänzend wurden Informationen aus den Internetauftritten von Deutschlandradio, ZDF und LMK in die Untersuchung einbezogen, ebenso wie Aussagen aus Jahresberichten u.ä. Ebenfalls zur Analyse herangezogen wurden die rechtlichen Grundlagen, wie Medienstaatsverträge, Satzungen und Geschäftsordnungen.

Die Zugänglichkeit zu den Informationen spielte bei der Auswahl der Fallstudien eine Rolle, da sowohl in die beiden Sender, als auch zur LMK einige Kontakte bestanden. Diese Überlegung erwies sich als durchaus zweckdienlich, denn die Recherche war trotz der guten Zugangsvoraussetzungen nicht problemlos, wie bereits am Anfang der Arbeit beschrieben. Auf die Anfrage, Einsicht in Unterlagen von Hörfunkratssitzungen des Deutschlandradios zu nehmen, wurde zunächst mitgeteilt, es könnten die Tagesordnungen und die Pressemitteilungen eingesehen werde. Nach einigen Telefonaten und einem längeren Anschreiben an den Hörfunkratsvorsitzenden erörterte der Hörfunkrat das Anliegen erneut und gab auch die Protokolle frei. Ohne die Unterstützung einiger Hörfunkratsmitglieder, zu denen die Autorin aufgrund ihrer Tätigkeit als Gremienmitglied in den Jahren 2000 bis 2006 Zugang hatte, wäre das Vorhaben einer Fallstudie im Deutschlandradio eventuell gescheitert.[196]

---

[196] Hierzu siehe auch den Abschnitt 7.1.7

Der Zugang zu den Informationen im ZDF und in der LMK Rheinland-Pfalz war alles in allem unproblematisch. Beim ZDF musste das Erweiterte Präsidium eine Genehmigung erteilen, was in relativ kurzer Zeit geschah, während bei der LMK der Direktor dies allein entschied. Sowohl beim ZDF als auch beim Deutschlandradio musste eine Erklärung unterschrieben werden, dass die Einsichtnahme wissenschaftlichen Zwecken dient und Passagen der Arbeit, die unter Verwendung der eingesehenen Unterlagen angefertigt werden, „vor Einreichung der Arbeit bei der Hochschule dem Sekretariat des Fernsehrates vorzulegen und von diesem ausdrücklich freigeben zu lassen."[197] Bei der LMK war das nicht erforderlich, es wurde hingegen betont, dass alle Informationen „schließlich keine Geheimnisse sind" (MH).

Die in den Fallstudien gemachten Aussagen stützen sich auf das oben beschriebene Material sowie die Interviews und Gespräche, auch wenn sie nicht in jedem Fall durch entsprechende Zitate belegt werden.

7.1 Deutschlandradio

Das Deutschlandradio (DLR) ist eine Körperschaft öffentlichen Rechts, seine rechtliche Grundlage ist der DeutschlandRadio-Staatsvertrag (DLR StV) vom 17. Juni 1993, in der jeweils dem aktuellen Rundfunkstaatsvertrag angepassten Fassung. Der Staatsvertrag wurde zwischen den Bundesländern geschlossen und trat am 1. Januar 1994 in Kraft. Mitglieder und damit Träger der Körperschaft sind ARD und ZDF. Das DLR wurde zum einen gebildet aus dem vom Runden Tisch auf Basis der ehemaligen DDR-Sender gebildeten DS Kultur und zum zweiten von RIAS 1, der bis zu seiner Überführung in das Deutschandradio der United States Information Agency (USIA) unterstand und in Berlin und die DDR sendete. Das dritte Element bildet der Deutschlandfunk. Er war, trotzdem die Länder für den Rundfunk zuständig sind, nach der deutschen Teilung mit Berufung auf die grundgesetzlich verankerte Wiedervereinigungsaufgabe gegründet worden. Das Deutschlandradio veranstaltet zwei nationale Hörfunkprogramme: Deutschlandfunk mit dem Funkhaus in Köln und Deutschlandradio Kultur mit dem Berliner Funkhaus. Sein Sitz ist demgemäß in Köln und Berlin, der Intendant, die dazugehörende Verwaltung und der für den Gerichtsstand maßgebliche Sitz der Körperschaft befindet sich in Köln. Das DLR kooperiert sowohl in Programm- als auch in Verwaltungsaufgaben mit ARD und ZDF.

Als nationaler Hörfunk hat das Deutschlandradio eine einmalige Stellung in der Hörfunklandschaft:

---

[197] ZDF- Satzung Fernsehrat, §9, 7, ähnlich lautend lt. DLR, GO des HFR, Anlage 2

„Das DeutschlandRadio ist unter knapp 250 Hörfunkwellen das einzige Radio
Deutschlands, das über einen explizit gesamtdeutschen Programmauftrag und über
ein bundesweites UKW-Ausstrahlungsgebiet verfügt. Zugleich stellt das DeutschlandRadio die einzige Rundfunkstation in der Rechtsform der Körperschaft dar.
Darüber hinaus ist es das erste föderale Hörfunkunternehmen aller 16 Bundesländer
und das erste Radio unter dem Dach von ARD und ZDF. Als einmalig gilt auch seine ausschließliche Finanzierung über Rundfunkgebühren und damit der Verzicht auf
Werbung und Sponsoring." (Kujas 2000: 1)

7.1.1 Art der Gremien, Anzahl der Mitglieder, Tagungsrhythmus

Die Organe des Deutschlandradios sind der Hörfunkrat, der Verwaltungsrat und
der Intendant. Der Hörfunkrat hat zwei Ausschüsse: den Programmausschuss
und den Wirtschafts- und Finanzausschuss. Der Hörfunkrat hat die Aufgabe,

„für die Sendungen der Körperschaft Richtlinien im Einvernehmen mit dem Verwaltungsrat aufzustellen und den Intendanten in Programmfragen zu beraten. Er überwacht die Einhaltung der Richtlinien und der in den §§ 6 bis 11 und 15 dieses
Staatsvertrages aufgestellten Grundsätze."[198]

Zudem beschließt der Hörfunkrat

„auf Vorschlag des Verwaltungsrates über die Genehmigung des Jahresabschlusses,
die Entlastung des Intendanten und mit einer Mehrheit von zwei Dritteln seiner gesetzlichen Mitglieder über die Genehmigung des Haushaltsplans." (ebenda)

Der Hörfunkrat hat 40 Mitglieder und setzt sich nach Maßgabe des Staatsvertrages zusammen aus:

a.   je einem Vertreter der vertragschließenden Länder, der von der zuständigen
     Landesregierung entsandt wird,

b.   drei Vertretern des Bundes, die von der Bundesregierung entsandt werden,

c.   einem Vertreter der Evangelischen Kirchen in Deutschland,

d.   einem Vertreter der Katholischen Kirche,

e.   einem Vertreter des Zentralrats der Juden in Deutschland,

f.   einem Vertreter des Deutschen Gewerkschaftsbundes,

g.   einem Vertreter der Bundesvereinigung Deutscher Arbeitgeberverbände,

---

[198] DLR-StV, §20

h. einem Vertreter der Arbeitsgemeinschaft der Badisch-Württembergischen Bauernverbände,

i. einem Vertreter des Bundes der Vertriebenen, Landesverband Bayern e. V.,

j. einem Vertreter des Landessportbundes Berlin e. V.,

k. einem Vertreter der Handwerkskammern von Brandenburg,

l. einem Vertreter des Sozialverbandes Deutschland e.v., Landesverband Bremen,

m. einem Vertreter der Deutschen-Angestellten-Gewerkschaft, Landesverband Hamburg[199],

n. einem Vertreter des Deutschen Mieterbundes, Landesverband Hessen e. V.,

o. einem Vertreter eines Landesverbandes der Freien Berufe, Landesverband Mecklenburg-Vorpommern e. V.,

p. einem Vertreter des Landesmusikrates Niedersachsen e. V.,

q. einem Vertreter des Landesjugendringes Nordrhein-Westfalen,

r. für jeweils eine Amtsperiode einem Vertreter von ver.di – Vereinte Dienstleistungsgewerkschaft e.V. – Landesbezirk Rheinland-Pfalz – aus dem Fachbereich Medien oder einem Vertreter des Deutschen Journalistenverbandes/Landesverband Rheinland-Pfalz,

s. einem Vertreter der Verbraucherzentrale des Saarlandes e. V.,

t. einem Vertreter des Bundes der stalinistisch Verfolgten, Landesverband Sachsen,

u. einem Vertreter des Deutschen Roten Kreuzes – Landesverband Sachsen-Anhalt e. V.,

v. einem Vertreter des Landesnaturschutzverbandes Schleswig-Holstein,

w. einem Vertreter der Industrie- und Handelskammern von Thüringen.

Das heißt, 21 Mitglieder kommen aus den sogenannten gesellschaftlich relevanten Gruppen, 19 aus der Politik. Die Mitglieder werden von den jeweils entsendenden Organisationen benannt. Die Amtszeit beträgt vier Jahre. War das Mandat von einem Mann besetzt, so muss es bei einem Wechsel anschließend mit einer Frau besetzt werden und umgekehrt, Ausnahmen sind im Einzelfall zulässig. Mit drei gewerkschaftlichen Mitgliedern ist deren Anteil relativ hoch.

Der Verwaltungsrat ist hier nicht Gegenstand einer genaueren Analyse. Da aber an einigen Stellen auf ihn Bezug genommen wird, sollen einige grundsätzli-

---

[199] Durch das Aufgehen der DAG in ver.di wird dieser Sitz inzwischen von ver.di besetzt

che Bemerkungen seine Besetzung und Aufgaben skizzieren: Der Verwaltungs-rat schließt mit dem Intendanten den Dienstvertrag, überwacht seine Tätigkeit, speziell in wirtschaftlichen Fragen und beschließt den Haushaltsplan und den Jahresabschluss, die vom Hörfunkrat genehmigt werden. Zudem erlässt er die Satzung des Deutschlandradios, eine Aufgabe, die in anderen Anstalten den Hörfunkräten zukommt. Die Mitglieder des Verwaltungsrates können jederzeit an den Sitzungen des Hörfunkrates teilnehmen und haben das Recht, sich zu den Tagesordnungspunkten zu äußern. Umgekehrt besteht diese Regelung für die Mitglieder des Hörfunkrates nicht.[200] Er besteht aus acht Mitgliedern: drei Ver-tretern der Länder, einem Vertreter des Bundes und jeweils zwei Vertretern von ARD und ZDF. Die Zusammensetzung im April 2007 beispielsweise sah folgen-dermaßen aus:

- Vorsitzender: Prof. Markus Schächter, Intendant Zweites Deutsches Fern-sehen, ZDF
- stellv. Vorsitzender: Prof. Dr. Udo Reiter, Intendant Mitteldeutscher Rund-funk , ARD
- Staatssekretär Clemens Appel, Chef der Staatskanzlei, Land Brandenburg
- Staatsminister Stefan Grüttner, Chef der Staatskanzlei, Land Hessen
- Ministerin Christa Thoben, Ministerium für Wirtschaft, Mittelstand und Energie, Land Nordrhein-Westfalen
- Klaus Uwe Benneter, MdB, Bundesregierung
- Monika Piel, Intendantin Westdeutscher Rundfunk, ARD
- Hans Joachim Suchan, Verwaltungsdirektor Zweites Deutsches Fernsehen, ZDF[201]

In der Zusammensetzung des Verwaltungsrates und in seiner Funktion manifes-tiert sich die starke Anbindung des nationalen Hörfunks an ARD und ZDF. Da-mit, so stellt die Sozialwissenschaftlerin Silke Kujas fest, wird ihm

> „[...] seine autonome Entfaltungsmöglichkeit genommen. Im Gegensatz zu einer Anstalt steht das Deutschlandradio in Abhängigkeit zu seinen Mitgliedern, welche die Kompetenz haben, über grundlegende Beschlüsse der Körperschaft mit zu ent-scheiden." (Kujas 2000: 70)

---

[200] Vergl. DLR-StV, §25, Abs. 4, Verfahren des Verwaltungsrates und § 22, Verfahren des Hörfunk-rates
[201] Stand April 2007 laut http://www.dradio.de/wir/gremien/ (15.5.2008)

Der Verwaltungsrat ist ausschließlich zusammengesetzt aus politischen Vertretern und Vertretungen von ARD und ZDF. Eine Beteiligung von gesellschaftlich relevanten Gruppen aus der Mitte des Hörfunkrates ist, anders als bei anderen öffentlich-rechtlichen Sendern nicht gegeben. Zudem müssen wichtige Entscheidungen, wie die Intendantenwahl und die Genehmigung des Haushaltsplanes Zwei-Drittel-Mehrheiten erreicht werden. In der Dominanz der politischen Vertreter in beiden Gremien, verbunden mit dieser Mehrheits-Regelung, sehen manche Juristen eine Kollision mit dem vom Bundesverfassungsgericht 1961 festgelegten Gebot der Staatsfreiheit des Rundfunks. (vergl. Kujas 2000: 71)

Die Wichtigkeit der drei Organe wird in der Praxis im Gegensatz zur Aussage des Staatsvertrages so eingeschätzt, dass der Verwaltungsrat das wichtigste Gremium ist, dann folgt die Intendanz, dann der Hörfunkrat. Der Hörfunkrat sei zwar das wichtigste Legitimationsorgan, entscheide im Endeffekt aber gar nicht wirklich, meinten einige Gesprächspartner.

7.1.2 Ausschüsse (Besetzung, Teilnahme, Einladung)

Der Hörfunkrat hat zwei Ausschüsse gebildet: Der Programmausschuss und der Wirtschafts- und Finanzausschuss. Ihm steht es jedoch frei, weitere dauernde oder nichtständige Ausschüsse für vorübergehende Aufgaben zu bilden. Dem Programmausschuss gehören 11 Mitglieder an, dem Wirtschafts- und Finanzausschuss der Vorsitzende und der Stellvertretende Vorsitzende des Hörfunkrates sowie fünf weitere Mitglieder. Gemäß der Geschäftsordnung des Hörfunkrates sind „Bei der Zusammensetzung der Ausschüsse [...] die im Hörfunkrat vertretenen Gruppen im Einklang mit dem besonderen Auftrag des einzelnen Ausschusses und dessen fachlichen Anforderungen angemessen zu berücksichtigen."[202] Ein ähnlicher Bezug auf fachliche Anforderungen fehlt im Staatsvertrag, der die Zusammensetzung und Auswahl der Gremienmitglieder regelt.[203]

Der Wirtschafts- und Finanzausschuss wurde erst 2002 gebildet, er berät den Wirtschaftsplan, den Jahresabschluss und die KEF-Anmeldungen. Die Bildung des Ausschusses geschah auf Vorschlag und Initiative des damaligen Hörfunkratsvorsitzenden und einiger Mitglieder des Gremiums. Zuvor hatte es Unzufriedenheit über das Verfahren der Beratungen gegeben: Auf der einen Seite muss der Hörfunkrat den vom Verwaltungsrat beschlossenen Haushaltsplan und Jahresabschluss genehmigen, in der Praxis hatte er hierzu aber weder ein kompetentes Beratungsinstrument und oft viel zu wenig Zeit, sich tatsächlich mit den

---

[202] GO des HFR, §6, Abs. 3
[203] Vergl. DLR StV, §21

Vorlagen auseinanderzusetzen. Bei der Diskussion um die Bildung des Ausschusses wurde sehr darauf geachtet, die Kompetenzen des Verwaltungsrates nicht anzugreifen. Zudem kann jedes Mitglied des Hörfunkrates an den Sitzungen der Ausschüsse mit beratender Stimme teilnehmen. Der Programmausschuss tagt in der Regel alle drei Monate im Vorfeld der Hörfunkratssitzung. Der Wirtschafts- und Finanzausschuss nach Bedarf, normalerweise zur Vorbereitung der Haushaltsberatungen. Die Einladung erfolgt durch den Vorsitzenden des Ausschusses. Der Intendant nimmt an den Sitzungen teil und ist auf Wunsch zu hören. Ebenfalls eingeladen werden die vom Personalrat für die Teilnahme an den Sitzungen des Hörfunkrates benannten Vertreter.

Im Programmausschuss und im Wirtschafts- und Finanzausschuss wird jeweils ein Sitz von gewerkschaftlichen Gremienmitgliedern wahrgenommen (Stand März 2006). Sie besetzen keinen Ausschussvorsitz oder stellvertretenden Ausschussvorsitz.

7.1.3   Freundeskreise

Im Deutschlandradio gibt es seit Bestehen zwei Freundeskreise[204], die sich an der politischen Ausrichtung orientieren. Der eine Freundeskreis wird aus sich der SPD und den Grünen zugehörig fühlenden Mitgliedern gebildet, der andere Freundeskreis aus den konservativen Parteien zugeneigten Mitgliedern. Der langjährige ehemalige Vorsitzende des Hörfunkrates, ein ehemaliger FDP-Staatssekretär aus Brandenburg, war im ersten Freundeskreis, da seine Partei in Brandenburg in einer Koalition mit der SPD regierte. So finden sich auf der einen Seite beispielsweise Gewerkschaften, Verbraucherschützer, Landesmusikrat und evangelische Kirche, auf der anderen die Freien Berufe in Mecklenburg-Vorpommern, der Bund der Vertriebenen oder auch die katholische Kirche. An den Sitzungen der Freundeskreise nimmt auch der Intendant teil, häufig auch die Verwaltungsdirektion. Nach Einschätzung des Sprechers eines der Freundeskreise finden die Freundeskreise und deren Sprecher eine erhebliche Beachtung beim Intendanten:

> „Ja, er [der Intendant, d. Verf.] räumt diesen Geschichten schon einen Stellenwert ein, einen etwas anderen als im großen Gremium. Bis dahin, dass er mich vorab informiert, über personelle Veränderungen im Leitungsbereich und so weiter, dass wir das eventuell dann noch mal abchecken, um da auch keine Konflikte zu haben. Als ich Sprecher geworden bin, haben wir uns getroffen, da hat er mir allerdings auch

---

[204] Vergl. hierzu Abschnitt 4.2, Struktur und Aufgaben von Gremien

noch mal gesagt, ich soll daran denken, dass ich nicht der Ersatzpersonalrat bin. Aber so kommen wir mittlerweile gut zurecht. Da gab es ja neulich von der Friedrich-Ebert-Stiftung diese Veranstaltung „Qualität – Quantität" und da hatte er die Einladung und wollte, dass ich sie weiterschicke an den Freundeskreis. Das habe ich dann auch gemacht und dann habe ich ihm vorgeschlagen, dass wir uns vorher treffen, die Leute, die da mit hinkommen und dann haben wir uns vorher bei ihm getroffen und denn haben wir mal so ein bisschen darüber gesprochen, wie wir uns da einbringen können. Das war okay, also, da beachtet er schon ganz gut." (AS)

Die Freundeskreise tagen vor jeder Sitzung des Hörfunkrates und üben auch einen großen Einfluss auf die Besetzung der Ausschüsse aus. Scheidet ein Mitglied einer Organisation aus einem Ausschuss aus, so wird im entsprechenden Freundeskreis die Wiederbesetzung vorbereitet. In der Regel wird der dem ausscheidenden Mitglied Nachfolgende auch den entsprechenden Ausschusssitz übernehmen. Manchmal werden aber bei einem solchen Wechsel auch von anderen Gremienmitgliedern Wünsche angemeldet, so dass es zu Neuverhandlungen kommt. Die Freundeskreise prägen weitgehend auch die inhaltliche Ausgestaltung der Hörfunkratssitzungen. Sie treffen beispielsweise Absprachen untereinander, welche Themen verfolgt werden sollen. Ihnen kommt deshalb eine tragende Rolle zu. Dabei werden hier aber auch schon im Vorfeld der Sitzungen Konflikte entschärft:

„Seit Beginn des Deutschlandradios hat im Hintergrund immer eine inoffizielle große Koalition gewirkt, die systemstabilisierend ist, das sieht man auch im Verwaltungsrat. Und das ist für uns als Deutschlandradio ein Segen. Der Preis, den man dafür zahlen muss, sind Geschichten, die dann nicht offen auf den Tisch kommen, z.B. im Hörfunkrat, im Programmausschuss, sondern die je nach taktischen Kalkül entweder in der Kulisse ausgetragen werden oder unterbleiben." (PW)

Die gewerkschaftlichen Gremienmitglieder sind in dem der SPD und den Grünen nahestehenden Freundeskreis engagiert. Der vom Landesbezirk Hamburg für ver.di entsandte Vertreter ist auch Sprecher dieses Freundeskreises.

7.1.4 Fluktuation, Teilnahmefrequenz

Die Teilnahme an den Sitzungen des Hörfunkrates ist im Allgemeinen recht gut, wie auch die Einsichtnahme in die Protokolle belegt. Allerdings gibt es eine ziemlich hohe Fluktuation. Die Amtszeit des Hörfunkrats läuft jeweils vier Jahre. Laut Staatsvertrag können die Vertreter der Länder und des Bundes von ihren entsendenden Stellen abberufen werden, alle anderen entsendenden Stellen können ihre Gremienmitglieder nur abberufen, wenn diese aus der jeweiligen Organisation ausscheiden.[205] Tritt eine Interessenkollision im Sinne des Staatsvertrages auf, scheidet das Gremienmitglied aus, im Zweifel stellt der Hörfunkrat dies fest.[206]

Teilweise erscheinen einzelne Mitglieder aber nur selten im Gremium. So berichtet ein Hörfunkratsmitglied, es habe eine politische Vertreterin aus einem Bundesland gegeben, die er nur ein einziges Mal erlebt habe und „dann ist die nie wieder gekommen". Die Frage der Fluktuation kann dabei auch im Zusammenhang damit gesehen werden, wie wichtig die entsendenden Organisationen das Thema nehmen. „Dann gibt es halt auch Organisationen, die das nicht so wichtig finden. Dann hast du da halt eine Menge Rotationen." (AS)

Die Arbeit der gewerkschaftlichen Gremienmitglieder wird auf Seiten des Personalrates positiv eingeschätzt: „Die Gewerkschaftsvertreter sind in der Regel besser präpariert, als manche andere. Sie sitzen auch nicht einfach da und lassen sich etwas vorkauen, sondern werden in der Regel auch etwas aktiver." (PW) Eine gewisse Fluktuation der gewerkschaftlichen Gremienmitglieder ist durch die Regelung vorprogrammiert, dass sich die Vertretungen der Gewerkschaft ver.di und des Deutschen Journalisten-Verbandes aus dem Land Rheinland-Pfalz einen Sitz teilen und so jeweils nur für eine Amtsperiode das Mandat übernehmen.

7.1.5 Themen der Beratungen

Die Beratungen befassen sich mit einer Vielzahl von Themen, wie die Einsicht in die Protokolle gezeigt hat und die folgende Aufzählung darstellt:

Digitalisierung, Frequenzverteilung, Zusammenarbeit mit der Deutschen Welle und i. d. Zusammenhang Urheberrechtsfragen und Honorierung von Autoren für weitere Ausstrahlung v. Beiträgen, Einladung des HFR zur Internationalen Funkausstellung, Öffentlichkeitsarbeit, Akzeptanzstudie, Jahresabschluss, Vertragsverlängerungen leitender Mitarbeiter durch den Verwaltungsrat. Online-Studie, Auffinden der Gremienstrukturen im Online-Auftritt, Bericht über Gremienvorsitzendenkonferenz, Hörerresonanz, Selbstverpflichtungserklärung,

---

[205] DLR-StV, §21, 7

[206] Hörfunkratsmitglieder „dürfen weder für die Körperschaft, für eine andere Rundfunkanstalt, einen Zusammenschluss von Rundfunkanstalten, eine Landesmedienanstalt oder einen privaten Veranstalter gegen Entgelt tätig sein. Dies gilt nicht für eine gelegentliche Tätigkeit, die die Unabhängigkeit des Mitglieds nicht berührt. Die Mitglieder des Hörfunkrates dürfen keine wirtschaftlichen oder sonstigen Interessen haben, die geeignet sind, die Erfüllung ihrer Aufgaben als Mitglieder des Hörfunkrates zu gefährden." (DLR-StV, §21,6)

Werbe- und Marketingaktivitäten, Hörfunkratsvorsitzender schreibt an ARD, ZDF und Gremienvorsitzende wg. Werbung für DLR-Programm, Wahl des Intendanten, Sprache und Sprechen, Moderatorentraining, Kritik an einzelnen Sendungen, Redakteuren und deren Kommentaren zu politischen Ereignissen, Rundfunkänderungsstaatsvertrag, Gebühren, Programmrichtlinien zum Jugendschutz, Synergien mit ZDF und ARD, Entschließung über Qualitätskriterien. Programmentwicklung (neue Struktur für Deutschlandradio Berlin/Deutschladradio Kultur), Entlastung des Intendanten, Gleichstellung, EU-Kommission u. Beihilfeverfahren, Enquetekommission Kultur des Deutschen Bundestages, Programmreform Deutschlandfunk.

Eine kontinuierliche abgestimmte Programmbeobachtung durch den Hörfunkrat oder den Programmausschuss findet nicht statt. Den Gremien werden vom Haus Berichte über Sendungen oder Themenblöcke präsentiert. Der Intendant berichtet in jeder Sitzung regelmäßig über Sendungen und Veranstaltungen.

7.1.6 Zuordnung von Gremieninfrastruktur

Räume/Sekretariat

Dem Hörfunkrat steht ein Sekretariat[207] zur Verfügung, das an den Sitz des Intendanten angebunden ist. Es soll die Vorsitzenden des Hörfunkrates und seiner Ausschüsse in der Geschäftsführung unterstützen. Zudem hat es „die Arbeit des Hörfunkrates und seiner Ausschüsse technisch und organisatorisch sicherstellen und das als Entscheidungshilfe zu Sachfragen benötigte Grundmaterial zu beschaffen."[208] Das Sekretariat untersteht hiernach den Weisungen des Vorsitzenden des Hörfunkrates und erledigt die Geschäfte nach seinen Weisungen und in seinem Auftrag. Dienstrechtlich ist es dem Intendanten unterstellt. Eine Mitarbeiterin, die für das Sekretariat des Intendanten zuständig ist, bearbeitet auch die Angelegenheiten des Hörfunkrates mit.

Einladung/Tagesordnung/Sitzungsleitung

Zu den Sitzungen des Hörfunkrates lädt der Vorsitzende oder die Vorsitzende ein. Die Tagesordnung, so heißt es in der Geschäftsordnung, wird vom Vorsit-

---

[207] Im Weiteren, dem allgemeinen und dem Sprachgebrauch im Sender folgend, „Gremienbüro" genannt
[208] GO des HFR, §9, Abs.1

zenden aufgestellt und muss für jede Sitzung den Tätigkeitsbericht des Intendanten und die Berichte der Ausschüsse vorsehen. Anträge von Verwaltungsrat und
Intendant sind auf die Tagesordnung zu setzen.[209] Die Sitzungen werden vom
Vorsitzenden geleitet. Allerdings zeigt die Praxis einen etwas anderen Umgang
mit der Erstellung der Tagesordnungen, wie der Vorsitzende des Hörfunkrates
erzählt:

> „Die Intendanz schlägt eine Tagesordnung vor und wenn ich etwas zufügen oder
> streichen möchte, dann bespreche ich es mit Herrn Prof. Elitz und dann wird es auch
> so gemacht. Da haben wir auch noch nie ein Problem gehabt. Aber insgesamt ist das
> der Intendant und ich, die die Tagesordnung machen." (RG)

Beratungsvorlagen

Die Beratungsvorlagen kommen in der Regel aus dem Haus und werden von den
Mitarbeiterinnen und Mitarbeitern erarbeitet, die thematisch zuständig sind.

7.1.7 Öffentlichkeit

Der Vorsitzende des Hörfunkrates unterrichtet laut Geschäftsordnung die Öffentlichkeit über die Arbeit des Gremiums. In der Praxis gibt es selten Pressemitteilungen über Beschlüsse des Hörfunkrates und sehr rare Pressekonferenzen.[210] Es
gibt keinen regelmäßigen Bericht über die Arbeit des Hörfunkrates. Wie bereits
in der Einleitung zu den Fallstudien beschrieben gibt es auf Seiten des Senders
und bei Teilen des Hörfunkrates wohl Bedenken, Sitzungsniederschriften öffentlich zugänglich zu machen. Dies spiegelt auch die Geschäftsordnung wider, die
festlegt, dass über „die Einsichtnahme Dritter in Niederschriften *öffentlicher*
[Hervorhebung d. Aut.] Sitzungen des Hörfunkrates [...] der Vorsitzende des
Hörfunkrates nach pflichtgemäßem Ermessen" entscheidet.[211] Und, so heißt es
weiter, er werde „dem Begehren in der Regel dann stattgeben, wenn der Antragsteller ein berechtigtes Interesse nachweist".[212] Hier wird also schon für die
Protokolle öffentlicher Sitzungen, im Allgemeinen nur der Haushaltsberatungen,
eine Hürde für den Zugang von Öffentlichkeit aufgebaut. Zudem ist für die Einsichtnahme Dritter in Protokolle *nicht-öffentlicher* oder *vertraulicher* Sitzungen

---

[209] GO des HFR §2, Abs. 6
[210] Vergl. hierzu auch den Abschnitt über die Website
[211] GO des HFR §8, 7
[212] ebenda

die vorherige Zustimmung des Hörfunkrates erforderlich. Hier steht „die Zustimmung im freien Ermessen. Ein Rechtsanspruch besteht nicht."[213] Wie in der Anlage 2 zur Geschäftsordnung geregelt ist, darf die Einsichtnahme allein wissenschaftlichen Zwecken dienen. Und zusätzlich heißt es: „Einsichtnahmeberechtigt ist allein der Autor der wissenschaftlichen Arbeit. Er hat sich durch die Vorlage einer Bescheinigung, die das Thema der Arbeit und ggf. den betreuenden Hochschullehrer benennt, zu legitimieren."[214]

Ein Hörfunkratsmitglied schätzt das Thema Transparenz und die Schwierigkeiten vieler Mandatsträger so ein:

„Ich bin eigentlich für Transparenz und glaube auch, dass es ein Riesenfehler von solchen Organisationen ist, weil die keiner kennt und da auch immer dieser Eindruck entsteht, die machen ja alle, was sie wollen. Also ich kannte vorher den Hörfunkrat nicht, wusste die Zusammensetzung nicht und gar nichts. Ich war sehr erstaunt, ich finde ja auch einen Teil dieser Satzung sehr fortschrittlich, wenn man sagt, wenn vorher ein Mann da war, dann muss eine Frau kommen. Das ist das einzige Gremium, wo ich das kenne und das ist ja auch eine Sache, mit der man in die Öffentlichkeit gehen kann. Aber irgendwie habe ich das Gefühl, alle haben da so ein bisschen Angst davor, in die Öffentlichkeit gezerrt zu werden, weil, dann muss man sich ja eventuell auch die Frage gefallen lassen, wieso bist denn du da drin und nicht ich? Und wenn man dann weiß, wie die Leute in diese Ämter kommen, hat man ja manchmal ein Problem, das zu beantworten." (AS)

Sitzungen

Das Gremium tagt vier Mal im Jahr abwechselnd in Berlin und Köln, teilweise aber auch in anderen Bundesländern. Findet die Sitzung in Berlin statt, so trifft sich der Programmausschuss in der Regel am Vorabend, die Hörfunkratssitzung beginnt dann am Folgetag und dauert regelmäßig etwa vier bis fünf Stunden. Der Hörfunkratssitzung vorgeschaltet sind die Sitzungen der so genannten Freundeskreise. Der Hörfunkrat des Deutschlandradios tagt nicht-öffentlich. Öffentlich ist nur die Haushaltsberatung. Der Hörfunkrat kann aber mit einfacher Mehrheit beschließen, auch andere Beratungsgegenstände öffentlich zu behandeln oder zu einzelnen Sitzungen die Öffentlichkeit zuzulassen.[215] Der Hörfunkrat kann aber auch die Beratung einzelner Punkte der Tagesordnung für vertraulich erklären. Im Alltag des Gremiums wird die Möglichkeit, vom regelhaften Ausschluss der Öffentlichkeit abzuweichen, jedoch nicht genutzt. Die „öffentliche" Haushaltsbe-

---

[213] ebenda
[214] GO des HFR, Anlage 2
[215] Vergl. im Folgenden: GO des HFR §8

ratung findet in der Regel ohne öffentliche Beteiligung statt, sei es, weil es hierfür keine öffentlichen Hinweise gibt, sei es, weil z.b. Journalisten sich nicht für dieses Thema interessieren.

An den Sitzungen des Hörfunkrates nehmen außer den gesetzlich bestimmten Mitgliedern der Intendant[216] und leitende Mitarbeiterinnen und Mitarbeiter des Hauses teil. Hierzu zählen der Justiziar, die Direktoren und fallweise auch Mitglieder der Chefredaktion und der Redaktionsleitungen. Auch die Presse- und Öffentlichkeitsarbeit des Hauses ist in der Regel vertreten. Manchmal werden Redakteure zu bestimmten Themen eingeladen, so z.b. wenn der Hörfunkrat in einem anderen Bundesland tagt und der jeweilige Landeskorrespondent über seine Arbeit informiert. Eingeladen wurde auch beispielsweise ein Korrespondent aus Großbritannien, der dem Hörfunkrat sowohl über seine Arbeit, als auch über die BBC berichtete.

Zudem haben Mitglieder des Personalrates das Recht an den Sitzungen teilzunehmen, wobei nicht eindeutig geregelt ist, ob sie Rederecht haben oder nicht:[217]

„Das haben wir uns damals erkämpft und der erste Hörfunkratsvorsitzende hat uns auch immer als nicht stimmberechtigte Hörfunkratsmitglieder behandelt. Was wir hier praktiziert haben, ist eher die verhaltene diplomatische Tour, die dazu führt, dass wir das nicht ausnutzen, damit wir nicht rausgeschmissen werden. Wir äußern uns dann, wenn wir etwas aus unserer Kompetenz für wichtig halten, und das ist, wenn es um Programmfragen geht, relativ selten. Wenn es um Finanzfragen geht, da ist der Hörfunkrat, trotz Wirtschafts- und Finanzausschuss, ja auch nicht das Gremium, das die Zeichen setzt, sondern der Verwaltungsrat. Da bin ich dabei – sozusagen als stiller Teilnehmer." (PW)

Protokolle

Die Protokolle der Sitzungen werden von einer Mitarbeiterin der Intendanz erstellt. Gegebenenfalls werden einzelne Passagen im Haus gegengelesen. Anschließend gehen sie an den Vorsitzenden des Hörfunkrates zur Kontrolle und Freigabe. Im Anschluss daran werden sie an die Mitglieder des Hörfunkrates, die Mitglieder des Verwaltungsrates und den Intendanten geschickt. Der Hörfunkrat muss das Protokoll in seiner nächsten Sitzung genehmigen. Dies geschieht in der Regel ohne Diskussionen. Die Protokolle werden dann im Haus auch an die zuständigen Direktionen und den Justitiar weitergeleitet. Weiteren Mitarbeitern

---

[216] So bestimmt im DLR-StV §22, 4
[217] DLR-StV §21,2

werden nur Auszüge zugeschickt, wenn diese Arbeitsaufträge an bestimmte Abteilungen nach sich ziehen. Die Protokolle werden nicht veröffentlicht.

Beschlüsse

Der Hörfunkrat ist beschlussfähig, wenn mindestens die Hälfte der gesetzlichen Mitglieder anwesend ist. Beschlüsse dürfen nur über Angelegenheiten gefasst werden, die auf der Tagesordnung stehen, es sei denn, die Hälfte der Mitglieder stimmt zu. Beschlüsse werden in der Regel mit einfacher Mehrheit gefasst, außer bei der Wahl des Intendanten und der Genehmigung des Haushaltsplanes. Hier ist eine Zwei-Drittel-Mehrheit erforderlich. In der Praxis werden Beschlüsse allerdings fast immer einstimmig oder mit wenigen Gegenstimmen und Enthaltungen gefasst. So beschreibt der Hörfunkratsvorsitzende die Atmosphäre im Gremium als ausgesprochen gut, auch die Zusammenarbeit zwischen den Vertretern aus der Politik und denen der gesellschaftlich relevanten Gruppen:

> „Also ich weiß nicht, wie es in anderen Rundfunkräten ist, aber bei uns ist es außergewöhnlich gut, man merkt überhaupt nicht die politische Richtung. Die Leute versuchen das Beste für Deutschlandradio zu machen und ich finde, dass die ganze Atmosphäre außergewöhnlich gut ist." (RG)

Die Beschlüsse werden in der Regel nicht veröffentlicht.[218] Die Ausschusssitzungen und deren Beratungsunterlagen sind vertraulich. Deshalb dürfen Niederschriften Dritter erst nach einer Frist von acht Jahren zur Einsichtnahme überlassen bleiben. Auch hier greifen die oben bereits genannten Regelungen zu Einsichtnahme Dritter. Dazu ist noch interessant zu wissen, was die Geschäftsordnung des Hörfunkrates regelt:

> „Die Einsichtnahme Dritter in Niederschriften nicht öffentlicher oder vertraulicher Sitzungen des Hörfunkrates bedarf der vorherigen Zustimmung des Hörfunkrates. Die Zustimmung steht in freiem Ermessen. Ein Rechtsanspruch auf Einsichtnahme besteht nicht."[219]

---

[218] Ausnahmen siehe unter Punkt Website
[219] GO des HFR, §7; siehe auch Anlage 2, die die Einsichtnahme Dritter in Sitzungsniederschriften regelt.

Externe Anfragen/Anfragen von Gremienmitgliedern

Anfragen von externen Interessierten zu den Angelegenheiten des Hörfunkrates kommen im Gremienbüro so gut wie nie an. Von Gremienmitgliedern gibt es ab und zu Bitten um logistische Hilfe, wie die Beschaffung von Konzertkarten oder Eintrittskarten für Veranstaltungen. Informationsanfragen z.b. mit der Bitte um Material für eigene Veranstaltungen der Gremienmitglieder erledigt in der Regel die Pressestelle.

Website

Auf der Internetseite des Deutschlandradios ist man mit zwei Klicks über die Navigationspunkte „wir über uns" und „Gremien" bei den Informationen zum Hörfunkrat. Allerdings sind diese äußerst spärlich: Außer einem kurzen Text zu Aufgaben und Zusammensetzung der Gremien Verwaltungs- und Hörfunkrat, findet man noch eine Auflistung der aktuellen Mitglieder der beiden Gremien und der beiden Ausschüsse. Keine Informationen gibt es über Tagungstermine, Tagesordnungen, Beschlüsse oder ähnliches. Es findet sich kein Tätigkeits- oder Geschäftsbericht des Hörfunkrates, kein Kontakt-Button führt direkt zum Hörfunkrat. Geht man über den Navigationspunkt „Wir über uns – aktuell" sieht man eine Auswahl von kurzen Meldungen, Interviews mit dem Intendanten u.ä. Hier gibt es auch einige wenige Meldungen zu Stellungnahmen des Hörfunkrates, beispielsweise zu den Jahresabschlüssen, der Beurteilung von DAB oder einer Meldung über die positive Einschätzung, die der rheinland-pfälzische Minister-präsident Kurt Beck anlässlich seines Besuches einer Hörfunkratssitzung, über den Sender abgegeben hat.[220] In den Pressemitteilungen werden keine Treffer angezeigt, wenn man die Suchwörter „Hörfunkrat" oder „Gremien" eingibt.

7.1.8 Externe Beratung

Der Hörfunkrat kann Sachverständige zu seinen Sitzungen hinzuziehen, ebenso die Ausschüsse. Hierzu regelt die Anlage 1 der Geschäftsordnung:

> „Der Hörfunkrat bzw. die Hörfunkratsausschüsse entscheiden im Benehmen mit dem Intendanten über die Hinzuziehung von Sachverständigen zu ihren Sitzungen. Die Einladung [...] spricht der jeweilige Vorsitzende aus. Die erforderlichen ver-traglichen Vereinbarungen mit den Sachverständigen trifft der Intendant namens des

---

[220] http://www.dradio.de/wir/aktuell/633818/ (10.3.2008)

Deutschlandradios auf Antrag des Vorsitzenden des Hörfunkrates bzw. des jeweiligen Ausschußvorsitzenden. Der Intendant unterrichtet den jeweiligen Vorsitzenden von dem erfolgten Vertragsabschluß."[221]

Der Hörfunkratsvorsitzende sagt dazu: „Natürlich beschäftigen wir Experten. Nicht allzu viele, aber für wichtige Themen bekommen wir einschlägige Expertisen" (RG). Ergänzend nennt er als Beispiel einen Experten für die „Problematik mit Karlsruhe" und zum Procedere: „Wir bekommen vorher meistens schon Material und dann stehen sie uns auch persönlich zur Verfügung, so an die 20 Minuten lang und danach wird darüber diskutiert, sehr intensiv diskutiert, und wie gesagt sind dies wirklich sehr gute Experten." (RG)

7.1.9 Weiterbildung

Weiterbildungsmaßnahmen für die Hörfunkratsmitglieder werden nicht regelmäßig angeboten. Allerdings wird jedes Jahr im Herbst die Sitzung so gelegt, dass ein gemeinsamer Besuch der Internationalen Funkausstellung in Berlin möglich ist. Dort gibt es dann in der Regel eine Führung, bei der das Augenmerk auf neuen technischen Entwicklungen liegt und Gespräche mit Experten geführt werden können. Die Mitarbeiterinnen und Mitarbeiter des DLR stehen darüber hinaus den Mitgliedern des Hörfunkrates für Nachfragen problemlos zur Verfügung, beispielsweise zur intensiven Erläuterung der Wirtschaftspläne und ähnlichem.

7.1.10 Rahmenprogramm

Ein Rahmenprogramm im festgelegten Sinne existiert nicht. Es werden aber z.B. beim Besuch der Internationalen Funkausstellung manchmal Besuchsprogramme angeboten, so z.B. eine Führung im Kanzleramt. Hinzu kommen Empfänge in Staatskanzleien, wenn der Hörfunkrat in anderen Bundesländern tagt als in Nordrhein-Westfalen oder Berlin. Teilweise werden auch Ministerpräsidenten oder Mitglieder der Landesregierungen zu den Sitzungen eingeladen. In der Regel spricht der Gast dann über die Bedeutung des Deutschlandradios für die politische, kulturelle und demokratische Gesellschaft und informiert über aktuelle medienpolitische Themen auf Landesebene.

---

[221] Anlage 1 zur GO HFR, Abs.1 u. 2

7.1.11 Fazit Fallstudie Deutschlandradio

Die Gremien im Deutschlandradio sind überschaubar: Mit nur zwei Ausschüssen ist der Rahmen, in dem sich Gremienmitglieder über die Arbeit im Plenum hinaus spezialisiert einbringen können, relativ eng. 40 Hörfunkratsmitgliedern stehen 18 Plätze in den beiden Ausschüssen gegenüber. Allerdings wird diese Beschränkung relativiert durch die Möglichkeit aller Hörfunkratsmitglieder, mit beratender Stimme teilzunehmen. Eine wichtige Funktion haben die Freundeskreise, die nach parteipolitischen Präferenzen organisiert sind und auch bei der Intendanz einen hohen Stellenwert haben. In ihnen werden maßgeblich auch Themen diskutiert, die nicht unbedingt im Gesamtgremium besprochen werden sollen. Sowohl in den Ausschüssen als auch auf der informellen Ebene Freundeskreis engagieren sich gewerkschaftliche Gremienmitglieder. Die Beratungen konfrontieren die Gremienmitglieder mit einem breit gefächerten Spektrum an Themen von im engsten Sinne senderbezogenen Fragen über Technikthemen bis hin zu Fragen europäischer Medienpolitik. Der Einfluss der Intendanz auf die Arbeit des Gremiums ist hoch. Dies zeigt sich in der engen Anbindung des Gremiensekretariats ebenso wie bei der inhaltlichen Vorbereitung der Sitzungen und in der Verfassung und Abstimmung der Protokolle.

Der Personalrat nimmt an den Sitzungen teil, so dass für eine hausinterne Öffentlichkeit durchaus gesorgt ist. Auch leitende Mitarbeiterinnen und Mitarbeiter des Hauses nehmen an den Sitzungen teil oder auch von Beratungen Betroffene. Der Informationsfluss über die Arbeit des Gremiums in die breitere Öffentlichkeit ist sehr reduziert. Zum einen sind die Sitzungen in der Regel nicht-öffentlich, zum anderen gibt es auch keinen Rechtsanspruch auf Einsichtnahme in die entsprechenden Protokolle. Selbst die Einsichtnahme in Protokolle der wenigen öffentlichen Sitzungen liegt in der Entscheidungskompetenz des Hörfunkratsvorsitzenden und der Antragsteller muss ein berechtigtes Interesse nachweisen. Diese Tendenz zur Öffentlichkeitsscheu schlägt sich massiv auch auf der Website nieder.

Eine regelmäßige Weiterbildung für die Gremienmitglieder wird nicht angeboten, externer Sachverstand aber fallweise in Anspruch genommen. Informationsbedarfe von Gremienmitgliedern werden bereitwillig durch Mitarbeiterinnen und Mitarbeiter des Senders abgedeckt. Die Bedeutung der politischen Akteure ist im Deutschlandradio sehr hoch. Abgesehen von der starken Vertretung in Hörfunkrat und Verwaltungsrat, zeigt sich dies auch zusätzlich an der regelmäßigen Einladung von Ministerpräsidenten oder anderen Vertretern der Landesregierungen zu Sitzungen. Das Verhältnis zwischen Kontrollgremium und Sender kann als besonders konsensorientiert charakterisiert werden.

7.2 Zweites Deutsches Fernsehen

Das Zweite Deutsche Fernsehen (ZDF) ist eine gemeinnützige Anstalt öffentlichen Rechts, getragen von den Bundesländern.[222] Es wurde am 1. Dezember 1961 gegründet und startete am 1. April 1963 mit seinem national ausgestrahlten Programm. Zuvor hatte die damalige Bundesregierung unter Kanzler Konrad Adenauer versucht, eine gemeinsam mit den Ländern privatrechtlich organisierte Fernsehanstalt zu gründen. Das Bundesverfassungsgericht entschied aber, dass die Rundfunkregulierung alleinige Sache der Länder sei und so gründeten die Länder gemeinsam das Zweite Deutsche Fernsehen als von den bestehenden Rundfunkanstalten unabhängige Anstalt. (vergl. Meier 2003: 79) Im ZDF arbeiten 3600 feste Mitarbeiterinnen und Mitarbeiter. Die Organe des ZDF sind Fernsehrat, Verwaltungsrat und Intendant. Das ZDF hat seinen Sitz in Mainz.

7.2.1 *Art der Gremien, Anzahl der Mitglieder, Tagungsrhythmus*

Die Gremien des ZDF sind der Verwaltungsrat und der Fernsehrat. Der Fernsehrat bildet darüber hinaus diverse Ausschüsse (siehe 2.2). Er stellt die Richtlinien für das Programm des ZDF auf und überwacht deren Einhaltung. Zudem wählt der Fernsehrat den Intendanten, genehmigt Haushaltsplan und Jahresabschluss und beschließt auf Vorschlag des Verwaltungsrates die Entlastung des Intendanten. Der Fernsehrat besteht aus 77 Mitgliedern und zwar:

a. je einem Vertreter der vertragsschließenden Länder, der von der zuständigen Landeregierung entsandt wird,

b. drei Vertretern des Bundes, die von der Bundesregierung entsandt werden,

c. zwölf Vertretern der Parteien entsprechend ihrem Stärkeverhältnis im Bundestag, die von ihrem Parteivorstand entsandt werden,

d. zwei von der Evangelischen Kirche in Deutschland entsandten Vertretern,

e. zwei von der Katholischen Kirche entsandten Vertretern,

f. einem vom Zentralrat der Juden in Deutschland entsandten Vertreter,

g. je einem Vertreter des Deutschen Gewerkschaftsbundes, von ver.di – Vereinte Dienstleistungsgewerkschaft e.V. und des Deutschen Beamtenbundes,

h. zwei Vertretern der Bundesvereinigung Deutscher Arbeitgeberverbände, einem Vertreter des Deutschen Industrie- und Handelskammertages, einem

---

[222] ZDF-Staatsvertrag, Abschnitt 1, §1

Vertreter des Zentralausschusses der Deutschen Landwirtschaft und einem Vertreter des Zentralverbandes des Deutschen Handwerks,

i.   zwei Vertretern des Bundesverbandes Deutscher Zeitungsverleger,

j.   je einem Vertreter des Deutschen Journalistenverbandes e.v. und der ver.di – Vereinte Dienstleistungsgewerkschaft e.v. – aus dem Fachbereich für Medien,

k.   vier Vertretern der Freien Wohlfahrtsverbände, und zwar je einem des Diakonischen Werkes der Evangelischen Kirche in Deutschland, des Deutschen Caritasverbandes e.v., des Deutschen Roten Kreuzes und des Hauptausschusses der Deutschen Arbeiterwohlfahrt e.v.,

l.   je einem Vertreter des Deutschen Städtetages, des deutschen Städte- und Gemeindebundes und des Deutschen Landkreistages,

m.   einem Vertreter des Deutschen Sportbundes,

n.   einem Vertreter der Europaunion Deutschland e.v.,

o.   je einem Vertreter des Bundes für Umwelt und Naturschutz Deutschland e.v. und des Naturschutzbundes Deutschland,

p.   einem Vertreter des Bundes der Vertriebenen,

q.   einem Vertreter der Vereinigung der Opfer des Stalinismus,

r.   16 Vertretern aus den Bereichen des Erziehungs- und Bildungswesens, der Wissenschaft, der Kunst, der Kultur, der Filmwirtschaft, der Freien berufe, der Familienarbeit, des Kinderschutzes, der Jugendarbeit, des Verbraucherschutzes und des Tierschutzes.

Damit kommen 49 Mitglieder aus den so genannten gesellschaftlich relevanten Gruppen und 28 aus der Politik. Allerdings werden die von den Verbänden und Organisationen vorgeschlagenen Mitglieder von den Ministerpräsidenten der Länder berufen und es müssen pro Sitz drei Vorschläge vorgelegt werden. Diese Regelung gilt allerdings nicht für die Mandate der evangelischen und katholischen Kirche sowie für die Vertretung des Zentralrats der Juden. Diese Regelung wird auch von Gremienmitgliedern kritisch gesehen. So sagt der Vorsitzende des Fernsehrates, der ehemalige CDU-Generalsekretär und Bundestagsabgeordnete Ruprecht Polenz:

„Ich empfinde beim Auswahlverfahren die Tatsache, dass bei den gesellschaftlichen Gruppen Dreiervorschläge einzureichen sind, die dann quasi wie bei einer Hochschullehrer-Berufung den Ländern die Möglichkeit gibt, auszuwählen, nicht nur anachronistisch. Das ist, glaube ich, der falsche Begriff. Ich finde es am Rande des verfassungsrechtlich Zulässigen und da habe ich mich schon zurückhaltend ausgedrückt." (RP)

Für die 16 unter r) aufgeführten Vertreter gibt es kein Vorschlagsrecht entsprechender Verbände oder Organisationen, sondern diese werden direkt von den Ministerpräsidenten berufen.[223] So kamen von dieser Gruppe im November 2007 fünf Mitglieder aus der aktiven Politik, ein Mitglied war ehemaliger Staatsminister. Das bedeutet, nur 33 der 77 Mitglieder des Fernsehrates können durch gesellschaftlich relevante Gruppen selbst vorgeschlagen werden. Deren Wahl liegt aber letztendlich in der Hand der Politik. Zudem gibt es auch hier teilweise eine Überschneidung mit politischen Mandaten. So ist die Vertreterin des Bundes der Vertriebenen gleichzeitig Abgeordnete für die CDU im Bundestag, der Vertreter der Europaunion ist Mitglied des Europäischen Parlamentes und die Vertreterin des Deutschen Städtetages Bürgermeisterin mit CDU-Parteibuch (Stand November 2007). Zählt man alle Sitze zusammen, die Gewerkschaften zustehen, so kommt man auf fünf Mitglieder. Davon entsenden zwei die Dachverbände DGB und DBB, zwei die Gewerkschaft ver.di und eines der Deutsche Journalisten-Verband.

Laut Staatsvertrag „sollen Frauen angemessen berücksichtigt werden. Soweit dem Fernsehrat mindestens zwei Vertreter einer Organisation oder eines Verbandes angehören, soll jeweils auch eine Frau in den Fernsehrat berufen werden."[224] Diese Regelung gilt allerdings nicht für die Vertreter der vertragsschließenden Länder und auch nicht für die von Kirchen, bzw. dem Zentralrat der Juden entsandten Mitglieder.

Der Verwaltungsrat besteht aus 14 Mitgliedern, davon fünf, die von den Ländern benannt werden, einem Vertreter des Bundes und acht Mitgliedern, die vom Fernsehrat gewählt werden und nicht in eine Regierung oder eine gesetzgebende Körperschaft eingebunden sein dürfen. Die Besetzung des Verwaltungsrates im November 2007 zeigt folgendes Bild:

▪ Vorsitzender des ZDF-Verwaltungsrates: Kurt Beck, rheinland-pfälzische Ministerpräsident, MdL Stellvertreter des Vorsitzenden: Roland Koch, hessischer Ministerpräsident, MdL.

---

[223] Im Folgenden r-Gruppe genannt.
[224] ZDF StV, §21, 5

Weitere Vertreter der Länder:

- Peter Müller, Ministerpräsident, MdL (Saarland)
- Matthias Platzeck, Ministerpräsident, MdL (Brandenburg)
- Dr. Edmund Stoiber, Ministerpräsident, MdL (Bayern)
- Vertreter des Bundes: Bernd Neumann, MdB, Staatsminister für Kultur und Medien

Vom Fernsehrat gewählte Mitglieder:

- Dr. Hans-Henning Becker-Birck, Landrat a. D.
- Dieter Beuermann
- Ilse Brusis, Staatsministerin a. D.
- Dr. Willi Hausmann, Staatssekretär a. D., Rechtsanwalt
- Hildegund Holzheid, Präsidentin a. D. des
- bayerischen Verfassungsgerichtshofs und des Oberlandesgerichts München
- Roland Issen, Gewerkschaft ver.di
- Reinhard Scheibe, Staatssekretär, Vorsitzender der Niedersächsischen Lottostiftung
- N. N.

Der Fernsehrat tagt viermal im Jahr. Er hat einen Vorsitzenden und drei Stellvertreter sowie einen Schriftführer und seinen Stellvertreter. Diese werden auf zwei Jahre gewählt, höchstens jedoch für die Dauer der Amtszeit des Fernsehrates. Diese sechs Personen bilden auch das Präsidium. Der Schriftführer „prüft und unterzeichnet die vom Sekretariat angefertigten Niederschriften über die Sitzungen des Fernsehrates vor deren Weiterleitung an den Vorsitzenden."[225] Zusätzlich zum Präsidium gibt es noch das „Erweiterte Präsidium", dem außer den Präsidiumsmitgliedern auch die Vorsitzenden der ständigen Ausschüsse des Fernsehrates angehören. Dieses tagt vor den Sitzungen des Fernsehrates und berät auch die in den Sitzungen relevanten Themen. Zudem repräsentiert es den Fernsehrat gegenüber den ARD-Gremienvorsitzenden und bei der jährlichen 3Sat-Tagung.

---

[225] ZDF-GO Fernsehrat, §1, 9

7.2.2 Ausschüsse (Besetzung, Teilnahme, Einladung)

Der Fernsehrat hat laut Satzung folgende Ausschüsse zu bilden:

a. Richtlinien- und Koordinierungsausschuss, bestehend aus dem Vorsitzenden des Fernsehrates, seinen drei Stellvertretern, dem Schriftführer und dem Stellvertretenden Schriftführer, den Vorsitzenden der übrigen vier ständigen Ausschüsse sowie zehn weiterenMitgliedern des Fernsehrates

b. Ausschuss für Finanzen, Investitionen und Technik mit 20 Mitgliedern

c. Programmausschuss Chefredaktion mit 24 Mitgliedern

d. Programmausschuss Programmdirektion mit 24 Mitgliedern

e. Programmausschuss Partnerprogramme mit 16 Mitgliedern[226]

84 Ausschusssitze müssen also von 77 Fernsehratsmitgliedern besetzt werden. Während einige Mitglieder des Fernsehrats in keinem Ausschuss sind, haben einige Sitze in mehreren Ausschüssen inne. (vergl. Meier 2003: 111f) Interessant ist die Regelung zur Auswahl der Ausschussmitglieder. Bei ihrer Zusammensetzung sind „die im Fernsehrat vertretenen Gruppen in Einklang mit dem besonderen Auftrag des einzelnen Ausschusses und dessen fachlichen Anforderungen angemessen zu berücksichtigen."[227] Eine vergleichbare Regelung ist im Staatsvertrag zur Zusammensetzung des Fernsehrates nicht zu finden. Hier geht es lediglich um die zur Entsendung berechtigten Organisationen und das formale Entsende-, bzw. Auswahlverfahren. Fachliche Anforderungen an die Fernsehräte spielen hierbei keine Rolle. Die Mitglieder der Ausschüsse werden vom Fernsehrat gewählt. Keine Regelung gibt es zum Vorschlagsverfahren. In der Praxis läuft dies aber nach Aussage eines Gremienbüro-Mitarbeiters[228] ungefähr so ab:

„Gewählt werden die Ausschussmitglieder vom Plenum, doch die Vorentscheidung erfolgt in den Freundeskreisen. Ich sage mal ein Beispiel: Ein Fernsehratsmitglied kommt neu in den Fernsehrat. Er ist dann einem der beiden Freundeskreise zugehörig und es gibt die Vorsitzenden. Er kann dann anmelden, ich habe Interesse in einem Ausschuss mitzuarbeiten, es gibt auch Fernsehräte, die sind in keinem Ausschuss, und dann kann er auch sagen, in welchen Ausschuss er möchte. Dann stellt sich die Frage, ist da eine Vakanz oder ist da keine Vakanz. Wenn eine Vakanz ist, kann es durchaus sein, dass es auch mal zu einem Konflikt kommt, weil mehrere

---

[226] ZDF-GO Fernsehrat, §6, 5
[227] ZDF-GO Fernsehrat, §6, 4
[228] Die offizielle Bezeichnung lautet „Sekretariat Fernseh- und Verwaltungsrat". Der leichteren Lesbarkeit wegen wurde hier der Begriff Gremienbüro gewählt, der im allgemeinen Sprachgebrauch auch des ZDF üblich ist.

Mitglieder Interesse an einem bestimmten Ausschuss haben. Aber ganz konkret ist das so: Wenn ein Fernsehratsmitglied ausscheidet und sein Nachfolger kommt, folgt er in der Regel dem Vorgänger in den Ausschuss nach." (UW)

In den Ausschüssen werden alle Vorlagen für die Sitzungen des Fernsehrates vorberaten und „vorgedacht". Hier finden die intensivsten Diskussionen statt. Sehr begehrt ist der Programmausschuss Chefredaktion, obwohl dieser nur ein Drittel des Programms kontrolliert. Hier haben die Mitglieder das Gefühl, im alles entscheidenden Ausschuss zu sein. Dieser Ausschuss ist sehr „politisiert", die Teilnahmefrequenz immer sehr hoch. Den anderen Teil kontrolliert der Programmausschuss Programmdirektion. Der Richtlinienausschuss ist sozusagen die verkleinerte Form des Fernsehrates und berät alle Vorlagen der Sitzungen vor.

Jedes Mitglied des Fernsehrates, das Interesse an einem bestimmten Punkt der Tagesordnung bekundet, kann an der betreffenden Sitzung des Ausschusses nach Anmeldung bei dem Vorsitzenden als Gast mit beratender Stimme teilnehmen. Demgegenüber hat der Intendant das Recht an den Ausschüssen teilzunehmen und sogar weitere Mitarbeiterinnen und Mitarbeiter hinzuzuziehen, wenn er dies für notwendig erachtet.

Gewerkschaftliche Gremienmitglieder sind in einigen Ausschüssen vertreten (Anzahl der gew. Mitgl. in Klammern): Chefredaktion (0), Programmdirektion (1), Finanzen, Investition, Technik (2), Richtlinien/Koordinierung (1), Partnerprogramme (0). Sie besetzen keinen Ausschussvorsitz oder stellvertretenden Ausschussvorsitz. [229]

7.2.3 Freundeskreise

Im ZDF gibt es zwei Freundeskreise, die sich ebenso wie im Deutschlandradio an den politischen Fraktionierungen orientieren:

> „Der Intendant nimmt an den Sitzungen eines der Freundeskreise teil, das hat sich so eingebürgert. Dies ist ja auch ein Ausweis des Vertrauens oder der guten Zusammenarbeit, dass der Intendant eingeladen wird vom Freundeskreis und dann selbstverständlich dieser Einladung auch folgt. Auch da wird viel vorgeklärt." (UW)

Wie bereits oben erwähnt, sind die Freundeskreise nicht nur ein wichtiger Faktor, wenn es um die Besetzung der Ausschüsse geht, sondern auch in der Vorbereitung von Themen. Dies unterstreicht auch der Personalratsvorsitzende: „Die eigentlichen Diskussionen laufen ja entweder in den Ausschüssen oder in den

---

[229] Dies gibt den Stand von Anfang 2008 wieder.

Freundeskreisen." (ER) Die Freundeskreise leiten ein SPD- und ein CDU-Politiker (Stand Ende 2007).

Im Zuge der Turbulenzen um die Intendantenwahl zur Nachfolge von Dieter Stolte gab es kurzfristig Bestrebungen, einen so genannten Freundeskreis der „Grauen" zu bilden. Diese Bemühungen verliefen aber im Sande, was manche Gesprächspartner auch darauf zurückführen, dass es keine Leitfigur hierfür gegeben habe. Zudem seien einige der aktiv daran Beteiligten durch eine „bessere Einbindung" in den Fernsehrat von dem Vorhaben abgebracht worden.

Die gewerkschaftlichen Gremienvertreter sind im der SPD und den Grünen zuzuordnenden Freundeskreis vertreten.

7.2.4 Fluktuation, Teilnahmefrequenz

Die Teilnahme an den Sitzungen liegt laut Auskunft des Gremienbüros immer weit über 50 Prozent, was die Grenze für die Beschlussfähigkeit des Gremiums ist. Ein Unterschied in der Präsenz zwischen auf der einen Seite Gremienmitgliedern aus der Politik und andererseits solchen aus gesellschaftlich relevanten Gruppen ist nicht festzustellen, dies bestätigen auch die Protokolle.

Die Fluktuation im Fernsehrat ist relativ hoch, wobei die Neubesetzung in der Regel schnell geht. Die hohe Fluktuation bestätigt auch der Blick in die Protokolle, in denen häufig über Neubesetzung und Nachwahlen zu Ausschüssen berichtet wird. Zur Fluktuation unter den gewerkschaftlichen Gremienmitgliedern ist zu bemerken, dass diese durch den Wechsel in den jeweiligen Wahlämtern der einzelnen Organisationen bestimmt ist. So folgte auf die stellvertretende DGB-Vorsitzende Ursula Engelen-Kefer, die dieses Mandat lange vertrat, mit deren Ausscheiden aus der DGB-Spitze im Jahr 2006 der neue DGB-Vorsitzende Michael Sommer in den Fernsehrat.[230]

Die Amtszeit des Fernsehrates läuft vier Jahre. Im Staatsvertrag ist geregelt, dass die von den Ländern, der Bundesregierung, den Parteien, der evangelischen und katholischen Kirche und dem Zentralrat der Juden entsandten Gremienmitglieder von den entsendenden Stellen abberufen werden können.[231] Für alle anderen gilt dies nicht, treten allerdings Interessenkollisionen im Sinne des Staats-

---

[230] Mit einem Novum in der Besetzungspraxis der Gewerkschaften wartete Ende 2007 ver.di auf: Sie benannte als Nachfolgerin für den ehemaligen DAG-Vorsitzenden und dann ehrenamtlichen ver.di-Vertreter Roland Issen, der in den Verwaltungsrat wechselte, die Medienwissenschaftlerin Barbara Thomaß.
[231] ZDF-StV, §21, 10

vertrages auf, kann der Fernsehrat eine Unvereinbarkeit feststellen und die entsprechende Person muss aus dem Gremium ausscheiden.[232]

7.2.5 Themen der Beratungen

In den eingesehenen Protokollen der Fernsehratssitzungen spiegelt sich eine Vielzahl von Themen wieder:

Technikthemen, wie die Digitalisierung, Jugendschutz, Programmschema, Arte und 3Sat, Intendantenwahl, Haushaltsplan, Gemeinwohlorientierung und soziales Engagement des ZDF, einzelne Berichterstattungen zu aktuellen Themen, wie dem 11.9.2001, häufig neue Besetzungen von Gremien und Wahlen dazu, Selbstverpflichtungen, Programmbeschwerden, Berichterstattung Irak-Krieg, ARTE, 3Sat, Kultursendungen, Dokumentationen, Kinderkanal, Rundfunkstrukturreform, Sponsoring, Novellierung Rundfunkstaatsvertrag, Sportberichterstattung, Europa-Berichterstattung, Zuschauerresonanz, Kooperationsvorgaben (10-Punkt-Programm), EU- und Welt-Handelsrecht (Dienstleistungsrichtlinie), Programmkritik, Personalratswahlen.

7.2.6 Zuordnung von Gremieninfrastruktur

Räume/ Sekretariat

Der Vorsitzende des Fernsehrates hat am Sitz des ZDF ein Büro in den Räumen des Gremienbüros. Das Gremienbüro – offiziell „Sekretariat Fernseh- und Verwaltungsrat", besteht aus dem Leiter, einer Referentin und einem Referenten sowie Sachbearbeiterinnen. Zur Zuordnung des Gremienbüros sagt ein Mitarbeiter:

> „Dienstlich sind wir in der Intendanz angestellt. Die Besonderheit ist: wir haben natürlich mehrere Chefs. Die Vorsitzenden, der Herr Polenz oder der Herr Beck sind ja auch uns gegenüber weisungsbefugt. Aber dienstrechtlich sind wir dem Intendanten

---

[232] Mitglieder des Fernsehrates „dürfen weder für die Anstalt noch für eine andere Rundfunkanstalt oder einen Zusammenschluss von Rundfunkanstalten, eine Landesmedienanstalt oder einen privaten Veranstalter gegen Entgelt tätig sein. Dies gilt nicht für eine gelegentliche Tätigkeit, die die Unabhängigkeit des Mitglieds nicht berührt. Die Mitglieder des Fernsehrates dürfen keine wirtschaftlichen oder sonstigen Interessen haben, die geeignet sind, die Erfüllung ihrer Aufgaben als Mitglieder des Fernsehrates zu gefährden." (ZDF-StV, §21,9)

unterstellt. Sie merken, das ist auch nicht zufällig, dass wir hier im 14. Stock sitzen [dort sitzt auch die Intendanz, d. Verf.]." (UW)

Die Funktion des Gremienbüros ist in der Satzung festgelegt:

„Das Sekretariat des Fernsehrates am Sitz der Anstalt unterstützt die Vorsitzenden des Fernsehrates und seiner Ausschüsse in der Geschäftsführung. Es hat die Arbeit des Fernsehrates und seiner Ausschüsse technisch und organisatorisch sicherzustellen und das als Entscheidungshilfe zu Sachfragen benötigte Grundmaterial zu beschaffen."[233]

Einladung/Tagesordnung/Sitzungsleitung

Zu den Sitzungen lädt der Vorsitzende des Fernsehrates schriftlich ein, er leitet diese auch.[234] Die Tagesordnung erstellt laut Satzung ebenfalls der Vorsitzende, dabei müssen immer der Tätigkeitsbericht des Intendanten sowie die Berichte der Ausschüsse vorgesehen werden. Anträge des Verwaltungsrates und des Intendanten müssen in die Tagesordnung aufgenommen werden.[235] Im Gremienalltag stellt sich das Ganze allerdings anders dar. So wird die Tagesordnung real vom Gremienbüro erstellt.

„Formal wird die Tagesordnung durch den jeweiligen Vorsitzenden erstellt. Das ist ganz unterschiedlich. Wir haben Tagesordnungspunkte, die sind wiederkehrend, Haushaltsberatung, Jahresabschluss, einmal im Jahr stellen wir dem Fernsehrat das so genannte Zuschauerecho in Form einer Vorlage vor. Wenn Sie so wollen, ist das die Quotenanalyse des zurückliegenden Jahres. Auch vom Gremienbüro kommen Vorschläge. Es steht natürlich jedem Fernsehratsmitglied frei, einen Antrag zu stellen, dass ein Thema behandelt wird. In aller Regel wird dem auch entsprochen. Das läuft über uns. Wir sammeln das, dann machen wir eine Tagesordnung, die wird auch noch mal mit der Geschäftsleitung besprochen, dann geht der Tagesordnungsentwurf an die oder den Vorsitzenden und der schreibt dann ok drauf und dann steht die Tagesordnung." (UW)

Da die vom Gremienbüro vorgeschlagenen Tagesordnungspunkte Themen der Geschäftsleitung sind, hat die Intendanz einen ganz erheblichen Einfluss auf die Beratungen des Fernsehrates:

---

[233] ZDF-GO FR §10
[234] ZDF-Satzung FR, §2, 2
[235] ZDF-Satzung FR §2, 6

„Es ist die Fallzahl null, dass die Geschäftsleitung mal gesagt hat, das Thema wollen wir nicht haben. Allenfalls, dass die Geschäftsleitung – deswegen wird sie auch vorher damit befasst, sagt: Zur nächsten Sitzung können wir das nicht, aber wir nehmen das auf die Agenda und bereiten das sehr vernünftig vor Das läuft alles konsensual, da gab es noch nie einen Streit oder so." (UW)

Beratungsvorlagen

Die Beratungsvorlagen für die Ausschüsse und Sitzungen kommen in der Regel aus dem Haus und durchlaufen dann, je nach Gremium unterschiedliche Stationen:

„Das ist ganz unterschiedlich. Aus den Vorlagen formulieren wir vom Haus die Beschlussanträge. Es gibt ja auch viele Vorlagen, die nur zur Kenntnisnahme sind. Wenn wir eine Zustimmung oder einen Beschluss brauchen, formuliert das das Haus vor. Also bei medienpolitischen Vorlagen ist der Justitiar in der Regel federführend. Wenn es ein qualifizierter Beschluss sein soll, also nicht nur zur Kenntnisnahme, sondern auch mit einer inhaltlichen Aussage, dann geht das ins Präsidium, da kann das schon mal eine Modifikation erfahren, dann geht es in den Richtlinien- und Koordinierungsausschuss, der ja im Prinzip die Tagesordnung des Fernsehrates vorbereitet, der tagt immer Donnerstags. Da kann es auch noch Modifikationen geben. Also das ist immer am Tag vor der Fernsehratssitzung. Da wird die ganze Tagesordnung schon mal durchdekliniert. Und im Plenum selbst kann es auch noch mal Veränderungen geben." (UW)

Die Unterlagen müssen laut Geschäftsordnung zehn Tage vor der Sitzung auf den Postweg gebracht werden. An den Beschlussvorlagen wird nach Auskunft des Gremienbüros eher selten etwas verändert. Manchmal gebe es aber medienpolitische Beschlüsse, die dann in den verschiedenen Stationen doch abgeändert würden, auch im Plenum. Bei der Vorbereitung der Beratungsvorlagen kommt auch die langjährige Erfahrung mit dem Gremium zum Tragen:

„Durch das jahrelange Zusammenwirken zwischen Fernsehrat und Intendant hat sich gleichsam ein latenter Konsens darüber entwickelt, was dem Gremium zur Entscheidungsfindung vorgelegt werden kann und was nicht, weil eben im Fernsehrat nicht durchsetzbar. So wurde eine massive Reduktion des Informationsanteils im ZDF-Programm zugunsten unterhaltender Programme schon deshalb nicht in Erwägung gezogen, weil der Intendant weiß, dass der Fernsehrat ‚nicht mitspielen' würde." (Polenz 2007:7)

7.2.7 Öffentlichkeit

Der Zugang zu Informationen über den Fernsehrat ist laut Geschäftsordnung ähnlich geregelt, wie beim Deutschlandradio beschrieben.[236] Allerdings gibt es beim ZDF durchaus Überlegungen, die Arbeit des Gremiums transparenter zu machen:

> „Das war auch einer der Gründe, weshalb wir jetzt bei der BBC waren, denn gerade bei der Frage Gremienkontrolle, Transparenz, auch Internet-Nutzung, kann man von der BBC eine ganze Menge lernen. Und das ZDF ist ja jetzt für das Programmliche dabei, den Online-Auftritt weiter zu entwickeln. In dem Kontext müssen wir jetzt auch über diese Frage nachdenken. Ich würde mal so sagen: Solange es nicht gravierende Gründe gibt, etwas nicht ins Internet zu stellen, sollten wir mit der Haltung dran gehen, dann stellen wir es rein. Aber das muss noch im Präsidium und im Fernsehrat diskutiert werden. Aber ich glaube, dass Sie in Zukunft da auch wesentlich mehr finden werden. Ob das dann zu den erwarteten oder vermuteten Reaktionen führen wird, kann auch dahin stehen. Wir können eben nicht mehr anbieten, als das, über was wir beraten." (RP)

Insgesamt plädiert der Fernsehratsvorsitzende für ein hohes Maß an Transparenz:

> „Und ich sehe durchaus auch die eine oder andere Vorlage, die nicht ausdrücklich einen geheimen Vorgang betrifft, trotzdem muss man überlegen, ob man das an die große Glocke hängt, wenn es sozusagen um unternehmenspolitisch-strategische Überlegungen geht. Das muss man von Fall zu Fall entscheiden. Die Öffentlichkeit bestimmter Papiere darf dem wohlverstandenen Interesse des ZDF nicht schaden. Das ist klar. Aber grundsätzlich gilt, dass dem ZDF Transparenz und Öffentlichkeit nützt." (RP)

Die Transparenz des ZDF beurteilt das Gremienbüro als sehr gut:

> „Früher war es noch wesentlich strenger, und es ist offener geworden. Und es wird ja allenthalben Transparenz gefordert. Das heißt nicht, dass man Firmengeheimnisse weiter- oder rausträgt, aber, was das Thema Transparenz angeht, da bin ich auch wieder bei der Arbeit mit dem Gremium, da hat sich das ZDF überhaupt nichts vorzuwerfen." (UW)

Der Personalrat lobt ebenfalls die Beteiligung der Arbeitnehmervertretung und den Zugang zu den Informationen:

---

[236] ZDF-GO FR § 9; die Regeln für das Deutschlandradio sind in weiten Teilen auch an den ZDF-Regeln orientiert.

„Und meine Sonderheit hier im ZDF ist die, dass ich auch als Personalratsvorsitzender an den Sitzungen der Geschäftsleitung teilnehme, das gibt es in keiner ARD-
Anstalt und damit ist natürlich der Informationsfluss sehr gut. Also an den Direkto-
rensitzungen nehme ich regelmäßig teil, ich habe eigentlich kein Informationsman-
ko." (ER)

Sitzungen

Der Fernsehrat tagt viermal jährlich. Die Sitzungen sind nicht-öffentlich, mit
Ausnahme der Haushaltsberatungen. Der Fernsehrat kann aber beschließen, dass
auch einzelne Beratungspunkte oder Sitzungen öffentlich behandelt werden.[237]
Dies ist in der Vergangenheit aber erst einmal genutzt worden:

„Den Fall hatten wir einmal vor mehreren Jahren. Das war eine Sitzung in Dresden.
Dazu muss man wissen, wir haben immer noch in der Zuschauerschaft eine Schief-
lage zwischen Ost und West. Und dann hatte der Intendant gesagt: Das kann so nicht
sein. Es ist ja auch ein essentieller Teil unseres Funktionsauftrages, die schnelle
Wiedervereinigung zu fördern. Er hat dann eine Bestandsanalyse gemacht, ganz
konkret gesagt, was das ZDF in den nächsten Jahren unternehmen möchte, um in
Ostdeutschland Zuschauer zu gewinnen und seine Marktanteile dort dauerhaft zu
verbessern. Und diese Sitzung war dann öffentlich. Da konnten dann auch Journalisten teilnehmen." (UW)

Doch auch bei dieser Gelegenheit war nicht eine breitere Öffentlichkeit anwesend, sondern eher die Fachöffentlichkeit, wie ein Mitarbeiter des Gremienbüros
berichtet. Umgekehrt kann der Fernsehrat auch einzelne Beratungspunkte oder
Sitzungen für vertraulich erklären.[238]
Der an den Sitzungen beteiligte Personenkreis beschränkt sich nicht auf die
gesetzlichen Mitglieder des Fernsehrates und den Intendanten. So hat es sich
eingebürgert, dass in der Regel auch die Direktoren anwesend sind. Dabei sind
auch diejenigen, die eine Vorlage inhaltlich vorbereitet haben. Teilweise werden
auch Redaktionsmitglieder hinzugezogen oder diejenigen, die für ein Thema
besondere Sachkunde mitbringen. An den Sitzungen nehmen zudem drei Mitglieder des Personalrates teil, so regelt es die Geschäftsordnung. Diese haben nur

---

[237] ZDF-GO FR § 9, 1
[238] ZDF-GO FR § 9, 2

Gastrecht, also kein Rederecht.[239] In der Praxis wird dies aber sehr locker ge-handhabt:

> „Dann melden die sich auch. Und es wird keiner der Vorsitzenden hergehen und sa-gen, Sie dürfen jetzt nichts sagen oder dass sogar der Intendant intervenieren würde. Auch da ist die Rollenverteilung in den Sitzungen ganz klar, der Vorsitzende leitet die Sitzung. Der Vorsitzende erteilt das Wort, hat eine Rednerliste. Das kommt aber mal alle drei, vier Jahre mal vor, dass die Personalvertretung da etwas sagt." (UW)

Für den Personalrat ist die Beteiligung an den Sitzungen des Fernsehrates inhalt-lich nachrangig gegenüber der Teilnahme im Verwaltungsrat, da dort die The-men behandelt werden, die für ihre originäre Aufgabe als Interessenvertretung im Mittelpunkt stehen:

> „Ja, das ist so ein Sonderstatus. Wir sind keine vollwertigen Mitglieder, wir sind zu laden, wir haben Rederecht, wenn wir gefragt werden, aber wir reden auch, wenn wir nicht gefragt sind. Nur der Unterschied ist, wenn es um Programminhalte geht, dürfen wir uns von unserer Rolle her und wollen uns auch gar nicht dazu äußern. Weil das logischerweise mit dem Arbeitsergebnis der Kollegen etwas zu tun hat. Es gab schon mal Bestrebungen, auch im Personalvertretungsgesetz, Mitbestimmungs-tatbestände dahingehend zu erweitern. Das wollten wir auch gar nicht. Dann müss-ten wir uns ja in die fachliche Arbeit von Redaktionen einmischen. Nein, unsere Rolle, oder unser Zugang ist wesentlich wichtiger im Verwaltungsrat, als im Fern-sehrat. Weil dort die personalrelevanten Entscheidungen oder die Kostenentschei-dungen getroffen werden, die dann wieder Auswirkungen auf das Personal haben oder auch viele andere Dinge, die im Fernsehrat überhaupt keine Rolle spielen." (ER)

In der Regel sind um die 100 Personen in den Sitzungen des Fernsehrates anwe-send. Die große Zahl der Fernsehratsmitglieder macht es schwierig, die Vertrau-lichkeit der Beratungsunterlagen zu gewährleisten. So ist es in der Vergangenheit auch schon zu Veröffentlichungen aus diesen Papieren im Vorfeld von Sitzungen gekommen. Die Vorlagen werden teilweise auch in dem Bewusstsein formuliert, dass sie öffentlich werden könnten.

Im Anschluss an jede Fernsehratssitzung gibt es eine Pressekonferenz mit dem Vorsitzenden des Fernsehrates und dem Intendanten:

---

[239] ZDF-GO FS § 2, 5: „Zwei vom Personalrat des Zentralstudios zu bestimmende Mitglieder sowie ein Vertreter der Personalräte der Inlandstudios werden zu den Sitzungen des Fernsehrates eingela-den; sie können zu Fragen, die nicht den Programmbereich betreffen, gehört werden."

„Der Vorsitzende des Fernsehrates berichtet über die wesentlichen Ergebnisse, also Tagesordnung, was wurde beraten, wie wurde es beraten, und der Intendant ergänzt dann und steht für Fragen zur Verfügung. Und selbstverständlich gibt es eine Pressemappe mit den entsprechenden Ergebnissen der Beratungen." (UW)

Die Pressemappe wird durch die ZDF-Pressestelle erstellt, die auch nach den Pressekonferenzen eine Medienresonanzanalyse erarbeitet. An den Pressekonferenzen in Mainz nehmen im Schnitt fünf bis sechs Journalistinnen und Journalisten teil, insbesondere Agenturen und Fachdienste, wie epd. Findet die Fernsehratssitzung an anderen Orten statt, ist die Resonanz unterschiedlich:

„Wenn wir externe Sitzungen haben, hängt es natürlich auch davon ab, nehmen Sie das Beispiel Saarbrücken, da ist es natürlich für unsere Presseleute schwierig, da jemanden zu rekrutieren. Hamburg, als große Medienstadt, da ist es dann schon wesentlich einfacher. Aber es ist auch gar nicht so relevant, wie viele Leute bei den Pressekonferenzen dabei sind, weil die Pressemappen werden ja weit gestreut heute und es wird dann auch im Vorfeld von unserer Pressestelle viel kontaktiert." (UW)

Protokolle

Die Protokolle der Sitzungen verfassen die Mitarbeiter des Gremienbüros, die diese Aufgabe in Abstimmung mit anderen Mitarbeitern des Hauses erledigen:

„Wir haben aber auch ein sehr gutes Verhältnis zu allen Direktoren. Ich denke auch, dass die Direktoren mittlerweile das Vertrauen haben, zu sagen, das läuft schon alles. Natürlich geben wir den Kollegen auch die Protokolle zum Gegenlesen, die bei den Sitzungen mit dabei waren. Da geht es also nicht nur um sprachliche Holprigkeiten oder Rechtschreibfehler, sondern auch, dass dann de eine dem anderen sagt, das würde ich jetzt nicht so scharf formulieren und war ja auch gar nicht so gemeint." (UW)

Bei den Ausschüssen werden die Protokolle von den jeweiligen Vorsitzenden genehmigt. Für die Protokolle des Fernsehrates ist die Prozedur komplizierter: Hier genehmigen Schriftführer und Vorsitzender. Korrekturen sind in diesem Stadium sehr selten. Im Gesamtplenum, das die Protokolle in der jeweils folgenden Sitzung genehmigen muss, hat es nach Auskunft des Gremienbüros in einem Zeitraum von zehn Jahren maximal zwei Änderungswünsche gegeben.

Die Protokolle sind grundsätzlich vertraulich. Die genehmigten Protokolle werden an alle Sitzungsteilnehmer und im Haus an den Intendanten weitergereicht. Sie sind keine Wortprotokolle, sondern geben zusammenfassend den Verlauf der Sitzung wieder. In den Sitzungen werden aber auch mitunter Bemerkungen außerhalb des Protokolls gemacht. Kritik findet so eher weniger Niederschlag in den Protokollen, die laut Geschäftsordnung den „wesentlichen Gang der Beratungen" wiedergeben sollen.[240] Die Protokolle geben ein recht konsensuales Bild der Diskussionen.

Beschlüsse

Der Fernsehrat ist beschlussfähig, wenn mindestens 50 Prozent seiner Mitglieder anwesend sind. Für Beschlüsse genügt die einfache Mehrheit der Anwesenden, außer bei der Wahl des Intendanten, dessen Entlastung und bei der Wahl der vom Fernsehrat zu bestimmenden Mitglieder des Verwaltungsrates. In diesen Fällen ist eine Mehrheit von drei Fünfteln der Stimmen der gesetzlichen Mitglieder notwendig.[241] In der Mehrzahl werden die Beschlüsse in großer Übereinstimmung gefasst.

Ausgewählte Beschlüsse werden wie oben beschrieben in der anschließenden Pressekonferenz durch den Vorsitzenden vorgestellt. Der Vorsitzende spricht sich deutlich für eine weitere Optimierung aus: „Ich bin auch dafür, die Öffentlichkeit intensiver über die Arbeit und die Beschlüsse des Fernsehrates zu informieren und die Verfahrensregeln für die Zuschauerbeschwerden weiter zu optimieren." (Polenz 2007:8)

Externe Anfragen/Anfragen von Gremienmitgliedern

Zwischen den Sitzungen gibt es eher wenige Kontakte und Anfragen zu und durch Gremienmitglieder:

> „Wir sind so eine Art Geschäftsstelle. Bei inhaltlichen Sachen rufen die Fernsehratsmitglieder aber auch direkt bei der Intendanz an, wenn die irgendetwas mit dem Programm haben oder so. Wir hier in der Geschäftsstelle machen eher so die operative Abwicklung." (UW)

Wie eine Befragung von Gremienmitgliedern aus dem Jahr 2000 zeigt, lobten diese die außerordentlich professionelle Unterstützung durch das Gremiensekretariat. (Meier 2003:113) Allerdings holen sich Gremienmitglieder teilweise auch Informationen, die sie für Vorträge oder Tagungen benötigen, die nicht unmittelbar im Zusammenhang mit ihrer Gremientätigkeit stehen. Intensive Nachfragen

---

[240] ZDF-GO FS §9,3
[241] ZDF-Satzung §9

zu Gremiensitzungen und Beratungsunterlagen kommen häufiger von den Stabs-
stellen der Staatskanzleien. Zudem wenden sich Gremienmitglieder auch direkt
an Redaktionen oder Programmbereiche. In der oben erwähnten Befragung wurden diese als „informell" bezeichneten Kontakte von den Gremienmitgliedern als
sehr wichtig eingestuft, weil „eine konstruktive Mitwirkung an der Programmgestaltung nur bei genauerer Kenntnis der programmgestaltenden Bereiche möglich sei". (ebenda)

Anfragen, bzw. Beschwerden von Zuschauern an das Gremienbüro sind in
den letzten Jahren gestiegen, was das Gremienbüro auch auf die leichtere Zu-
gangsmöglichkeit über den Kontaktlink auf der Website zurückführt (siehe dazu
auch 2.7.5). Programmbeschwerden, mit denen sich der Fernsehrat auseinanderzusetzen hat, bedürfen einer ausdrücklichen Formulierung, die das Anliegen als
solche kennzeichnet:

> „Es ist dann zu prüfen, wer der Ansprechpartner ist. Viele schreiben Rundfunkrat,
> Fernsehrat oder Verwaltungsrat. Wir prüfen dann, ob das eine Programmbeschwerde
> nach Maßgabe der Beschwerdeordnung ist. Es muss ein klares Petitum drin sein, das
> es sich um eine Programmbeschwerde entsprechend der Beschwerdeordnung des
> ZDF handelt. In dem Moment wird das Verfahren eröffnet. Wenn aber einer sagt,
> euer Kerner der war ja gestern wieder so lausig und der könnte sich doch mal ein
> besseres Sakko anziehen, ist das keine Programmbeschwerde." (UW)

Ist eine Beschwerde als förmliche Programmbeschwerde erkannt, gibt es an den
Beschwerdeführer einen Zwischenbescheid durch den Fernsehratsvorsitzenden,
dass die Programmbeschwerde behandelt wird. Dann wird zunächst dem Intendanten die Möglichkeit gegeben, darauf zu antworten:

> „Im zuständigen Bereich, sagen wir mal Frontal 21, das ist ein kritisch-
> investigatives Magazin, da kommt das öfter mal vor, wird ein Antwortentwurf ein-
> geholt. Der Intendant schreibt dem Petenten, legt seine Sicht der Dinge dar. Dann
> muss man abwarten, was passiert. In sehr vielen Fällen, wenn die Leute einen Brief
> bekommen haben, ist die Sache für die erledigt. Es gibt aber ja auch Lobbyisten, die
> das berufsmäßig betreiben und die geben dann natürlich in der Regel keine Ruhe.
> Wir bekommen dann ein Schreiben, ich bin mit der Antwort des Intendanten nicht
> zufrieden und bitte darum, dass der Fernsehrat sich damit befasst. Dann zündet die
> zweite Stufe. Herr Polenz hat nach seiner Wahl gesagt, ich will, dass das richtig
> transparent und gut läuft, wir sind der Anwalt des Zuschauers und die haben das
> Recht, dass die mit ihren Beschwerden hier ernst genommen werden." (UW)

Der zuständige Programmausschuss nimmt die Beschwerde als Tagesordnungs-
punkt auf. Im Ausschuss werden zwei Mitglieder bestimmt, die sich die Sendung
anschauen, die Korrespondenz lesen und dann berichten. Dann hat der Intendant

die Möglichkeit, sich noch einmal dazu zu äußern und der Ausschuss formuliert eine Beschlussempfehlung an den Fernsehrat. Zu jeder Fernsehratssitzung legt der Vorsitzende einen Bericht über die eingegangenen Programmbeschwerden vor. Der Vorsitzende des Fernsehrates spricht davon, dass das Gremium in dieser Frage das Mandat des Zuschauers gegenüber dem Sender übernehme.

Manche Anfragen oder Beschwerden werden vom Gremienbüro auch an die Zuschauerredaktion weitergegeben oder umgekehrt. Beschwerden von Interessenorganisationen und Verbänden gehen regelmäßig ein. Direkte Schreiben an einzelne Fernsehratsmitglieder sind verschwindend gering.

Website [242]

Auf der Website www.zdf.de kommt man unter der Rubrik „Das Unternehmen" auf die Seite des Fernsehrates. Hierfür muss man allerdings wissen, dass sich unter dem Punkt „Organisation" Informationen zu den Gremien finden lassen. Versucht der Nutzer über die Suchfunktion und mit dem Stichwort „Fernsehrat" weiter zu kommen, so werden ihm (Stand 10.4. 2008) lediglich drei Archivmeldungen aus dem Jahr 2007 präsentiert, in denen an irgendeiner Stelle der Begriff Fernsehrat vorkommt. Eine davon beschäftigt sich mit der türkischen Medienzensur im Zusammenhang mit der kurdischen PKK und der Aufforderung der türkischen Regierung an den Obersten Radio- und Fernsehrat, bestimmte Berichte zu unterbinden.[243] Der Versuch über die erweiterte Suche andere Ergebnisse zu erzielen, fruchtet nicht.

Auf der Seite des Fernsehrates erfährt der Nutzer in einigen Sätzen folgendes über das Gremium unter der Überschrift „Kontrolle durch gesellschaftliche Kräfte":

„Der Fernsehrat ist ein Kontrollorgan des ZDF. Er überwacht das Programm, genehmigt den vom Verwaltungsrat beschlossenen Haushalt und wählt den Intendanten. Er nimmt diese Aufgaben stellvertretend für die Gesellschaft wahr. Deswegen setzt sich das Gremium auch aus Vertreterinnen und Vertretern der unterschiedlichen gesellschaftlich relevanten Gruppen zusammen."[244]

---

[242] Die Website des ZDF-Fernsehrates wurde im Oktober 2008 überarbeitet. Mittlerweile sind umfangreichere Informationen verfügbar als hier angegeben.
[243] http://www.heute.de/ZDFheute/inhalt/26/0,3672,7111738,00.html, 10.4. 2008
[244] http://www.unternehmen.zdf.de/index.php?id=66&artid=16&backpid=10&cHash=f0b1110567, 10.4.2008

Seine Aufgaben werden wie folgt beschrieben: „Der Fernsehrat stellt Richtlinien für die Sendungen des ZDF auf und berät den Intendanten in Programmfragen. Er überwacht die Einhaltung der Richtlinien und der im ZDF-Staatsvertrag aufgestellten Grundsätze. Der Fernsehrat ist Ansprechpartner der Zuschauer."[245]

Zudem folgt nach der Erklärung, dass der Fernsehrat aus 77 Mitgliedern besteht, die unterschiedliche gesellschaftliche Gruppen vertreten und somit die binnenpluralistische Gesellschaft abbilden, eine Liste der Mitglieder des Fernsehrates, wie sie im ZDF-Staatsvertrag zu finden ist. Ein Link führt zu den Fernsehratsmitgliedern und ihren Funktionen, wobei hier nicht die Funktionen innerhalb des Gremiums, wie Ausschussmitgliedschaft oder -vorsitz, aufgeführt sind, sondern ihre Funktionen aufgrund derer sie in das Gremium gekommen sind. Mit einem weiteren Link kann man sich zu den gesetzlichen Grundlagen klicken sowie die Selbstverpflichtungserklärung anschauen. Weitere Informationen zur Tätigkeit des Fernsehrates gibt es hier nicht, weder Sitzungstermine, noch Tagesordnungen oder Beschlüsse werden angeboten. Auch die Pressemeldungen sind hier nicht erwähnt. Diese muss man unter dem Navigationspunkt Unternehmen/Standpunkte suchen. Allerdings ist es möglich sich per E-mail-Kontakt an das Gremium zu wenden.[246] Die Anfragen an das Gremienbüro über das Internet sind in den vergangenen Jahren gestiegen.

7.2.8 Externe Beratung

Der Fernsehrat hat die Möglichkeit, externe Sachverständige zur Beratung heranzuziehen und nutzt dies auch von Fall zu Fall:„Der Fernsehrat bzw. die Fernsehratsausschüsse entscheiden in eigener Zuständigkeit über die Hinzuziehung von Sachverständigen zu ihren Sitzungen. Die Einladung zu den Sitzungen spricht der jeweilige Vorsitzende aus."[247] Hierzu gibt der Fernsehratsvorsitzende zu bedenken:

> „Ich halte davon auch eine ganze Menge, für die richtigen Fragestellungen sich dann auch externen Sachverstand zu holen. Man muss sich dann anschauen, dass man den auch umfassend organisiert. Denn man muss sich auch immer darüber im Klaren sein, dass für vergleichsweise eher seltene Fälle ein einziger Gutachter ausreichend sein dürfte. Nehmen Sie nur mal die Frage: Gewaltdarstellung in den Medien, welche gesellschaftlichen allgemeinen oder gar konkreten Auswirkungen hat das? Da gibt es ein breit gefächertes Meinungsbild auch in der Wissenschaft. Und wenn man

---

[245] ebenda
[246] fernsehrat@zdf.de
[247] ZDF-GO FS, Anlage 1

sich da jetzt entscheiden wollte, also wir geben uns jetzt mal nicht mit dem referierten Stand der Wissenschaft zufrieden, was das ZDF ja in eigener Kompetenz uns vorlegen kann, sondern wollen uns da auch ein paar O-Töne anhören, dann müsste es sicherlich mehr als nur ein Gutachter sein, den wir anhören." (RP)

In der Vergangenheit wurde von der Möglichkeit, externen Sachverstand heranzuziehen eher selten Gebrauch gemacht. Dies sei aber durchaus zu verstärken, wie der Fernsehratsvorsitzende schreibt:

> „Dass sich die Gremien für ihre Arbeit verstärkt externen Sachverstand hinzuziehen, ist zu begrüßen. In der sich überaus dynamisch wandelnden digitalen Medienwelt fällt es natürlich auch den Räten schwer, stets auf der Höhe der Zeit zu bleiben. [...] Es ist in der Meinungsbildung der Fernsehräte zweifellos interessant und nützlich, sich zu Einzelfragen von unabhängigen und als kompetent ausgewiesenen Dritten informieren zu lassen und mit ihnen zu diskutieren." (Polenz 2007:8)

7.2.9 Weiterbildung

Ausgesprochene Weiterbildungsmaßnahmen für die Gremienmitglieder werden durch den Sender oder das Gremium selbst nicht angeboten. Das liegt auch an der Zusammensetzung des Gremiums mit hochkarätigen Akteuren aus dem politischen und gesellschaftlichen Bereich, bei denen unterstellt wird, sie seien aufgrund sonstiger Verpflichtungen und auch aufgrund ihres Selbstverständnisses eher nicht bereit, an Schulungen oder Weiterbildungen teilzunehmen. Allerdings gibt es teilweise mehrstündige Beschäftigung mit bestimmten Themen, die außerhalb der Tagesordnung liegen:

> „Ich würde auch in Zukunft größten Wert darauf legen, dass auch z.B. Herr Sommer als DGB-Vorsitzender zu den Sitzungen kommt und nicht sein Medienreferent. Natürlich muss auch die Anforderung, sich medienpolitisch schulen zu lassen, an den übrigen Aufgaben der Gremienmitglieder und dem daraus sich ergebenden Zeitbudget gemessen werden. Auf der anderen Seite aber kann man eben die Fähigkeiten solcher Persönlichkeiten nutzen, die ja auch in anderen Bereichen qua ihrer Funktion, es gelernt haben, sich ein Bild zu verschaffen, um mitentscheiden oder eben auch entscheiden zu können. Dies muss gezielt unterstützt werden. Und dass ist zum Beispiel der vorhin von Ihnen angesprochene externe Sachverstand, den man mal in eine Sitzung holt, oder die Studie, die man in Auftrag gibt. Aber das ist eben weniger die Einladung zu einer Woche Fortbildung ,Was bringt die digitale Zukunft?'" (RP)

Zu einigen Themen werden externe Sachverständige herangezogen oder es werden Ergebnisse von eigens erstellten Studien präsentiert. Zudem besuchen die

Gremienmitglieder individuell bestimmte Veranstaltungen zu Medienthemen. Diese werden durch den Gremiumsvorsitzenden genehmigt, wenn die Fernsehratsmitglieder hierfür Reisekosten abrechnen wollen. Ab und zu werden auch die Sitzungen der Freundeskreise am Donnerstag vor der Sitzung für einen gemeinsamen Workshop am Nachmittag verkürzt. Dort geht es in der Regel um Themen, wie die digitale Entwicklung, die auch in den Beratungen eine Rolle spielen. Auch der Sender versucht sporadisch, den Gremienmitgliedern bestimmte Themen intensiver zu vermitteln:

> „Um das auch verstehbar zu machen, haben wir jetzt dazu in unserer Konferenzzone
> ein so genanntes digitales Wohnzimmer aufgebaut und da haben wir den Fernseh
> rats- und Verwaltungsratsmitgliedern im Umfeld der Sitzungen eine eineinhalbstün
> dige Präsentation angeboten. Mit dem Ziel, ihnen klar zu machen, dass sie nicht
> mehr wissen, ob sie jetzt klassisches oder digitales Fernsehen schauen. Weil es alles
> in einem Gerät zusammen wächst, also diese oft zitierte Konvergenz. Da wurde bei
> spielsweise auch die Mediathek vorgestellt. Und 99 Prozent der Gremienmitglieder
> hatten so etwas vorher noch nicht gesehen. Und sie haben dann auch sehr dezidierte
> und detaillierte Fragen gestellt, wichtigste Frage: was kostet das Gerät. Und da ist
> mehr als einer, der sagt, wenn ich nicht schon umgerüstet habe, ja, das mache ich
> jetzt." (UW)

7.2.10 Rahmenprogramm

Zu den Sitzungen wird als Rahmenprogramm in der Regel ein Abend mit dem Ministerpräsidenten des Landes organisiert, in dem die Sitzung stattfindet.

7.2.11 Fazit ZDF-Fallstudie

Der Fernsehrat des ZDF ist das größte Kontrollgremium in der deutschen Medienlandschaft. Die Anzahl der Ausschusssitze, die die Anzahl der Mitglieder im Gremium sogar übersteigt, weist auf zahlreiche Möglichkeiten der Gremienmitglieder hin, sich in speziellen Bereichen zu engagieren. Gewerkschaftliche Gremienmitglieder sind in den Ausschüssen teilweise engagiert, ohne aber eine der Vorsitzfunktionen zu besetzen. Mit einem Sitz im Verwaltungsrat sind sie in diesem wichtigen Gremium vertreten Die Freundeskreise sind eindeutig nach parteipolitischen Fraktionierungen zugeordnet und müssen als einflussreiche Netzwerke gewertet werden. Der Einfluss politischer Akteure ist erheblich, dies spiegelt sich auch darin wieder, dass der Fernsehrat in der Regel mit Politikerinnen und Politikern der ersten Reihe besetzt ist. Und so entsenden auch die gesellschaftlich relevanten Gruppen und auch die Gewerkschaften eher hochrangige

Vertreterinnen als Fachreferenten. In den Beratungen fächert sich ein breites Themenspektrum auf, das sowohl senderbezogene Themen, als auch allgemeine Fragen der Medienentwicklung und Medienpolitik beinhaltet. Durch die Vorbereitung der Beratungs- und Beschlussvorlagen im Haus hat die Intendanz erheblichen Einfluss auf den Inhalt der Sitzungen. Allerdings wird die Tagesordnung noch durch den Richtlinien- und Koordinierungsausschuss vor jeder Sitzung beraten, ebenso wie qualifizierte Beschlussvorlagen, die zuvor noch das Präsidium berät. Die Protokolle sind das Ergebnis eines längeren hausinternen Abstimmungsprozesses und geben ein sehr konsensuales Bild der Beratungen. Die Sitzungen des Fernsehrates sind in der Regel nicht öffentlich, der Fernsehrat kann aber Öffentlichkeit herstellen, was allerdings bisher nur einmal der Fall war. Der Personalrat nimmt an den Sitzungen teil, so dass hierüber eine hausinterne Öffentlichkeit hergestellt ist. Dies drückt sich auch in der Teilnahme zahlreicher leitender Mitarbeiterinnen und Mitarbeiter aus. Durch regelmäßige Pressekonferenzen im Anschluss an die Sitzungen gibt es eine kontinuierliche Information zumindest über ausgewählte Beschlüsse. Beanstandungen durch Zuschauer erreichen das Gremium nur, wenn es sich um ausdrückliche Programmbeschwerden im Sinne der Beschwerdeordnung handelt. Der Auftritt des Fernsehrates auf der Website ist äußerst reduziert, es gibt kaum inhaltliche Informationen über die Arbeit des Gremiums. Allerdings können Interessierte hier über einen eigenen Kontaktbutton mit dem Gremienbüro Kontakt aufnehmen. Ab und zu werden Weiterbildungen angeboten, die an die Sitzungen des Fernsehrates angekoppelt sind. Externer Sachverstand wird in begrenztem Umfang zu den Beratungen hinzugezogen. Informationsbedarfe von Gremienmitgliedern werden bereitwillig von Mitarbeiterinnen und Mitarbeitern des Hauses abgedeckt. Die regelmäßige Einladung von Ministerpräsidenten zu einem abendlichen Beisammensein bekräftigt die erhebliche Bedeutung der Politik für das Gremium. Das Verhältnis zwischen Kontrollgremium und Sender ist sehr konsensorientiert.

7.3   Landeszentrale für Medien und Kommunikation Rheinland-Pfalz

Die Landeszentrale für Medien und Kommunikation Rheinland-Pfalz (LMK) ist eine Anstalt des öffentlichen Rechts, deren Aufgaben im rheinland-pfälzischen Landesmediengesetz definiert sind. Sie hat ihren Sitz in Ludwigshafen und laut Landesmediengesetz das Recht auf Selbstverwaltung. Die LMK finanziert sich aus einem Anteil der Rundfunkgebühren, aus denen den Landesmedienanstalten insgesamt rund zwei Prozent zustehen.

7.3.1   Art der Gremien, Anzahl der Mitglieder, Tagungsrhythmus

Die Organe der Landesmedienanstalt sind die Versammlung sowie die Direktorin oder der Direktor. Weitere Organe der LMK sind die Kommission zur Ermittlung der Konzentration im Medienbereich (KEK), die Konferenz der Direktoren der Landesmedienanstalten (KDLM) und die Kommission für Jugendmedienschutz (KJM) wie es im Rundfunkstaatsvertrag festgelegt ist.[248]

In die Versammlung entsenden

„1. sieben Mitglieder der Landtag Rheinland-Pfalz,
2. je ein Mitglied der Städtetag Rheinland-Pfalz, der Landkreistag Rheinland-Pfalz sowie der Gemeinde- und Städtebund Rheinland-Pfalz,
3. ein Mitglied die Katholischen Bistümer in Rheinland-Pfalz, ein Mitglied die Evangelischen Kirchen im Lande Rheinland-Pfalz und ein Mitglied der Landesverband der Jüdischen Gemeinden von Rheinland-Pfalz,
4. je ein Mitglied der Deutsche Gewerkschaftsbund – Landesbezirk Rheinland-Pfalz –, ver.di – Vereinte Dienstleistungsgewerkschaft e.V. – Landesbezirk Rheinland-Pfalz – und der Deutsche Beamtenbund Rheinland-Pfalz,
5. je ein Mitglied die Landesvereinigung rheinland-pfälzischer Unternehmerverbände, die Arbeitsgemeinschaft der Industrie- und Handelskammern Rheinland-Pfalz und die Arbeitsgemeinschaft der Handwerkskammern Rheinland-Pfalz,
6. ein Mitglied die Arbeitsgemeinschaft der Bauernverbände Rheinland-Pfalz,
7. ein Mitglied der Landesverband Einzelhandel Rheinland-Pfalz,
8. ein Mitglied der Verband der Zeitungsverleger in Rheinland-Pfalz und Saarland,
9. ein Mitglied der Südwestdeutsche Zeitschriftenverleger-Verband,
10. je ein Mitglied der Deutsche Journalistenverband – Landesverband Rheinland-Pfalz – und ver.di – Vereinte Dienstleistungsgewerkschaft e. V. – Landesbezirk Rheinland-Pfalz – aus dem Fachbereich für Medien,
11. ein Mitglied der Landesverband der Freien Berufe Rheinland-Pfalz,
12. ein Mitglied der Landesjugendring Rheinland-Pfalz,
13. ein Mitglied der Landeselternbeirat Rheinland-Pfalz,
14. ein Mitglied der Landesfrauenbeirat Rheinland-Pfalz,
15. ein Mitglied die Landesarbeitsgemeinschaft der Familienverbände Rheinland-Pfalz,
16. ein Mitglied der Landessportbund Rheinland-Pfalz,
17. ein Mitglied der Landesbeirat für Weiterbildung in Rheinland-Pfalz,
18. ein Mitglied die Verbraucherzentrale Rheinland-Pfalz,
19. ein Mitglied der Bund für Umwelt und Naturschutz Deutschland – Landesverband Rheinland-Pfalz –,
20. ein Mitglied der Deutsche Kinderschutzbund – Landesverband Rheinland-Pfalz –,
21. ein Mitglied die Stiftung Lesen, Mainz,

---

[248] RStV, §35,2

22. ein Mitglied die Liga der Spitzenverbände der Freien Wohlfahrtspflege im Lande Rheinland-Pfalz,
23. ein Mitglied der Landesfachbeirat für Seniorenpolitik in Rheinland-Pfalz,
24. ein Mitglied die oder der Landesbeauftragte für Ausländerfragen aus den Vertretungen der ausländischen Arbeitnehmerinnen und Arbeitnehmer und ihrer Familienangehörigen,
25. ein Mitglied der Verband Deutscher Sinti – Landesverband Rheinland-Pfalz –,
26. ein Mitglied die Verbände aus den Bereichen Kunst und Kultur,
27. ein Mitglied die Verbände aus dem Bereich der behinderten Menschen einschließlich der Kriegsopfer und ihrer Hinterbliebenen."[249]

Damit kommen, zählt man die Mitglieder unter Ziffer 2 dazu, elf Mandate aus der Politik. Mit fünf Mitgliedern bilden die von Gewerkschaften entsendeten Mitglieder eine recht starke Gruppe. Zusätzlich zu diesen 42 Mitgliedern kann für die Landesregierung eine Vertreterin oder ein Vertreter mit beratender Stimme an den Sitzungen der Versammlung teilnehmen, was in der Regel auch der Fall ist. Die Versammlung tritt satzungsgemäß mindestens alle vier Monate zusammen, üblicherweise trifft sie sich sechs Mal jährlich zu ordentlichen Sitzungen. Die Mitglieder werden für fünf Jahre benannt.

Zu den Aufgaben der Versammlung gehört die Erteilung von Zulassungen; ebenso soll sie die Ausgewogenheit der Programme in ihrer Gesamtheit überwachen. Sie überwacht die Einhaltung der gesetzlichen Bestimmungen und die programmlichen Entscheidungen, wie die Zuweisung von Sendezeiten und die Entscheidung über die Rangfolge von in Kabelanlagen verbreiteten Programmen sowie die Zulassung von Übertragungskapazitäten. Staatsvertragliche Aufgaben erfüllt die Versammlung auch, indem sie die gesetzlichen Werberegelungen konkretisiert, ebenso wie die Richtlinien zum Jugendschutz und gemeinsame Verfahrensgrundsätze der Landesmedienanstalten, die eine bundesweit einheitliche Handhabung der Erlaubniserteilung und Aufsicht begründen sollen.[250]

Der Direktor vertritt die Anstalt gerichtlich und außergerichtlich. Er verwaltet die Anstalt und die ihr zur Verfügung stehenden Mittel. Zudem bereitet er die Beschlüsse der Versammlung vor und führt sie aus, er berät die Veranstalter und erarbeitet Vorschläge für die Belegung der Kanäle. Der Direktor erteilt die Einzelgenehmigungen für Ausstrahlungen in Offenen Kanälen und unterstützt die Versammlung bei der Wahrnehmung ihrer Aufgaben. Ihm obliegen alle Aufga-

---

[249] LMG §40,1
[250] Vergl. Jahresbericht LMK 2005, Teil I A 2

ben, die der Gesetzgeber nicht ausdrücklich der Versammlung zugewiesen hat.[251] Der Direktor wird für jeweils sechs Jahre gewählt.[252]

7.3.2 Ausschüsse (Besetzung, Teilnahme, Einladung)

Die Versammlung der LMK hat folgende Ausschüsse gebildet:

1. Hauptausschuss
2. Rechts- und Zulassungsausschuss
3. Ausschuss für Jugendschutz und Medieninhalte
4. Ausschuss für Haushalt, Wirtschaft und Finanzen (Finanzausschuss)
5. Rechnungsprüfungsausschuss
6. Ausschuss für Medienkompetenz, Offene Kanäle und Rundfunktechnik

Die Vorsitzende, bzw. der Vorsitzende der Versammlung, die beiden stellvertretenden Vorsitzenden sowie die Vorsitzenden der Fachausschüsse bilden den Hauptausschuss der LMK.

Der Rechts- und Zulassungsausschuss sowie der Ausschuss für Jugendschutz und Medieninhalte haben je 15, der Ausschuss für Haushalt, Wirtschaft und Finanzen, der Rechnungsprüfungsausschuss und der Ausschuss für Medienkompetenz, Offene Kanäle und Rundfunktechnik je neun Mitglieder. Damit stehen 42 Sitzen in der Versammlung 65 zu besetzende Ausschusssitze gegenüber. Die Sitzungen der Ausschüsse sind nicht öffentlich, die Einladungen ergehen durch den jeweiligen Vorsitzenden. Der Direktor nimmt an den Sitzungen der Ausschüsse mit beratender Stimme teil. Der Vorsitzende oder die Vorsitzende der Versammlung kann an den Ausschusssitzungen teilnehmen. Die Ausschüsse beschließen mit einfacher Mehrheit, kommt es zu Pattsituationen entscheidet im Hauptausschuss die Stimme des vorsitzenden Mitglieds.[253]

Der Hauptausschuss tritt regelmäßig vor den Sitzungen der Versammlung zusammen. Er hat eine wichtige Funktion, denn er erörtert „grundsätzliche Fragestellungen der medienrechtlichen, medienpolitischen, technischen und wirtschaftlichen Entwicklung in Rheinland-Pfalz sowie solche Sachverhalte, die dem Aufgabenbereich mehrerer Fachausschüsse der LMK zugerechnet werden kön-

---

[251] LMG § 44
[252] Seit 2000 ist der ehemalige Gewerkschaftsfunktionär Manfred Helmes Direktor der LMK. Er war zuvor in seiner Gewerkschaftsfunktion bereits lange Jahre Mitglied der Versammlung und anschließend in einigen anderen Funktionen in der Verwaltung der LMK tätig.
[253] LMK-GOV §16

nen."[254] Der Hauptausschuss kann im Rahmen dieser Aufgaben auch Beschluss-vorschläge in die Versammlung einbringen. Zuständig ist der Hauptausschuss auch, wenn eine eilbedürftige Entscheidung eines Ausschusses oder der Versammlung nicht eingeholt werden kann. Dann beschließt er vorläufig anstelle dieser Gremien. Eine solche vorläufige Beschlussfassung muss in die Tagesordnung der nächsten Sitzung der Versammlung aufgenommen und dort behandelt werden. Zur Funktion des Hauptausschusses sagt der Direktor der LMK:

„Das ganze System funktioniert ja relativ konfliktfrei, das ist vergleichbar mit den Gewerkschaften. Das zeigt meine zweite Wahl, die war einstimmig. Obwohl ich als Sozialdemokrat in diesem Land nicht ganz unbekannt bin. Aber das zeigt auch, dass man miteinander umgehen kann, wenn man die Leute einbaut. Und dieser Hauptaus-schuss hat so eine Funktion, in die beiden Freundeskreise, in Anführungszeichen, die hier nicht unter parteipolitischen Gesichtspunkten laufen, hineinzuwirken und zu vermitteln." (MH)

Die Ausschüsse beraten Themen für die Versammlung etwa eine Woche vorher vor und machen Beschlussvorschläge. Die Aufgaben der einzelnen Ausschüsse sind in der Geschäftsordnung der Versammlung sehr detailliert aufgelistet. Beispielhaft sei hier die Aufgabenbeschreibung für den Rechts- und Zulassungsaus-schuss zitiert:

„1. Einhaltung der gesetzlichen Bestimmungen einschließlich der allgemeinen Pro-grammgrundsätze, der Ausgewogenheit der Programme in ihrer Gesamtheit und des Datenschutzes sowie der Satzungsbestimmungen, jedoch mit Ausnahme der in § 4 Abs. 1 der Satzung des Ausschusses für Jugendschutz und Medieninhalte genannten Aufgaben;
2. Satzungen, Richtlinien und die Geschäftsordnung der Versammlung;
3. Beanstandungs- und Ordnungswidrigkeitenverfahren mit Ausnahme von Auf-sichtsmaßnahmen nach dem Jugendmedienschutzstaatsvertrag;
4. Widersprüche gegen förmliche Bescheide der Direktorin oder des Direktors;
5. Anordnung von Ausschlussfristen;
6. Erteilung, Verkürzung der Geltungsdauer, Einschränkung und Entziehung von Zulassungen sowie die Anordnung des Ruhens von Zulassungen;
7. Zuordnung und die Entziehung von Übertragungskapazitäten;
8. Entgegennahme von Anzeigen und Entscheidung zur Heranführung von Pro-grammen;
9 Verbreitung von Programmen in Kabelanlagen;
10. Bestehen einer Mitgliedschaft in der Versammlung;

---

[254] LMK-GOV §10,2

11. Fragen der Zugangsfreiheit;
12. alle sonstigen Rechtsfragen."[255]

Ähnlich umfangreich gestalten sich auch die Aufgaben der übrigen Ausschüsse. Wie wichtig die vorbereitende Arbeit der Ausschüsse ist, bestätigt auch die Aussage der Vorsitzenden der Versammlung: „Wenn es dann in die Versammlung hinein kommt, dann ist das ausdiskutiert und es gibt in der Regel einen Vorschlag, der angenommen wird." (RP)

In den Rechts- und Zulassungsausschuss werden manchmal auch Antragsteller geladen, damit sich die Ausschussmitglieder selbst ein Bild machen können.

In den Ausschüssen sind gewerkschaftliche Gremienmitglieder wie folgt vertreten (Anzahl der gew. Mitglieder in Klammern): Hauptausschuss (1), Recht und Zulassung (1), Jugendschutz/Medieninhalte (2), Finanzen (0), Rechnungsprüfung (1), Medienkompetenz/Offene Kanäle/Rundfunktechnik (2). In einem Fall kommt ein Ausschussvorsitzender aus der Gruppe der gewerkschaftlichen Gremienmitglieder, wodurch dieser auch Mitglied im Hauptausschuss ist.

7.3.3 Freundeskreise

In der LMK existieren zwei so genannte Arbeitsgruppen, die unter den Namen der jeweiligen Vorsitzenden geführt werden. Im Weiteren werden diese, wie allgemein üblich als „Freundeskreise" bezeichnet. Wie der Direktor der LMK betont, seien die Freundeskreise nicht unbedingt nach parteipolitischen Präferenzen einzuordnen. Zwar gibt es einen eher sozialdemokratisch orientierten und einen eher der Union zuzurechnenden Freundeskreis, doch seien in Einzelfragen die Mitglieder eher heterogen in ihrem Abstimmungsverhalten und man müsse vorsichtig sein in der politischen Zuordnung. Die Gründung habe sich an der Frage von Kabelpilotprojekten entzündet:

> „Also der Urzustand der Bildung bestand darin, wer ist für und wer ist gegen das Kabelpilotprojekt. Und da hatten wir, ich glaube wir waren damals auch schon 40, da hatten wir vier Mitglieder und die anderen 38 oder 36. Und dann hat sich das immer so ein bisschen verändert, nachdem die Grundlagenfragen geklärt waren und dann ging es so ein bisschen nach dem Grundsatz: Ja, wohin habe ich die größere politische Nähe. Und völlig verändert hat es sich dann 1991, als die Regierung gewechselt hat, da war natürlich die Politiknähe nur ein Argument und das andere war die Frage: Wo kriege ich am meisten raus? Und im Prinzip hat sich das bis heute so

---

[255] LMK-GOV §11

fortgesetzt. Jetzt sind die Mehrheitsverhältnisse ganz grob, aber wirklich nur grob, 25 zu 17 etwa." (MH)

Zum einen sind die Freundeskreise den Sitzungen vorgeschaltete Informationsnetzwerke, zum anderen haben sie eine wichtige Funktion mit Blick auf das Abstimmungsverhalten, dort werden Themen diskutiert, mit dem Ziel ein Mehrheit zu bekommen:

> „Wir machen ja immer, wenn wir so Großkampftag haben, 13.30 Hauptausschuss, da werden die groben Hauptthemen diskutiert und wo gibt es möglicherweise Konflikte? Dann geht man in die Freundeskreise hinein und guckt, kann man die Konflikte, die eventuell auftreten, und bei Lizenzierungen gibt es immer Konflikte, gibt's immer ganz unterschiedliche Interessen, kann man die unter einen Hut bringen? Dann tauschen sich die beiden Freundeskreissprecher aus, dann gehen wir in die Versammlung und dann wissen wir in etwa, kriegen wir etwas durch oder kriegen wir was nicht durch und setzen es erstmal wieder aus und reden noch mal miteinander." (MH)

Hier werden auch Dinge geklärt, die nicht in der Versammlung thematisiert werden sollen. Der Direktor der LMK nimmt an den Sitzungen des eher sozialdemokratisch orientierten Arbeitskreises teil, sein Stellvertreter an denen des anderen. Vor den Sitzungen tauschen sie sich intensiv aus, welche Informationen vermittelt werden müssen: „Das sind so informatorische Rückdeckungen, die immer in diesen Sitzungen passieren. Ich gebe denen eine Information, ich würde sagen, von 95 Prozent dessen, was ich weiß, also wirklich maximal." (MH)

Die gewerkschaftlichen Gremienmitglieder sind im eher sozialdemokratisch orientierten Freundeskreis vertreten.

7.3.4 Fluktuation, Teilnahmefrequenz

Die Fluktuation im Gremium ist nach Auskunft des Direktors relativ gering, die meisten Mitglieder der Versammlung seien schon in der zweiten Legislaturperiode im Amt. Dies bestätigt die Vorsitzende der Versammlung ebenso wie ein Blick in die Protokolle. Für die gewerkschaftlichen Mitglieder gibt es keine hiervon abweichenden Erkenntnisse.

7.3.5 Themen der Beratungen

Großen Raum nehmen Programmbeschwerden ein, insbesondere mit Blick auf den Jugendmedienschutz. Ein zweites großes Thema sind Lizenzierungen und

Sendezeitvergaben sowie die Änderung von Beteiligungsverhältnissen in Sendern. Weiterer Schwerpunkt der Beratungen ist die Diskussion zu offenen Kanälen und deren Vernetzung. Auch das Thema Medienkompetenz und ihre Förderung sowie die Förderung einzelner Lokal- und Regionalsender durch die LMK. Vorgelegt werden auch Programmanalysen von einzelnen Sendern.[256] Einen detaillierten Einblick in die Themen der Beratungen vermittelt auch die Aufgabenbeschreibung der Ausschüsse (vergl. dazu auch Punkt 3.2).

7.3.6 Zuordnung der Gremieninfrastruktur

Räume/Sekretariat

Das Gremienbüro wird von einem Mitarbeiter geführt, die Vorsitzende der Versammlung hat im Gebäude der LMK ein Büro.

Einladung/Tagesordnung/Sitzungsleitung

Laut Hauptsatzung der LMK beruft die Sitzung das vorsitzende Mitglied ein. Der oder die Vorsitzende stellt hiernach auch die Tagesordnung auf.[257] Die Einladungen zu den Sitzungen erstellt und verschickt die Verwaltung. Zur Tagesordnung bemerkt der Direktor: „Die Tagesordnungen, ich sage mal, die entstehen im Vorlauf der Ausschusssitzungen oder mit dem Vorlauf der Ausschusssitzungen. Auf diesen wird das beschlossen, was dann zum Schluss, wenn es entscheidungsfähig ist, in die Versammlung geht." (MH)

Beratungsvorlagen

Die Beratungsvorlagen und Beschlussvorlagen werden von Mitarbeiterinnen und Mitarbeitern der LMK vorbereitet und dann auch dem Direktor vorgelegt.

---

[256] In der LMK gibt es eine eigene Stelle zur Programmbeobachtung, die beispielsweise an bestimmten Stichtagen einzelne Sender oder Sendungen beobachtet. Diese Analysen werden der Versammlung zugänglich gemacht.
[257] LMK-HS §7,1

7.3.7 Öffentlichkeit

In den Rechtsgrundlagen finden sich kaum Hinweise auf den Umgang mit der Öffentlichkeit. Nur generell ist geregelt, ob Sitzungen von Versammlung und Ausschüssen öffentlich sind oder nicht. Die Vorsitzende der Versammlung betont, dass durch das starke Engagement der LMK auf dem Gebiet der Medienkompetenz die Nachfragen aus der Öffentlichkeit sehr breit seien:

> „Durch den sehr starken Akzent auf Medienkompetenz haben wir ein Maß an Transparenz und Interesse an der Arbeit im Bereich der Medienpolitik geschaffen, die andere natürlich auch nicht so haben. Was wir erleben ist ein großer Run von all den jungen Leuten, die Mediengestalter oder was auch immer machen, und die landen irgendwann mal alle bei uns. Sei es, dass sie sich im Internet informieren, sei es, dass sie einen direkt ansprechen, dass sie einen Brief schreiben. Ich glaube eigentlich nicht, dass wir mehr machen sollen, weil wir uns eigentlich nicht vermarkten müssen. Das ist nicht unser Job, sondern wir bieten Dienstleistungen an im Bereich der Medienkompetenz und die werden verstärkt abgerufen."(RPe)

Sitzungen

Die Versammlung der LMK tritt laut Geschäftsordnung mindestens alle vier Monate im Jahr zusammen.[258] Tatsächlich tagt sie aber in der Regel sechs Mal im Jahr. Die Sitzungen sind grundsätzlich öffentlich, verschiedene Ausnahmen definiert die Geschäftsordnung:

> „Die Versammlung tagt insbesondere in nichtöffentlicher Sitzung bei:
> 1. Personalangelegenheiten einzelner Bediensteter der Landeszentrale für Medien und Kommunikation,
> 2. Rechtsstreitigkeiten, an denen die Landeszentrale für Medien und Kommunikation beteiligt ist einschließlich der damit verbundenen Vorverfahren,
> 3. Gebührenangelegenheiten einzelner Gebührenschuldner,
> 4. Vergabe von Aufträgen, sofern schutzwürdige Belange der Bieter oder sonstiger Privatpersonen berührt werden." [259]

Der Direktor nimmt an der Sitzung mit beratender Stimme teil.[260] Die Vorsitzende kann auf Vorschlag des Direktors Mitarbeiterinnen und Mitarbeiter des Hau-

---

[258] LMK-GOV §2,1
[259] LMK-GOV §3,2
[260] LMK-GOV §4,2

ses zu den Sitzungen hinzuladen und diesen auch das Wort erteilen.[261] Die öffentlichen Sitzungen werden fallweise von Interessengruppen wahrgenommen:

> „Je nach Interessenlage sitzen da auch mal Leute, ja. Wenn jetzt die dritte Hörfunkkette zur Entscheidung ansteht, da sitzen bestimmt 20, 30 Leute hinten drin, Presse und Beschäftigte des Senders, die üben dann natürlich moralischen Druck aus. Das ist klar, vor dem Haus machen sie die Demonstration, bei solchen Entscheidungen ist das die Regel."(MH)

Die Fachausschüsse haben laut Hauptsatzung kein eigenes Verlautbarungsrecht.[262]

Protokolle

Die Protokolle verfassen Mitarbeiterinnen und Mitarbeiter der LMK. Für den Hauptausschuss übernimmt diese Aufgabe der Referent des Gremienbüros, für die Fachausschüsse jeweils Mitarbeiter, die aus den entsprechenden Fachabteilungen kommen. Die Protokolle werden an alle Mitglieder der Versammlung und den Direktor der LMK verschickt. Die Zugänglichkeit der Protokolle ist nicht explizit geregelt. Wie bereits in der Einleitung erwähnt, wurden die Protokolle für diese Arbeit ohne Einschränkung und Auflagen zur Verfügung gestellt.

Beschlüsse

Zu den Beschlüssen der Versammlung werden fallweise Pressemitteilungen herausgegeben. Es gibt aber hier kein durchschaubares System, nach dem die Entscheidungen für oder gegen eine Veröffentlichung fallen.

Externe Anfragen/Anfragen von Gremien

Die Gremienmitglieder nehmen nach Auskunft des Direktors die fachliche Kompetenz der Landesmedienanstalt auch in Anspruch, um sich auf Veranstaltungen außerhalb ihrer direkten Aufgaben für das Gremium vorzubereiten:

> „Wir bestücken auch Veranstaltungen von denen. Also wenn die zu Jugendschutz etwas machen, die Landfrauen oder wer auch immer, oder die katholische Kirche,

---

[261] LMK-GOV §4,3
[262] LMK-HS §9,5

oder wenn die das Thema Digitalisierung mal behandeln wollen, in irgendeiner öffentlichen Veranstaltung, dann können die auf unsere Leute zurückgreifen." (MH)

Website

Auf der Website der Landesmedienzentrale ist man mit zwei Klicks über den Navigationspunkt Organisation bei den Informationen zur Versammlung. Hier findet der Nutzer eine kurze Beschreibung der Aufgaben des Gremiums sowie die Namen und Herkünfte der Mitglieder und ihren Funktionen im Gremium. Es gibt eine Darstellung der einzelnen Ausschüsse, ebenfalls mit den Namen und Funktionen. Zur Person der Vorsitzenden findet sich ein ausführlicher Lebenslauf mit Foto. Inhaltliche Informationen zur Versammlung und deren Sitzungen sind unter dem Navigationspunkt „Presse" zu finden. Hier gibt es allerdings keine eigene Rubrik z.B. zu Entscheidungen der Versammlung, sondern veröffentlichte Entscheidungen stehen in einer Reihe mit Verlautbarungen des Direktors oder auch Berichte zu Preisverleihungen. Eine Übersicht über die Sitzungstermine der Versammlung und der Ausschüsse fehlt ebenso, wie eine Übersicht über die jeweiligen Tagesordnungen. Ein spezieller Kontaktbutton zur Versammlung besteht nicht, Kontaktaufnahme ist nur zur LMK allgemein über einen Kontaktbutton möglich.[263]

7.3.8   Externe Beratung

Die LMK zieht externe Berater hinzu, wenn sie es für notwendig hält. Dieses Recht ist auch in der Geschäftsordnung festgeschrieben.[264] Hierzu sagt die Vorsitzende der Versammlung:

> „Ja, was uns immer wichtig ist, ist die Frage der wissenschaftlichen Begleitung und dann versuchen wir, diesen technologischen Fortschritt, der so rasant vor sich geht, immer zu thematisieren. Wir versuchen auch Kontakte zu den entsprechenden Unternehmen zu halten, fahren auch zu ihnen hin. Wir brauchen eben immer mehr Leute, die übersetzen können, die aus ihrer Fachsprache heraus eine fachliche Übersetzung transferieren können, für Menschen, die diese Sprache nicht beherrschen. Ich glaube nicht, dass Technik so kompliziert ist, dass man sie nicht verstehen kann, sondern es ist die Sprache, die separiert und die Leute trennt. Und das fordere ich mittlerweile ein, wenn ich etwas nicht verstehe, dann sage ich, jetzt brauche ich Nachhilfeunterricht." (RPe)

---

[263] http://www.lmk-online.de/horizont/kontaktformular/, 15.10.2007
[264] LMK-GOV §3,3

Die externe Beratung schlägt sich beispielsweise in Gutachten nieder, die zu einzelnen Themen in Auftrag gegeben werden. In der Versammlung selbst treten in der Regel keine externen Berater auf.

7.3.9 Weiterbildung

Es gibt in der LMK kein eigenes Weiterbildungsangebot für die Gremien. Wie der Direktor berichtet, habe es hausinterne Fortbildungsangebote gegeben, die allerdings nicht besonders gut in Anspruch genommen wurden:

> „Dann machen wir, also bis vor einem Jahr haben wir das gemacht, aber das wurde zum Schluss dann nicht mehr so angenommen, haben wir jedes Jahr einen Tag angeboten für eine interne Fortbildung. Da haben dann alle Abteilungen ein Thema herausgeholt und haben das dann eine halbe oder dreiviertel Stunde nachvollziehbar dargestellt. Aber wir haben im Moment, das hängt vielleicht auch damit zusammen, eine Truppe drin, die sehr erfahren ist." (MH)

Allerdings initiiert die LMK Fachveranstaltungen zu einzelnen Themen, wie die Vorsitzende der Versammlung berichtet: „Und wir bieten als LMK auch viele Fortbildungen an. Zu den neuen Themen, die kommen, machen wir Sonderveranstaltungen, in denen man gut auch lernen kann."(RPe)

7.3.10 Rahmenprogramm

Ein Rahmenprogramm für die Mitglieder der Versammlung wird von Zeit zu Zeit angeboten:

> „Das Rahmenprogramm soll sich eigentlich fachlich orientieren. Das tut es auch. Also, wenn wir zur IFA fahren, alle zwei Jahre, dann stellen wir diese Fahrt natürlich unter ein bestimmtes Thema und dann werden auch entsprechende Aussteller besichtigt. Wir gucken uns digitale Technik an, wenn es etwas Neues gibt. Wir haben uns letztes Jahr mit einem Institutsleiter über DVBH sehr intensiv unterhalten, der in Berlin ein Projekt macht. Oder worauf ich sehr viel Wert lege, dass die Leute zu den Münchener Medientagen fahren, nicht, weil München schön ist, sondern weil die gut sind. Das machen die auch, wir sind immer, zusammen mit den Beschäftigten, so mit 20 Leuten in München. Das Geld ist es wert."(MH)

Zudem fahren die Gremienmitglieder auch zur Internationalen Funkausstellung, wo dann auch an bestimmten Punkten organisierte Informationsgespräche geführt werden.

7.3.11 Fazit Fallstudie LMK

Die Versammlung der LMK ist mit 42 Mitgliedern das zweitgrößte Kontroll-gremium aller Landesmedienanstalten. Die Anzahl der Ausschusssitze (62) bietet viele Möglichkeiten für die Gremienmitglieder, sich in speziellen Bereichen zu engagieren. Gewerkschaftliche Gremienmitglieder sind hier vertreten, auch mit einem Ausschussvorsitz. Das Gremium ist zu fast drei Vierteln mit Akteuren aus gesellschaftlich-relevanten Gruppen besetzt, womit das Gewicht der Politik sich in Grenzen hält. Auch die Freundeskreise sind nicht eindeutig politischen Frakti-onierungen zuzuordnen, sondern entlang der vor über 20 Jahren geführten Aus-einandersetzung um Kabelpilotprojekte entstanden. Sie fungieren als den Sitzun-gen vorgeschaltete Informationsnetzwerke, in denen auch Konflikte ausgetragen werden, die nicht in der Versammlung thematisiert werden sollen. Das Themen-spektrum der Beratungen bewegt von den Zulassungen über Medienkompetenz bis hin zu offenen Kanäle. Häufig geht es hierbei um stark rechtlich bestimmte Themen und wirtschaftliche Aspekte. Da die Vorbereitung der Beratungsunterla-gen in den Händen von Mitarbeiterinnen und Mitarbeitern liegt, gibt es einen erheblichen Einfluss der Direktion auf die Arbeit der Versammlung. Gleiches gilt für die Verfassung der Protokolle. Die Versammlung tagt generell öffentlich, die Protokolle unterliegen keiner expliziten Regelung zur öffentlichen Zugäng-lichkeit. Über Pressemitteilungen werden ausgewählte Beschlüsse der Versamm-lung verbreitet. Die Webseite gibt einen guten Überblick über die Aufgaben und Personen der Versammlung, allerdings fehlt eine Liste der Sitzungstermine ebenso wie die Tagesordnungen. Externe Beratung wird fallweise in Form von Gutachten in Anspruch genommen. Ein eigenes Weiterbildungsangebot für die Gremienmitglieder wird nicht angeboten, diese können aber an allgemein von der LMK organisierten Fachtagungen teilnehmen. Der von der LMK organisierte Besuch von Veranstaltungen wie der Internationalen Funkausstellung changiert zwischen Rahmenprogramm und Weiterbildungsangebot. Informationsbedarfe von Gremienmitgliedern werden durch Mitarbeiterinnen und Mitarbeiter bereit-willig abgedeckt. Die Versammlung arbeitet mit der Verwaltung sehr konsens-orientiert zusammen.

7.4 Fazit der Fallstudien

Die drei Fallstudien zeichnen ein detailliertes Bild der Bedingungen, unter denen die gewerkschaftlichen Gremienmitglieder ihr Mandat ausfüllen. Hierbei wurde insbesondere die Bedeutung der Ausschüsse für die Kommunikation und die Entscheidungen innerhalb der Gremien deutlich. Sowohl in den Ausschüssen als auch in den Freundeskreisen sind gewerkschaftliche Gremienmitglieder vertreten und nutzen so die damit verbundenen Einflussmöglichkeiten. Die Freundeskreise als informelle Netzwerke fungieren in allen untersuchten Institutionen als wichtige Informations- und Verhandlungsorte, an denen auch potentielle Konflikte ausgetragen und so aus den Sitzungen der Gesamtgremien herausgehalten werden. Sie beeinflussen auch ganz erheblich die Besetzung der Ausschüsse und spielen bei der Wahl der Gremienvorsitzenden eine große Rolle. Allerdings ist die an politischen Fraktionierungen orientierte Bildung der Freundeskreise in der untersuchten Landesmedienanstalt weniger offensichtlich. Der Einfluss der Intendanzen bzw. der Direktion auf Arbeitsabläufe, Beratungsinhalte und Protokolle der Gremien kann als erheblich beschrieben werden. Teilweise formulieren die Satzungen oder Geschäftsordnungen eine größere Autonomie der Gremien, als sie in der praktischen Arbeit tatsächlich vorhanden ist. Dies zeigt sich auch in der engen organisatorischen und hierarchischen Anbindung der so genannten Gremienbüros an die Intendanzen, bzw. die Direktion. Politische Akteure haben in den beiden öffentlich-rechtlichen Gremien allein durch die Sitzverteilung ein erhebliches Maß an Einfluss. Die Gewerkschaften sind in den drei untersuchten Fällen recht gut mit Mandaten ausgestattet, wobei führende Positionen in den Ausschüssen und den Gesamtgremien kaum von ihnen besetzt werden.

Das Themenspektrum mit dem die Gremienmitglieder in den Beratungen konfrontiert werden, ist sehr breit gefächert. Insofern ist es umso bemerkenswerter, dass die Angebote für die Weiterbildung der Gremienmitglieder in allen drei untersuchten Institutionen sehr reduziert sind und in keinem Fall strategisch strukturiert oder auf längere Sicht geplant. Angeboten werden allenfalls themenbezogene Vorträge oder gemeinsame und individuelle Besuche von Medienveranstaltungen und -tagungen. Inwieweit letztere wirklich zu einer nachhaltigen Weiterbildung beitragen können war nicht Untersuchungsgegenstand, wäre aber sicher einer genaueren Betrachtung wert. Die Bereitschaft sowohl in den öffentlich-rechtlichen Sendern als auch in der Landesmedienanstalt, Fragen und Informationswünsche der Gremienmitglieder zu beantworten, bzw. zu erfüllen, ist ausgesprochen gut. Die Inanspruchnahme externer Beratung ist, obwohl in allen drei Gremien ausdrücklich zugelassen, sehr zurückhaltend.

Defizite zeigen die Gremien in der Kommunikation mit und Information der Öffentlichkeit. Hierbei kann von einer abgestuften Haltung gesprochen werden: Der Zugang der Öffentlichkeit zu Gremieninformation im Deutschlandradio und im ZDF ist allein schon durch die generelle Nichtöffentlichkeit der Sitzungen erheblich eingeschränkt. Allerdings erweist sich das ZDF hier als zugänglicher und transparenter, zum einen durch regelmäßige Information der Presse nach den Sitzungen, zum anderen durch den Umgang mit Anfragen zu Materialien wie Protokollen u.ä. Am weitestgehenden sind die Zugangsmöglichkeiten der Öffentlichkeit zu den Sitzungen der LMK, die grundsätzlich öffentlich abgehalten werden. Demgegenüber weisen die Internetauftritte aller drei Institutionen Lücken in der Information über die Gremienarbeit auf, bzw. beschränken sich auf organisatorische und personelle Darstellungen: Das Deutschlandradio bietet kaum inhaltliche Informationen zur Gremienarbeit und noch nicht einmal eine Übersicht über Sitzungstermine oder Tagesordnungen. Die wenigen Informationen zu Beschlüssen des Hörfunkrates müssen mühsam „erklickt" werden. Auch die Informationen auf der ZDF-Website zum Fernsehrat beschränken sich auf wenige in aller Linie personelle Darstellungen. Die Besetzung der Ausschüsse ist nicht veröffentlicht, was sowohl beim Deutschlandradio als auch bei der LMK der Fall ist. Beim ZDF ist allerdings durch einen Kontaktbutton zumindest der aktive Zugang der Öffentlichkeit zu Gremienangelegenheiten angelegt. Auch die LMK beschränkt sich weitgehend auf allgemeine Informationen und personelle Darstellungen zur Arbeit der Versammlung und veröffentlicht auf der Webseite keine Tagesordnungen oder ähnliches. Hier zeigen sich deutliche Defizite im Sinne der Governance-Aspekte Transparenz und Information.

Allen drei Gremien ist eine starke Konsensorientiertung zum einen innerhalb des Gremiums als auch mit den Intendanzen, bzw. der Direktion eigen.

Vertiefende Erkenntnisse zur Rolle gewerkschaftlicher Gremienmitglieder soll die im folgenden Kapitel dargestellte Befragung bieten.

8 Gewerkschaftliche Gremienvertretungen

8.1 Einleitung

Seit Beginn des öffentlich-rechtlichen Rundfunks und später mit der Zulassung privater Anbieter haben Gewerkschaften in unterschiedlicher Ausprägung das Recht, Vertreterinnen und Vertreter in die Aufsichtsgremien zu entsenden. Diese mitbestimmungspolitischen Akteure werden hier auch synonym als gewerkschaftliche Gremienvertreterinnen und -vertreter bezeichnet.

Um die praktische Seite gewerkschaftlicher Medienpolitik sichtbar und nachvollziehbar zu machen, wurden diese Gremienvertreter in einer Vollerhebung mittels standardisiertem Fragebogen nach ihrer Tätigkeit befragt. In die Untersuchung wurden alle einbezogen, die explizit für die Gewerkschaften, respektive Arbeitnehmervertretungen benannte Mandate in den Gremien innehaben, auch stellvertretende Gremienmitglieder wurden befragt. Hinzu kamen diejenigen, die mittelbar für andere gesellschaftliche Gruppen reservierte Mandate vertreten, in diesem Fall jedoch identifizierbar als gewerkschaftliche Vertreterinnen oder Vertreter entsendet waren. So gibt es beispielsweise einen Vertreter der Gewerkschaft ver.di, der ein Mandat für den Deutschen Kulturrat innehat, aufgrund seiner Tätigkeit für ver.di. Nicht in das Sample aufgenommen wurden beispielsweise Personen, die zwar als Gewerkschaftsmitglied oder -funktionär erkennbar waren, aber aufgrund gewerkschaftsfremder Gründe oder Tätigkeiten als Vertreter anderer gesellschaftlicher Gruppen einem Gremium angehören. Recherchiert wurden die Adressen über die Webseiten der Rundfunksender und Landesmedienanstalten sowie über die Webseiten von DGB, DJV und DBB. Da die Besetzung in den Gremien teilweise relativ instabil ist, die Mandatsträgerinnen und –träger aufgrund beruflicher Wechsel dann auch öfter innerhalb einer Amtsperiode ausgetauscht werden, wurde als Grundlage der Stand vom August 2006 genommen.

Aufgrund der Erfahrung der Verfasserin mit Gremientätigkeit und Gewerkschaftsarbeit wurde der Fragebogen entwickelt.[265] Zudem wurden Anregungen aus Gesprächen mit Vertreterinnen und Vertretern gewerkschaftlicher Medienpo-

---

[265] Als langjährige Mitarbeiterin in der gewerkschaftlichen Öffentlichkeitsarbeit und Gremienmitglied im öffentlich-rechtlichen Rundfunk

litik in den Fragenkanon aufgenommen. Ebenfalls zu Rate gezogen wurden Kollegen, die bereits Erfahrungen mit schriftlichen Befragungen im Gewerkschaftsmilieu gemacht hatten. Durch einen Pretest mit drei Gewerkschaftern wurde abgeklärt, ob der Fragebogen verständlich und in einer vertretbaren Zeit ausfüllbar war.

Verschickt wurden 105 Fragebogen, davon 42 an gewerkschaftliche Gremienvertreterinnen und -vertreter in Landesmedienanstalten und 63 an gewerkschaftliche Gremienvertreterinnen und -vertreter in Aufsichtsgremien des öffentlich-rechtlichen Rundfunks. Den Befragten wurde Anonymität zugesichert. Die Fragebogen wurden Ende August 2006 verschickt. Es wurde um Beantwortung bis Ende September 2006 gebeten. Nach Ablauf dieser Frist wurden durch eine Nachfassaktion per Mail und später auch noch telefonisch weitere Rücksendungen initiiert.

Ein Fragebogen wurde mit der Bemerkung zurückgeschickt, dass in dieser Organisation kein Gremienmitglied im Sinne der Untersuchung existiere. Die bereinigte Stichprobe beträgt also 104. Mitte November 2006 hatten 65 Adressaten (62,5 Prozent) eine Rückmeldung gegeben. Dabei wurden von zwei Gremienmitglieder Auskünfte nicht in Form des Fragebogens, sondern frei formuliert als E-Mail zugesandt. Diese Aussagen gingen zwar inhaltlich ergänzend in die Auswertung ein, konnten aber natürlich nicht in die Fragebogenauswertung einbezogen werden. Obwohl dem Fragebogen ein ausführliches Anschreiben mit Hinweisen zu Sinn und Zweck der Befragung sowie der fördernden Institution und der ausführenden Universitätsstelle beigefügt war, wurde ein Exemplar nicht ausgefüllt zurückgeschickt mit der Begründung: "Keine Angaben meinerseits, da Hintergrund unklar." Es gab also einen auswertbaren Rücklauf von 62 Fragebögen, so dass sich eine Rücklaufquote von 59,6 Prozent ergibt. In den meisten Fällen wurden die Fragebögen vollständig ausgefüllt.

Beim Rücklauf ist zu beachten, dass die Quote bei den Gremienvertreterinnen, die dem DGB oder seinen Gewerkschaften zuzuordnen sind, sehr gut war (71,9 %, bezogen auf die Anzahl der verschickten Fragebögen), während sie bei den Vertreterinnen des DJV mit 55,0 Prozent immer noch ordentlich ist. Die Gremienmitglieder, die Mandate des DBB innehaben, beteiligten sich dagegen nur mäßig an der Befragung (25,0 %).

Tabelle 7: Beteiligung an der Umfrage nach Gewerkschaften

Fragebögen nach Gewerkschaftszugehörigkeit				
	Verschickt N= 105		Rücklauf	
	Anzahl	**Prozent**	**Anzahl**	**Prozent**
DGB	64	61,0	46	71,9
DJV	20	19,0	11	55,0
DBB	20	19,0	5	25,0
CGB	1	1,0	0	0

Eine mögliche Erklärung kann sein, dass die Kenntnis um den Auftraggeber der Studie die Bereitschaft zur Beteiligung beeinflusst. Dazu schreibt Häder:

„Bei der Vorbereitung auf das Interview wird den Zielpersonen auch der Auftragge-ber der Untersuchung bekannt gegeben. […] Für den Fall, dass der Initiator der Er-hebung in der Öffentlichkeit ein polarisierendes Erscheinungsbild aufweist, ist zu erwarten, dass die Zielpersonen ihre Antworten modifizieren. Ein treuer Anhänger einer Gewerkschaft könnte bei seinen Antworten dadurch beeinflusst werden, dass er im Auftrag des Unternehmerverbandes befragt wird." (Häder 2006, 224)

Er weist darauf hin, dass ein solcher Effekt in empirischen Studien nachgewiesen werden konnte. Ein Begleitschreiben zu einem der Fragebögen kann dies auch für diese Befragung unterstützen. Der Kommentar bezieht sich auf die Frage nach der Gewerkschaftsmitgliedschaft:

„Obwohl Ihr Fragebogen in der Ziff. 1 eine deutliche Monopolstellung der DGB-Gewerkschaften aufweist und der Deutsche Beamtenbund (1,3 Mio. Mitglieder) ge-rade noch vor der Ziff. „Kein Gewerkschaftsmitglied" angesiedelt ist, beantworte ich Ihnen als leidenschaftlicher Verfechter des gewerkschaftlichen Pluralismus recht gerne, weil ich den Inhalt Ihres Fragenkataloges für interessant halte."

Bezogen auf die 62 beantworteten Fragebogen ergibt sich nach der Gewerk-schaftszugehörigkeit folgendes Bild: Gemessen am Anteil der DGB-Gewerkschafterinnen und -Gewerkschafter an allen gewerkschaftlichen Gre-mienmitgliedern ist der Anteil an den zurückgesendeten Fragebögen leicht er-höht (74,2 %). Der Anteil der DJV-Angehörigen liegt bei 17,7 und der DBB-

Angehörigen bei 8,1 Prozent. Hieraus folgt, dass die Aussagekraft der vorliegenden Ergebnisse über die gewerkschaftlichen Gremienmitglieder am stärksten bei denjenigen aus den DGB-Gewerkschaften ist. Für die DJV-Gremien sind die Ergebnisse noch einigermaßen aussagekräftig, für die Gremienvertretungen des DBB aber eher gering. Den größten Anteil an den vom DGB entsendeten Gremienmitgliedern haben Mitglieder der Gewerkschaft ver.di (84,8%), davon geben 17,4 Prozent an, sie seien in der dju organisiert, jeweils einer (2,2 %) in der RFAV und im VS. In anderen DGB-Gewerkschaften sind 7, also 15,2 Prozent organisiert (IG BAU, GdP, IG BCE, GEW, IGM, GEW, GEW).

Tabelle 8: Gewerkschaftszugehörigkeit der Befragten

Sind Sie Mitglied einer Gewerkschaft?		N= 62
	Anzahl	**Prozent**
DGB	46	74,2
DJV	11	17,7
DBB	5	8,1

Tabelle 9: Zugehörigkeit zu DGB-Gewerkschaften

(Mehrfachnennungen)		N= 46
	Anzahl	**Prozent**
Ver.di	39	84,8
Dju	8	17,4
RFAV	1	2,2
VS	1	2,2
Andere	7	15,2

Vor dem Hintergrund der Ansiedlung der Gremienmitglieder in der Organisation (Fragen nach hauptamtlicher oder ehrenamtlicher Tätigkeit, nach der Organisationsebene, auf der die Tätigkeit ausgeübt wird, der Funktion und dem thematischen Gebiet, mit dem sich die Befragten beschäftigen) und ihrer Stellung im Gremium (Dauer der Gremientätigkeit, herausgehobene Position) sollten insbesondere drei große Blöcke von Fragestellungen untersucht werden: Kompetenz und Information sowie Vernetzung und Weiterbildungsbedarf. Gefragt wurde unter anderem danach, welche Themen für die Befragten wichtig sind, in welchen Bereichen sie Entscheidungen zu treffen haben, wo sie selbst Kompetenzdefizite feststellen und welchen Bedarf sie an Kommunikation zu den entsendenden Institutionen sehen. Darüber hinaus spielten auch Fragen nach dem Zeitaufwand und dem Selbstverständnis eine Rolle.

8.2 Gewerkschaftliche Mitglieder in Rundfunkräten, im ZDF-Fernsehrat und den Gremien der Landesmedienanstalten

8.2.1 Soziodemografisches Profil: Geschlecht, Alter, Ausbildung

Der Anteil der Männer an allen gewerkschaftlichen Gremienmitgliedern liegt leicht höher (58,7 Prozent), als der der Frauen mit 41,3 Prozent. Gemessen an der sonstigen Repräsentanz von Frauen in gewerkschaftlichen Führungsgremien und herausgehobenen Positionen ist dies ein sehr ausgewogenes Bild. Dies kann unter anderem auch darauf zurückzuführen sein, dass es in manche Rundfunkgremien ausdrücklich erwünscht ist, die Mandate auch mit Frauen zu besetzen.[266]

Tabelle 10: Geschlecht

Geschlecht	N= 63	
	Anzahl	**Prozent**
Weiblich	26	41,3
Männlich	37	58,7

Dem Alter nach sind die meisten gewerkschaftlichen Gremienmitglieder zwischen 46 und 65 Jahre alt (72,1 %). 19,7 Prozent sind 36 bis 45 Jahre alt, nur einer ist jünger als 35 Jahre. Vier Gremienmitglieder sind zwischen 66 und 70 Jahren alt.

---

[266] Beim DeutschlandRadio gibt es beispielsweise die Regelung, dass einem männlichen Gremienmitglied in der Regel eine weibliche Besetzung folgen soll und umgekehrt.

Tabelle 11: Alter

Alter	N=61	
	Anzahl	**Prozent**
31 – 35	1	1,6
36 – 45	12	19,7
46 – 55	29	47,5
56 – 65	15	24,6
66 – 70	4	6,6

Die überwiegende Mehrheit der gewerkschaftlichen Gremienmitglieder hat ein Gymnasium oder Fachgymnasium besucht (81,9 %). Ein kleiner Anteil (14,8 %) hat eine Realschulausbildung, nur zwei Gremienmitglieder geben einen Hauptschulabschluss an.

Tabelle 12: Schulausbildung

Schulausbildung	N= 61	
	Anzahl	**Prozent**
Hauptschule	2	3,3
Realschule	9	14,8
Gymnasium/Fachgymnasium	50	81,9

Die große Mehrheit der gewerkschaftlichen Gremienmitglieder hat eine akademische Ausbildung (75,8%). 19,4 Prozent haben eine Lehre gemacht, 4,8 Prozent geben Sonstiges an. Hier gibt es nur eine Spezifizierung, nämlich „Volontariat". Einige gaben sowohl „Lehre" als auch „Studium" an. Hier wurde die akademische Ausbildung gewertet.

Tabelle 13: Berufsausbildung

Berufsausbildung	N= 62	
	Anzahl	Prozent
Lehre	12	19,4
Studium	47	75,8
Sonstiges	3	4,8

8.2.2 Haupt- und Ehrenamtlichkeit

Für die Einschätzung, vor welchem gewerkschaftlichen und beruflichen Hintergrund die Tätigkeit in den Gremien ausgeübt wird, wurden einige Daten abgefragt, die hierüber Aufschluss geben können. 98,3 Prozent der Befragten beantworteten die Frage nach der Haupt- oder Ehrenamtlichkeit. Hiervon gaben 65,6 Prozent an, eine hauptamtliche gewerkschaftliche Tätigkeit auszuüben. 34,4 Prozent gaben eine ehrenamtliche Tätigkeit an. Hieraus lassen sich Rückschlüsse zum einen an die Einbindung der Gremienvertretungen in die Gewerkschaften ziehen, zum anderen könnte vermutet werden, dass der Informationsgrad der hauptamtlichen über gewerkschaftliche Medienpolitik und ihr Zugang dazu besser ist, als derjenige der ehrenamtlichen gewerkschaftlichen Gremienmitglieder. Dies wird sich aber erst zu einem späteren Zeitpunkt, im Vergleich mit den Fragen nach dem Informationsstand und der Vernetzung klären lassen.

Tabelle 14: Haupt- oder Ehrenamtlichkeit der Gremien

Haupt- oder Ehrenamtlichkeit	N=61	
	Anzahl	Prozent
Ehrenamtlich	21	34,4
Hauptamtlich	40	65,6

8.2.3   Ebene der Tätigkeit und Funktion in der Gewerkschaftsorganisation

Mit der Frage auf welcher Organisationsebene die Gremienvertreterinnen und –
vertreter tätig sind, sollte vor allem eruiert werden, an welcher Stelle der gewerkschaftlichen Organisationen die meisten Gremienmitglieder beschäftigt sind. Da
die Bezeichnungen der Ebenen in den unterschiedlichen Gewerkschaftsorganisationen differieren, wurden Antwortformulierungen gewählt, die es ermöglichten,
dass Befragte aller Organisationen sich einordnen konnten. In allen untersuchten
Organisationen wird die höchste Ebene als Bundesebene bezeichnet (siehe auch
Kapitel 5.1). Die weiteren Untergliederungen sind Länder, Bezirke und Regionen. Beim DJV folgt die Landesebene. Beim Deutschen Beamtenbund folgen
Landes-, Bezirks- und Kreisebene.

   Einige gaben mehrere Ebenen als Tätigkeitsfeld an. Hier wurde die jeweils
höchste Ebene gezählt. Etwas mehr als ein Fünftel der Befragten sind auf Bundesebene tätig, ebenso viele auf Länderebene. In den Bezirken sind es fast dop-
pelt so viele, in den Regionen noch knapp ein Zehntel. Da die Zuständigkeit für
die Rundfunksender politisch den Ländern zufällt, war zu erwarten, dass sich
dies auch bei den Gremien widerspiegeln würde.

Tabelle 15: Ebene der Gewerkschaftstätigkeit

Auf welcher Ebene sind Sie tätig?	N=61	
	Anzahl	**Prozent**
Bundesebene	14	23,0
Bezirk	26	42,6
Region	6	9,8
Länderebene	14	23,0
Sonstiges	1	1,6

Die gewerkschaftlichen Gremienmitglieder sind in der Mehrzahl auf den höheren
Funktionsebenen der Organisationen zu finden. 14 (24,56%) geben an Vor-
standsmitglieder, 11 (19,29%) sogar Vorsitzende auf ihrer Organisationsebene
zu sein. Als Abteilungsleiter/in stufen sich 15 (26,32%) der Befragten ein. Nur
zwei geben an, als Referent/in tätig zu sein. Zwar ist der Anteil derjenigen, die
sich nicht in eine der vorgegebenen Kategorien einordnen wollten oder konnten
relativ hoch (26,32 %). Doch bei genauerem Hinschauen finden sich auch unter

den Angaben für Sonstiges Bezeichnungen wie „Geschäftsführerin", „Projektleiter", „Stellvertretender Landesbezirksleiter" oder „Ehrenvorsitzender". Auch hier sind Angaben wie „Sekretär/in" eindeutig unterrepräsentiert.

Tabelle 16: Funktionsebene in der Organisation

In welcher Funktion sind Sie tätig?	N=57	
	Anzahl	**Prozent**
Referent/in	2	3,5
Abteilungsleiter/in	15	26,3
Vorstandssekretär/in	0	0
Vorstandsmitglied	14	24,6
Vorsitzende/r	11	19,3
Sonstiges	15	26,3

8.2.4 Themen der gewerkschaftlichen Tätigkeit

Mit der Frage nach den Themen, mit denen sich die Befragten in ihrer gewerkschaftlichen Tätigkeit in der Hauptsache beschäftigen, sollte der inhaltliche Hintergrund eruiert werden, vor dem sie ihre Gremientätigkeit ausüben. Zudem findet man hierin ein Indiz für den Raum, den das Thema „Medienpolitik" im Gesamtspektrum der Themenfelder einnimmt. Genannt wurde zwar mit weitem Abstand das Item „Medienpolitik" (72,1%). Hierbei ist aber anzumerken, dass der Anteil der Nennungen besonders hoch bei den Ehrenamtlichen war (90,5%). Es ist zu vermuten, dass in den meisten Fällen der Grund für die Angabe die Gremientätigkeit selbst ist. Nur einige nannten als Erklärung noch andere Tätigkeiten wie „Journalist/in", „Tätigkeit für Freiberufler" oder „Autorenrechte". Demgegenüber gaben 62,5 Prozent der Hauptamtlichen die Medienpolitik als ihr Betätigungsfeld an. Auch wenn dies zum Teil einzig auf die Gremientätigkeit zurückzuführen wäre, bliebe es ein Indiz dafür, dass das Thema ein gewisses Gewicht neben anderen Themenfeldern hat. (Näheres dazu unter 7. Stellenwert der Gremientätigkeit.) Nach dem Item „Medienpolitik" wurde am häufigsten „Öffentlichkeitsarbeit/Pressearbeit" genannt (45,4%). Bei den Ehrenamtlichen mit 42,9 Prozent nannten dies deutlich weniger als bei „Medienpolitik". Von den Hauptamtlichen gaben 42,5 Prozent die Öffentlichkeitsarbeit/Pressearbeit als ein

Tätigkeitsfeld an. Deutlich wurde bei dieser Auswertung, dass die Hauptamtlichen in wesentlich größerem Maße auf mehreren Tätigkeitsfeldern arbeiten, als die Ehrenamtlichen. So gaben 42,5 Prozent auch die Wirtschafts- und Tarifpolitik an, 47,5 Prozent die Sozialpolitik und 35,0 Prozent Bildungspolitik/Öffentlicher Dienst. Auch die Frauenpolitik (22,5 %) und die Jugendarbeit (15 %) sowie Sonstiges (12,5 %) wurden genannt. Einige kreuzten gleich alle vorgegebenen Items an. Zwar gab es in diesen Feldern auch bei den Ehrenamtlichen einige Nennungen, diese lagen jedoch außer bei „Medienpolitik", „Berufstätigkeit außerhalb Gewerkschaften" und „Sonstiges" deutlich unter den Werten, die die Hauptamtlichen erreichten. Zusätzlich zu den vorgegebenen Items wurden zum Beispiel genannt: „Hochschulpolitik", „Rechtsextremismus", „Grundsatzfragen", „Kulturpolitik", „Rechtsschutz/Rechtspolitik". Es kann also der Schluss gezogen werden, dass sich die Hauptamtlichen wesentlich weniger um das Thema „Medienpolitik" kümmern können, als die Ehrenamtlichen, da sie weitaus häufiger auf mehreren Tätigkeitsfeldern arbeiten.

Tabelle 17: Thematische Gebiete

Auf welchem thematischen Gebiet sind Sie tätig? (Mehrfachnennungen)	N=61	
	Anzahl	Prozent
Medienpolitik	44	72,1
Öffentlichkeitsarbeit/Pressearbeit	26	45,4
Wirtschafts-/Tarifpolitik	23	37,7
Sozialpolitik	22	36,1
Bildungspolitik/ÖD	19	31,2
Organisation/Verwaltung	13	21,3
Frauenpolitik	11	18,0
Sonstiges	11	18,0
Jugendarbeit	7	11,5
Berufstätigkeit außerhalb Gewerkschaften	6	9,8

Tabelle 18: Tätigkeitsfelder Ehrenamtliche – Hauptamtliche

Auf welchem thematischen Gebiet sind Sie tätig? (N=61) (Mehrfachnennungen, Angaben in Prozent)				
	Ehrenamtliche (N=21)		Hauptamtliche (N=40)	
	Anzahl	Prozent	Anzahl	Prozent
Medienpolitik	19	90,5	25	62,5
Wirtschafts- und Tarifpolitik	9	42,9	17	42,5
Sozialpolitik	3	14,3	19	47,5
Bildungspolitik/ Öffentlicher Dienst	5	23,8	14	35,0
Organisation/Verwaltung	2	9,5	11	27,5
Jugendarbeit	1	4,8	6	15,0
Frauenpolitik	2	9,5	9	22,5
Sonstiges	6	28,6	5	12,5

8.3 Stellung im Gremium

Es wurde auch danach gefragt, ob die gewerkschaftlichen Gremienmitglieder in ihrem Gremium eine herausgehobene Position einnehmen. Dies kann als Indiz genommen werden, wie stark sich auf der einen Seite die Gewerkschafter und Gewerkschafterinnen in den jeweiligen Gremien engagieren, auf der anderen Seite kann dies auch ein Indikator dafür sein, welches Gewicht ihre Arbeit im Gremium hat. Ein zweiter Indikator hierfür ist zudem, ob die gewerkschaftlichen Gremienmitglieder inhaltliche Beiträge in das Gremium einbringen. Hierfür wurde abgefragt, ob sie Beschlussvorlagen einbringen und zu welchen Themen.

8.3.1   Position im Gremium

Etwas mehr als ein Drittel der Befragten (37,7 %) gaben an, eine herausgehobene Position einzunehmen. Rund zwei Drittel (62,3 %) antworteten mit Nein (N= 61). Diese zurückhaltende Repräsentanz gewerkschaftlicher Gremienvertreter in herausgehobenen Positionen zeigten ja auch bereits die Fallstudien.

Es gab die Möglichkeit, die Art der Stellung im Gremium noch zu spezifizieren. So findet sich bei näherer Betrachtung, dass lediglich 2 der Befragten und damit 3,28 Prozent, den Vorsitz eines Gremiums innehaben. Einer davon gibt an, dass er diese Position im „Landesrundfunkrat BW des SWR ausübt". Immerhin 7 (11,5 %) geben an, als stellvertretende Vorsitzende tätig zu sein. Als Vorsitzende eines Ausschusses sind 9 Befragte (14,8) tätig. Eine Person (1,6 %) ist stellvertretende Vorsitzende eines Ausschusses. Bei den Ausschüssen wurden genannt „Programmausschuss", „Haushalts-, Finanz- oder Wirtschaftsausschuss" sowie „Hörfunk- oder Fernsehausschuss". Einige gaben an, in mehreren herausgehobenen Positionen in einem Gremium zu arbeiten. So wurden auch genannt der ARD-Programmbeirat und der ARTE-Programmbeirat. Unter „Sonstiges" wurden zusätzlich noch „Schriftführerin" oder „Mitglied Ältestenrat" genannt.

Bei den Nein-Antworten gab es einen bemerkenswerten Kommentar. Der Befragte gab zusätzlich an, als „Sprecher der ‚SPD-Fraktion'" zu fungieren.

Tabelle 19: Position im Gremium

Nehmen Sie in Ihrem Gremium eine herausgehobene Position ein? N=61		
	Anzahl	**Prozent**
Nein	38	62,3
Ja	23	37,7

Tabelle 20: Herausgehobene Position spezifiziert

(Mehrfachnennungen)		Ja-Stimmen N=23	Gesamt N=62
	Anzahl	Prozent	Prozent
Vorsitzende/r	2	8,7	3,3
Stellv. Vorsitzende/r	7	30,4	11,5
Vorsitzende/r Ausschuss	9	33,3	14,8
Stellv. Vorsitzende/r Ausschuss	1	4,3	1,6
Mitglied Ausschuss	2	8,7	3,3
Mitglied ARD-Programmbeirat	3	13,0	4,9
Mitglied ARTE-Programmbeirat	1	4,3	1,6
Sonstiges	3	13,0	4,9

8.3.2 Einbringen von Themen und Beschlüssen

Die große Mehrheit der Befragten gibt an, schon einmal ein Beratungsthema beziehungsweise eine Beschlussvorlage in das Gremium gebracht zu haben (80,3 %). Nur 19,7 Prozent haben dies nicht getan. Dabei lässt sich aus den genannten Themenbereichen, die diese Eingaben abdecken, kein eindeutiges Bild zeichnen. Mehrere Nennungen betreffen im weitesten Sinne Arbeitnehmer- und Gewerkschaftsthemen. Als Beispiele seien hier zu nennen „Einseitige und verfälschte Berichterstattung über Veranstaltungen mit gewerkschaftlichem Hintergrund", „Soziale Situation der Beschäftigten im privaten HF und FS", „Werbung für Sozialwahlen", „Einflussnahme der INSM auf Programm" oder „Sendungen zur Arbeitswelt". Manche geben an, „sehr viele" Themen zu behandeln. Auch der Jugendschutz, Migration, Kultur, Soziales und Unterhaltung werden genannt. Außerdem spielen Themen wie „Bürgerfunk", „digitale Medien" und „Forschungsaufträge" eine Rolle. Auch „Personalentwicklung" und „Haushalt" kommen vor.

Tabelle 21: Vorschlag eines Beratungsthemas oder einer Beschlussinitiative

Haben Sie schon einmal ein Beratungsthema vorgeschlagen oder eine Beschlussinitiative eingebracht?		N=61
	Anzahl	**Prozent**
Nein	12	19,7
Ja	49	80,3

8.4 Aufgabenbeschreibung

Vor dem Hintergrund, dass die Aufgaben der Rundfunkgremien vom Gesetzgeber mehrmals definiert wurden (vergl. hierzu 4) und auch die einzelnen Satzungen beziehungsweise Geschäftsordnungen der Sender und Landesmedienanstalten hierzu genaue Beschreibungen geben, schien es sinnvoll die Gremienmitglieder selbst danach zu befragen, worin sie ihre Aufgaben sehen. Um ein möglichst differenziertes Bild zu erhalten wurde diese Frage ohne vorgegebene Auswahlmöglichkeiten gestellt. 87,1 Prozent der Befragten beantworteten diese Frage. Die meisten Befragten antworteten mit der Nennung mehrerer Aufgaben.

Die vielfältigen Antworten lassen sich in vier großen Blöcken zusammenfassen. Zum einen bezogen sich die Gremienmitglieder häufig explizit oder dem Sinn nach auf die gesetzliche oder satzungsgemäße Grundlage. Dazu zählen Aussagen wie „Mitwirkung bei der Umsetzung des Thüringer Landesmediengesetzes und Rundfunkstaatsvertrages", „Mitentscheider im Rahmen des Gesetzes", „Umsetzung der Rundfunkgesetze" oder auch „Kontrolle", „Programmbeobachtung" , „Beratung der Programmverantwortlichen" oder „Einfluss auf Programmstrukturen" und „Teil der Kontrolle eines öffentlich-rechtlichen Senders" oder „In der sorgfältigen und aufmerksamen Wahrnehmung meiner durch die Satzung zugewiesenen Aufgaben". Dieser Kategorie konnten 63 Prozent der Antworten zugeordnet werden. Häufig genannt wurde darüber hinaus die Vertretung von Arbeitnehmer- und/oder Gewerkschaftsinteressen (35,2 Prozent). Das Spektrum reicht hier von den relativ nüchternen Nennungen „Die Interessen der ArbeitnehmerInnen in die Beratungen der Ausschüsse und der Versammlung einbringen" und „Die Interessen meiner Organisation bei Entscheidungen und Diskussionen zu vertreten und möglichst durchzusetzen" über „Interessen von Freien und Arbeitnehmern wahren" und „Stärkung/Erwerbung der/von Medienkompetenz der ArbeitnehmerInnen" bis zu „Überwachung arbeitsrechtlicher Gerechtigkeit bei Entlassungen", „Infiltrieren gew. Politik, Einflussnahme" und

„Einbringung gewerkschaftlicher medienpolitischer Positionen". Auch die Sicherung der journalistischen Qualität liegt den gewerkschaftlichen Gremienmitgliedern am Herzen. 25,9 Prozent nannten dies als ihre Aufgabe. Typische Nennungen sind hier „Einhaltung des Pressekodex", „Die journalistische Qualität im
privaten Rundfunk zu sichern und zu verbessern" oder auch „Gewährleistung der
Unabhängigkeit journalistischer Tätigkeit" und „Freiräume zu schaffen und zu
sichern für investigativen Journalismus". Häufig genannt wurde auch die Sicherung des öffentlich-rechtlichen Rundfunks (16,7 Prozent). Dazu zählen Aussagen
wie „Erhaltung des öffentlich-rechtlichen Rundfunks", „Sichern der Zukunftsfähigkeit des öffentlich-rechtlichen Rundfunks" oder „Weiterentwicklung des
öffentlich-rechtlichen Rundfunks" und „Erhaltung öffentlich-rechtliches Profil".

Über diese vier Hauptkategorien hinaus gab es noch einige Nennungen, die
sich hier nicht einordnen ließen, darunter „Diskussionsprozesse befördern",
„Wahrung des Gleichstellungsgrundsatzes", „Medienpädagogik fördern", „Mit-
entscheidung in medienpolitischen Belangen", „Zugang zu Information, Bildung
und Kultur" oder auch „Kontaktpflege".

Tabelle 22: Aufgaben nach Angaben der Gremienmitglieder

Worin sehen Sie Ihre Aufgaben als Gremienmitglied? (Mehrfachnennungen) N=54	Anzahl	Prozent
Gesetzliche oder satzungsgemäße Aufgaben erfül-len	34	63,0
Vertretung v. Arbeitnehmer- und/oder Gewerk-schaftsinteressen	19	35,2
Sicherung journalistischer Qualität	14	25,9
Sicherung des öffentlich-rechtlichen Rundfunks	9	16,7

8.5 Stellenwert von Gremientätigkeit

Die Gremienmitglieder wurden danach gefragt, welchen Stellenwert die Gremienarbeit im Vergleich mit anderen ehrenamtlichen oder hauptamtlichen Gewerkschaftsaufgaben für sie hat. Dabei sollten sie die Tätigkeiten nach dem

Schema „wichtiger", „gleich wichtig" oder „weniger wichtig" angeben. Zudem wurden sie um Angaben gebeten, wie viel Zeit sie für ihre Gremientätigkeit aufwenden und welchen spezifischen Aufgaben wie viel dieses Zeitbudgets gewidmet wird.

8.5.1 Stellenwert der Gremientätigkeit im Vergleich zu anderen Aufgaben

Die Befragten konnten selbst entscheiden, welche Funktionen sie zum Vergleich der Wichtigkeit der Gremienarbeit heranziehen wollten. 83,9 Prozent beantworteten diese Frage. Sie nannten insgesamt 92 unterschiedliche Funktionen. In der Beurteilung lagen die Nennungen von „gleich wichtig" und „weniger wichtig" gleich auf, nämlich mit 43,5 Prozent.

Als „wichtiger" wurde die Gremienarbeit nur gegenüber 13,0 Prozent der genannten anderen Aufgaben bezeichnet. Hier wurden Funktionen und Aufgaben wie „Ortsvorstandsvorsitzender", „Bezirksvorstand" oder „Vorstand DGB" genannt, aber auch „Medienpolitik", „Tarifkommission" oder „Verwaltungsaufgaben". „Gleich wichtig" nannten die Befragten die Gremienarbeit gegenüber Funktionen oder Tätigkeiten wie „Schiedsgericht DSB", „Vors. Kuratorium Landeszentrale politische Bildung", „Fachbereichsarbeit" oder Öffentlichkeitsarbeit". Hier wurden auch genannt „Politische Sekretärin", „Grundsatz" oder „Politische Planung", „Unternehmensmitbestimmung" oder „interregionaleuropäische Arbeit".

Dabei nannten die Befragten die Gremienarbeit „weniger wichtig" sowohl gegenüber hauptamtlichen oder ehrenamtlichen Funktionen oder Tätigkeiten wie „Pressesprecher", Vorsitzender" oder „Abteilungssekretär", „Hauptpersonalrat", „Tarifarbeit" oder „Eigene Projekte/Kampagnen, als auch gegenüber der Wahrnehmung von Mandaten in anderen Gremien wie „Bundesagentur für Arbeit" oder „Deutsche Rentenversicherung".

Ein Befragter kommentiert die Frage mit den Worten: „Ich mache nichts Unwichtiges, aber Medienpolitik wird unterschätzt." Ein weiterer Kommentar betont trotz der Einordnung der Gremientätigkeit in die Kategorie „weniger wichtig" gegenüber seiner hauptamtlichen Tätigkeit: „Aber von allen Gremientätigkeiten doch sehr wichtig." Ein befragtes Gremienmitglied nennt unter drei Funktionen auch die Tätigkeit für den Presserat. Interessant ist hierbei, dass die Gremientätigkeit im Rundfunkgremium (hier LMA) gegenüber der Presseratsfunktion als weniger wichtig eingeschätzt wird.

Tabelle 23: Stellenwert Gremienarbeit im Vergleich

Bitte geben Sie uns eine Einschätzung, welchen Stellenwert die Gremienarbeit für Sie im Vergleich mit Ihren anderen ehrenamtlichen und/oder hauptamtlichen Gewerkschaftsaufgaben hat. (Mehrfachnennungen, Angaben in Prozent) N=52	
Die Gremienarbeit ist	
Wichtiger	13,0
gleich wichtig	43,5
weniger wichtig	43,5

8.5.2 Zeitaufwand

Zur Einschätzung, wie wichtig die gewerkschaftlichen Gremienmitglieder ihre Arbeit nehmen, gehörte auch die Frage danach, wie viel Zeit sie dafür aufwenden. Die Antwort war überraschend: Mehr als die Hälfte gaben an, bis zu 15 Stunden durchschnittlich im Monat mit der Arbeit für das Gremium zu verbringen. Der niedrigste Wert lag hier bei einer halben Stunde pro Monat und fiel damit aus dem Rahmen. Die meisten Nennungen lagen zwischen 6 und 15 Stunden. Immerhin noch 15,3 Prozent verbringen mit der Gremienarbeit bis zu 20 Stunden und bis zu 30 Stunden monatlich 11,9 Prozent. Bei den Nennungen darüber waren es auch 11,9 Prozent. Dabei lagen die niedrigste bei 32 und die höchste bei 104 Stunden.

Tabelle 24: Zeitaufwand für die Gremienarbeit in Stunden

Wie viele Stunden verbringen Sie durchschnittlich monatlich mit Ihrer Arbeit für das Gremium? N=59		
	Anzahl	**Prozent**
Bis zu 10 Stunden	22	39,0
Bis zu 15 Stunden	14	23,7
Bis zu 20 Stunden	9	15,3
Bis zu 30 Stunden	7	11,9
Darüber	7	11,9

Die Befragten wurden auch gebeten einzuschätzen, wie sich die von ihnen genannten Arbeitsstunden auf einzelne Tätigkeiten im Rahmen der Gremienarbeit verteilen. Zur Auswahl standen dabei die Items „Vorbereiten/Lesen von Unterlagen", „Programmbeobachtung" „Sitzungen" und „Sonstiges". Mehrfachnennungen waren möglich. 100 Prozent der Befragten, die sich zu der Frage äußerten, gaben dabei die Vorbereitung und das Lesen von Unterlagen an. Ganz oben im Zeitaufwand stehen auch die Sitzungen (96,6 %), es folgt die Programmbeobachtung mit 74,6 Prozent. Sonstige Tätigkeiten wurden von 40,7 Prozent genannt. Dazu zählten „Fahrzeiten", „Gespräche mit Kollegen", „Kontakte zu Partei, Bürgermedien und anderen Medienschaffenden", aber auch „Veranstaltungen".

Tabelle 25: Zeitaufwand für die Gremienarbeit nach Art der Tätigkeit

Die Gremienmitglieder wenden die Zeit für die Gremienarbeit auf für (Mehrfachnennungen, Angaben in Prozent) N = 59	
	Prozent
Vorbereitung/Lesen von Unterlagen	100
Programmbeobachtung	74,6
Sitzungen	96,6
Sonstiges	40,7

8.5.3 Zuarbeit

Die Tatsache, ob dem Gremienmitglied personelle Ressourcen für die Zuarbeit zur Verfügung stehen, kann ein Indikator sein für den Stellenwert, den die Gremientätigkeit einnimmt. Der überwiegende Teil der Befragten (72,1 %) gab an, eine solche Möglichkeit nicht zu haben. Nur 27,9 Prozent können auf personelle Zuarbeit zurückgreifen. Dabei handelt es sich jedoch nicht in allen Fällen um Ressourcen aus der eigenen oder einer verwandten Organisation (21,3 %). 6,5 Prozent gaben an, Zuarbeit aus dem Sender, bzw. der Landesmedienanstalt zu erhalten. Unter den Nennungen waren so unterschiedliche Angaben wie „Mitglieder, Fachleute aus dem VS", „Abteilungsleiter Presse", „Geschäftsführer DJV Thüringen" oder auch „Pressesprecher/ Bürgermedien", „mein Stellvertreter" und „AK Medienpolitik". Einige wenige nennen speziell Medienfachleute wie „Mediensekretär BV ver.di", „mein Referent für Medienpolitik", „eigener Bereich Medienpolitik".

Tabelle 26: Personelle Zuarbeit für Medienpolitik und Gremienarbeit

Gibt es jemanden, der Ihnen medienpolitisch und für Ihre Gremienarbeit zuarbeitet?		N= 61
	Anzahl	**Prozent**
Nein	44	72,1
Ja	17	27,9
Aus der eigenen oder einer verwandten Organisation	13	21,3
Aus dem Sender/ der LMA	4	6,5

8.5.4 Teilnahmehäufigkeit an Sitzungen

Die gewerkschaftlichen Gremienmitglieder sind nach eigener Aussage fleißige Sitzungsteilnehmer. 91,9 Prozent geben an, „immer" oder „häufig" an den Sitzungen teilzunehmen. Nur 8,1 Prozent nehmen „manchmal" oder „selten" teil.[267]

---

[267] Dabei wurden die Möglichkeiten folgendermaßen definiert: Häufig= mehr als jede 2. Sitzung, Manchmal= mindestens jede 2. Sitzung und Selten= weniger als jede 2. Sitzung.

Tabelle 27: Teilnahmehäufigkeit an Sitzungen

Wie oft nehmen Sie an Gremiensitzungen teil?	N= 62	
	Anzahl	**Prozent**
Immer	27	43,6
Häufig	30	48,3
Manchmal	2	3,2
Selten	3	4,8
Nie	0	0

8.6 Medienpolitische Kenntnisse

Um einen Überblick über den Kenntnisstand und die Qualifikation der gewerkschaftlichen Gremienmitglieder zu erhalten wurden die Befragten gebeten, einige Einschätzungen hierzu zu geben. Sie wurden nach ihren medienpolitischen Vorkenntnissen ebenso befragt, wie nach ihren Kenntnissen der deutschen, der europäischen und der internationalen Medienpolitik. Des Weiteren sollten sie ihre Kenntnisse der aktuellen Medienpolitik einschätzen.

Medienpolitische Vorkenntnisse gaben etwas mehr als drei Viertel (75,4 %) der Befragten an. Keine medienpolitischen Vorkenntnisse bei Antritt ihrer Gremientätigkeit hatten 24,6 Prozent.

Tabelle 28: Medienpolitische Vorkenntnisse

Hatten Sie bei Antritt Ihrer Gremientätigkeit bereits medienpolitische Vorkenntnisse?	N=61	
	Anzahl	**Prozent**
Nein	15	24,6
Ja	46	75,4

Ebenfalls knapp drei Viertel (74,2 %) der Befragten schätzten ihre Kenntnisse der deutschen Medienpolitik als „sehr gut" oder „gut" ein. Ein Viertel (25,8 %)

gaben allerdings an, ihre Kenntnisse seien „weniger gut". Für die Kategorie „nicht gut" gab es keine Nennungen.

Tabelle 29: Kenntnisse deutscher Medienpolitik

Wie schätzen Sie Ihre Kenntnisse der deutschen Medienpolitik ein? N= 62		
	Anzahl	**Prozent**
Sehr gut	6	9,7
Gut	40	64,5
Weniger gut	16	25,8
Nicht gut	0	0

Als „sehr gut" bezeichnete keiner der Befragten seine Kenntnisse der europäischen und internationalen Medienpolitik. Knapp ein Drittel, nämlich 30,7 Prozent, ordneten ihre Kenntnisse immerhin der Kategorie „gut" zu. Aber 69,3 Prozent gaben an, ihre Kenntnisse zu diesem Bereich seien „weniger gut" oder „nicht gut".

Tabelle 30: Kenntnisse europäischer und internationaler Medienpolitik

Wie schätzen Sie Ihre Kenntnisse der europäischen und internationalen Medienpolitik ein? N= 62		
	Anzahl	**Prozent**
Sehr gut	0	
Gut	19	30,7
Weniger gut	33	53,2
Nicht gut	10	16,1

Die besten Werte gaben die Befragten bei den aktuellen medienpolitischen Themen an. 91,9 Prozent schätzten ihren Informationsstand hier als „sehr gut" oder „gut" ein. Nur ein geringer Teil, nämlich 8,1 Prozent gab an, über die aktuelle Medienpolitik „weniger gut" oder „nicht gut" informiert zu sein.

Tabelle 31: Kenntnisse aktueller medienpolitischer Themen

Wie gut sind Sie über aktuelle medienpolitische Themen informiert? N= 62		
	Anzahl	**Prozent**
Sehr gut	10	16,1
Gut	47	75,8
Weniger gut	4	6,5
Nicht gut	1	1,6

8.7 Information

Aus welchen Informationsquellen die Gremienmitglieder sich informieren und wie sie die Information ihrer eigenen Organisation und aus dem Sender, bzw. der LMA jeweils beurteilen, wurde mit mehreren Fragen eruiert.

8.7.1 Medienpolitische Informationsquellen

An der Spitze der medienpolitischen Informationsquellen von gewerkschaftlichen Gremienmitgliedern liegen die Tageszeitungen. 98,4 Prozent der Befragten gaben an, diese zu nutzen. An zweiter Stelle folgt mit einigem Abstand die Information aus dem Pressespiegel des jeweiligen Sender/der LMA (79,0 %). Immerhin 67,7 Prozent informieren sich aus dem „DGB-Newsletter", der einmal monatlich über medienpolitische Themen informiert. Das ist etwas geringer, als der Anteil der DGB-Mitglieder unter den Befragten (74,3%). Demgegenüber erreicht das Fachblatt von ver.di „M-Menschen machen Medien" 48,3 Prozent der befragten Gremienmitglieder, „Journalist", die entsprechende Veröffentlichung des DJV immerhin 42,9 Prozent, also wesentlich mehr Befragte als DJV-Mitglieder, die an der Befragung teilgenommen haben. Mehr als die Hälfte der Befragten informiert sich aus den „Media Perspektiven" (56,5%), der Fachveröffentlichung, die von den ARD-Anstalten herausgegeben wird. Die wissenschaftliche Vierteljahreszeitschrift „Publizistik" lesen 12,9 Prozent der Befragten.

Gefragt wurde auch nach der Nutzung von einschlägigen Internetportalen. Rund ein Fünftel der Befragten (21,0%) nutzt diese Möglichkeit, sich über medienpolitische Themen zu informieren. Genannt wurden hier teilweise die Webseiten der Arbeitsgemeinschaft der Landesmedienanstalten (LMA) und der öffentlich-rechtlichen Sender, Branchendienste wie Kress und Heise, aber auch Gewerkschaftsseiten wie die von connex.av. Auch die Internetseiten von Hans-Bredow-Institut und Mainzer Mediendisput fanden Erwähnung. „Fachliteratur" nutzen nach eigenen Angaben 38,7 Prozent der Befragten. Hier wurden wiederum Informationen aus den Sendern oder der LMA genannt, aber auch Veröffentlichungen der Gewerkschaften wie die Broschüre „Die bedrohte Instanz", von ver.di herausgegeben. Ein Gremienmitglied gab an „das, was uns an Publikationen vom WDR zugesandt wird". Bei der Antwortmöglichkeit „Sonstiges", die 21,0 Prozent der Befragten wählten, wurde am häufigsten „epd-Medien" genannt, die Agentur der evangelischen Kirche, die von 16,1 Prozent genutzt wird. Bei den weiteren Nennungen bestätigte sich das gemischte Bild: Genannt wurden „Ver.di-Infonews", „Funkkorrespondenz", aber auch „diverse E-Mail-Verteiler", „Gespräche und Tagungen" oder „Aussagen von Redakteuren privater Rundfunkanstalten".

Die Qualität dieser Informationsquellen kann im Rahmen dieser Untersuchung nicht eingehend erforscht werden. Einige Hinweise auf die für Gremienmitglieder relevanten Informationen hat aber der Einblick in die gewerkschaftlichen Materialien in Kapitel 6 geliefert. Die beliebten Pressespiegel können im Rahmen dieser Studie ebenfalls nicht inhaltlich analysiert werden, es ist aber bekannt, das diese in der Regel viele Informationen aus der Tagespresse sowie Artikel aus Fachzeitschriften wiedergeben. Festzuhalten bleibt, dass neben der Tagespresse und den Pressespiegeln die Informationsdienste der Gewerkschaften relativ hohe Werte erreichen. Diese unterscheiden sich in ihrer Ausrichtung insofern, als der „DGB-Newsletter" in weiten Teilen ebenfalls auf Tagespresse, bzw. Agenturmeldungen zurückgreift, während „Journalist" und „M-Menschen machen Medien" darüber hinaus eine eigene journalistische Berichterstattung pflegen, die häufig den Blickwinkel von Journalistinnen und Journalisten als Arbeitnehmer einnimmt. (Näheres dazu siehe Kapitel 6). Wenig genutzt werden dagegen wissenschaftliche Veröffentlichungen.

Tabelle 32: Medienpolitische Informationsquellen

Welche medienpolitischen Informationsquellen nutzen Sie? (Mehrfachnennungen)		N=62
	Anzahl	**Prozent**
Tageszeitungen	61	98,4
Pressespiegel des Senders/der LMA	49	79,0
DGB-Newsletter	42	67,7
Media Perspektiven	35	56,5
M-Menschen machen Medien	30	48,4
Journalist	26	41,9
Fachliteratur	24	38,7
Internetportale	13	21,0
Epd-Medien	10	16,1
Publizistik	8	12,9
Sonstiges	13	21,0

8.7.2 Medienpolitische Informationen von Gewerkschaften

Ob und welche regelmäßigen medienpolitischen Informationen die Befragten aus ihren entsendenden Organisationen erhalten, und wie sie die Information durch die Gewerkschaften beurteilen, wurde ebenfalls abgefragt. Die Ergebnisse werden im Folgenden dargestellt.

Durch ihre entsendende Organisation regelmäßig informiert werden 79,0 Prozent der Befragten über medienpolitische Themen. An der Spitze der Informationsmittel stehen auch hier „Allgemeine Newsletter" mit 69,4 Prozent. Mit Abstand folgt dann die Kategorie „Gespräche mit dem/der für Medienpolitik zuständigen", die immerhin noch 37,1 aller Befragten angeben. Weit abgeschlagen sind „Schulungen/Workshops" mit 8,1 Prozent (hierzu mehr unter 8.11). „Sonstiges" an Informationen erreichen 9,7 Prozent. Dazu zählt die schon im vorherigen Abschnitt genannte DJV-Zeitschrift „Journalist". Genannt werden hier aber auch eher allgemein „Gremienarbeit", „Tagungen", „Veranstaltungen,

Diskussionen, Mediengespräche" sowie „Briefe, Artikel, persönliche Information" sowie „Schriftliche Infos".

Tabelle 33: Regelmäßige Information durch Gewerkschaften

Erhalten Sie regelmäßig medienpolitische Informationen aus Ihrer entsendenden Organisation, wenn ja, in welcher Form? N=62		
	Anzahl	**Prozent**
Nein	13	21,0
Ja	49	79,0

Tabelle 34: Art der medienpolitischen Information durch Gewerkschaften

Diese Informationsmittel der entsendenden Organisation erhalten regelmäßig: (Mehrfachnennungen, Angaben in Prozent) N=62	
	Prozent
Allgemeine Newsletter	69,4
Schulungen/Workshops	8,1
Gespräche mit dem/der für Medienpolitik Zuständigen	37,1
Sonstiges	9,7

Bei der Beurteilung der medienpolitischen Information durch ihre Gewerkschaftsorganisation sind die befragten Gremienmitglieder gespalten: Etwas mehr als die Hälfte beurteilen die Information als „gut" oder gar „sehr gut", knapp die andere Hälfte meint aber die Information sei „weniger gut" oder „nicht gut". Ein Gremienmitglied sieht eine positive Aufwärtsentwicklung, bewertet „gut" und bemerkt dazu, die Information sei „zunehmend besser".

Tabelle 35: Qualität der gewerkschaftlichen medienpolitischen Information

Wie beurteilen Sie Ihre Information durch Ihre Gewerkschaftsorganisation?		N= 61
	Anzahl	**Prozent**
Sehr gut	6	9,8
Gut	25	41,0
Weniger gut	27	44,3
Nicht gut	3	4,9

8.7.3 Information durch den Sender/die LMA

Die Information durch den Sender beziehungsweise die Landesmedienanstalt fällt demgegenüber eindeutig positiver aus. Mehr als drei Viertel der Befragten beurteilen diese als „sehr gut" oder „gut". Aber immerhin noch 21,7 Prozent meinen, die Information sei „weniger gut" oder „nicht gut". Dabei ist ein Kommentar zur Einschätzung „weniger gut" bemerkenswert. Ein Gremienmitglied meint „Heikles wird gern verschwiegen".

Tabelle 36: Qualität der Information durch den Sender/die LMA

Wie beurteilen Sie Ihre Information durch die Intendanz des Senders/die Direktion der LMA?		N= 60
	Anzahl	**Prozent**
Sehr gut	8	13,3
Gut	39	65,0
Weniger gut	12	20,0
Nicht gut	1	1,7

8.8 Vernetzung

In diesem Kapitel geht es um die Vernetzung der Gremienmitglieder mit der entsendenden Organisation, mit anderen gewerkschaftlichen Gremienmitglieder, aber auch Kontakte zu Gremienmitgliedern, die Mandate anderer gesellschaftlich relevanter Gruppen innehaben. Darüber hinaus sollte die Frage nach Kontakten zu Gewerkschaftsmitgliedern geklärt werden. Ingesamt kann die Beantwortung dieser Fragen Indizien dafür geben, ob die gewerkschaftlichen Gremienmitglieder weitgehend isoliert oder im Kontakt zu anderen Akteuren ihre Aufgaben wahrnehmen.

8.8.1 *Austausch mit entsendender Organisation*

Gefragt wurden die gewerkschaftlichen Gremienmitglieder auch nach ihren Kontakten zur entsendenden Organisation. Dabei ging es sowohl um generelle Kontakte, als auch die Informationen der Gremienmitglieder an die jeweiligen Gewerkschaften und über welche Wege diese stattfinden. Ebenfalls sollten die Befragten Auskunft darüber geben, ob Gewerkschaftsmitgliedern der jeweiligen Organisation Kontakt zu ihnen aufnehmen.

Generell beurteilt eine große Mehrheit der gewerkschaftlichen Gremienmitglieder den Kontakt zu ihrer entsendenden Organisation positiv. 86,7 Prozent geben an, er funktioniere „sehr gut" oder „gut".

Tabelle 37: Qualität des Kontaktes zur Gewerkschaft

Wie funktioniert ganz generell Ihr Kontakt zu Ihrer entsendenden rganisation? N=60		
	Anzahl	**Prozent**
Sehr gut	28	46,7
Gut	24	40,0
Weniger gut	6	10,0
Nicht gut	2	3,3

Zwei Drittel der Befragten informieren nach eigenen Angaben ihre entsendende Organisation regelmäßig über die Tätigkeit im Gremium (66,1 %). Schaut man allerdings auf den Weg der Information, so wird diese nur von 8,1 Prozent aller

Befragten ausschließlich schriftlich fixiert, 35,5 Prozent geben ausschließlich mündliche Information an. Beide Wege werden von 19,4 Prozent der Befragten genutzt, 3,2 Prozent machten hierzu keine Angaben. Obwohl nach der „regelmäßigen" Information gefragt wurde, gaben drei Befragte einschränkende Kommentare hierzu an: Ein Gremienmitgliede gab an „sporadisch" zu informieren, eines meinte „aber nur spontan" und in einem Fall handelt es sich nach Auskunft um „Halbjahresberichte". Auch die Kommentare derjenigen, die nicht an ihre Gewerkschaft berichten, sind aufschlussreich: So berichtet ein Befragter, „Informationen blieben in der Vergangenheit ohne Resonanz" und ein anderer meint, dies sei „nicht erwünscht, bisher".

Tabelle 38: Information der Gewerkschaft über Gremienarbeit

Informieren Sie Ihre entsendende Organisation regelmäßig über Ihre Gremienarbeit?		N=62
	Anzahl	**Prozent**
Nein	21	33,9
Ja	41	66,1

Tabelle 39: Wege der Information an die Gewerkschaft

Gremienmitglieder informieren ihre entsendende Organisation		N=62
	Anzahl	**Prozent**
Schriftlich	5	8,1
Mündlich	22	35,5
Beides	12	19,4
Keine Spezifizierung	2	3,2

Knapp zwei Drittel der Befragten (62,3 %) geben an, dass Gewerkschaftsmitglieder zu ihnen Kontakt aufnehmen, um Programmbeschwerden einzubringen. 37,7 Prozent sagen, dass dies nicht der Fall ist. Einschränkend kommentieren 15,8 Prozent ihre positive Aussage allerdings dahingehend, dass der Kontakt „selten" oder „eher selten" sei, bzw. nur „gelegentlich" oder „ab und zu" zustande komme. Die Themen, die bei diesen Kontakten erörtert werden, sind neben den häufig genannten „Programmbeschwerden" insbesondere Fragen der „Qualitätsminderung der Programme", „Nachrichten im Hinblick auf falsche oder verzerrte Darstellungen", aber auch „Verschaffen von Praktikumsstellen", „Politische Interessen" oder „Beschwerden über Arbeitsbedingungen oder Ärgernisse im Sender". Gerade Letzteres lässt darauf schließen, dass es sich bei den Kontakten von Gewerkschaftsmitgliedern zu Gremienmitgliedern häufig eher um Kontakte zu Mitarbeiterinnen und Mitarbeitern der Sender oder Landesmedienanstalten handelt.

Dies, zusammen mit den oben beschriebenen Aussagen relativiert den großen Anteil derer, die diese Frage mit „Ja" beantworten.

Tabelle 40: Kontakt von Gewerkschaftsmitgliedern zu Gremienmitgliedern

Nutzen Mitglieder der entsendenden Organisation/Gewerkschaften den Kontakt zu Ihnen für Programmbeschwerden o. ä.? N=61		
	Anzahl	Prozent
Nein	23	37,7
Ja	38	62,3

8.8.2 Abstimmung mit anderen Gremienmitgliedern

Eine Abstimmung mit anderen Gremienmitgliedern nehmen vor den Gremiensitzungen 82,3 Prozent aller Befragten vor. Ein Großteil hiervon findet im Rahmen sogenannter Freundeskreise statt (59,7 %), 48,4 Prozent geben an, sich mit gewerkschaftlichen Mitgliedern ihres Gremiums abzustimmen.

Tabelle 41: Abstimmung mit anderen Gremienmitgliedern

Stimmen Sie sich vor den Gremiensitzungen mit anderen Gremienmitgliedern ab? N=62		
	Anzahl	Prozent
Nein	11	17,7
Ja	51	82,3

Tabelle 42: Aufschlüsselung nach Art der kontaktierten Gremienmitglieder

Der Kontakt fand statt mit (Mehrfachnennungen, Angaben in Prozent) N=62	
Freundeskreis	59,7
Gewerkschaftlichen Mitgliedern	48,4
Sonstigen	12,9

8.8.3 Austausch mit anderen gewerkschaftlichen Gremienvertretern

Ein überraschend großer Anteil der Befragten, nämlich 88,7 Prozent gibt an, sich mit anderen gewerkschaftlichen Gremienvertretern/-vertreterinnen über medien-politische Themen auszutauschen. 37,1 Prozent tun dies regelmäßig bei medien-politischen Treffen. 45,2 Prozent sagen, der Austausch finde „zufällig im Rah-men anderer Treffen statt. „Sporadisch per E-Mail/Telefon" geben 46,8 Prozent an und eine regelmäßige Mailingliste nutzen nur 6,5 Prozent. Schaut man sich die Antworten in der Kategorie „Sonstiges" an, die 16,1 Prozent der Befragten ankreuzte, so sieht man, dass hier in der Hauptsache Kontakte „Im Rahmen und am Rande der Gremiensitzungen" vermerkt wurden, aber auch gewerkschaftliche Veranstaltungen wie der „AK Medien" [Arbeitskreis des DGB, d. Verf.].

Tabelle 43: Austausch mit anderen gewerkschaftlichen Gremienvertretern

Tauschen Sie sich mit anderen gewerkschaftlichen Gremienvertretern/ -vertreterinnen über medienpolitische Themen aus? N= 62		
	Anzahl	**Prozent**
Nein	7	11,3
Ja	55	88,7

Tabelle 44: Art des Austausches mit gewerkschaftlichen Gremienmitgliedern

Der Austausch findet statt (Mehrfachnennungen, Angaben in Prozent)	N=62
Regelmäßig bei medienpolitischen Treffen	37,1
Zufällig im Rahmen anderer Treffen	45,2
Regelmäßig per Mailingliste	6,5
Sporadisch per E-Mail/Telefon	46,8
Sonstiges	16,1

8.8.4 Gespräche mit der Personalvertretung des Senders/der LMA

Mehr als die Hälfte der Gremienvertreterinnen und Gremienvertreter führen keine regelmäßigen Informationsgespräche mit der Personalvertretung des Senders, beziehungsweise der Landesmedienanstalt, die sie beaufsichtigen. Dabei geben einige aber an, zumindest „unregelmäßig", „manchmal" oder „nur zu konkreten Anlässen" solche Gespräche zu führen. Von denjenigen, die dies regelmäßig tun (45,2 %) schränken einige ein: „Bei anstehenden für Personal relevanten Entscheidungen", „anlassbezogen", „ab und zu" und „mit Verdi Betriebsgruppe".

Tabelle 45: Informationsgespräche mit Personalrat

Führen Sie regelmäßig Informationsgespräche mit dem Personalrat Ihres Senders/der Landesmedienanstalt?		N=62
	Anzahl	Prozent
Nein	34	54,8
Ja	28	45,2

8.9 Einflussmöglichkeiten

Bei der Einschätzung, wie groß ihr Einfluss auf die Arbeit des Senders beziehungsweise der Landesmedienanstalt ist, zeigen sich die gewerkschaftlichen Gremienmitglieder gespalten. Etwas mehr als die Hälfte (54,2 %) beurteilen ihre Einflussmöglichkeiten als „sehr gut" oder „gut, 45,8 Prozent dagegen meinen, diese seien „weniger gut" oder sogar „nicht gut".

Schaut man sich die Begründungen für diese Einschätzungen an, so ergibt sich ein differenzierteres Bild. Diejenigen, die ihre Einflussmöglichkeiten eher positiv einschätzen, fühlen sich „ernst genommen" und begründen dies auch mit z.b. einem „guten Vertrauensverhältnis zur Geschäftsführung". Sie meinen „unsere Debatten lassen die Verantwortlichen nicht kalt" und man könne „andere zur Unterstützung" gewinnen. Dafür aber müsse man „am Ball bleiben und die Kritik fundiert und beharrlich" einbringen. Der Sender, so die Einschätzung, lege sich ungern mit den Gremien an und reagiere sehr sensibel auf Äußerungen der Gremienvertreter.

Diejenigen, deren Einschätzung ihres Einflusses eher negativ ist, meinen dagegen, dass der „Rundfunkrat wenig rechtliche Möglichkeiten und Handlungsspielräume hat und sich nur in eng gesteckten Grenzen bewegen darf". Sie sehen insbesondere den Einfluss durch politische Akteure kritisch und meinen z.b., dass: „Häufig trotz detaillierter Sachdiskussion politisch entschieden wird" und „auf offizieller Ebene in der Hauptsache politisch taktiert wird". Für gewerkschaftliche Positionen seien selten Mehrheiten zu erzielen. Die Intendanz nehme Einfluss in ihrem Sinne, bzw. die Leitung des Senders könne Kritik nur schlecht annehmen. Es handele sich häufig um „Placebo"-Sitzungen. Es gibt aber auch den selbstkritischen Blick, wenn es nämlich heißt: „Zu wenig Zeit und Unterstützung, um qualifiziert Einfluss nehmen zu können. Ein Befragter meint „Weil ich nur ein kleines Rädchen von vielen bin und jedes LMA-Mitglied vermeintlich seine eigene Organisation vertritt". Auch wird angemerkt: „In den ARD-Rundfunkratsgremien ist die Mehrzahl medien- und rundfunkpolitisch schwach gebildet."

Tabelle 46: Einflussmöglichkeiten

Wie beurteilen Sie Ihre Möglichkeiten, auf die Arbeit des Senders/der LMA durch die Gremienarbeit gestaltenden Einfluss zu nehmen? N=59		
	Anzahl	**Prozent**
Sehr gut	2	3,4
Gut	30	50,8
Weniger gut	24	40,7
Nicht gut	3	5,1

8.10 Plus und Minus der Gremientätigkeit

Die gewerkschaftlichen Gremienmitglieder wurden um Aussagen darüber gebeten, was ihnen an der Gremienarbeit besonders gut gefällt und was ihnen gar nicht gut gefällt. 83,9 Prozent der Befragten äußerten sich hierzu. Es wurden keine Antwortmöglichkeiten vorgegeben, aus den frei formulierten Antworten kristallisieren sich aber Begründungen und Themen heraus, die häufig gegeben werden. Das Meinungsbild ist aufschlussreich, da, wie schon bei der vorhergehenden Frage, die Einflussmöglichkeiten eine große Rolle spielen. 46,2 Prozent der Befragten werten es als positiv, dass ihnen die Gremienarbeit die Möglichkeit gibt, Einfluss zu nehmen, beziehungsweise mitzugestalten. Hier fallen Begründungen wie „Sie große Einfluss- und Mitgestaltungsmöglichkeiten in der privaten Rundfunklandschaft bietet", „Die Unternehmensstrategie beeinflusst werden kann" oder auch „Sie ein klein wenig zum Erhalt eines demokratischen ö-r Senders und Meinungsbildung in unserer Gesellschaft beitragen kann". An zweiter Stelle der Begründungen, was an der Gremienarbeit besonders gut gefällt, steht der Zugewinn an Wissen. 32,7 Prozent geben dies an. Dazu zählen Aussagen wie „Ich über medienpolitische Themen auf dem Laufenden bin", Man Einblicke in die Medienpolitik erhält" oder auch „Ich einen besseren Einblick in die Senderpolitik bekomme". Auch die Möglichkeit Kontakte zu knüpfen und sich mit anderen auszutauschen zählt zu den positiv bewerteten Eigenschaften der Gremienarbeit (21,2 %). Es fallen Aussagen wie „Dabei vielfältige Arbeitskontakte, die anderweitig für meine hauptamtliche Arbeit nützlich sind, entstehen", „Kontakte zu politischen und verbandlichen Vertretern entstanden sind", „Ich Menschen aus unterschiedlichen gesellschaftlichen Bereichen treffe" oder

auch „Ein gemeinsamer Austausch von Kenntnissen und Meinungen über das
Programm und die Programmentwicklung stattfinden kann".

Im Gegensatz dazu konkretisieren die Befragten zu 36,5 Prozent ihre negative Einschätzung der Tätigkeit damit, sie hätten zu wenig Einfluss. Interessant
ist hier, dass in diesem Zusammenhang häufig der zu „große Einfluss der Politik" kritisiert wird. Es fallen Äußerungen wie dass „Die Gremien eher ein Interesse an der guten Berichterstattung über die eigene Organisation haben, als an
übergeordneter und vor allem unabhängiger Programm- und Medienaufsicht",
„der Einfluss der parteipolitischen Gremienmitglieder sehr hoch ist, was insbesondere bei wichtigen Personalentscheidungen auffällt", „Die große Parteipolitik
versucht, die Arbeit zu dominieren" oder auch „Die Einflussmöglichkeiten im
wesentlichen nicht ausreichen". An zweiter Stelle mit 13,5 Prozent werden Zeitprobleme angeführt. Dies bewegt sich zwischen „Mir zu wenig Zeit für eine
bessere, intensivere Funktionswahrnehmung bleibt", „Die Sitzungstermine meinen Arbeitgeber auf die Palme bringen" und „ z.T. sehr viele Sitzungen anbe-
raumt werden". Immerhin 9,6 Prozent der Befragten bemängeln ein zu geringes
gewerkschaftliches Interesse, was auch mit Klagen über mangelnde gewerkschaftliche Abstimmung einhergeht: „Ich in der entsendenden Struktur keinen
kompetenten und interessierten Kollegen/Diskussionspartner habe", „Es so wenig gewerkschaftliche Abstimmung gibt" und „Sie [die Gremienarbeit, d. Verf.]
so wenig Interesse bei den Gewerkschaften findet".

Tabelle 47: Gründe für positive Bewertung der Gremienarbeit

(Mehrfachnennungen, Angaben in Prozent)	N=52
Einfluss nehmen/ mitgestalten	46,2
Eigene Kenntnisse erweitern	32,7
Austausch, Kontakte knüpfen	21,2

Tabelle 48: Gründe für negative Bewertung der Gremienarbeit

(Mehrfachnennungen, Angaben in Prozent)	N=52
Zu wenig Einfluss	36,5
Zu wenig gewerkschaftliches Interesse	9,6
Geringer Kenntnisstand	7,7
Zeitprobleme	13,5

8.11 Weiterbildung

Für die Einschätzung, wie der Bedarf der gewerkschaftlichen Gremienmitglieder an Weiterbildung ist, wurde danach gefragt, ob sie bereits an Schulungen teilgenommen haben, zu welchen Themen diese stattfanden, wer die Anbieter der Schulungen waren und wie lange sie dauerten. Zudem wurden die Gremienmitglieder gebeten, anzugeben, ob sie dies gerne einmal tun möchten, welches Zeitbudget sie dafür investieren würden und welche Themen in diesem Zusammenhang interessieren.

8.11.1 Teilnahme an Schulungen, Themen, Anbieter und Dauer

Nicht einmal die Hälfte der Befragten hat bereits Schulungserfahrung zu medienpolitischen Themen (45,0 %). Als Themen wurden genannt: „Inhalt", „Werbung", „Digitalisierung", „Umgang mit Medien, Presse usw.", „Projekt ‚Arbeit und Medien'", „Wirtschaftlichkeit privater Sender", „europäische Medienpolitik", „Medienethik", „ARD allgemein", „gewerkschaftliche Medienpolitik", „Kontrollaufgaben und –möglichkeiten des Rundfunkrats", „Frauen im Hörfunk", „Sponsoring" und „Gebührenfrage". Als Anbieter wurden genannt: Häufig der DGB-Bundesvorstand und der DGB-Nord, Ver.di mit Unterorganisationen, zweimal wurde der DJV und einmal die DBB-Medienkonferenz genannt. Zudem wurden Veranstaltungen wie der „Mainzer Mediendisput", das „Thüringer Mediensymposium" und die „Mediatage Nord" erwähnt. Ebenfalls kommen vor die „Friedrich-Ebert-Stiftung" sowie „Angebote des Hauses" [also der Sender oder LMA, d. Verf.]. Bei einigen Befragten liegen diese Schulungen schon relativ lange Zeit zurück. Sie kommentieren diese Angaben mit „vor 10 Jahren",

„1992" oder auch „liegt schon einige Zeit zurück, Lothar Zimmermann war beim
DGB für Medienpolitik zuständig"[268]. Zur Dauer der Veranstaltungen gibt es nur
spärliche Auskünfte. Einige geben an, die Schulung habe ein bis zwei Tage gedauert. Drei und mehr Tage dauerten nur zwei der absolvierten Schulungen. Nur
ein Teilnehmer gab an, an einem Wochenseminar teilgenommen zu haben.

Tabelle 49: Erfahrung mit medienpolitischen Schulungen

Haben Sie schon einmal an einer medienpolitischen Schulung teilgenommen? N= 60		
	Anzahl	**Prozent**
Nein	33	55,0
Ja	27	45,0

8.11.2 Wunsch nach Schulung

93,5 Prozent der Befragten beantworteten die Frage, ob sie gerne einmal an einer
medienpolitischen Schulung teilnehmen würden. Davon beantworteten 84,5
Prozent die Frage positiv, nur 15,5 Prozent zeigten kein Interesse an einer solchen Veranstaltung.

Tabelle 50: Wunsch nach Schulung

Würden Sie gerne an einer medienpolitischen Schulung teilnehmen? N= 58		
	Anzahl	**Prozent**
Nein	9	15,5
Ja	49	84,5

---

[268] Lothar Zimmermann war von 1982 bis 1993 Mitglied des Geschäftsführenden Bundesvorstandes
des DGB.

8.11.3 Themenwünsche für künftige Schulungen

79 Prozent der Befragten äußerten Themenwünsche für künftige Weiterbildungsangebote. Die Spitzenreiter bei den gewünschten Themen sind „Technikentwick-
lung/Digitalisierung" (22,5 %), „Europäische/s Medienpolitik/-recht" (20,4 %)
und „Gewerkschaftspositionen/Vernetzung" (18,4 %). Die Themen „Medien-
recht/Rundfunkrecht" und „Gremienarbeit" liegen beide bei 12,2 Prozent. Es
folgen „Finanzen/Haushalt/betriebswirtschaftliche Grundlagen" (10,2 %), „Me-
dienpolitik/Grundlagen/Einfluss Politik (10,2 %) sowie „Medienkonzentration"
(8,2 %) und „Entwicklung öffentlich-rechtlicher Rundfunk" (6,1 %). Vereinzelt
genannt wurden auch Themen wie "Sponsoring", "Medienmacht", „Medienethik" und „Dienstleistungsrichtlinie".

Tabelle 51: Themenwünsche für Schulungen

Folgende Themen wünschen sich die Gremienmitglieder (Mehrfachnennungen)	N=49	
	Anzahl	**Prozent**
Technikentwicklung/Digitalisierung	11	22,5
Europäische/s Medienpolitik/-recht	10	20,4
Gewerkschaftspositionen/Vernetzung	9	18,4
Medienrecht/Rundfunkrecht	6	12,2
Gremientätigkeit	6	12,2
Finanzen/Haushalt/betriebswirtschaftliche Grundlagen	5	10,2
Medienpolitik/Grundlagen/Einfluss Politik	5	10,2
Medienkonzentration	4	8,2
Entwicklung öffentlich-rechtlicher Rundfunk	3	6,1

8.11.4 Zeitbudget für Schulungen

80,7 Prozent der Befragten gaben an, wie viel Zeit sie in eine Schulung investieren würden. Der überwiegende Teil (68,0 %) ist bereit, zwei bis drei Tage pro

Jahr hierfür aufzuwenden. 16,0 Prozent der Befragten würden einen halben bis
einen Tag pro Jahr an einer medienpolitischen Weiterbildung teilnehmen. Ebenfalls 16,0 Prozent gaben an, mehr als drei Tage für diesen Zweck zur Verfügung
zu haben.

Tabelle 52: Zeitbudget für Schulungen

Wie viel Zeit würden Sie dafür aufwenden?	N= 50	
	Anzahl	**Prozent**
½ bis 1 Tag pro Jahr	8	16,0
2-3 Tage pro Jahr	34	68,0
Mehr als 3 Tage pro Jahr	8	16,0

8.12 Fazit

Die gewerkschaftlichen Gremienmitglieder in den Aufsichtsgremien des öffentlich-rechtlichen und privat-kommerziellen Rundfunks sind überwiegend haupt-
amtlich tätig und zwar vorwiegend auf Bundes- oder Länderebenen. Ein Drittel
ist ehrenamtlich tätig. Sie gehören den höheren Funktionsebenen ihrer Organisation an. Schwerpunkte ihrer gewerkschaftlichen Tätigkeit sind „Medienpolitik"
und „Öffentlichkeitsarbeit/Pressearbeit". Dabei sind die hauptamtlichen Gremienmitglieder insgesamt mit deutlich mehr unterschiedlichen Themenfeldern
befasst als die ehrenamtlichen.

In ihrem Selbstverständnis[269] lehnen sich die gewerkschaftlichen Gremienmitglieder weitgehend an ihren gesetzlichen Auftrag an. Darüber hinaus verstehen sie sich aber auch als Botschafter von Arbeitnehmer- und Gewerkschaftsinteressen und Wächter im Sinne journalistischer Qualität und der Sicherung des
öffentlich-rechtlichen Rundfunks.

Dass etwas mehr als ein Drittel der Befragten eine herausgehobene Position
im Gremium einnimmt, kann als deutliches Zeichen gesehen werden, dass die
Gewerkschaftsvertreterinnen und -vertreter in den Gremien einiges Gewicht

---

[269] Bei Selbstauskünften und -einschätzungen der Betroffenen muss immer mit einem gewissen Maß
an Beschönigung gerechnet werden. Meines Erachtens äußerten sich aber die von mir Befragten im
Wesentlichen eher selbstkritisch und mit durchaus realistischen Einschätzungen. Dies wurde z.B.
durch die Untersuchungen der Fallstudien und Expertenbefragungen bestätigt.

haben. Dies und die hohe Anzahl derer, die Beratungsthemen und Beschlussvorlagen in die Gremien eingebracht haben, zeugen zudem von dem großen Engagement der Befragten für ihr Mandat. Dies wird durch die zuverlässige Sitzungsteilnahme bekräftigt. Hierfür spricht auch, dass mehr als die Hälfte der Befragten die Arbeit in den Rundfunkgremien gegenüber anderen haupt- oder ehrenamtlichen Aufgaben als „gleich wichtig" oder sogar „wichtiger" beschreiben und im Durchschnitt relativ viele Stunden mit dieser Tätigkeit verbringen. Umso bedauerlicher ist es, dass nur etwas mehr als 20 Prozent auf medienpolitische Zuarbeit aus ihrer entsendenden Organisation bauen können.

Die positive Bewertung des generellen Kontaktes zur Organisation lässt gute Voraussetzungen für die medienpolitische Zusammenarbeit erkennen. In Bezug auf die Information der entsendenden Organisation über die Gremienarbeit gibt es aber eindeutige Defizite. Zum einen findet diese bei einem Drittel der Befragten gar nicht statt, zum anderen scheint es hier auch keine klaren Regelungen zu geben. Dies bestätigt die Ergebnisse zu den medienpolitischen Vernetzungen der Gewerkschaften (Kap. 5). Aussagen über die fehlende Resonanz aus der Gewerkschaft oder der Hinweis, dies sei bisher nicht erwünscht, unterstreichen diese Einschätzung. Für die Gewerkschaftsmitglieder sind immerhin knapp zwei Drittel der Befragten Anlaufstelle für Programmbeschwerden und ähnliches. Dabei scheinen insbesondere auch die Beschäftigten der Sender diese Möglichkeit zu nutzen.

Die Bereitschaft der gewerkschaftlichen Gremienvertreterinnen und -vertreter, sich mit anderen zu vernetzen, beziehungsweise auszutauschen ist hoch. Dies gilt sowohl untereinander als auch mit Gremienvertretungen anderer Provenienz. Darin läge auch eine Chance, den Kontakt zu anderen gesellschaftlich relevanten Gruppen wie Kirchen oder Wohlfahrtsverbänden auf medienpolitisches Gebiet auszudehnen. Hier könnte es sicher nützlich sein, wenn die Gewerkschaften dies mit Angeboten zur Vernetzung und für gemeinsame Treffen deutlich unterstützen würden. Gleiches gilt umso mehr für die Kontakte zu den Personalvertretungen, die nur in etwas mehr als der Hälfte der Fälle stattfinden.

Der Anteil derjenigen, die bei Antritt ihrer Gremientätigkeit keine medienpolitischen Vorkenntnisse mitbrachten bestätigt sich bei den Kenntnissen der deutschen Medienpolitik. Auch wenn mehr Befragte meinen, über aktuelle Themen „sehr gut" oder „gut" informiert zu sein, so scheint der Bedarf an mehr Information über Grundlagen und „Dauerbrenner" der Medienpolitik doch recht groß zu sein. Dies gilt umso mehr für die europäische und internationale Medienpolitik.

Eine gute Resonanz können die gewerkschaftlichen Informationsmedien zur Medienpolitik bei den Gremienmitgliedern verbuchen. Da aber nahezu alle Befragten die Tagespresse zur Information nutzen, wäre zu fragen, in welchem

Maße gewerkschaftliche Medienpolitik sich hier widerspiegelt, bzw. wie es um die Pressearbeit zu medienpolitischen Themen bestellt ist (vergl. hierzu Kap. 6). Allerdings ist anzumerken, dass die privat-kommerziellen Medien, ebenso wie Zeitungen und Zeitschriften, auf dem Feld der Medienpolitik in der Regel interessegeleitet und im Sinne der Verleger und deren Verbänden, über diese Themen berichten. Interessant ist auch, wie unter dieser Prämisse die Konzeption der gewerkschaftlichen Veröffentlichungen einzuschätzen ist. Hierzu zählt die Frage, wie der relativ hohe Anteil derer, die keine regelmäßige medienpolitische Information aus ihrer entsendenden Organisation erhalten, verringert werden kann. Und wie die Qualität und der Nutzen für die Gremienmitglieder optimiert werden kann, die nur zur Hälfte die Informationen ihrer Organisation als „gut" oder „sehr gut" einschätzen. (Vergl. Kap. 6). Hier muss auch in Betracht gezogen werden, dass die Information durch den jeweiligen Sender, bzw. die Landesmedienanstalt deutlich positiver bewertet wird.

Das sehr gespaltene Bild zum Thema „Einflussmöglichkeiten" eröffnet auch Handlungsoptionen für die entsendenden Organisationen. Diejenigen Befragten, die für sich eher geringen Einfluss sehen, klagen eben auch über zu wenig gewerkschaftliches Interesse, Zeitprobleme und einen geringen Kenntnisstand. Diesen zu verbessern ist eine große Mehrheit der Gremienmitglieder bereit. Sie würden gerne an medienpolitischen Schulungen teilnehmen und dafür auch in den meisten Fällen mehrere Tage im Jahr investieren. Die Themenwünsche zeigen dabei noch einmal, wie bereits oben erwähnt, den Bedarf an grundlegenden Kenntnissen und auch an gewerkschaftlicher Vernetzung.

9 Schlussfolgerungen und Ausblick

Am Schluss dieser Untersuchung sollen ausgewählte Kernpunkte zusammengefasst, einige der in der Analyse herausgearbeiteten Defizite benannt und mit perspektivischen Anmerkungen für eine Mitbestimmte Medienpolitik versehen werden. Aufgegriffen werden insbesondere die Punkte Vernetzung, Information und Weiterbildung sowie Transparenz, die unter Governance-Aspekten für die Gewerkschaften als medienpolitische Akteure besonders relevant sind. Dabei sollen einige Verbesserungen vorgeschlagen und so Anregungen für die weitere Arbeit am Thema gegeben werden.

Ausgangslage und Rahmenbedingungen

Die Untersuchung hat gezeigt, dass gewerkschaftliche Medienpolitik organisatorisch auf mehreren unterschiedlichen Ebenen angesiedelt ist. Die globale und europäische Ebene wird nur bei den Fachgewerkschaften Vereinte Dienstleistungsgewerkschaft (ver.di) und Deutscher Journalisten-Verband (DJV) abgedeckt. Die nationale Ebene mit der Verantwortlichkeit bei den jeweiligen Bundesvorständen ist auch beim Deutschen Gewerkschaftsbund (DGB) und dem Deutschen Beamtenbund (DBB) vertreten, ebenso die regionale, also Landesebene. Auf der lokalen Ebene/in den Sendern sind nur die Fachgewerkschaften ver.di, DJV und die im Deutschen Beamtenbund organisierte Vereinigung der Rundfunk-, Film- und Fernsehschaffenden (VRFF) tätig. Die Programmatik zum Feld Medienpolitik zeigt grundsätzliche Gemeinsamkeiten, ist aber bei den Fachgewerkschaften ver.di und DJV stark auf die bei ihnen organisierten Journalistinnen und Journalisten sowie weitere Beschäftigte in den Medien und deren berufsspezifische Anliegen zugeschnitten. Im Gegensatz zu diesen kann meines Erachtens die VRFF nicht als medienpolitisch tätige Organisation bezeichnet werden, da sie insbesondere die Interessen der Beschäftigten in Technik und Verwaltung vertritt und ausschließlich in den Sendern bei der Vertretung von Personalinteressen tätig ist. Auch weist die VRFF keine medienpolitische Programmatik auf. Mit dem Deutschen Beamtenbund, der als Dachorganisation nur sehr reduziert als medienpolitischer Akteur tätig ist, bleiben so bei der VRFF über die Beschäftigteninteressen, wie Tarifverhandlungen oder konkrete Arbeitsbedingungen, hinausgehende Themen unberücksichtigt. Die personelle und finanzielle Ausstattung der Gewerkschaften für Medienpolitik weist meines Erachtens Defizite auf, die sichtbar werden, wenn es um medienpolitische Informationsangebote und auch die Vernetzung geht. Auch vor dem Hintergrund der in Kapitel 4 dargestellten Rahmenbedingungen wird hier ein Manko deutlich: Für seine inhaltliche Arbeit an einer stark verrechtlichten deutschen Medienpolitik kann lediglich der DJV auf eigenen juristischen Sachverstand zurückgreifen.

Betrachtet man die organisatorischen, programmatischen, personellen und finanziellen Voraussetzungen, so muss konstatiert werden, dass Medienpolitik generell in den untersuchten Dachorganisationen DGB und Deutscher Beamtenbund kein Kernthema ist. Dabei zeigt die Analyse aber deutliche Unterschiede, wie intensiv diese beiden Organisationen mit medienpolitischen Themen umgehen. Bei Ver.di und im DJV sind medienpolitische Anliegen durch die mitgliederbezogene Interessenvertretung virulent. Dies hat auch die Analyse der Instrumente, Aktivitäten und Inhalte gewerkschaftlicher Medienpolitik verdeutlicht. Allerdings entsteht bei der genaueren Betrachtung ein Bild, das wenig strategische Anlage und sehr viel zersplitterte Information und Kommunikation zeigt: So wird Medienpolitik bei ver.di eher mit dem Blick auf die sehr unterschiedlichen Mitgliederinteressen vertreten und kommuniziert, beim DJV konzentriert sich die medienpolitische Arbeit insgesamt vor allem auf die Anliegen der Journalistinnen und Journalisten, die die Mitgliederbasis bilden. Der DGB bedient mit seinen Informationen keine speziellen Berufsgruppen, sondern zielt eher auf allgemeine Aussagen zu medienpolitischen Themen und die Kontakte zu Gremienvertretungen, was seiner Rolle als Dachverband entspricht. Gleiches gilt für den Deutschen Beamtenbund, der sich aber im Gegensatz zum DGB auf einige wenige Veranstaltungen beschränkt und inhaltlichen Informationen oder Positionierungen mit medienpolitischer Ausrichtung nicht in nennenswertem Umfang verbreitet.

Vernetzung

Die medienpolitische Vernetzung der Gewerkschaften ist unterschiedlich stark und durchaus ausbaufähig im Sinne ihrer Rolle als Governance-Akteure. Wie die Studie gezeigt hat, fällt der Deutsche Beamtenbund hier fast völlig heraus. Bei den anderen Organisationen zeigt sich eine innerorganisatorische Vernetzung, die auch teilweise zwischen den verschiedenen Organisationen besteht. Als strategisch angelegt kann diese am ehesten bei ver.di und im DJV innerhalb ihrer eigenen Organisationen gekennzeichnet werden, wo sie durch diverse Arbeitszusammenhänge auch institutionalisiert ist. Für den Austausch zwischen den Gewerkschaften wäre meines Erachtens die Einrichtung zum Beispiel eines kontinuierlichen Informationsaustausches sicher sinnvoll, da diese Kontakte bisher

eher fallbezogen und personenabhängig funktionieren. Dies gilt auf der Bundesebene ebenso wie auf der Länderebene: Geeignete Instrumente wären beispielsweise Mailinglisten, aber auch gemeinsame Arbeitsgruppen zu bestimmten
Themen.

Auch die Vernetzung zu außerorganisatorischen medienpolitischen Akteuren könnte durchaus stetiger und strategischer angelegt werden, wenn entsprechende, vor allem personelle, Kapazitäten vorhanden wären. Das personelle
Dilemma ließe sich aber auch lindern, wenn die Gewerkschaften ihre Aktivitäten
stärker einem insgesamt zu wenig genutzten Knotenpunkt der Vernetzung zu-
wenden würden: die Gremienmitglieder als mitbestimmungspolitische Akteure,
die mit ihren vielfältigen, zumindest optional vorhandenen Kontaktmöglichkei-
ten durchaus zur Optimierung der Vernetzung beitragen könnten. Die Bereitschaft der gewerkschaftlichen Gremienmitglieder hierzu ist hoch und ihre Einbindung auch in die formellen und informellen Netzwerke innerhalb der Gremien
nicht gering. Eine Voraussetzung für eine verbesserte Nutzung dieser Möglichkeiten wären kontinuierliche Angebote für einen Informationsaustausch sowohl
zwischen den Gremienmitgliedern als auch mit den entsendenden Organisationen. Diese finden aber nur unregelmäßig und nicht in allen gewerkschaftlichen
Organisationen statt. Besser ist die Situation überall dort, wo Gremienmitglieder
durch andere Tätigkeiten in innergewerkschaftliche Zusammenhänge eingebunden sind, beispielsweise als Mitglieder in Fachgruppen oder Arbeitskreisen.
Insgesamt aber bleiben so durchaus vorhandene Möglichkeiten ungenutzt, gewerkschaftliche Positionen zu platzieren und mit einer stärkeren Vernetzung
größere Durchsetzungskraft für eine Mitbestimmte Medienpolitik zu schaffen,
die zudem Akteure aus anderen gesellschaftlich-relevanten Gruppen einbeziehen
müsste. Damit sind auch die wichtigsten potentiellen Bündnispartner sowohl auf
Gremienebene als auch auf regionaler und bundespolitischer Ebene benannt:
Kirchen, Wohlfahrts- und Verbraucherverbände sowie Kultureinrichtungen seien
als Beispiele erwähnt.

Information und Qualifizierung von Gremienmitgliedern

Themen, die im medienpolitischen Diskurs eine Rolle spielen, sind auch die
Themen, mit denen Gremienmitglieder sich in ihrer Arbeit konfrontiert sehen.
Diese spiegeln sich zum Teil in den von Gewerkschaften angebotenen Informationsmedien und Tagungen wider. Die vielfältigen medienpolitischen Informationen aus den Gewerkschaften werden teilweise sehr gut von den gewerkschaftlichen Gremienmitgliedern genutzt. Allerdings beurteilen sie die Qualität der Informationen sehr gespalten. Vor dem Hintergrund der analysierten Instrumente,
Aktivitäten und Inhalte gewerkschaftlicher Medienpolitik zeigt sich hier deutli-

cher Verbesserungsbedarf zur Stärkung von Governance-Aktivitäten. Dabei sollte meines Erachtens insbesondere die Behandlung des Themas Medienpolitik in den jeweiligen Internetauftritten der Gewerkschaften überarbeitet und optimiert werden, denn hier fällt es durch wenig Bündelung und Konzentration schwer, Informationen und Positionen zu recherchieren. Auch in der umgekehrten Richtung zeigt sich Verbesserungsbedarf bei der Kommunikation und Information. Eine „Rückleitung" für Informationen von den Gremienmitgliedern zu ihren entsendenden Organisationen sollte als selbstverständlich angesehen und etabliert werden. Hierzu bedarf es aber geeigneter Mechanismen, die durch die Gewerkschaftsorganisationen angeboten werden müssten. Auch wäre vorstellbar, auf den Gewerkschaftsseiten Foren anzubieten, in denen Gremienmitglieder aus ihrer Arbeit berichten und sich austauschen können.

Zudem könnte die Kompetenz und damit der Einfluss gewerkschaftlicher Gremienmitglieder durch mehr Weiterbildungsangebote gesteigert werden. Wie die Fallstudien gezeigt haben, wird in den Gremien selbst keine kontinuierliche Qualifizierung und Weiterbildung angeboten. Die gewerkschaftlichen Gremienmitglieder jedenfalls wünschen sich durchaus mehr Schulungsangebote und sind auch bereit, hierfür Zeit zu investieren. Es gibt keine, auch nicht gewerkschaftliche, Bildungsangebote, die neue Gremienmitglieder auf ihre Aufgabe vorbereiten oder systematisch die Gremienmitglieder während ihrer Arbeit begleiten. Vorstellbar wäre beispielsweise die Entwicklung eines „Gremiengrundkurses" und thematisch gebündelter Lerneinheiten, die durchaus auch in gewerkschaftlichen Bildungseinrichtungen angeboten werden sollten. Die Gremienmitglieder als Akteure für eine Mitbestimmte Medienpolitik werden in Bezug auf Weiterbildung und Qualifizierung bisher im Gegensatz zu Betriebs- und Aufsichträten von den entsendenden Organisationen weitgehend allein gelassen.

Transparenz

Medienpolitik in Deutschland ist ein Expertenthema, dessen Kommunikation auf vielen Ebenen zu wünschen übrig lässt. Dies zeigt die Analyse in den Fallstudien ebenso wie die Befragung der Gremienmitglieder. Dass das anders sein könnte, wurde deutlich bei den untersuchten gesetzlichen Regelungen zum Thema Öffentlichkeit von Sitzungen. In den überwiegenden Fällen liegt es in der Hand der Gremien selbst, ihre Arbeit einer breiteren Öffentlichkeit zugänglich zu machen. Gewerkschaftliche Gremienmitglieder hätten hier im Sinne von Information und Governance die Chance, initiativ zu werden, um mehr Transparenz in die Arbeit der Gremien zu bringen. Gleichzeitig stellt sich vor dem Hintergrund der Fallstudien die Frage, ob nicht der Einfluss der Exekutive in den Sendern und Landesmedienanstalten auf die Themensetzung und -vorbereitung für die Gremiensitzungen zurückgeschraubt werden müsste. Hierfür bedürfte es nicht nur einer besseren Ausstattung der Gremien mit eigener Infrastruktur, die auch nicht von den jeweiligen Intendanzen oder Direktionen abhängig sein dürfte.[270] Die Gremien müssten, wie die Analyse der Rahmenbedingungen gezeigt hat, oftmals lediglich die ihnen zustehenden Kompetenzen auch real nutzen und einfordern. Relativ einfach könnten für alle Gremien zumindest die Beratungsthemen und Tagesordnungen zugänglich gemacht sowie die jetzt schon vorhandenen Informationen in den Webauftritten der Anstalten besser gebündelt werden, wie es einige Ausnahmen vormachen. Unerlässlich wäre meines Erachtens bei allen Gremien eine unkomplizierte Möglichkeit für Rezipientinnen und Rezipienten mit den jeweiligen Gremien Kontakt aufzunehmen, wie es manche schon per E-mail ermöglichen. Auch ein Berichtswesen über eingegangene Beschwerden von Zuschauerinnen und Zuschauern sollte obligatorisch für die breite Öffentlichkeit eingerichtet werden.

Gewerkschaften als Governance-Akteure in der Medienpolitik

Die Studie hat ein vielfältiges Bild gewerkschaftlicher Akteure im Rahmen von Governance in der Medienpolitik gezeichnet. Es wurde deutlich, wie eng die programmatischen und organisatorischen Voraussetzungen in den Gewerkschaften und die Handlungs- und Einflussmöglichkeiten der Mitbestimmungsakteure in den Rundfunkgremien zusammenhängen. Die Gewerkschaften als eine gesellschaftlich relevante Gruppe mit einer organisatorischen Infrastruktur, die zahlreiche Möglichkeiten zur Vernetzung bietet, nutzen zu wenig ihre eigentlich vorhandenen Möglichkeiten, um die ihnen vom Gesetzgeber eröffneten Möglichkeiten zur Mitbestimmung in den Medien wirkungsvoll auszufüllen. Auch wenn die Mitglieder der Rundfunkgremien als Vertreter der Allgemeinheit und nicht als von ihren entsendenden Organisationen beauftragte Lobbyisten ihre Mandate erhalten, so sollten sie doch durch diese so unterstützt werden, dass sie ihren Governance-Auftrag möglichst gut erfüllen können. Dies ist auch ganz klar eine Erwartung der untersuchten Gremienmitglieder. Mitbestimmung und Good Governance erfordern ebenso wie in anderen Politikfeldern auch in der Medienpolitik gut informierte und kompetente Akteure. Hierfür die Voraussetzungen und den organisatorischen Rahmen zu schaffen, müssen meines Erachtens auch die entsendenden Organisationen als ihren Auftrag betrachten.

---

[270] Mit den Regelungen zum Drei-Stufen-Test durch den 12. RÄStV und die Anforderungen der EU-Kommission werden die Anstalten und ihre Gremien gezwungen sein, diese Unabhängigkeit deutlich zu installieren.

Ausblick

Die Untersuchung der Medienpolitik von Gewerkschaften als einer gesellschaftlich wichtigen Organisation hat gezeigt, dass ihr Agieren auf einer Ebene auch
Auswirkungen auf das Handeln der mitbestimmungspolitischen Akteure auf
anderen Ebenen hat. Vor diesem Hintergrund könnte es sich durchaus lohnen,
auch medienpolitische Akteure wie Kirchen, Verbraucherorganisationen oder
Wohlfahrtsverbände im Sinne einer Mitbestimmten Medienpolitik in den wissenschaftlichen Blick zu nehmen. Zu fragen wäre dabei z. B. auch nach programmatischen Übereinstimmungen und gemeinsamen Zielvorstellungen in der
Medienpolitik. Da es in Deutschland an eigenen Rezipientenvereinigungen fehlt,
könnten die so genannten gesellschaftlich relevanten Gruppen als Entsendungs-
berechtigte für die Rundfunkgremien diese Lücke füllen, im Sinne einer Lobby
für ein demokratisches Mediensystem und dessen Fortbestand. Weiterer Forschungsbedarf ergibt sich auch aus dem Aspekt der Professionalisierung von
Rundfunkgremien allgemein: Mit den zunehmend komplizierter werdenden
technischen Möglichkeiten und den Auseinandersetzungen um das, was öffentlich-rechtliche und was privat-kommerzielle Medien leisten sollen, können und
dürfen, werden auch die Anforderungen an die medienpolitischen Akteure immer
höher. Vor diesem Hintergrund wäre eine intensivere Beschäftigung der Wissenschaft mit den Rahmenbedingungen der Gremien allgemein und im Speziellen
ihrer Kompetenz, Qualifizierung und Weiterbildung sicher lohnenswert. Weiterer Forschungsbedarf hat sich auch mit Blick auf das Thema Transparenz gezeigt: Hier wäre zu fragen, ob und wie die gesellschaftlich wichtigen Gruppen
als Governance-Akteure medienpolitisch eine Art Transmitterfunktion in die
Gesellschaft hinein erfüllen könnten.

10 Literaturverzeichnis

10.1 Monographien, Sammelbände, Zeitschriften

Ahrweiler, Petra/Thomaß, Barbara (Hrsg.) (2005): Internationale partizipatorische Kommunikationspolitik. Strukturen und Visionen. Festschrift zum 60. Geburtstag von Hans J. Kleinsteuber. Münster

Alemann, Ulrich von (Hrsg.) (1975): Partizipation – Demokratisierung – Mitbestimmung. Problemstellung und Literatur in Politik, Wirtschaft, Bildung und Gesellschaft. – Eine Einführung. (2. Auflage) Opladen

Altendorfer, Otto (2001): Das Mediensystem der Bundesrepublik Deutschland. Wiesbaden

Andersen, Uwe/Wichard Woyke (Hrsg.) (2003): Handwörterbuch des politischen Systems der Bundesrepublik Deutschland. (5., aktual. Aufl.) Opladen. (Lizenzausgabe: Bundeszentrale für politische Bildung, Bonn – Online unter: http://www.bpb.de/wissen/074252086346970702387695731546000,0,0,Mitbestimmung.html, abgerufen am 15.1.2008)

ARD (Hrsg.) (2002): ABC der ARD. Baden-Baden

ARD und ZDF (Hrsg.) (1997): Was Sie über Rundfunk wissen sollten: Materialien zum Verständnis eines Mediums. Berlin

Arlt, Hans-Jürgen (1998): Kommunikation, Öffentlichkeit, Öffentlichkeitsarbeit. PR von Gestern, PR für Morgen – Das Beispiel Gewerkschaft. Opladen, Wiesbaden

Astheimer, Sabine (1991): Institutionelle Politiksteuerung: Gremienstrukturen bei den Landesmedienanstalten. In: Rundfunk und Fernsehen, 1991, 39. Jg., Heft 2. S.185–192

Bausch, Hans (1980): Rundfunkpolitik nach 1945. München

Benz, Arthur (1992): Horizontale Politikverflechtung. Frankfurt/M. u.a.

Benz, Arthur (Hrsg.) (2004): Governance – Regieren in komplexen Regelsystemen. Eine Einführung. Wiesbaden

Benz, Arthur/Lütz, Susanne/Schimank, Uwe/Simonis, Georg (Hrsg.) (2007): Handbuch Governance. Theoretische Grundlagen und empirische Anwendungsfelder. Wiesbaden

Berg, Hans Joachim (Hrsg.) (1999): Rundfunkgremien in Deutschland. Namen, Organe, Institutionen. Berlin

Berg, Klaus (1987): Klassischer Rundfunkauftrag und Gremienverantwortung. In: Media Perspektiven. 1987, Heft 12. S. 737–743

Berendes, Konrad (1973): Die Staatsaufsicht über den Rundfunk. Berlin

Bethge, Herbert (1977): Probleme der Staatsaufsicht über Gemeinschaftseinrichtungen der Länder. Zur Rechtsaufsicht über den norddeutschen Rundfunk. In: Rundfunk und Fernsehen. 1977, 25.Jg., Heft 1/2. S. 41–55

Beyme von, Klaus (1992): Theorie der Politik im 20. Jahrhundert. Von der Moderne zur Postmoderne. Frankfurt/M.

Bleicher, Joan K. (2004): Televisionärer Menschenzoo, in: cover, 2004, Ausgabe 4. S. 85

BMA, Bundesministerium für Arbeit und Soziales (Hrsg.) (2007): Mitbestimmung – ein gutes Unternehmen. Bonn, Berlin (pdf-Dokument – Online unter: http://www.bmas.de/coremedia/generator/9138/mitbestimmung_ein_gutes_unter nehmen_a_741.html, abgerufen am 10.10.2007)

Bourdieu, Pierre (2004): Gegenfeuer. Konstanz

Branahl, Udo (2005): Wer ist auskunftspflichtig. In: Message Werkstatt: Auskunftsrechte, 2005, Ausgabe 4. S.6–7 (Supplement der Zeitschrift message)

Braunschweig, Stefan/Kleinsteuber, Hans J./Wiesner, Volker/Wilke, Peter (1990): Radio und Fernsehen in der Bundesrepublik. Erfahrungen und Ansätze für eine gewerkschaftliche Politik. Köln

Bredow, Hans (1927): Vier Jahre deutscher Rundfunk. Berlin.

Bredow, Hans (1951): Vergleichende Betrachtungen über Rundfunk und Fernsehen. Heidelberg.

Bredow, Hans (1954): Der Daseinskampf des deutschen Funks, Bd. 1; Im Banne der Ätherwellen. Stuttgart

Bredow von, Wilfried (Hrsg.) (1990): Medien und Gesellschaft. Stuttgart

Bruns, Tissy (2007): Republik der Wichtigtuer. Ein Bericht aus Berlin. Freiburg im Breisgau

Castells, Manuel (2001): Der Aufstieg der Netzwerkgesellschaft. Das Informationszeitalter, Bd. 1. Opladen

Das Lexikon der Wirtschaft. Grundlegendes Wissen von A bis Z. 2. Aufl. Mannheim: Bibliographisches Institut & F.A. Brockhaus 2004. (Lizenzausgabe Bonn: Bundeszentrale für politische Bildung 2004).

Decker, Horst/Langenbucher, Wolfgang R./Nahr, Günther (1976): Die Massenmedien in der postindustriellen Gesellschaft. Konsequenzen neuer technischer und wirtschaftlicher Entwicklungen für Aufgaben und Strukturen der Massenmedien in der Bundesrepublik Deutschland, Kommission für wirtschaftlichen und sozialen Wandel. Göttingen

Degenhart, Christoph (1987): Hin zum Markt. Das BVG nimmt den Regelungsanspruch zurück. In: medium, 1987, 17. Jg., Heft 1. S. 15–17

Donges, Patrick (2002): Rundfunkpolitik zwischen Sollen, Wollen und Können. Eine theoretische und komparative Analyse der politischen Steuerung des Rundfunks. Wiesbaden

Donges, Patrick (Hrsg.) (2003): Die Zukunft des öffentlichen Rundfunks. Köln

Donges, Patrick (Hrsg.) (2007):Von der Medienpolitik zur Media Governance? Köln

Dörner, Andreas (2001): Politainment. Politk in der medialen Erlebnisgesellschaft. Frankfurt/M.

Dussel, Konrad (2002): Hörfunk in Deutschland. Potsdam

Ehrhardt, Peter V./Schmitz, Paul G./Siegelkow, Rainer/Wanders, Bernhard (1975): Formen, Bedingungen und Probleme der Partizipation im ökonomischen Bereich, in: Alemann, Ulrich von (Hrsg.) (1975): Partizipation – Demokratisierung – Mitbestimmung. Problemstellung und Literatur in Politik, Wirtschaft, Bildung und Gesellschaft. – Eine Einführung. Opladen

Eumann, Marc Jan (2007): Guter Rat, Gremienaufsicht notwendig, aber auch reformbedürftig. In: epd medien, 2007, Heft 12 v. 14. 2.2007. S. 8–10

Faßler, Manfred (1997): Was ist Kommunikation? Paderborn

Faßler, Manfred/Halbach, Wulf (Hrsg.) (1998): Geschichte der Medien. München

Faulstich, Werner (Hrsg.) (1998): Grundwissen Medien. (3. Aufl.) München

FHS Fachhochschulstudiengänge St. Pölten (Hrsg.) (2003): FACTS, Bd.1, Die Informationsgesellschaft. Wien, Köln, Weimar

Fohrmann, Jürgen/Orzessek, Arno (Hrsg.) (2002): Zerstreute Öffentlichkeiten, Zur Programmierung des Gemeinsinns. München

Friedrich-Ebert-Stiftung (Hrsg.) (1998): Medien-Zukunft zwischen Morgen und Grauen – Medien im Unterhaltungsrausch. Mainz

Friedrich-Ebert-Stiftung (Hrsg.) (2007): Das Spannungsverhältnis von Qualität und Quote. Die zukünftigen Herausforderungen für den öffentlich-rechtlichen Rundfunk. (Dokumentation der Fachkonferenz für Rundfunk- und Verwaltungsräte des öffentlich-rechtlichen Rundfunks am 23. April 2007) Berlin

Fuchs-Heinritz, Werner/Lautmann, Rüdiger/Rammstedt, Otthein/Wienold, Hanns (1994): Lexikon zur Soziologie. (3. Aufl.) Opladen

Fünfgeld, Hermann/Mast, Claudia (Hrsg.) (1997): Massenkommunikation. Ergebnisse und Perspektiven. Opladen

Gerhards, Jürgen (1999): Wie responsiv sind die Massenmedien? In: Gerhards, Jürgen/Hitzler, Ronald (Hrsg.) (1999): Eigenwilligkeit und Rationalität sozialer Prozesse, Festschrift zum 65. Geburtstag von Friedhelm Neidhardt. Opladen, Wiesbaden

Giersch, Volker (2007): Ganzheitlich, nicht partikular. In: epd medien, 2007, Heft 78 v. 3.10.2007. S. 7–12

Goodin, R.E. (Hrsg.) (1996): The theory of institutional design. Cambridge

Granovetter, Mark (1985): Economic Action and Social Structure. The Problem of Embeddedness. In: American Journal of Sociology, 1985, Vol. 91, Issue 3. S. 481–510

Grätz, Reinhard (1996): Die Vertretung gesellschaftlicher Gruppen in den Rundfunkräten und ihre Entscheidungs- und Kontrollaufgaben. (Reihe Arbeitspapiere des Instituts für Rundfunkökonomie an der Universität Köln, Heft 11) Köln

Grätz, Reinhard (2004): Pflichten und Rechte der Mitglieder in den Rundfunk- und Verwaltungsräten des öffentlich-rechtlichen Rundfunks (Vortrag für die Friedrich-Ebert-Stiftung am 27.9.2004) Bonn, Berlin (pdf-Dokument – Online unter: http://fesportal.fes.de/pls/portal30/docs/FOLDER/STABSABTEILUNG/graetz_vort rag.PDF, abgerufen am 10.10.2007)

Günnel, Traudel/Merkel, Felicitas/Klug, Andreas (1995): Radio für alle. Mensch-Macht-Meinung. Innovative Ansätze gewerkschaftlicher Medienarbeit. Marburg.

Häder, Michael (2006): Empirische Sozialforschung. Eine Einführung. Wiesbaden

Hamm, Ingrid (Hrsg.) (1998): Die Zukunft des dualen Systems: Aufgaben des dualen Rundfunkmarktes im internationalen Vergleich. Mit Studien von Booz.Allen&Hamilton und Emnid. Gütersloh

Hans-Böckler-Stiftung (Hrsg.) (1989): Von Rechts wegen. Düsseldorf

Hasebrink, Uwe (2001): Das Zuschaueranteilsmodell: Herausforderungen durch Pay-TV und Online-Medien. (Kommunikationswissenschaftliches Gutachten für die Kommission zur Ermittlung der Konzentration im Medienbereich (KEK), Hans-Bredow-Institut) Hamburg

Hasebrink, Uwe (1996): Länderbericht Deutschland In: Mitchel, Jeremy/Blumler, Jay G./Bundschuh, Anja (Hrsg.): Fernsehen und Zuschauerinteressen (Reihe: Media Monographie, Bd. 18, Europäisches Medieninstitut). Baden-Baden.

Helmes, Manfred (1984): Erste Erfahrungen aus dem Kabelpilotprojekt Ludwigshafen aus der Sicht des Deutschen Gewerkschaftsbundes. In: Media-Perspektiven, 1984, Heft 7, S.570 ff.

Hellstern, Gerd-Michael/Hoffmann-Riem, Wolfgang/Reese, Jürgen/Ziethen, Michael P. (1989): Rundfunkaufsicht. Begleitforschung des Landes Nordrhein-Westfalen zum Kabelpilotprojekt Dortmund. Bd.16 I bis III. Düsseldorf

Hemmer, Hans-Otto (Hrsg.) (2004): Wie viel Macht den Räten? Rundfunkaufsicht – zur gesellschaftlichen Kontrolle des Rundfunks. Marburg

Hepp, Andreas,/Krotz, Friedrich/Winter, Carsten (Hrsg.) (2005): Globalisierung der Medienkommunikation. Eine Einführung im globalen Kontext. Wiesbaden

Heuser, Jan Uwe (1996): Tausend Welten. Die Auflösung der Gesellschaft im digitalen Zeitalter. Berlin

Heßler, Hans-Wolfgang (1984): Medien als eine gesellschaftliche Aufgabe. In: Media Perspektiven, 1984, Heft 1. S. 13

Heßler, Hans-Wolfgang (1997): Stimme der Allgemeinheit. Der RTL-Programmausschuss: Erfahrungen und Perspektiven. In: Thoma, Helmut (Hrsg.)

(1997): Zwischen Mitwirkung und Mitverantwortung: der RTL-Programmausschuss 1988–1996; Aufgaben, Themen und Dokumente. Mainz

Hiebel, Hans H./Hiebler, Hans/Kogler, Karl/Walitsch, Herwig (1998): Die Medien. München

Hilker, Heiko (2007): Politiker an ihren Taten messen. In: epd medien, 2007, Heft 64 v. 15.8.2007. S. 5–9

Hoffmann, Hilmar (Hrsg.) (1994): Gestern begann die Zukunft. Entwicklung und gesellschaftliche Bedeutung der Medienvielfalt. Darmstadt

Hoffmann-Riem, Wolfgang (2000): Konvergenz und Regulierung. (1. Aufl.) Baden-Baden

Hoffmann-Riem, Wolfgang (2000a): Thesen zur Regulierung der dualen Rundfunkordnung. In: Medien und Kommunikationswissenschaft, 2000, Jg. 48, Heft 1. S. 7–22

Holgersson, Silke/Jarren, Otfried/Schatz, Heribert (Hrsg.) (1994): Dualer Rundfunk in Deutschland. Beiträge zu einer Theorie der Rundfunkentwicklung. Münster, Hamburg

Humphreys, Peter J. (1996): Mass media and media policy in Western Europe. Manchester, New York

Imhof, Kurt (Hrsg.) (2004): Mediengesellschaft. (1. Aufl.) Wiesbaden

Isenberg, Meike (2007): Verhandelte Politik. Informale Elemente in der Medienpolitik. Berlin

Jann, Werner (2005): Governance als Reformstrategie – vom Wandel und der Bedeutung verwaltungspolitischer Leitbilder. In: Schuppert, Gunnar Folke (Hrsg.) (2005): Governance-Forschung. Vergewisserung über Stand und Entwicklungslinien (Schriften zur Governance-Forschung, Bd. 1) Baden-Baden

Jarass, Hans D. (1978): Die Freiheit der Massenmedien. Zur staatlichen Einwirkung auf Presse, Rundfunk, Film und andere Medien. (Materialien zur interdisziplinären Medienforschung, Bd. 8.) Baden-Baden

Jarren, Otfried (2001): Medien als Organisationen – Medien als soziale Systeme. In: Jarren, Otfried/Bonfadelli, Heinz (Hrsg.) (2001): Einführung in die Publizistikwissenschaft. Bern, Stuttgart, Wien

Jarren, Otfried (2000): Medienregulierung durch die Gesellschaft? Wiesbaden

Jarren, Otfried (2007a): Ordnung durch Verantwortungskultur. Governance-Regime im Medienbereich. In: Jarren, Otfried/Donges, Patrick (Hrsg.) (2007): Ordnung durch Medienpolitik? Konstanz

Jarren, Otfried (2007): Erneuerte Legitimität. In: epd medien, 2007, Heft 60 v. 1.8.2007. S. 6–11

Jarren, Otfried/Donges, Patrick (1997): Ende der Massenkommunikation – Ende der Medienpolitik? In: Fünfgeld, Hermann/Mast, Claudia (Hrsg.) (1997): Massenkommunikation. Ergebnisse und Perspektiven. Opladen

Jarren, Otfried/Donges, Patrick, (2004): Staatliche Medienpolitik und die Politik der Massenmedien: Institutionelle und symbolische Steuerung im Mediensystem. In: Lange, Stefan/ Schimank, Uwe (Hrsg.) (2004): Governance und gesellschaftliche Integration. Wiesbaden

Jarren, Otfried/Donges, Patrick (Hrsg.) (2007): Ordnung durch Medienpolitik? Konstanz

Jarren, Otfried/Sarcinelli, Ulrich/Saxer, Ulrich (Hrsg.) (1998): Politische Kommunikation in der Demokratischen Gesellschaft. Ein Handbuch. Opladen, Wiesbaden

Jenke, Manfred (Hrsg.) (2003): Bundesweit und werbefrei. Zehn Jahre DeutschlandRadio. Berlin

Just, Natascha/Latzer, Michael/Saurwein, Florian (2007): Communications Governance: Entscheidungshilfe für die Wahl des Regulierungsarrangements am Beispiel Spam. In: Donges, Patrick (Hrsg.) (2007):Von der Medienpolitik zur Media Governance? Köln

Kabbert, Rainer (1987): Rundfunkkontrolle als Instrument der Kommunikationspolitik, Einfluß im Prozeß der öffentlichen Meinungsbildung. (Kommunikationswissenschaftliche Studien) Nürnberg

Kamps, Klaus (2007): Politisches Kommunikationsmanagement. Grundlagen und Professionalisierung moderner Politikvermittlung. Wiesbaden

Kepplinger, Hans Mathias (1989): Stachel oder Feigenblatt: Rundfunk- und Fernsehräte in der Bundesrepublik Deutschland. Eine empirische Untersuchung. Frankfurt/M.

Kepplinger, Hans-Mathias (1988): Der Einfluß der Rundfunkräte auf die Programmgestaltung der öffentlich-rechtlichen Rundfunkanstalten. In: Mestmäcker, Ernst-Joachim (Hrsg.) (1988): Offene Rundfunkordnung. Gütersloh

Keupp, Heiner (1987): Soziale Netzwerke. Eine Metapher des gesellschaftlichen Umbruchs? In: Keupp, Heiner/Röhrle, Bernd (Hrsg.)(1987): Soziale Netzwerke. Frankfurt/M.

Kleinsteuber, Hans J. (1982): Rundfunkpolitik in der Bundesrepublik. Der Kampf um die Macht über Hörfunk und Fernsehen. Opladen

Kleinsteuber, Hans J./Wiesner, Volker/Wilke, Peter (Hrsg.) (1990): EG-Medienpolitik. Fernsehen in Europa zwischen Kultur und Kommerz. Berlin

Kleinsteuber, Hans J. (1993): Das Ende verfassungsrechtlicher Medienpolitik? Zur Wandlung der deutschen Rundfunkordnung unter dem Einfluß der Kommerzialisierung. In: Kritische Justiz, 1993, 26. Jg., Heft 1. S. 1–20

Kleinsteuber, Hans J./Rossmann, Torsten (Hrsg.) (1994): Europa als Kommunikationsraum. Akteure, Strukturen und Konfliktpotentiale in der europäischen Medienpolitik. Opladen

Kleinsteuber, Hans J. (1996): Kommunikationspolitik: Herangehensweisen und Theorien. In: Wittkämper, Gerhard W./Kohl, Anne (Hrsg.) (1996): Kommunikationspolitik. Einführung in die medienbezogene Politik.

Kleinsteuber, Hans J. (2001): Medienpolitik. In: Nohlen, Dieter (Hrsg.)(2001): Kleines Lexikon der Politik, München

Kleinsteuber, Hans J. (2003): Qualität, Arbeit, Pressevielfalt. Die zehn Krisen der deutschen Medien. (Referat auf der Bundesdelegiertenkonferenz der dju in ver.di in Halle, am 6. März 2003) In: dju in ver.di (Hrsg.) (2003): Qualität, Arbeit, Pressevielfalt. Berlin

Kleinsteuber, Hans J. (2005): Medienpolitik, in: Hepp, Andreas,/Krotz, Friedrich/Winter, Carsten (Hrsg.)(2005): Globalisierung der Medienkommunikation. Eine Einführung im globalen Kontext. Wiesbaden

Kleinsteuber, Hans J. (2007): Rundfunkaufsicht zwischen Regulierung und Governance. Zur Rolle von Staat, Wirtschaft und Gesellschaft. In: Donges, Patrick (Hrsg.) (2007): Von der Medienpolitik zur Media Governance? Köln

Kleinsteuber, Hans J. (2007a): Politik im Verborgenen. Rundfunkratssystem in der Krise. (Interview) In: Funkkorrespondenz, 2007, Heft 5 v. 2.2.2007. S. 3–7

Kleinsteuber, Hans J. (2007b): Für mehr Zivilgesellschaft. In: Alle Macht den Räten? In: epd medien, 2007, Heft 67 v. 25.8. 2007. S. 4–10

Kleinsteuber, Hans J./Thomaß, Barbara (1998): Politikvermittlung im Zeitalter von Globalisierung und medientechnischer Revolution. In: Sarcinelli, Ulrich (Hrsg.) (1998): Politikvermittlung und Demokratie in der Mediengesellschaft. Wiesbaden

Kleinsteuber, Hans J./Thomaß, Barbara (2005): Kommunikationspolitik international – ein Vergleich nationaler Entwicklungen. In: Hans-Bredow-Institut (Hrsg.) (2005): Internationales Handbuch Medien 2004/2005. Hamburg

Koiiman, Jan (2005): Governing as Governance. In: Schuppert, Gunnar Folke (Hrsg.) (2005): Governance-Forschung. Vergewisserung über Stand und Entwicklungslinien (Schriften zur Governance-Forschung, Bd.1) Baden-Baden.

Kujas, Silke (2000): DeutschlandRadio. Entwicklung, Programmauftrag, Struktur. Köln.

Kunert, Tino (2007): Starke Beratung sichert die Zukunft. In: epd medien, 2007, Heft 65 v. 18.8.2007. S. 6–11

Lammek, Marc (1997): Die Kooperation der Landesmedienanstalten. Frankfurt/M.

Langenbucher, Wolfgang R. (1999): Rundfunk und Gesellschaft. In: Schwarzkopf, Dietrich (Hrsg.) (1999): Rundfunkpolitik in Deutschland, Bd. 1. München

Lange, Stefan/Schimank, Uwe (Hrsg.) (2004): Governance und gesellschaftliche Integration. Wiesbaden

Langguth, Hans-H. (2003): Die kontrollierten Kontrolleure. Münster

Lilienthal Volker (Hrsg.) (2009): Professionalisierung der Medienaufsicht. Neue Aufgaben für Rundfunkräte – Die Gremiendebatte in epd medien. Wiesbaden.

Luhmann, Niklas (1984): Soziale Systeme: Grundriß einer Theorie. (1. Aufl.) Frankfurt/M.

Luhmann, Niklas (1996): Die Realität der Massenmedien. (2. erweiterte Auflage) Opladen

Mahle, Werner A. (Hrsg.) (1990): Medien in Deutschland. Nationale und internationale Perspektiven. (AKM-Studien, Schriftenreihe der Arbeitsgruppe Kommunikationsforschung München, BD. 32) München

Mai, Manfred (2005): Medienpolitik in der Informationsgesellschaft. Wiesbaden

Marin, Bernd/Mayntz, Renate (1991): Introduction: Studying Policy Networks. In dies (Hrsg.) (1991).: Policy Networks: Empirical Evidence and Theoretical Considerations. Frankfurt/M.

Mast, Claudia (1996): Markt – Macht – Medien. Publizistik im Spannungsfeld zwischen gesellschaftlicher Verantwortung und ökonomischen Zielen. Konstanz

Mayntz, Renate (1992): Modernisierung und die Logik von innerorganisatorischen Netzwerken. In: Journal für Sozialforschung, 1992, Jg. 32, Heft 1. S. 9–32

Mayntz, Renate (2005): Governance Theory als fortentwickelte Steuerungstheorie? In: Schuppert, Gunnar Folke (Hrsg.) (2005): Governance-Forschung. Vergewisserung über Stand und Entwicklungslinien (Schriften zur Governance-Forschung, Bd.1) Baden-Baden

Meier, Henk Erik (2003): Strategieanpassungsprozesse im öffentlich-rechtlichen Fernsehen. Berlin

Meyn, Hermann (1990): Massenmedien in der Bundesrepublik Deutschland. Berlin

Meyn, Herrmann (Hrsg.) (1982): Gigant im Ghetto – Die Gewerkschaftspresse. (Medien – Forum für aktuelle Probleme der Kommunikationspolitik und Medienpädagogik, 1982, Jg. 4, Heft 3).

Michael, Wolf Thoma (Hrsg.) (1980): Ein anderer Rundfunk, eine andere Republik. Berlin, Bonn

Möller, Hauke (2001): Die Stellung der „gesellschaftlich-relevanten Gruppen" im öffentlich-rechtlichen Rundfunk. In: AfP – Zeitschrift für Medien- und Kommunikationsrecht, 2001, Jg. 32, Heft 4. S. 275–280

Niechoj, Torsten (2003): Kollektive Akteure zwischen Wettbewerb und Steuerung. Effizienz und Effektivität von Verhandlungssystemen aus ökonomischer und politikwissenschaftlicher Sicht. Marburg

Noelle-Neumann, Elisabeth/Schulz, Winfried/Wilke, Jürgen (Hrsg.) (2004): Fischer Lexikon Publizistik Massenkommunikation. Frankfurt/M.

Nohlen, Dieter (Hrsg.) (2001): Kleines Lexikon der Politik. München 2001.

Pappi, Franz Urban/König, Thomas (1995): Informationsaustausch in politischen Netzwerken. In: Jansen, Dorothea/Schubert, Klaus (Hrsg.) (1995): Netzwerke und Politikproduktion. Konzepte, Methoden, Perspektiven. Marburg.

Polenz, Ruprecht (2007): ZDF-Fernsehrat ist gut gerüstet. In: epd medien, 2007, Heft 72 v. 12.9.2007, S. 5–8

Postman, Neil (1988): Wir amüsieren uns zu Tode. Urteilsbildung im Zeitalter der Unterhaltungsindustrie. Frankfurt/M.

Prittwitz, Volker von (1994): Politikanalyse. Opladen

Prott, Jürgen (2003): Öffentlichkeit und Gewerkschaften. Theoretische Ansätze und Empirische Erkenntnisse. Münster

Prott, Jürgen (1994): Defizite der gewerkschaftlichen Rundfunkarbeit. In: Die Mitbestimmung, 1994, Jg. 36, Heft 7/8. S. 26–27

Prott, Jürgen (1991): Gewerkschaftspresse, Gegenöffentlichkeit durch Mitgliederzeitschriften. Marburg

Prott, Jürgen (1989): Gewerkschaftliche Medienarbeit und Öffentlichkeit. Hamburg

Puppis, Manuel/Künzler, Matthias/Schade, Edzard/Donges, Patrick/Dörr, Bianka/Ledergerber, Andreas/Vogel, Martina (2004): Selbstregulierung und Selbstorganisation. Zürich (Unveröffentlichter Schlussbericht zuhanden des Bundesamtes für Kommunikation (BAKOM))

Reiter, Udo (2007): Vorrang für föderale Kontrolle. In: epd medien, 2007, Heft 37 v. 12.5.2007. S. 7–10

Roegele, Otto B. (1973): Medienpolitik und wie man sie macht. Osnabrück

Ronneberger, Franz (1966): Ziele und Formen der Kommunikationspolitik, in: Publizistik, 1966, Jg. 11, Heft 3–4. S. 399–406

Rossum, Walter van (2004): Meine Sonntage mit „Sabine Christiansen". Köln

Rudzio, Wolfgang (2006): Das politische System der Bundesrepublik Deutschland. Wiesbaden

Sarcinelli, Ulrich (Hrsg.) (1998): Politikvermittlung und Demokratie in der Mediengesellschaft. Wiesbaden

Saxer, Ulrich (1998): Was heißt Kommerzialisierung? In: Zoom Kommunikation & Medien, 1998, Heft 11. S. 10–17

Saxer, Ulrich (1998): Mediengesellschaft. Verständnisse und Missverständnisse. In: Sarcinelli, Ulrich (Hrsg.) (1998): Politikvermittlung und Demokratie in der Mediengesellschaft. Wiesbaden

Schatz, Heribert/Jarren, Otfried/Knaup, Bettina (Hrsg.) (1997): Machtkonzentration in der Multimediagesellschaft? Opladen

Schawinski, Roger (2007): Die TV-Falle. Vom Sendungsbewusstsein zum Fernsehgeschäft. Zürich

Schenk, Michael (1984): Soziale Netzwerke und Kommunikation (Heidelberger Sociologica, Bd. 20) Tübingen

Schimank, Uwe (2007): Elementare Mechanismen. In: Benz, Arthur/Lütz, Susanne/Schimank, Uwe/Simonis, Georg (Hrsg.) (2007): Handbuch Governance. Theoretische Grundlagen und empirische Anwendungsfelder. Wiesbaden

Schiewe, Jürgen (2004): Öffentlichkeit. Entstehung und Wandel in Deutschland. Paderborn

Schneider, Michael (1989): Kleine Geschichte der Gewerkschaften. Bonn

Schneider, Volker (1998): Politische Kommunikation in Mehrebenestrukturen: Zwischen Internationalem System und nationalstaatlichen Handlungsfeldern. In: Jarren, Otfried/Sarcinelli, Ulrich/Saxer, Ulrich (Hrsg.) (1998): Politische Kommunikation in der Demokratischen Gesellschaft. Ein Handbuch. Opladen, Wiesbaden

Schneider, Volker/Janning, Frank (2006): Politikfeldanalyse. Akteure, Diskurse und Netzwerke in der öffentlichen Politik. Wiesbaden

Schubert, Klaus/Martina Klein (2006): Das Politiklexikon. (4. aktual. Aufl.) Bonn

Schütz, Walter J. (Hrsg.) (1999): Medienpolitik. (Schriften der Deutschen Gesellschaft für COMNET, Bd. 8) Konstanz

Schulz, Winfried (1997): Politische Kommunikation. Theoretische Ansätze und Ergebnisse empirischer Forschung zur Rolle der Massenmedien in der Politik. Opladen

Schulz, Wolfgang/Held, Thorsten (2002): Regulierte Selbstregulierung als Form modernen Regierens. Studie im Auftrag des Bundesbeauftragten für Angelegenheiten der Kultur und der Medien. Endbericht Mai 2002. (Hans-Bredow-Institut, Arbeitspapiere Nr. 10) Hamburg

Schulz, Wolfgang (Hrsg.) (2002a): Staatsferne der Aufsichtsgremien öffentlich-rechtlicher Rundfunkanstalten. Materialien zur Diskussion um eine Reform. (Hans-Bredow-Institut, Arbeitspapiere Nr. 12) Hamburg

Schulz, Wolfgang (2005): Aufsicht auf dem Prüfstand. In: Tendenz, 2005, Heft 3. S. 4–10

Schulz, Wolfgang/Held, Thorsten (2006): Die Zukunft der Kontrolle der Meinungsmacht. Gutachten im Auftrag der Friedrich-Ebert-Stiftung. Berlin 2006

Schuppert, Gunnar Folke (Hrsg.) (2005): Governance-Forschung. Vergewisserung über Stand und Entwicklungslinien. (Schriften zur Governance-Forschung, Bd.1) Baden-Baden

Schwarzkopf, Dietrich (Hrsg.) (1999): Rundfunkpolitik in Deutschland. München

Stock, Martin/Röper, Horst und B. Holznagel (1997): Medienmarkt und Meinungsmacht. Zur Neuregelung der Konzentrationskontrolle in Deutschland und Großbritannien. Berlin

Speth, Rudof (2004): Die politischen Strategien der Initiative Neue Soziale Marktwirtschaft. (Hans-Böckler-Stiftung, Arbeitspapier 96) Düsseldorf

Speth, Rudolf (2003): Der BürgerKonvent – Kampagnenprotest von oben ohne Transparenz und Bürgerbeteiligung. (Hans-Böckler-Stiftung, Arbeitspapier 71) Düsseldorf

Stolte, Dieter (1995): Diskussion, Kommunikation, Integration. In: Zwickel, Klaus (Hrsg.) (1995): Zukunftsprofile – Gewerkschaften im gesellschaftlichen Dialog. Köln

Stuiber, Heinz-Werner (1998): Medien in Deutschland. Konstanz

Thoma, Helmut (Hrsg.) (1997): Zwischen Mitwirkung und Mitverantwortung: der RTL-Programmausschuss 1988–1996; Aufgaben, Themen und Dokumente. Mainz

Thomaß, Barbara (Hrsg.) (2007): Mediensysteme im internationalen Vergleich. Konstanz

Thurich, Eckart (2006): pocket politik. Demokratie in Deutschland. Bonn (PDF-Dokument – Online unter: http://www.bpb.de/suche/?all_search_action=search&all_search_text=Mitbestimmung&OK.x=0&OK.y=0, abgerufen am 25.3.2008)

Tonnemacher, Jan (1996): Kommunikationspolitik in Deutschland. Eine Einführung. Konstanz

Wald Andreas/Jansen, Dorothea (2007): Netzwerke. In: Benz, Arthur/Lütz, Susanne/Schimank, Uwe/Simonis, Georg (Hrsg.) (2007): Handbuch Governance. Theoretische Grundlagen und empirische Anwendungsfelder. Wiesbaden

Weischenberg, Siegfried/Kleinsteuber, Hans J./Pörksen, Bernhard (Hrsg.) (2005): Handbuch Journalismus und Medien. Konstanz

Weischenberg, Siegfried (1997): Selbstbezug und Grenzverkehr. Zum Beziehungsgefüge zwischen Journalismus und Public Relations. In: Public Relations Forum, 1997, Jg.3, Heft 1, S. 6–9

Weyer, Johannes (Hrsg.) (2000): Soziale Netzwerke: Konzepte und Methoden sozialwissenschaftlicher Netzwerkforschung. München, Wien.

Wiek, Ulrich (1996): Politische Kommunikation und Public Relations in der Rundfunkpolitik. Eine politikfeldbezogene Analyse. Berlin

Wiesner, Volker (1992): Ein dritter Weg im dualen System? Medienpolitik, Zwei-Säulenmodell und gewerkschaftliche Radiobeteiligung in Hamburg. Hamburg

Wilke, Jürgen (1986): Bedeutung und Gegenstand der Medienpolitik. Skizze eines Feldes praktischer Politik und wissenschaftlicher Analyse. In: Universitas 41, 1986, S.471–482

Willke, Helmut (1995): Systemtheorie III: Steuerungstheorie, Grundzüge einer Theorie der Steuerung komplexer Sozialsysteme. Stuttgart, Jena

Wojahn, Michael (2002): Die Organisationsstrukturen der Hauptorgane der Landesmedienanstalten unter dem Grundsatz der Staatsfreiheit. Konstanz. (Dissertation, unveröffentlichtes Manuskript)

Wulff-Nienhüser, Marianne (1999): Einleitung. In: Schütz, Walter J. (Hrsg.) (1999): Medienpolitik. (Schriften der Deutschen Gesellschaft für COMNET, Bd. 8) Konstanz

Ziemann, Andreas (2006): Soziologie der Medien. Bielefeld

Ziemann, Andreas (2000): Die Brücke zur Gesellschaft. Erkenntniskritische und topographische Implikationen der Soziologie Georg Simmels. Konstanz

10.2 Zeitschriften- und Zeitungsartikel

Kutz, Magnus/Nehls, Sabine (2007): Angriff der Schleichwerber. Die "Initiative Neue Soziale Marktwirtschaft" beweist immer wieder ihre perfide Kampagnenfähigkeit. In: Frankfurter Rundschau – Online unter:

http://www.fr-online.de/in_und_ausland/dokumentation/?em_cnt=1046011, abgerufen am 9.1.2007

NN (1988): WDR-Rundfunkrat will sich mit „Organverhältnis" des Senders befassen. Reaktion auch auf Äußerungen des Intendanten – Mäßigende Pressemitteilung. In: epd/Kirche und Rundfunk, 1988, Heft 16 v. 2.3.1988. S. 13

NN (2008): Bundesligarechte. Das Milliardenspiel. Die Deutsche Fußball Liga und Kirch planen einen Programmbeirat für die gemeinsame Produktionsfirma. In: sueddeutsche.de,   2008   –   Online   unter: http://www.sueddeutsche.de/wirtschaft/artikel/641/159211/, abgerufen am 21.2.2008

NN (2008): Murdoch erhöht Anteil an Premiere auf 20 Prozent. Spekulation: Plog und Pleitgen in Programmbeirat für neuen Kirch-Sender? In: epd-medien online, 2008 – Online http://www.epd.de/medien_index_54554.html, abgerufen am 23.2.2008

NN (2008): Bedingt auskunftsbereit. Dem WDR steht ein Grundsatzstreit über die Informationsfreiheit bevor. In: Der Tagesspiegel, Ausgabe vom 28.4.2008

10.3 Links zu den untersuchten Organisationen und Anstalten

Deutscher Beamtenbund: http://www.dbb.de/

Deutscher Gewerkschaftsbund: http://www.dgb.de/

Deutscher Journalisten-Verband: http://www.djv.de/

Vereinte Dienstleistungsgewerkschaft: http://www.verdi.de/

Vereinigung der Rundfunk-, Film- und Fernsehschaffenden: http://www.vrff.de/

Deutschlandradio: http://www.dradio.de/

Landeszentrale für Medien und Kommunikation Rheinlad-Pfalz: http://lmk-online.de/

Zweites Deutsches Fernsehen: http://www.zdf.de/

10.4 Material von Gewerkschaften

10.4.1 Deutscher Gewerkschaftsbund

1. DGB-Fernsehgespräch am 9. 2.2006, Tagungsmappe

2. DGB-Mediengespräch am 15. Mai 2007, Tagungsmappe

Beschluss 001 zur Medienpolitik des 18. Ordentlichen Bundeskongresses 22.–26.5. 2006 in Berlin

Das machen wir. DGB Berlin-Brandenburg 2001–2005. Broschüre

DGB-Satzung, Ausgabe Juli 2002

Grundsatzprogramm, beschlossen auf dem 5. Außerordentlichen Bundeskongreß am 13.–16. November 1996

Initiative für einen unabhängigen Rundfunk. DGB Landesbezirk Hessen (1997). Dokumentation

Leitantrag zum 18. Ordentlichen Bundeskongress 2006 in Berlin: Die Würde des Menschen ist unser Maßstab

Materialien für die Medienpolitik des DGB. DGB-Bundesvorstand, Grundsatzabteilung. Medienpolitischer Dialog des DGB am 29. 3. 2007, Tagungsmappe

Medienpolitische Tagung des DGB am 30. September 2003, Wie viel Macht den Räten? Rundfunkaufsicht in der Mediengesellschaft,. Dokumentation

Medienpolitische Gremientagung am 28. November 2006, Tagungsmappe

Multimedia und Informationsgesellschaft: Chancen nutzen, Risiken bewältigen. Thesen und Forderungen des DGB, Grundsatzabteilung, Oktober 1996. Broschüre

Satzungen von diversen Mitgliedsgewerkschaften

Zweites DGB-Mediengespräch am 15. Mai 2007, Impulsreferat von Bernd Gäbler: Wie politisch muss Unterhaltung sein? Redemanuskript

10.4.2 Vereinte Dienstleistungsgewerkschaft

Antrag zum Bundeskongress 2007, A 126, Informationsrechte und Medienfreiheiten sichern – für eine demokratische Reform der Medienordnung in der Bundesrepublik Deutschland

Antrag zum Bundeskongress 2007, A 127, Intensivierung der medienpolitischen Diskussion

Beschluss des ver.di Bundesvorstandes v. 5. April 2005: Beihilfeverfahren der EU – Erhalt von Programmautonomie und Zukunftsfähigkeit des öffentlich-rechtlichen Rundfunks. Reihe: medien.politik

Beschluss des ver.di Bundesvorstandes zum Entwurf der EU-Richtlinie für audiovisuelle Mediendienste v. 6. Februar 2006: Fernsehen ohne Grenzen – Werbung ohne Grenzen? Reihe: medien.politik

Der Minister hat nicht das letzte Wort. Reihe: medien.politik v. 20. Januar 2006

Die bedrohte Instanz. Positionen für einen zukunftsfähigen öffentlich-rechtlichen Rundfunk. Hrsg. v. Frank Wernecke, stellvertretender ver.di-Bundesvorsitzender. Broschüre

Finanzinvestoren in der Medienwirtschaft. Reihe: medien.politik v. 27. Juli 2007

Geschäftsbericht ver.di 2003 – 2006

Geschäftsordnung der Deutschen Journalistinnen- und Journalisten-Union (dju) – Fachgruppe Journalismus in „ver.di – Vereinte Dienstleistungsgewerkschaft e. V."

Geschäftsordnung der Fachgruppe Medien, Fass. v. 4. März 2007.

M – Menschen machen Medien, diverse Ausgaben

Medienpolitik in ver.di – ver.di in der Medienpolitik. Medienpolitisches Referat zur Eröffnung der 1. Bundeskonferenz der Fachgruppe Medien v. Martin Dieckmann, 3. März 2007. Dokumentation

Programm zum 21. Journalistinnen- und Journalistentag am 24. November 2007

Ver.di Signal. Eine Information des Betriebsverbandes ZDF. Ausgabe Juni 2007

10.4.3 Deutscher Journalisten-Verband

Manifest zur Rundfunkpolitik zur Vorbereitung auf den Frankfurter Kongress 1998, Entwurf von Ulrike Kaiser

Bayerischer Journalistenverband, Satzung v. 9.5.2006

DJV-Info: Journalismus mehr als ein Beruf – DJV mehr als eine Gewerkschaft

Medien-Info, diverse Ausgaben, 2003–2006

Medien-Info Extra, diverse Ausgaben, 2006–2007

DJV-Nord-Spitze, Ausgabe 3/2005

DJV-Landesverband Baden-Württemberg, Satzung v. 19./20. Mai 2006

DJV-Landesverband Niedersachsen: Thema, diverse Ausgaben 2003–2007

DJV Landesverband Rheinland-Pfalz, Satzung v. 28. April 2007

DJV-Landesverband Saar, Satzung v. 11.3.1996

DJV Landesverband Schleswig-Holstein, Satzung v. 6. Mai 2006

Journalist, diverse Ausgaben

10.4.4 Deutscher Beamtenbund

DBB Magazin, 56. Jahrgang Ausgabe November 2005

DBB-Medienkonferenz 17./18.10.2005, Begrüßung Peter Heesen, Mauskript

DBB-Medienkonferenz 29./30. Januar 2007, Tagungsmappe

Medien 2000, Positionen des DBB zur Fortentwicklung der Kommunikationsordnung, April 1998. Broschüre

Satzung des dbb beamtenbund und tarifunion in der redaktionellen Fassung der Beschlüsse des Gewerkschaftstages des dbb v. 13. bis 14. November 2003

Zahlen – Daten – Fakten 2006. Broschüre

10.4.5 Vereinigung der Rundfunk-, Film- und Fernsehschaffenden

VRFF – Die Mediengewerkschaft, Satzung
Betriebsgruppe WDR-WDR GMG, Info 1/2008
Betriebsgruppe ZDF, Info, diverse Ausgaben 2006–2008

10.5 Material von Rundfunkanstalten und Landesmedienanstalten

10.5.1 Arbeitsgemeinschaft der öffentlich-rechtlichen Rundfunkanstalten der Bundesrepublik Deutschland (ARD)

Gremienvorsitzendenkonferenz (GVK), diverse Informationen
Satzung in der Fassung v. 20. Juni 2006

10.5.2 Deutschlandradio (DLR)

Bericht über programmliche Leistungen und Perspektiven des nationalen Hörfunks Deutschlandradio Kultur und Deutschlandfunk 2006–2008
DeutschlandRadio (Hrsg.): Rechtsgrundlagen, Stand April 2005
Protokolle der Hörfunkratssitzungen 2001–2005

10.5.3 Landeszentrale für Medien und Kommunikation (LMK)

Geschäftsordnung der Versammlung, vom 18. April 2005 (LMK GO-V)
Hauptsatzung vom 18. April 2005 (LMK HS)
Jahresberichte 2001 bis 2005
Protokolle der Sitzungen der Versammlung 2001–2005

10.5.4 Zweites Deutsches Fernsehen (ZDF)

Geschäftsordnung des Fernsehrates, Fassung v. 20.5.2005
Protokolle der Sitzungen des Fernsehrates 2001–2005
Jahrbücher 2001–2006

10.5.5 Material von politischen Parteien

SPD-Medienkommission: Ein Programmbeirat darf kein Alibi für unabhängigen Journalismus sein, Pressemitteilung 131/08 v. 21.2.2008

10.6 Gesetzliche Grundlagen

ARD-Staatsvertrag vom 31. August 1991, in der Fassung des Achten Staatsvertrages zur Änderung rundfunkrechtlicher Staatsverträge (Achter Rundfunkänderungsstaatsvertrag) in Kraft seit 1. April 2005

Gesetz über die Errichtung und die Aufgaben einer Anstalt des öffentlichen Rechts „Der Bayerische Rundfunk" (Bayerisches Rundfunkgesetz – BayRG) in der Fassung der Bekanntmachung vom 22. Oktober 2003

Bremisches Landesmediengesetz (BremLMG) vom 22. März 2005

EG-Fernsehrichtlinie –Richtlinie 97/36/EG des Europäischen Parlaments und des Rates-vom 19. Juni 1997, zur Änderung der Richtlinie 89/552/EWG des Rates zur Koordinierung bestimmter Rechts- und Verwaltungsvorschriften der Mitgliedstaaten über die Ausübung der Fernsehtätigkeit

EU-Konvention zum Schutze der Menschenrechte und Grundfreiheiten in der Fassung des Protokolls Nr. 11 v. 1.November 1998

Europaratskonvention – Europäisches Übereinkommen über das grenzüberschreitende Fernsehen vom 5. Mai 1989 geändert am 9. September 1998 in Kraft getreten am 1. März 2002

Gesetz über die Rundfunkanstalt des Bundesrechts „Deutsche Welle" (Deutsche-Welle-Gesetz – DWG) vom 16.12.1997 (BGBl. I S. 3094) 3. Änderung: 15.12.2004 (BGBl. I S. 3456)

Gesetz über den Hessischen Rundfunk vom 2. Oktober 1948 zuletzt geändert durch Gesetz vom 03.12.2003

Gesetz über den privaten Rundfunk in Hessen- Hessisches Privatrundfunkgesetz (HPRG) – in der Fassung vom 25. Januar 1995 (GVBl. I S. 87 ff.): zuletzt geändert durch Art. 1 des Gesetzes zur Änderung des Hessischen Privatrundfunkgesetzes und des Gesetzes über den Hessischen Rundfunk vom 5. Juni 2007 (GVBl. I., S. 294 ff.)

Gesetz über den Westdeutschen Rundfunk Köln (wdr-Gesetz) vom 23. März 1985 in der Fassung vom 30. 11. 2004

Gesetz zur Regelung des Zugangs zu Informationen des Bundes (Informationsfreiheitsgesetz – IFG) v. 5. September 2005

Landesmediengesetz Baden-Württemberg (LMedienG) vom 19.07.1999 (GBl. S. 273, ber. S. 387): zuletzt geändert durch Artikel 6 des Gesetzes zum Neunten Rundfunkänderungsstaatsvertrag und zur Änderung medienrechtlicher Vorschriften vom 14.02.2007, (GBl. S. 108): in Kraft getreten am 01.03.2007

Landesmediengesetz Nordrhein-Westfalen (LMG NRW): zuletzt geändert durch das Gesetz zur Änderung des Landesmediengesetzes Nordrhein-Westfalen (LMG NRW) – 12. Rundfunkänderungsgesetz – vom 5. Juni 2007

Mediengesetz des Landes Sachsen-Anhalt (MedienG LSA) vom 18. November 2004 zuletzt geändert durch Artikel 2 des Gesetzes vom 8. Februar 2007

NDR Staatsvertrag vom 17./18. Dezember 1991, zuletzt geändert mit dem Staatsvertrag zur Änderung des Staatsvertrages über den Norddeutschen Rundfunk (NDR) vom 1./2. Mai 2005, in Kraft getreten am 1. August 2005

Niedersächsisches Mediengesetz (NMedienG) vom 1. November 2001, zuletzt geändert am 07. Juni 2007

Radio-Bremen-Gesetz (RBG) v. 31. Januar 2008

Rheinland-pfälzisches Landesmediengesetz (LMG) v. 4. Februar 2005

Saarländisches Mediengesetz (SMG) vom 27. Februar 2002 zuletzt geändert durch das Gesetz vom 25. April 2007

Gesetz über den privaten Rundfunk und neue Medien in Sachsen (Sächsisches Privatrundfunkgesetz – SächsPRG) vom 9. Januar 2001

Staatsvertrag über das Medienrecht in Hamburg und Schleswig-Holstein (Medienstaatsvertrag HSH) vom 13. Juni 2006 (HmbGVBl. 2007, S. 47, GVOBl. Schl.-H. 2007, S. 108) in der Fassung des Ersten Staatsvertrags zur Änderung des Staatsvertrages über das Medienrecht in Hamburg und Schleswig-Holstein (Erster Medienänderungsstaatsvertrag)

Staatsvertrag über die Körperschaft des öffentlichen Rechts "DeutschlandRadio" DeutschlandRadio-Staatsvertrag / DLR StV) vom 17. Juni 1993, in der Fassung des Achten Staatsvertrages zur Änderung rundfunkrechtlicher Staatsverträge (Achter Rundfunkänderungsstaatsvertrag) in Kraft seit 1. April 2005

Staatsvertrag über den Mitteldeutschen Rundfunk (MDR) vom 30. Mai 1991

Staatsvertrag über den Südwestrundfunk (SWR-StV) v. 31. Mai 1997

Staatsvertrag für Rundfunk und Telemedien (Rundfunkstaatsvertrag – RStV) vom 31.08.1991, zuletzt geändert durch Artikel 1 des Neunten Staatsvertrages zur Änderung rundfunkrechtlicher Staatsverträge (Neunter Rundfunkänderungsstaatsvertrag) vom 01.03.2007

Staatsvertrag über die Veranstaltung von Fernsehen über Satellit (Satellitenfernsehstaatsvertrag) vom 29. Juni/20. Juli 1989, zuletzt geändert durch Änderungsstaatsvertrag vom 16.10.1992

Staatsvertrag über die Zusammenarbeit zwischen Berlin und Brandenburg im Bereich des Rundfunks (MStV) vom 29. Februar 1992 in der Fassung des Zweiten Staatsvertrages zur Änderung des Staatsvertrages über die Zusammenarbeit zwischen Berlin und Brandenburg im Bereich des Rundfunks vom 13./26. Februar 2001, in Kraft getreten am 1. August 2001

Thüringer Landesmediengesetz (ThürLMG) in der Fassung der Neubekanntmachung vom 05. März 2003

Saarländisches Mediengesetz in der Fassung der Bekanntmachung vom 27. Februar 2002, in Kraft seit 14.03.2002, zuletzt geändert durch Gesetz Nr. 1548 vom 31. März 2004

ZDF-Staatsvertrag vom 31. August 1991, in der Fassung des Achten Staatsvertrages zur Änderung rundfunkrechtlicher Staatsverträge (Achter Rundfunkänderungsstaatsvertrag) in Kraft seit 1. April 2005

Zweites Gesetz zur Änderung rundfunkrechtlicher Vorschriften im Land Mecklenburg-Vorpommern vom 20. November 2003

11 Anhang

11.1 Abkürzungsverzeichnis

ARD	Arbeitsgemeinschaft der öffentlich-rechtlichen Rundfunkanstalten der Bundesrepublik Deutschland
AK Medien	Arbeitskreis Medien des Deutschen Gewerkschaftsbundes
BayMG	Bayerisches Mediengesetz
BLM	Bayerische Landeszentrale für neue Medien
BR	Bayerischer Rundfunk
brema	Bremische Landesmedienanstalt
BremLMG	Bremisches Landesmediengesetz
BV	Bundesvorstand
BVerfG	Bundesverfassungsgericht
CGB	Christlicher Gewerkschaftsbund
connexx.av	Projekt von ver.di zur Interessenvertretung in Rundfunk, Film, AV-Produktion und neuen Medien
DAG	Deutsche Angestelltengewerkschaft
DBB	Deutscher Beamtenbund
DGB	Deutscher Gewerkschaftsbund
dju	Deutsche Journalistinnen- und Journalisten-Union
DJV	Deutscher Journalisten-Verband
DLR	Deutschlandradio
DW	Deutsche Welle
EJF	Europäische Journalisten-Föderation
epd	Evangelischer Pressedienst
EU	Europäische Union
FB	Fachbereich
FDP	Freie Demokratische Partei
FA	Fachausschuss

FG	Fachgruppe
FSR	Fernsehrat
GdP	Gewerkschaft der Polizei
GEW	Gewerkschaft Erziehung und Wissenschaft
GEZ	Gebühreneinzugszentrale
GG	Grundgesetz
GVK	Gremienvorsitzendenkonferenz der ARD
HAM	Hamburgische Anstalt für neue Medien
HFR	Hörfunkrat
HPRG	Hessisches Privatrundfunkgesetz
HR	Hessischer Rundfunk
HSH-StV	Staatsvertrag über das Medienrecht in Hamburg und Schleswig-Holstein
IFG	Informationsfreiheitsgesetz
IG BAU	Industriegewerkschaft Bauen-Agrar-Umwelt
IG BCE	Industriegewerkschaft Bergbau, Chemie, Energie
IGM	Industriegewerkschaft Metall
IG Medien	ehemalige DGB-Gewerkschaft, Anfang der 1990er Jahre aus IG Druck, DJU und RFFU gegründet, Anfang des 20. Jahrhunderts in ver.di aufgegangen
IJF	Internationale Journalisten-Föderation
INSM	Initiative neue soziale Marktwirtschaft, eine PR-Einrichtung der Arbeitgeberverbände
KEF	Kommission zur Ermittlung des Finanzbedarfs der Rundfunkanstalten
KEK	Kommission zur Ermittlung der Konzentration im Medienbereich
LB	Landesbezirk
LFK	Landesanstalt für Kommunikation Baden-Württemberg
LfM	Landesanstalt für Medien Nordrhein-Westfalen
LMK	Landeszentrale für Medien und Kommunikation Rheinland-Pfalz
LMG NRW	Landesmediengesetz Nordrhein-Westfalen

LMedienG	Landesmediengesetz Baden-Württemberg
LMS	Landesmedienanstalt Saarland
LPR	Hessische Landesanstalt für privaten Rundfunk und neue Medien
LRZ	Landesrundfunkzentrale Mecklenburg-Vorpommern
MDR	Mitteldeutscher Rundfunk
MStV	Staatsvertrag über die Zusammenarbeit zwischen Berlin und Brandenburg im Bereich des Rundfunks
NDR	Norddeutscher Rundfunk
NLM	Niedersächsische Landesmedienanstalt
NMedienG	Niedersächsisches Mediengesetz
mabb	Medienanstalt Berlin-Brandenburg
MA HSH	Medienanstalt Hamburg/Schleswig-Holstein
MedienG LSA	Landesrundfunkgesetz Sachsen-Anhalt
NRW	Nordrhein-Westfalen
RÄStV	Rundfunkänderungsstaatsvertrag
RB	Radio Bremen
RBB	Rundfunk Berlin-Brandenburg
RFAV	Fachgruppe Rundfunk, Film und Audiovisuelle Medien
RFFU	Rundfunk-, Fernseh-, Film-Union, ehemalige Fachgewerkschaft, die später in der IG Medien aufgegangen ist
RR	Rundfunkrat
RStV	Rundfunkstaatsvertrag
RundfG-M-V	Rundfunkgesetz für das Land Mecklenburg-Vorpommern
SächsPRG	Sächsisches Privatrundfunkgesetz
SLM	Sächsische Landesanstalt für privaten Rundfunk und neue Medien
SR	Saarländischer Rundfunk
SWR	Südwestrundfunk
TRANSNET	Transnet – Gewerkschaft GdED, ehemalige Gewerkschaft der Eisenbahner Deutschlands
ThürLMG	Thüringer Landesmediengesetz

ULR	Unabhängige Landesanstalt für Rundfunk und neue Medien (Schleswig-Holstein)
UN	United Nations/Vereinte Nationen
UNI-MEI	Medien und Unterhaltungsinternationale des Union Network International
ver.di	Vereinte Dienstleistungsgewerkschaft
VPRT	Verband der Privaten Rundfunk und Telemedien
VRFF	Vereinigung der Rundfunk-, Film- und Fernsehschaffenden
VS	Verband deutscher Schriftsteller
WAZ	Westdeutsche Allgemeine Zeitung
WDR	Westdeutscher Rundfunk
ZfS	Zeitschrift für Soziologie
ZDF	Zweites Deutsches Fernsehen

11.2 Verzeichnis der Tabellen und Abbildungen

11.2.1 Tabellen

11.2.2 Abbildungen

11.3 Liste zitierter Interviewpartnerinnen und Interviewpartner mit Kürzeln

AS   Axel Schmidt, Leiter des FB Sozialversicherung, ver.di Hamburg, Mitglied im Hörfunkrat Deutschlandradio

BP   Benno Pöppelmann, Justitiar und Leiter des Referates Rundfunkpolitik des DJV

DP   Dieter Pienkny, Pressesprecher des DGB-Bezirks Berlin-Brandenburg

ER   Edgar Rößler, Personalratsvorsitzender ZDF

FZ   Frank Zitka, Geschäftsbereichsleiter Kommunikation und Pressesprecher des DBB

MD   Martin Dieckmann, Referent für Medienpolitik, ver.di Bundesvorstand

MH   Manfred Helmes, Direktor der LMK

MK   Marion Knappe, stellvertretende Pressesprecherin des DGB, Mitglied im Hörfunkrat Deutschlandradio

PW   Peter Wand, Personalratsvorsitzender Deutschlandradio

RG   Robert Guttmann, Präsident der Zionistischen Organisation in Deutschland und Vorsitzender des DLR-Hörfunkrates

RP   Ruprecht Polenz, CDU-Bundestagsabgeordneter und Vorsitzender des ZDF-Fernsehrates

RPe   Renate Pepper, SPD-Landtagsabgeordnete und Vorsitzende der Versammlung der LMK

UW   Uwe Weber, Referent im Gremienbüro des ZDF

11.4 Fragebogen für die Gremienbefragung

Umfrage zum Projekt „Mitbestimmte Medienpolitik"

Fragebogennr: 101 (dient nur zu Auswertungszwecken)

Zunächst bitten wir um einige Angaben zu Ihrer Gewerkschaftstätigkeit:

---

1. Sind Sie Mitglied einer Gewerkschaft?	☐ Ver.di ☐ Dju ☐ RFAV ☐ andere DGB-Gewerkschaft (bitte angeben) .... ☐ DJV ☐ DBB ☐ Kein Gewerkschaftsmitglied
2. Sind Sie hauptamtlich oder ehrenamtlich tätig?	☐ ehrenamtlich ☐ hauptamtlich
3. Auf welcher Ebene sind Sie tätig?	☐ Bundesebene ☐ Bezirk ☐ Region ☐ Sonstiges:.....................

4. In welcher Funktion sind Sie tätig?	☐ Referent/in
	☐ Abteilungsleiter/in
	☐ Vorstandssekretär/in
	☐ Vorstandsmitglied
	☐ Vorsitzende/r
	☐ Sonstges:.......................
5. Auf welchem thematischen Gebiet sind Sie gewerkschaftlich tätig? (mehrere Antworten möglich)	☐ Medienpolitik
	☐ Öffentlichkeitsarbeit/ Pressearbeit
	☐ Wirtschafts-/Tarifpolitik
	☐ Sozialpolitik
	☐ Bildungspolitik/Öffentlicher Dienst
	☐ Jugendarbeit
	☐ Frauenpolitik
	☐ Organisation/Verwaltung
	☐ Berufstätigkeit außerhalb der Gewerkschaft
	....
	....
	....
	☐ Sonstiges (Ruhestand etc.):
	....
	....
	....

6. Sind Sie gegenwärtig Mitglied	☐ eines Rundfunkrates, seit.................... ☐ einer Landesmedien- anstalt, seit............... ☐ nein
7. Wenn nein, waren Sie früher bereits einmal Mitglied in einem Rundfunkrat/einer Landesme- dienanstalt?	☐ Nein ☐ Ja, bei .... Von............ Bis.............
8. Nehmen Sie in Ihrem Gremium eine herausge- hobene Position ein? (mehrere Antworten möglich)	☐ Nein Ja, als ☐ Vorsitzende/r ☐ stellvertretende/r Vorsitzende/r ☐ Vorsitzende/r eines Ausschusses Wenn ja, welches? .... ☐ Mitglied im ARD- Programmbeirat ☐ Mitglied im Arte-

Programmbeirat

☐ Sonstiges

....

....

9. Worin sehen Sie Ihre Aufgaben als Gremienmitglied?

....

....

10. Haben Sie schon einmal ein Beratungsthema vorgeschlagen oder eine Beschlussinitiative eingebracht?	☐ Nein ☐ Ja, zu ....
11. Wie viele Stunden verbringen Sie durchschnittlich im Monat mit Ihrer Arbeit für das Gremium?	Anzahl: .... Davon mit (Bitte in Prozent angeben) ☐ Vorbereitung/Lesen von Unterlagen......... ☐ Programmbeobachtung...... ☐ Sitzungen......... ☐ Sonstigem.........
12. Gibt es eine Arbeitsplanung des Gremiums? (z.B. zur Programmbeobachtung etc.)	☐ Nein ☐ Ja, für......................... ....
13. Wie oft tagt das Gremium?	☐ monatlich ☐ vierteljährlich ☐ anderer Rhythmus: ....

14. Wie oft nehmen Sie an Gremiensitzungen teil?	☐ Immer
	☐ Häufig (Mehr als jede 2. Sitzung)
	☐ Manchmal (Mindestens jede 2. Sitzung)
	☐ Selten (Weniger als jede 2. Sitzung)
	☐ Nie

15. Bitte geben Sie uns eine Einschätzung, welchen Stellenwert die Gremienarbeit für Sie im Vergleich mit Ihren anderen ehrenamtlichen und/oder hauptamtlichen Gewerkschaftsaufgaben hat:

Meine Arbeit im Rundfunkgremium ist mir im

Vergleich zu der links aufgeführten Funktion

Gewerkschaftsfunktion (bitte eintragen)	wichtiger	gleich wichtig	weniger wichtig
1.			
2.			
3.			
4.			
5.			

16. Gibt es jemanden, der Ihnen medienpolitisch und für Ihre Gremientätigkeit zuarbeitet?	☐ Nein
	☐ Ja, nämlich
	....
	(bitte Funktion benennen)

Im Folgenden geht es um medienpolitische Kenntnisse und den Zugang zu
Informationen:

17. Welche medienpolitischen Informationsquellen nutzen Sie? (mehrere Antworten möglich)	☐ Tageszeitungen ☐ Pressespiegel des Senders ☐ DGB-Newsletter ☐ M-Menschen machen Medien ☐ Journalist ☐ Media Perspektiven ☐ Publizistik ☐ Internetportale, wenn ja, welche? .... ☐Fachliteratur: .... ☐ Sonstiges: ....
18. Wie schätzen Sie Ihre Kenntnisse der deutschen Medienpolitik ein?	☐ Sehr gut ☐ Gut ☐ Weniger gut ☐ Nicht gut
19. Wie schätzen Sie Ihre Kenntnisse der europäischen und internationalen Medienpolitik ein?	☐ Sehr gut ☐ Gut ☐ Weniger gut ☐ Nicht gut

20. Wie gut sind Sie über aktuelle me-dienpolitische Themen informiert?	☐ Sehr gut ☐ Gut ☐ Weniger gut ☐ Nicht gut
21. Wie beurteilen Sie Ihre Information durch die Intendanz des Senders/ die Direktion der LMA?	☐ Sehr gut ☐ Gut ☐ Weniger gut ☐ Nicht gut
22. Wie beurteilen Sie Ihre Information durch Ihre Gewerkschaftsorganisation?	☐ Sehr gut ☐ Gut ☐ Weniger gut ☐ Nicht gut
23. Mit welchen der folgenden Themen mussten/müssen Sie sich in Ihrer Gre-mientätigkeit beschäftigen?	(mehrere Antworten möglich) Allgemeine medienpolitische Themen wie ☐ Medienkonvergenz ☐ Medienkonzentration ☐ Gebühren ☐ Europäische Medienpolitik ☐ Schleichwerbung ☐ Sportrechte ☐ Digitalisierung ☐ Sonstiges: .... Senderbezogene Themen wie ☐ Personal ☐ Finanzen

	☐ Programmangelegenheiten
	☐ Onlineangebote
	☐ Vermarktungsgesellschaften
	☐ Technik
	☐ Sonstiges:........................
24. Erhalten Sie regelmäßig medienpolitische Informationen aus Ihrer entsendenden Organisation, wenn ja, in welcher Form?	☐ Nein
	☐ Ja, durch
	(mehrere Antworten möglich)
	☐ allgemeine Newsletter
	☐ Schulungen/Workshops
	☐ Gespräche mit dem/der für Medienpolitik Zuständigen
	☐ Sonstiges:........................
25. Tauschen Sie sich mit anderen gewerkschaftlichen Gremienvertretern/-vertreterinnen über medienpolitische Themen aus?	☐ Nein
	☐ Ja, und zwar
	(mehrere Antworten möglich)
	☐ regelmäßig bei medienpolitischen Treffen
	☐ zufällig im Rahmen anderer Treffen
	☐ regelmäßig per Mailingliste
	☐ sporadisch per e-mail/Telefon
	☐ Sonstiges:........................
26. Stimmen Sie sich vor den Gremien-	☐ Nein

sitzungen mit anderen Gremienmitgliedern ab?	☐ Ja, mit ☐ Freundeskreis ☐ gewerkschaftlichen Mitgliedern ☐ Sonstigen: ....
27. Informieren Sie Ihre entsendende Organisation regelmäßig über Ihre Gremienarbeit?	☐ Nein ☐ Ja, ☐ schriftlich ☐ mündlich
28. Wie funktioniert ganz generell Ihr Kontakt zur entsendenden Organisation?	☐ Sehr gut ☐ Gut ☐ Weniger gut ☐ Nicht gut
29. Nutzen Mitglieder der entsendenden Organisation/ Gewerkschaften den Kontakt zu Ihnen für Programmbeschwerden o.ä.?	☐ Nein ☐ Wenn ja, für ....
30. Führen Sie regelmäßig Informationsgespräche mit dem Personalrat ihres Senders/der Landesmedienanstalt?	☐ Nein ☐ Ja
31. Hatten Sie bei Antritt Ihrer Gremientätigkeit bereits medienpolitische Vorkenntnisse?	☐ Nein ☐ Ja

32. Ziehen Sie bitte eine kurze Zwischenbilanz Ihrer Arbeit im Rundfunkrat/ in

der LMA in eigenen Worten.

An dieser Arbeit gefällt mir besonders gut, dass

....

An dieser Arbeit gefällt mir gar nicht gut, dass

....

33. Wie beurteilen Sie Ihre Möglichkei- ten, auf die Arbeit des Senders/der LMA durch die Gremienarbeit gestaltenden Einfluss zu nehmen? Bitte nennen Sie uns kurz die Gründe hierfür.	☐ Sehr gut ☐ Gut ☐ Weniger gut ☐ Nicht gut weil,...............................

Nun noch einige Fragen zu Ihrem Schulungs- und Weiterbildungsbedarf:

34. Haben Sie schon einmal an einer medienpolitischen Schulung teilgenommen?	☐ Nein Wenn ja, an welcher? (Thema, Anbieter, Dauer) ....
35. Würden Sie gerne an einer medien- politischen Schulung/Weiterbildung teilnehmen?	☐ Nein ☐ Ja, zum Thema (mehrere Antworten möglich) ....
36. Wie viel Zeit würden Sie dafür auf- wenden?	☐ ½ bis 1 Tag pro Jahr ☐ 2–3 Tage pro Jahr ☐ Mehr als 3 Tage pro Jahr

Zum Schluss bitten wir Sie noch um einige statistische Angaben, die uns bei der Auswertung helfen sollen.

| 37. Geschlecht | ☐ weiblich |
| | ☐ männlich |

| 38. Alter | …….. Jahre |

39. Schulausbildung	☐ Hauptschule
	☐ Realschule
	☐ Gymnasium/Fachgymnasium

40. Berufsausbildung	☐ Lehre
	☐ Studium
	☐ Sonstiges

Wir danken Ihnen herzlich für Ihre freundliche Mitarbeit!

11.5 Leitfaden für Interviews mit Gewerkschaften auf Bundesebene

1. Wie groß ist der Etat/sind die Mittel für Medienpolitik?
2. Nimmt der/die Vorsitzende externe medienpolitische Beratung in Anspruch?
3. Gibt es regelmäßige Gespräche mit Intendanten der Rundfunksender? Wer nimmt daran teil? Wer bereitet diese vor?
4. Ist die Gewerkschaft/der Bund in europäischen oder internationalen medienpolitischen Vereinigungen vertreten?
5. Gibt es im EGB einen speziellen Ansprechpartner für Medienpolitik?
6. Gibt es im IBFG einen speziellen Ansprechpartner für Medienpolitik?
7. Besteht regelmäßiger Kontakt zu den für Medienpolitik zuständigen PolitikerInnen (Staatsminister, Staatskanzleien, Bundestagsabgeordnete, LT-Angeordnete, Ausschuss-vorsitzende, EU-Abgeordnete)?
8. Gibt es Angebote für Weiterbildung/Qualifizierung von GremienvertreterInnen? (Welche?)
9. Nach welchen Kriterien werden von wem GremienvertreterInnen benannt?
10. Bestehen Kontakte zu JournalistInnen aus dem Ressort Medien? (Welche Art? Gibt es Hintergrundgespräche? Regelmäßig?)
11. Gibt es Kontakt zu medienpolitisch Verantwortlichen in anderen gesellschaftlichen Gruppen, wie Kirchen, Verbraucherverbände, NGO's, Arbeitgeber?
12. Nimmt der Vorsitzende an Medienkonferenzen (z.B.Mainzer Mediendisput, Münchner Medientage) teil?

11.6 Fragen an Gewerkschaftsbezirke

1. Gibt es medienpolitische Kontakte zur Staatskanzlei?
   Ja   Nein   Wie?   Regelmäßig   Sporadisch
2. Gibt es medienpolitische Kontakte zu den Parteien?
   Ja   Nein   Wie?   Regelmäßig   Sporadisch
3. Gibt es Kontakte zu GremienvertreterInnen der Landesrundfunkanstalt und der Landesmedienanstalt, die über die Sitzungen hinausgehen?
   Ja   Nein   Wie?   Regelmäßig   Sporadisch
4. Gibt es medienpolitische Kontakte zu anderen gesellschaftlich relevanten Gruppen?
   Ja   Nein   Wie?   Regelmäßig   Sporadisch
5. Hat der Vorsitzende/ die Vorsitzende medienpolitische Kontakte?
   Ja   Nein   Wie?   Regelmäßig   Sporadisch

6. Welche Rolle spielt das Thema Medienpolitik in der Arbeit des Bezirks?
    Sehr Wichtig   Wichtig   Weniger wichtig   Unwichtig

11.7 Leitfaden für die Interviews mit einzelnen Gremienvertretern

1. Wie wird man eigentlich Gremienmitglied?
2. Ist die Arbeit wichtig? Warum? Warum nicht?
3. Welche Erfahrungen haben Sie mit der Gremientätigkeit gemacht?
4. Wie ist der Umgang der entsendenden Organisation mit Gremienmitgliedern?
5. Wie ist der Umgang des Senders mit den Gremienmitgliedern?
6. Wie ist das Verhältnis zu den anderen Mitgliedern im Gremium?
7. Wie groß ist Ihrer Meinung nach der Einfluss politischer Akteure in den Aufsichtsgremien und wie groß der von gesellschaftlich relevanten Gruppen?
8. Gab es bei Antritt der Gremientätigkeit eine „Einführung" in das Amt? Wie haben Sie sich über Ihre Aufgaben als Gremienmitglied informiert?
9. Woher beziehen Sie Informationen über die im Gremium zu besprechenden Themen?
10. Haben Sie den Eindruck, mit Ihrer Tätigkeit dem Auftrag zu entsprechen?

11.8 Leitfragen für die Interviews mit Personalräten

1. Wie schätzen Sie die Gewichtung zwischen Politik und anderen Gremienmitglieder, also die Zusammensetzung des Hörfunkrates ein?
2. Welchen Stellenwert haben die Freundeskreise?
3. Wie steht es mit der Diskussionskultur im Gremium?
4. Wie schätzen Sie die Kompetenz der Gremienmitglieder ein, die keine Anbindung an die Staatskanzleien haben, die nicht in ihrem Politikalltag mit diesen Themen zu tun haben?
5. Wie schätzen Sie die medienpolitische Kompetenz der Gewerkschaften ein?
6. Haben Sie den Eindruck, dass es Unterschiede bei den gesellschaftlich relevanten Gruppen in der Vorbereitung auf die Sitzungen gibt? Wie gut sind die gewerkschaftlichen Mitglieder vorbereitet?
7. Wie sind die Kontakte des Personalrats zu den gewerkschaftlichen Vertretern?
8. Kontaktieren Sie in Vorbereitung auf eine Sitzung gewerkschaftliche Gremienmitgliedern?

9. Wie ist das Zusammenspiel zwischen Intendanz, Direktion, Personalrat, Hörfunkrat?

10. Haben Personalratsmitglieder Rederecht in den Sitzungen und wenn ja, nutzen Sie es?

11. Gibt es Kontakte zu den Personalräten in anderen Sendern oder Landesmedienanstalten? Wie ist der Informationsaustausch?

12. Bekommen Sie Informationen von Gewerkschaften zur Medienpolitik?

13. Aus der Rückschau: hat sich im medienpolitischen Engagement der Gewerkschaften etwas verändert?

14. Wenn Sie sich wünschen könnten, wie Gewerkschaften medienpolitisch agieren, was wären Ihre Vorstellungen?

11.9 Leitfragen für Interviews mit Gremienvorsitzenden

1. Wie ist die Zuarbeit aus der Verwaltung des Senders/ der Landesmedienanstalt?

2. Wer bereitet die Sitzungen inhaltlich vor (Tagesordnung etc.)

3. Wie schätzen Sie die Tätigkeit der Gremien ein? Ist die Arbeit wichtig? Warum?

4. Wie schätzen Sie den Informationsstand der Gremienmitglieder ein? (Über den Sender/ die LMA, über medienpolitische Themen)

5. Welche Weiterbildungsmöglichkeiten werden für das Gremium angeboten?

6. Kennen Sie die medienpolitischen Vorstellungen der Gewerkschaften?

7. Wie schätzen Sie die medienpolitischen Aktivitäten der Gewerkschaften ein?

8. Wie groß ist Ihrer Meinung nach der Einfluss politischer Akteure in den Aufsichtsgremien und wie groß der von gesellschaftlich relevanten Gruppen?

Politische Kommunikation

Christina Holtz-Bacha

Medienpolitik für Europa II
Der Europarat
2009. ca. 300 S. Br. ca. EUR 34,90
ISBN 978-3-531-15696-5

Klaus Kamps

Öffentliche Meinung
Eine Spurensuche
2009. ca. 220 S. Br. ca. EUR 17,50
ISBN 978-3-531-13765-0

Klaus Kamps (Hrsg.)

**Politische Kommunikations-
forschung in Deutschland**
Ein Reader
2009. ca. 750 S. Br. ca. EUR 49,90
ISBN 978-3-531-16281-2

Hans Mathias Kepplinger

Politikvermittlung
2009. ca. 220 S. mit 16 Abb. u. 24 Tab.
(Theorie und Praxis öffentlicher
Kommunikation Bd. 1) Br. ca. EUR 34,90
ISBN 978-3-531-16421-2

Volker Lilienthal (Hrsg.)

**Professionalisierung
der Medienaufsicht**
Neue Aufgaben für Rundfunkräte –
Die Gremiendebatte in epd medien
2009. 190 S. Br. EUR 19,90
ISBN 978-3-531-16278-2

Ulrich Sarcinelli

**Politische Kommunikation
in Deutschland**
Zur Politikvermittlung im demokratischen
System
2. Aufl. 2009. 360 S. mit 5 Abb. u. 10 Tab.
Br. EUR 24,90
ISBN 978-3-531-15386-5

Erhältlich im Buchhandel oder beim Verlag.
Änderungen vorbehalten. Stand: Januar 2009. **www.vs-verlag.de**

VS VERLAG FÜR SOZIALWISSENSCHAFTEN

Abraham-Lincoln-Straße 46
65189 Wiesbaden
Tel. 0611.7878 - 722
Fax 0611.7878 - 400

Kommunikationswissenschaft

Dagmar Hoffmann / Lothar Mikos (Hrsg.)
Mediensozialisationstheorien
Neue Modelle und Ansätze in der
Diskussion
2., überarb. Aufl. 2009. ca. 230 S.
Br. ca. EUR 29,90
ISBN 978-3-531-16585-1

Katja Lantzsch / Andreas Will /
Klaus-Dieter Altmeppen (Hrsg.)
**Handbuch Unterhaltungs-
produktion**
Beschaffung und Produktion von
Fernsehunterhaltung
2009. ca. 400 S. (The Business of Enter-
tainment. Medien, Märkte, Management)
Br. ca. EUR 39,90
ISBN 978-3-531-16001-6

Thorsten Quandt / Jeffrey Wimmer /
Jens Wolling (Hrsg.)
Die Computerspieler
Studien zur Nutzung von
Computergames
2. Aufl. 2009. 339 S. Br. ca. EUR 39,90
ISBN 978-3-531-16703-9

Gebhard Rusch
Mediendynamik
Band 1: Modelle des Medienwandels
2009. ca. 250 S. Br. ca. EUR 24,90
ISBN 978-3-531-16556-1

Christian Schicha / Carsten Brosda (Hrsg.)
Handbuch Medienethik
2009. ca. 500 S. Br. ca. EUR 34,90
ISBN 978-3-531-15822-8

Bernd Schorb / Anja Hartung /
Wolfgang Reißmann (Hrsg.)
Medien im höheren Lebensalter
2009. ca. 500 S. Br. ca. EUR 39,90
ISBN 978-3-531-16218-8

Caja Thimm (Hrsg.)
**Das Spiel – Medium und Meta-
pher der Mediengesellschaft?**
2009. ca. 250 S. Br. ca. EUR 24,90
ISBN 978-3-531-16459-5

Ralf Vollbrecht / Claudia Wegener (Hrsg.)
Handbuch Mediensozialisation
2009. ca. 400 S. mit 10 Abb. u. 10 Tab.
Geb. ca. EUR 34,90
ISBN 978-3-531-15912-6

Erhältlich im Buchhandel oder beim Verlag.
Änderungen vorbehalten. Stand: Januar 2009.

www.vs-verlag.de

VS VERLAG FÜR SOZIALWISSENSCHAFTEN

Abraham-Lincoln-Straße 46
65189 Wiesbaden
Tel. 0611.7878 - 722
Fax 0611.7878 - 400

MIX
Papier aus verantwortungsvollen Quellen
Paper from responsible sources
FSC® C105338

If you have any concerns about our products,
you can contact us on
ProductSafety@springernature.com

In case Publisher is established outside the EU,
the EU authorized representative is:
Springer Nature Customer Service Center GmbH
Europaplatz 3, 69115 Heidelberg, Germany

Printed by Libri Plureos GmbH
in Hamburg, Germany